MENTOR
DETAIL ILLUST

멘토시리즈 디테일 일러스트

초 판 발 행	2024년 02월 29일
초 판 3 쇄	2025년 05월 19일
발 행 처	코리아교육그룹 교육연구소
발 행 인	김영우
주 소	서울특별시 강남구 강남대로 286 3, 4층
전 화	02-525-5237
I S B N	979-11-89028-39-8
홈 페 이 지	http://www.koreaedugroup.com
이 메 일	kegbook@koreaedugroup.com

이 책에 대한 의견이나 오탈자 및 잘못된 내용에 대한 수정 정보는 이메일로 알려주십시오.
Copyright ⓒ 2025 ㈜코리아교육그룹

이 책의 저작권은 ㈜코리아교육그룹에 있습니다.
저작권법에 의해 보호를 받는 저작물이므로 무단 복제 및 무단 전재를 금합니다.

멘토시리즈 디테일 일러스트
MENTOR DETAIL ILLUST

05

이 책의 집필진 대표 **김미정**

PROLOGUE

디자인의 창작 향상을 위한,
디자인의 기술 향상을 위한,
디자이너로 한 발짝 다가설 수 있도록 만들어진
DETAIL ILLUST(디테일 일러스트) 교재입니다.

• **디테일 일러스트** | 벡터 디자인의 기본을 넘어 실무 능력까지!

일러스트레이터는 벡터 기반 디자인의 기본 프로그램입니다. 포토샵과 함께 2D 디자인의 필수 프로그램인 일러스트레이터는 로고, 캐릭터 제작, 출판 및 인쇄까지 디자인 전반에 걸쳐 다양한 분야에서 널리 사용되고 있습니다. 하지만 많은 사용자들이 기본 편집 기능에만 머물고 있습니다. 멘토시리즈 디테일 일러스트 교재와 함께라면 단순 편집을 넘어 실무에 필요한 다양한 기능을 자연스럽게 익힐 수 있습니다.

COMMENT

첫째,
양적 팽창이 질적 향상을 가져온다

짧은 시간에 기초 수업을 마스터했다면 기본 편집을 익히기에 부족한 시간입니다. 심화 과정에서는 기본 편집을 빠르고 정확하게 사용할 수 있어야 하지만, 많은 학습자들이 복습 부족으로 어려움을 겪습니다. 질적 향상을 위해서는 양적 훈련이 필수라는 사실을 꼭 기억하시기를 바랍니다. 지루해도 기초 편집을 꾸준히 연습하여 실력을 쌓으세요.

둘째,
기능을 무시할 수 없다

디자인 본질적인 측면에서 보면 모든 기능을 다 알 필요는 없습니다. 분야와 직무에 따라 필요한 기능이 다르고 사용하지 않는 기능은 잊어버리게 됩니다. 그래서 일부 실무자들 사이에서는 모든 기능을 알아봐야 소용이 없다고 말하기도 합니다. 하지만 그래픽 디자인의 모든 기능은 맥락이 연결되어 있습니다. 꾸준히 공부하는 자만이 이 연결점을 볼 수 있으며 기능들이 필요한 이유와 사용법을 이해할 수 있습니다.

셋째,
지루한 과정을 거치는 사람

이 책은 다양한 작업 스타일과 활용도가 높은 기능들을 담았습니다. 자주 쓰이는 기능들은 반복하여 익힐 수 있도록 구성했습니다. 비슷한 기능이 반복될 때 지루해하는 사람도 있지만, 중요하다는 것을 인지하고 집중하는 사람도 있습니다. 그 차이는 굳이 언급하지 않겠습니다. 결과물이 화려한 작업물들은 대부분 그 과정이 재미없는 경우가 많습니다.

넷째,
자료만 찾는 디자이너가 되지 말자

참조자료(레퍼런스)와 자료를 구분해야 합니다. 실무에서는 시간 제약 때문에 이미지 사이트를 활용하거나 회사 내부 자료를 사용하는 경우가 많습니다. 하지만 항상 그럴 수는 없고, 직접 만들어야 할 때가 분명히 찾아옵니다. 그때 기본 실력이 드러나게 됩니다. 평소 자료에만 의존하면 디자이너라는 직함에도 불구하고 간단한 하트도 제대로 그리지 못해 자료를 찾아 헤매는 말도 안 되는 상황이 발생할 수 있습니다. 과장처럼 느껴질 수 있지만, 현실에 분명히 존재합니다. 이 책은 꼭 익혀야 할 내용에서는 최대한 자료에 의존하지 않고 직접 만들어서 사용할 수 있도록 구성하였습니다. 자료가 있더라도 직접 만들지 못한다면 남의 실력을 빌리는 것으로 생각하고, 만들 수 있도록 꾸준히 연습하시기를 바랍니다.

다섯째,
기본의 중요성

15년 이상의 실무 경험을 바탕으로 강의와 실무를 병행하고 있는 필자가 오랜 기간 학생들을 가르치고 실제 일을 하면서 가장 크게 느낀 점은 기본의 중요성입니다. 프로그램 기능, 디자인, 기획, 구성 등 모든 분야에서의 기본은 핵심입니다. 하지만 기본기를 익히는 것은 양적 팽창(연습량 증가)이 먼저 이루어지고 난 뒤, 질적 향상(기술 숙련)이 함께 이루어져야 합니다. 운동에서 하체 단련, 영어에서 단어 및 어휘 습득과 마찬가지로, 그래픽 프로그램이나 디자인도 기본이 갖춰져야 합니다. 무언가를 배우는 것은 기본을 벗어날 수 없으며, 기본을 충실히 지키는 디자이너만이 창의적인 작업물을 만들 수 있다고 생각합니다.

예제 & 완성 파일 다운로드 방법 및 경로 안내

01 교재몰
- **방법** : 이 교재에 사용된 예제&완성 파일은 교재몰(https://www.kedustore.com)에서 교재 구매 완료 후, 예제 파일 메뉴에서 이메일 주소를 입력하면 예제 소스 파일을 다운로드할 수 있는 웹하드 정보(웹하드 주소, 아이디, 비밀번호)가 전송됩니다.
- **경로** : 교재몰 접속 > 로그인 > 교재 구매 완료 후 > 예제 파일 탭 선택 > 해당 교재 선택 > 이메일 주소 입력 후 전송

02 웹하드
- **방법** : 좀 더 빠르게 다운로드하고 싶다면 아래 웹하드에서 다운로드받아 활용하기 바랍니다 .
웹하드(http://www.webhard.co.kr) > 아이디 : kegstore1, 3 / 비밀번호 : (각 수강 지점 멘토에게 문의)
- **경로** : 웹하드 사이트 접속 > 로그인 > 게스트 폴더 선택 > 해당 교재 폴더 선택 > 해당 파일 선택 후 내리기

이 책의 구성

한 권에 담긴 일러스트 실무 테크닉

이 책은 일러스트 입문 과정을 마스터한 사람들에게 실무에서 사용하는 예제들을 제시해 좀 더 능숙하게 디자인 테크닉을 배울 수 있도록 도와줍니다. 일러스트의 다양한 표현 방법과 아이디어를 Design Style의 실습 과정을 통해 익힐 수 있으며, Exercise에서는 배운 방법을 스스로 연습해 볼 수 있도록 소스 등을 제공합니다. 벡터 그래픽을 다루는 전문 그래픽 프로그램을 활용하여 퀄리티 있는 다양한 작품을 쉽게 만들어 볼 수 있도록 구성되어 있습니다.

Skill Point
작품을 만들 때 중점을 두어야 할 사항들을 제시합니다.

Keyword
핵심 도구나 작업에 대한 키워드로 어떤 기능이 사용되는지 빠르게 확인합니다.

Before you Design
실습에 들어가기 전, 해당 디자인의 개념 및 효과를 알아봅니다.

Tip
작업에 도움이 되는 내용을 알려줍니다.

Designer Gallery
다양한 분야에서 활동 중인 디자이너들의 작품과 실무에서 사용되는 작품들을 감상해 봅니다.

PLUS
해당 실습 과정에서 도움이 되는 정보를 알려줍니다.

MENTOR DETAIL ILLUST

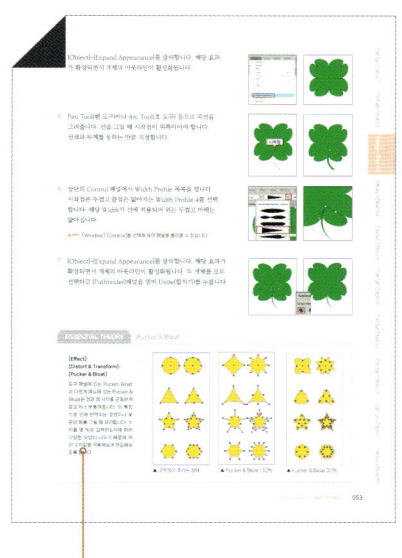

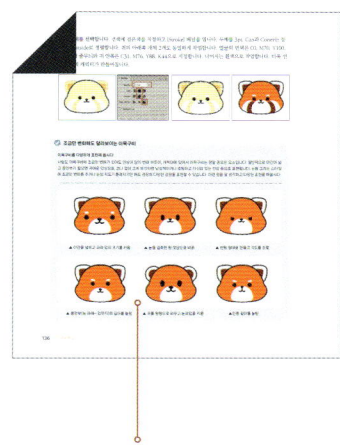

DESIGNER TIP
본문에 나온 실습에 관한 추가 설명이나 정보를 알려줍니다.

ESSENTIAL THEORY
본문에 나온 기능과 연관 지어 이해할 수 있도록 이론 설명이 기재되어 있습니다.

WORKING - LEVEL
현역 디자이너가 알려주는 실무에 유용한 노하우입니다.

EXERCISE
이론과 실습으로 배운 내용을 토대로 교재에 사용한 예제 파일과 소스 등을 함께 제공해 또 다른 작품으로 자신만의 창조적 결과물을 재생산할 수 있습니다.

009

CONTENTS

Design Style 01 | **Abstract Logos** — 012
도형을 이용하여 만든 기하학 로고

Design Style 02 | **Line Illust Poster** — 030
선을 세밀하게 편집하여 만든 라인 일러스트 포스터

Design Style 03 | **Retro Stickers** — 048
텍스트와 다양한 기능을 활용한 레트로 스티커

Design Style 04 | **Exterior Design** — 070
면과 선으로 작업한 건물 외관 일러스트

Design Style 05 | **Vintage Poster** — 088
선버스트 디자인과 마스크를 활용한 빈티지 해상 포스터 디자인

Design Style 06 | **Drawing Illust** — 110
드로잉 도구들을 활용하여 일러스트 그리기

Design Style 07 | **Character Design** — 128
레서판다 디자인 및 Turn-Around 제작

Design Style 08 | **Golden Ratio Logo** — 152
황금비를 이용한 앵무새 심볼 로고 디자인 시스템

Design Style 09 | **Nature Pattern** — 174
이미지 트레이스를 이용한 패턴화 및 디자인 작업

Design Style 10 | **Menu Design** — 192
매력적인 차 브랜드 메뉴 편집디자인

Design Style 11	**Stippling Brush**	214
	스티플 브러쉬 만들기 및 거친 질감 표현하기	

Design Style 12	**ArtNouveau Design**	230
	아트 브러쉬와 다양한 기능을 활용한 아르누보 스타일	

Design Style 13	**Futuristic Design**	246
	테크니컬 브러쉬와 빛 표현을 활용한 포스터	

Design Style 14	**Blend Illustration**	264
	블렌드 도구를 활용한 일러스트	

Design Style 15	**Gradient Mesh**	288
	그라디언트 메쉬 기능으로 정교한 캐릭터 그리기	

Design Style 16	**Retro Text**	306
	어피어런스 기능으로 빛나는 레트로 텍스트 표현하기	

Design Style 17	**Isometric Book Store 1**	328
	아이소메트릭 각도를 활용한 건물 및 디테일 요소 그리기 -1	

Design Style 18	**Isometric Book Store 2**	345
	아이소메트릭 각도를 활용한 건물 및 디테일 요소 그리기 -2	

Design Style 19	**Visual Artwork 1**	368
	다양한 곳에 활용 가능한 비주얼 아트워크 -1	

Design Style 20	**Visual Artwork 2**	383
	다양한 곳에 활용 가능한 비주얼 아트워크 -2	

Design Style 01

Abstract Logos
도형을 이용하여 만든 기하학 로고

 Skill Point

입문 과정에서 학습한 도구들을 활용하여 다양하고 독창적인 기하학 로고를 만들어 봅니다. 로고 디자인은 완벽한 대칭과 정확한 중심 조정이 핵심입니다.

 Keyword

Free Transform # Pathfinder
Compound Path # Bloat
Search Keyword : abstract logos

Before you Design

기하학 로고의 매력
깔끔하고 정교한 선과 완벽한 대칭으로 이루어진 모양은 시각적으로 매력적일 뿐 아니라 로고 디자인 작업에도 유용합니다. 기하학적 로고는 시각적 무결성을 유지하면서 명확성과 가독성을 동시에 지니는 장점이 있습니다. 다양한 매체와 자료에 걸쳐 일관되게 재현하기 쉽고, 강력한 상징성을 가지고 있어 브랜드의 핵심 가치와 메시지를 명확하게 표현하는 데 도움이 됩니다. 또한 모양, 색상, 타이포 등을 결합하여 창의적인 디자인을 만들 수 있습니다.

특징 및 표현법
- 원과 사각형을 제외한 나머지 모든 각형들은 중심을 구하는 방식이 다릅니다. 각 각형의 특징에 따라 중심을 구하는 방법을 알아야 정확하고 균형 잡힌 로고 디자인을 만들 수 있습니다.
- 단순한 로고 작업에서도 색상을 세련되게 표현하고 싶다면 Adobe 사에서 제공하는 컬러사이트를 활용해보세요. (https://color.adobe.com/ko/)

Designer Gallery

< Flat Icons / 그래픽 디자이너 조연지 >

< Simple Abstract Logos >

예제 파일   DS01 > S01_1_예제파일 > Style01_1.ai, Style01_2.ai, Style01_3.ai
결과 파일   DS01 > S01_1_예제파일 > Style01_Result.ai

01 기초 스킬 점검하기

평소 연습해 두지 않으면 기본적인 기능도 쉽게 잊어버릴 수 있습니다. 제공된 로고를 따라 하며 기초 스킬을 점검하고, 정확한 기준을 잡고 대칭을 만드는 것에 유의하면서 작업해 보겠습니다.

1. [File]-[Open]으로 'Style01_1.ai' 파일을 엽니다. 우측 이미지와 같이 로고 디자인 2가지가 있습니다. 하단의 빈 공간에서 따라해 보겠습니다.

   + plus 색상은 완성 전까지 자유롭게 작업해도 무방합니다.

2. Rectangle Tool(사각형 도구)로 5×43mm의 직사각형 면을 만든 뒤, 도형이 선택된 상태에서 Selection Tool (선택 도구)을 더블클릭합니다. 옵션창에 Horizontal 7.5mm, Vertical 0으로 입력한 뒤 Copy를 누릅니다.

   🔸 Tip
   변형된 모습은 Preview(미리보기)를 통해 미리 확인할 수 있습니다.

   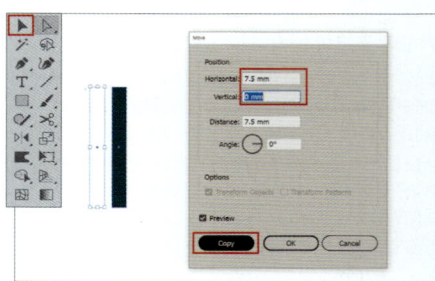

3. [Object]-[Transform]-[Transform Again] Ctrl + D 를 눌러 3개가 되도록 복사합니다. 오른쪽에는 35mm의 정사각형을 만들어 Shift 키를 누르고 45도 회전합니다. 면색은 기존 사각형과 다른 색으로 지정합니다.

4. 세로만 크기를 줄여 납작하게 만들기 위해 회전한 사각형을 선택하고 Scale Tool(크기 조절 도구)을 더블클릭합니다. 옵션창에 Vertical 값을 60%로 입력한 뒤 OK를 누릅니다.

   🔸 Tip
   개체가 선택된 상태에서 Tool을 선택하고 Enter 키를 눌러도 옵션창이 나타납니다.

   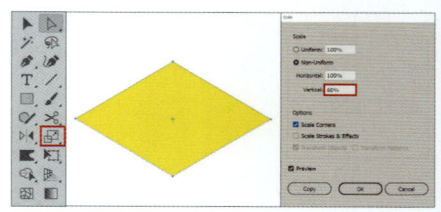

5   노란 사각형의 상단 꼭짓점이 청록색 3번째 사각형 오른쪽 점과 맞물리도록 이동합니다. 개체를 모두 선택하고 Shape Builder Tool(도형 구성 도구)을 클릭합니다.

> **Tip**
> [View]-[Smart Guides] `Ctrl + U` 를 활성화하면 중심, 가장자리, 교차점 등을 쉽게 확인할 수 있습니다.

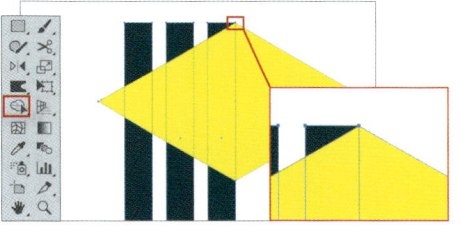

6   불필요한 부분은 `Alt` 키를 누른 채로 드래그하면 삭제되며, 연결이 필요한 부분은 클릭-드래그하면 합쳐집니다. 불필요한 부분을 모두 삭제하여 그림과 같이 만들어줍니다.

> **Tip**
> - `Alt` +클릭, `Alt` +클릭-드래그 : 삭제
> - 클릭 : 분리
> - 클릭+드래그 : 병합

7   과정 3~6과 같은 방법으로 작업합니다. 35mm의 정사각형을 만들어 `Shift` 키를 누르고 45도 회전합니다. Scale Tool(크기조절 도구)을 더블클릭합니다. Vertical 값을 25%로 입력하고, 아래도 불필요한 부분을 삭제합니다.

8   개체를 전체 선택한 후 Reflect Tool(반사 도구)을 선택합니다. 개체의 오른쪽에 마우스를 두고 `Alt` 키를 누른 채로 클릭합니다. 옵션창이 뜨면 Vertical을 체크하고 Copy를 누릅니다.

> **Tip**
> 개체를 먼저 선택한 후 Reflect Tool을 선택하고 `Enter` 키를 눌러도 옵션창이 나타납니다. Horizontal은 가로축, Vertical은 세로축을 기준으로 반전시킵니다.

9   형태가 완성되면 개체를 모두 선택한 뒤 Reflect Tool을 선택합니다. 상단 중심에 마우스를 두고 `Alt` 키를 누른 채로 클릭합니다. Horizontal을 체크하고 Copy를 누릅니다.

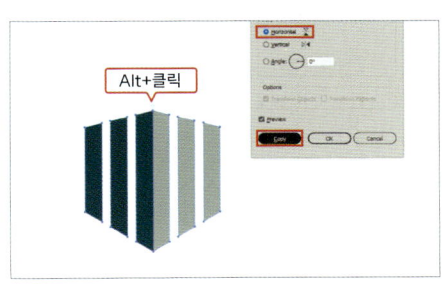

Design Style 01 - Abstrac Logos

02 자연스러운 그림자 만들기

1 뒤집힌 개체들을 선택합니다. Ctrl + F9 를 눌러 [Gradient] 패널을 열고 기본으로 설정된 흰색-검은색을 적용합니다.

   + plus Gradient Tool을 선택하고 Enter 키를 눌러도 패널이 활성화됩니다.

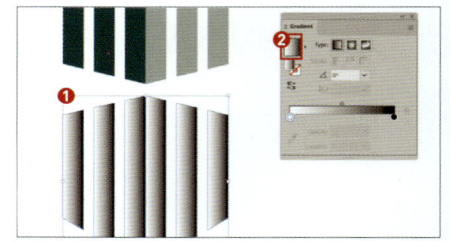

2 Ctrl + Shift + F9 를 눌러 [Pathfinder] 패널을 열고 Unite 를 클릭해 맞닿아있는 부분을 먼저 합칩니다. 개체가 5개가 됩니다.

   Tip
   맞닿아있거나 겹쳐있는 개체는 패스파인더로 작업하고, 떨어져 있는 개체는 컴파운드 패스로 작업하면 편리합니다.

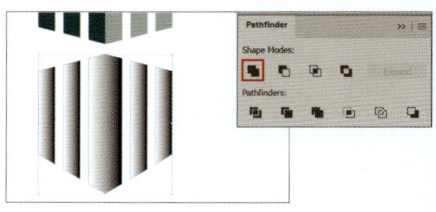

3 [Object]-[Compound Path]-[Make] Ctrl + 8 을 눌러 컴파운드 패스를 적용합니다. 서로 떨어진 모든 개체가 하나로 연결되면서 그라디언트도 하나로 연결됩니다.

   + plus Compound Path는 서로 떨어져 있는 개체를 완전히 하나의 개체로 결합해 주는 기능입니다. 5개의 떨어져있는 개체가 하나로 관리되려면 컴파운드 패스가 가장 적합합니다.

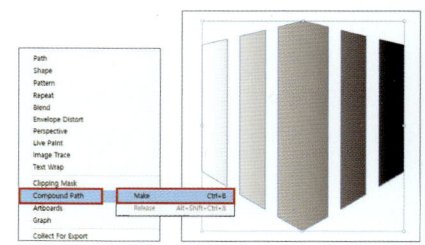

4 [Gradient] 패널에서 양쪽 색상점 2개 모두 [Swatches] 패널에 기본으로 제공되는 검은색을 설정하고, 각도를 90도로 입력합니다.

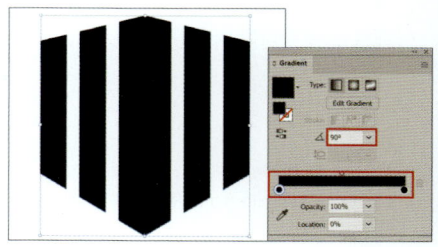

5 왼쪽 색상점은 Opacity 0%, Location 60%, 오른쪽 색상점은 Opacity 20%, Location 100%로 불투명도와 위치를 설정합니다.

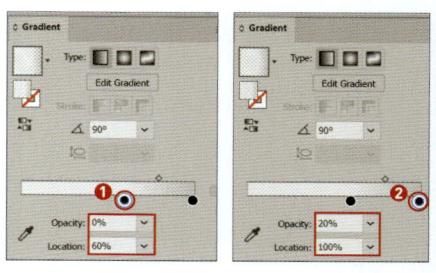

6 자연스러운 그림자가 만들어집니다. 만약 비율이나 모양이 마음에 들지 않으면 바운딩 박스나 선택 도구 등으로 형태를 수정하고, 원하는 색상을 지정합니다.

+ plus 해당 작업에서는 위로 솟아 보이도록 모양을 조절했으며, 색상은 'C80, M50, Y50, K45'와 'C47, M27, Y37, K10'으로 지정했습니다.

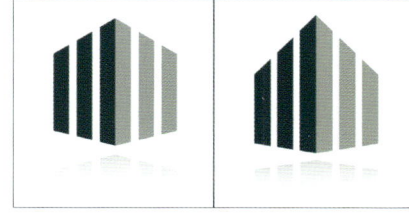

7 배경으로 쓰일 사각형을 만들고 마무리합니다. 맨 뒤로 보내기 위해 도형을 선택하고 마우스 오른쪽 버튼을 눌러 [Arrange]-[Send to Back] `Ctrl`+`Shift`+`[` 을 선택합니다.

Tip
- Bring to Front(맨 앞으로 가져오기) : `Ctrl`+`Shift`+`]`
- Bring Forward(앞으로 가져오기) : `Ctrl`+`]`
- Send Backward(뒤로 보내기) : `Ctrl`+`[`
- Send to Back(맨 뒤로 보내기) : `Ctrl`+`Shift`+`[`

8 그림자 개체의 그라디언트는 다음 작업에도 연속적으로 쓰이기 때문에 미리 [Swatches] 패널에 등록해 둡니다. [Gradient] 패널에서 색상미리보기 옆의 목록을 연 뒤, 하단의 'Add to Swatches'를 눌러 견본에 추가합니다.

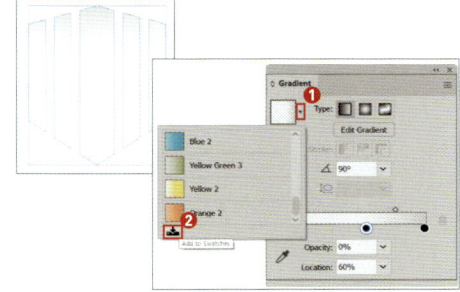

ESSENTIAL THEORY Gradient와 투명한 그림자

자연스럽게 사라지는 투명한 그림자를 표현할 때는 흰색을 사용하지 않는 것이 좋습니다.

- (좌측 이미지) : 청록색 배경 위에 상단은 발간색 Opacity 30%, 하단은 흰색 Opacity 0%를 적용했습니다.
- (우측 이미지) : 청록색 배경 위에 상단은 발간색 Opacity 30%, 하단은 상단과 동일한 색상의 발간색 Opacity 0%를 적용했습니다.

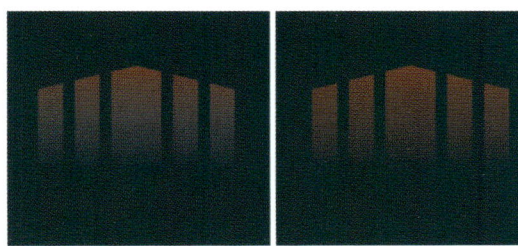

▲ 하단이 흰색일 경우   ▲ 하단이 동일한 색상일 경우

투명한 그림자를 표현할 때는 흰색보다는 동일한 색상을 사용하는 것이 더 자연스러운 효과를 줍니다.

배경을 흰색으로 설정한 경우, 수정 과정에서 다른 요소와의 조화를 위해 배경 색상을 변경해야 하는 경우가 많습니다. 따라서 유연하게 작업하기 위해 흰색 대신 동일한 색상을 사용하여 그라디언트를 만들고, Opacity와 Location 값을 조절하는 방법을 권장합니다.

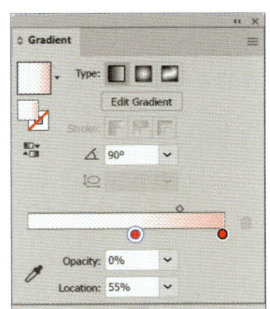

03 기초 스킬 점검하기2

기초 스킬의 다른 영역을 점검해 보도록 합니다. 되도록 풀이 없이 결과물만 보고 스스로 만들어 본 후, 다시 풀이를 보면서 학습해 보는 것도 좋은 방법입니다.

1. 30mm인 정사각형을 만든 뒤 45도 회전합니다. Direct Selection Tool(직접 선택 도구)로 사각형 하단의 점 하나만 선택합니다.

    Tip
    [Edit]-[Preference]-[Selection & Anchor Display]에서 화면에 보이는 고정점, 핸들 및 테두리 상자 표시의 크기를 조절할 수 있습니다.

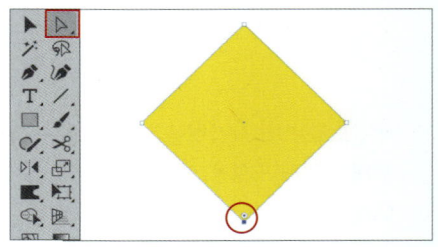

2. Direct Selection Tool을 더블클릭합니다. 옵션창이 뜨면 Horizontal 0mm, Vertical -27mm로 입력하고 OK를 누릅니다.

    + plus 마우스를 드래그하여 점을 이동시켜도 무방합니다.

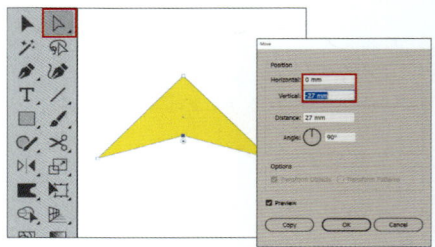

3. Pen Tool(펜 도구)을 길게 눌러 Anchor Point Tool(고정점 도구)을 선택합니다. 이동시킨 점을 왼쪽방향으로 클릭-드래그합니다. Shift 키를 누른 채로 드래그하면 수평으로 핸들이 펼쳐지며 곡선이 됩니다.

    + plus 핸들은 길이와 방향이 굉장히 중요한 작업입니다. 만약 핸들을 지나치게 좁게 또는 넓게 펼치거나, 반대 방향으로 펼치면 모양이 틀어질 수 있으므로 유의합니다.

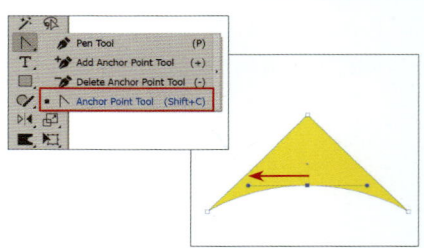

4. 3mm 정사각형을 만들고 45도 회전시켜 그림과 같이 배치합니다. 작은 사각형을 제외하고 큰 개체만 선택한 뒤, Rotate Tool(회전 도구)을 선택합니다.

    + plus 3mm 사각형은 회전축이 되어 줄 도형으로 작업이 끝나면 삭제합니다.

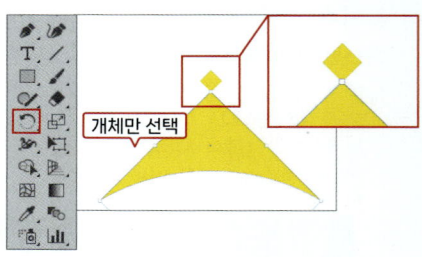

✓ 세밀한 핸들 작업의 필요성

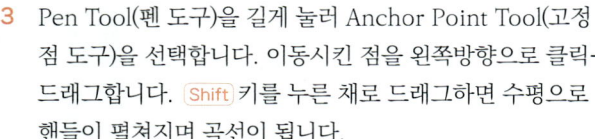
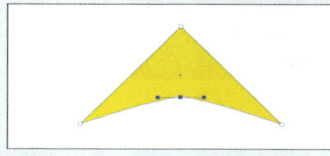
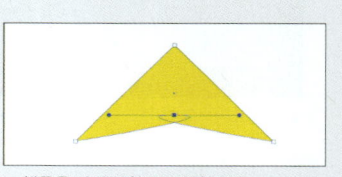

▲ 핸들을 지나치게 넓게 펼친 경우   ▲ 핸들을 지나치게 좁게 펼친 경우   ▲ 핸들을 반대 방향으로 펼친 경우

5   마우스를 작은 사각형 중심에 두고 `Alt` 키를 누른 채로 클릭합니다. 옵션창에 90도를 입력하고 Copy를 누릅니다. `Ctrl` + `D` 를 눌러 복사하고, 작은 사각형은 삭제합니다.

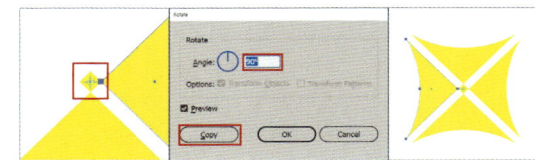

6   `Ctrl` + `F9` 를 눌러 [Gradient] 패널을 불러옵니다. 원형 그라디언트를 선택하고 왼쪽 색상점은 밝은색, 오른쪽 색상점은 그보다 어두운색으로 지정합니다. [Swatches] 패널에 제공된 색을 골라 사용해도 무방합니다.

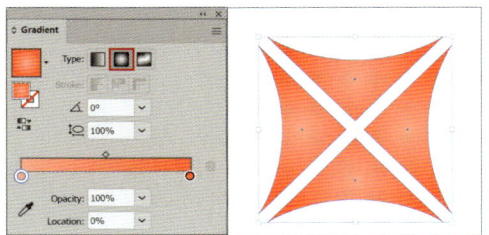

7   `Ctrl` + `8` 을 눌러 서로 떨어진 개체를 결합합니다. 이전 과정을 참고하여 그림자를 만들고, 어울리는 색상으로 배경을 만들어 뒤로 배치한 뒤 마무리합니다.

+ plus   예제에 사용된 색상이 궁금하다면 완성된 디자인을 참고합니다. 단, 형태와 색상에 따라 결과물이 달라질 수 있으므로 변경해 가면서 작업해 보는 것을 더 추천합니다.

✅ 패스 방향 바꾸기

내가 그리는대로 생성되는 핸들 방향

- 대부분의 사람은 오른손잡이라 원을 그릴 때 왼쪽에서 오른쪽으로 드래그합니다. 이 경우 핸들은 시계 방향으로 생성됩니다. Anchor Point Tool(고정점 도구)로 점을 클릭하여 핸들을 모았다가 펼치면 쉽게 확인할 수 있습니다.(오른쪽에서 왼쪽으로 드래그하면 핸들은 반대 방향으로 생성됩니다.)

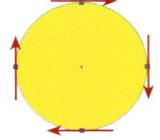

핸들의 방향을 바꾸기

- 핸들 방향을 반대로 바꿀 수 있습니다. 메뉴에서 [Object]-[Path]-[Reverse Path Direction]을 선택한 후 고정점 도구로 점을 클릭하여 핸들을 모았다가 다시 펼쳐봅니다. 핸들이 반시계 방향으로 바뀐 것을 확인할 수 있습니다.

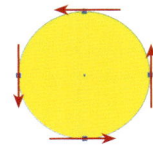

04 삼각형 로고 만들기

원과 사각형을 제외한 삼각형, 오각형, 십이각형 등 다른 도형들은 가로와 세로값으로 중심을 구할 수 없기 때문에 중심점을 활용한 로고를 만들 때 원과 사각형과는 다른 방법으로 작업해야 합니다.

1. [File]-[Open]으로 'Style01_2.ai' 파일을 엽니다. 우측 이미지와 같이 로고 디자인 2가지가 있습니다. 하단의 빈 공간에서 따라해 보겠습니다.

2. Rectangle Tool을 길게 눌러 Polygon Tool(다각형 도구)을 선택합니다. 빈 화면을 클릭해 옵션창이 뜨면 Radius 값을 25mm, Sides를 3으로 입력 후 OK를 누릅니다.

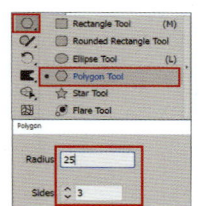 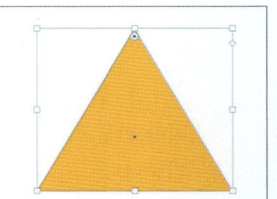

3. 축으로 사용할 선 개체를 그립니다. ① 면색 없이 눈에 띄는 선색으로 Line Segment Tool(선분 도구)을 선택하고 빈 화면을 클릭합니다. ② 옵션창에 25mm와 90도를 입력하여 수직선이 만들어지면 ③ 선의 윗점이 삼각형 상단 점에 맞물리도록 배치합니다.

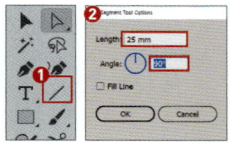 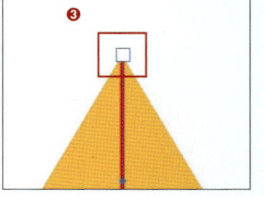

4. 삼각형 개체만 선택하고 면색 없이 선 두께를 20pt로 설정합니다. [Object]-[Path]-[Outline Stroke]로 선을 면으로 확장합니다.

 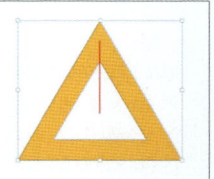

5. Direct Selection Tool로 개체를 선택하면 Corner Widget이 보입니다. 점을 드래그하여 원하는 만큼 모퉁이를 둥글립니다. 상단 Control(제어) 패널에서 Corners의 값을 직접 입력할 수도 있습니다.

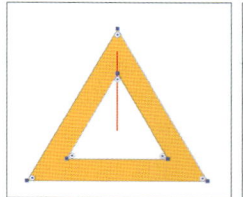 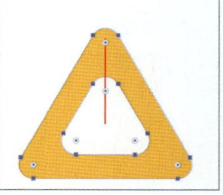

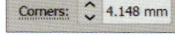

Tip
Direct Selection Tool로 개체의 패스만 선택하면 보이지 않습니다. 면을 선택해 모든 패스가 다 선택되어야 Corner Widget이 보입니다.

6 삼각형의 아랫부분을 가로지르는 사각형을 다른 색상으로 그립니다. Shear Tool(기울이기 도구)을 더블클릭하여 옵션창이 뜨면 30도, Horizontal을 선택한 뒤 OK를 누릅니다.

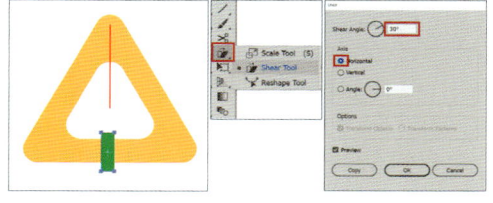

+ plus 가로지르는 사각형은 잘려 나갈 부분으로 크기는 임의로 지정합니다.

7 기울어진 사각형을 선택하고 ① Rotate Tool을 선택합니다. ② 회전축이 될 수직선 아래 점에 마우스를 두고 Alt 키를 누른 채로 클릭합니다. ③ 120도를 입력한 뒤 Copy를 누릅니다.

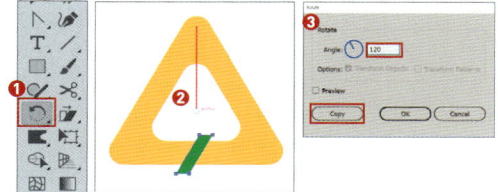

8 Ctrl + D 를 눌러 반복합니다. 모든 개체를 선택하고 Ctrl + Shift + F9 를 눌러 [Pathfinder] 패널을 열어 Minus Front를 클릭합니다. 가장 하단의 개체 중 눈에 보이는 부분만 남겨지고 나머지는 삭제됩니다.

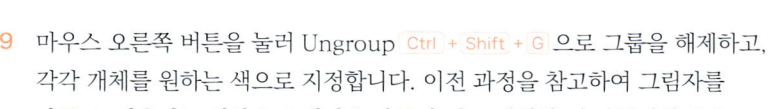

+ plus 선은 삭제하도록 합니다.

9 마우스 오른쪽 버튼을 눌러 Ungroup Ctrl + Shift + G 으로 그룹을 해제하고, 각각 개체를 원하는 색으로 지정합니다. 이전 과정을 참고하여 그림자를 만들고, 어울리는 색상으로 배경을 만들어 뒤로 배치한 뒤 마무리합니다.

ESSENTIAL THEORY 라이브 코너 옵션

Direct Selection Tool(직접 선택 도구)로 개체를 선택하면 상단의 Control 패널에 'Corners' 목록이 나타납니다. 목록에서 원하는 모서리를 클릭하면 옵션 메뉴가 열리고, 원하는 모양을 선택하여 모서리를 변경할 수 있습니다.

활성화된 모서리 둥글리기 점 중 하나를 더블클릭하면 해당 모서리만 개별적으로 편집할 수 있습니다.

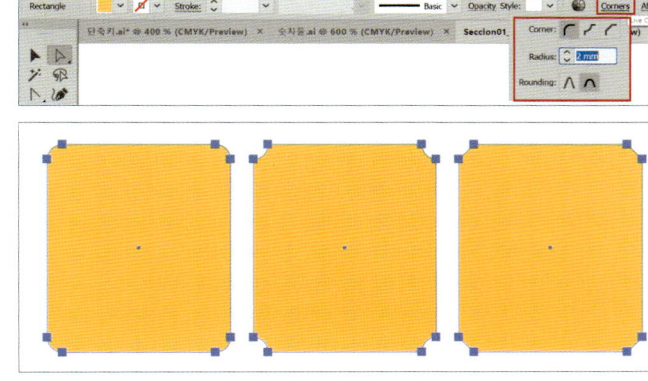

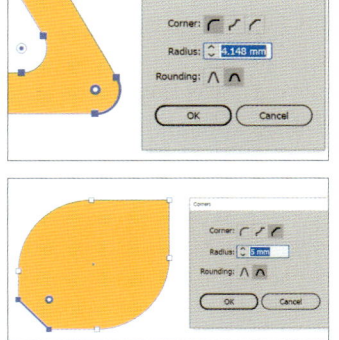

Design Style 01 - Abstrac Logos

05 태극무늬 로고 만들기

1. Ellipse Tool(원형 도구)로 40mm인 정원을 만든 뒤, 그 위에 34mm의 다른 색상의 정원을 그립니다. 개체를 모두 선택하고 Shift + F7 을 눌러 [Align] 패널을 열고 가로 오른쪽 정렬, 세로 가운데 정렬을 누릅니다. 면색은 없이 선색만 설정합니다.

   + plus 정확하게 점이 맞물리지 않으면 다음 작업이 제대로 실행되지 않으므로 완벽히 맞물리게 작업해야 합니다.

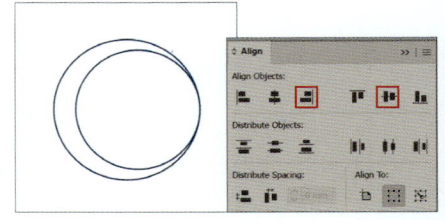

2. 34mm 원을 하나 더 그립니다. 큰 원과 함께 선택하여 이번에는 가로 왼쪽 정렬, 세로 가운데 정렬을 누릅니다.

   Tip 여러 개체 중 기준이 될 마지막 개체를 한번 더 클릭하면 선택한 개체를 기준으로 정렬됩니다.

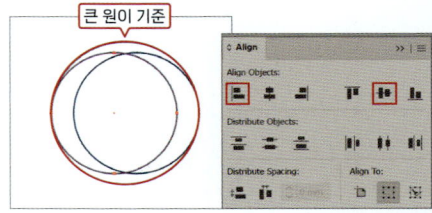

3. 14mm 원을 그려서 그림과 같이 배치합니다. 34mm 원의 점과 정확히 맞물립니다. 바로 옆으로 같은 14mm 원을 복사합니다.

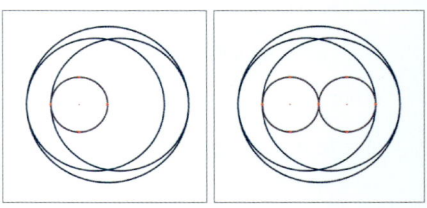

4. Shape Builder Tool을 선택합니다. Alt 키를 누른 채로 그림에 표시된 부분을 드래그하여 삭제합니다.

   + plus 정확하게 점이 맞물리지 않으면 Shape Builder Tool로 선택할 때 구획이 제대로 나뉘어 보이지 않습니다.

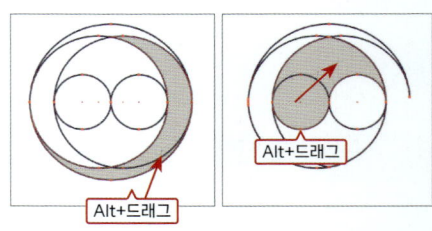

5. 남겨진 개체는 모두 선택하고 [Pathfinder] 패널에서 Unite를 눌러 합친 뒤, 선색은 없이 면색만 임의의 색을 지정합니다.

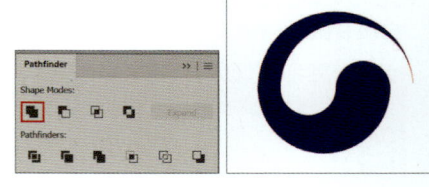

6. 새로운 40mm의 원과 33.6mm의 원을 만들어 가로 가운데 정렬, 세로 위 정렬을 누릅니다. 33.6mm의 원을 복사해 큰 원과 함께 선택하여 가로 오른쪽 정렬, 세로 가운데 정렬을 누릅니다.

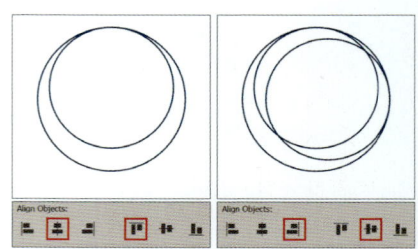

7   Shape Builder Tool로 불필요한 부분을 Alt 키를 누른
    채로 드래그하여 삭제합니다. 남겨진 개체는 드래그하거나,
    패스파인더로 모두 합칩니다.

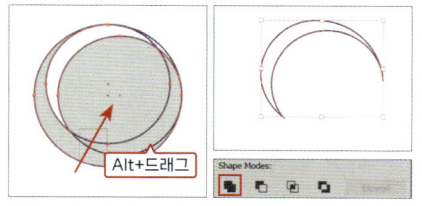

8   합친 개체는 원하는 면색으로 색상을 바꾸고 -45도 회전
    합니다.

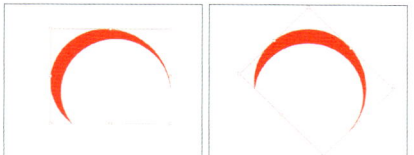

9   이전에 만들어둔 개체 위에 배치합니다. 빨간색 개체의
    왼쪽 끝점이 파란색 개체 옆면에 잘 맞물리도록 작업합니다.

10 개체를 모두 선택하고 -33도 회전합니다. 어울리는 색을 그라디
    언트로 설정하고, 배경을 만들어 뒤로 배치한 뒤 마무리합니다.

06 프리트랜스폼 로고 만들기

1   [File]-[Open]으로 'Style01_3.ai' 파일을 엽니다. 우측
    이미지와 같이 로고 디자인 2가지가 있습니다. 하단의
    빈 공간에서 따라해 보겠습니다.

2   8×20mm의 직사각형 면을 그려준 뒤 Free Transform
    Tool(자유 변형 도구)을 클릭합니다. 화면에 작은 패널이
    하나 더 생성됩니다. Perspective Distort(원근 왜곡) 버튼
    을 클릭합니다.

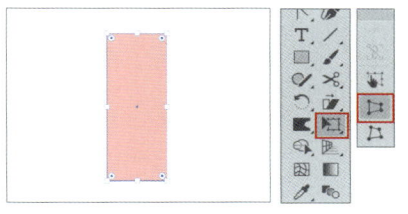

3 개체의 상단점을 드래그하여 안쪽으로 집어넣으면 시점이 적용되면서 사다리꼴 모양이 됩니다.

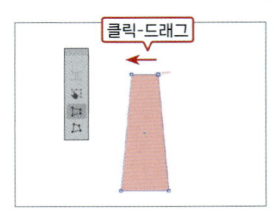

4 Direct Selection Tool로 개체의 상단점 2개를 선택하고 Corner Widget을 최대로 드래그하여 둥글게 만듭니다. 아래쪽 점 2개도 똑같이 작업합니다.

+ plus 위쪽과 아래쪽을 한번에 작업하면 최대 곡률을 넣을 수 없습니다. 따라서 지금처럼 위, 아래 모두 최대의 곡률을 적용하고 싶다면 따로 작업해야 합니다.

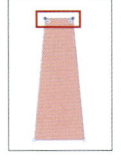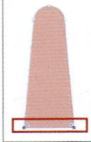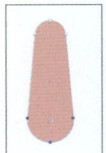

5 5mm인 정원을 그려 기존 개체 가운데 위로 약간 공간을 두고 배치합니다. 원을 제외하고 기존 개체를 선택합니다. Rotate Tool을 선택하고 마우스를 작은 원의 중심에 두고 'Center'가 나타나면 Alt 키를 누른 채로 클릭합니다.

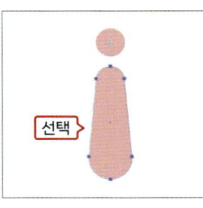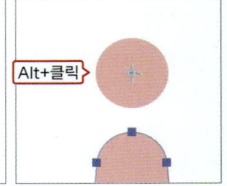

6 옵션창에 360/7이라고 입력하고 Copy를 누릅니다. Ctrl + D 로 반복하여 7개가 만들어지면 가운데 작은 원은 삭제하고, 모든 개체를 선택합니다.

Tip
설정값을 입력할 때, 숫자 사이에 '+, -, *, /' 사칙연산을 사용하면 작업을 보다 효율적으로 할 수 있습니다.

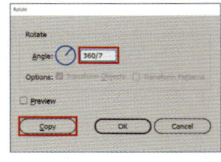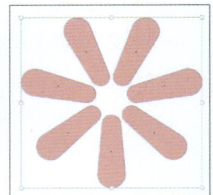

7 Width Tool(폭 도구)을 길게 눌러 Bloat Tool(볼록 도구)을 선택합니다. Bloat Tool을 더블클릭하여 옵션창이 뜨면 Intensity 1%, Detail 3, Simplify는 체크 해제하고 OK를 누릅니다.

+ plus Intensity는 왜곡이 적용되는 강도로 예제에서는 서서히 부풀려지길 원하여 1%로 설정했습니다. Detail은 값이 높을수록 점의 개수가 늘어나며 모양이 섬세하게 조절됩니다. Simplify은 모양을 단순하게 만듭니다.

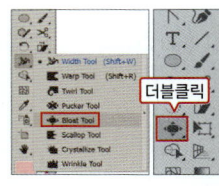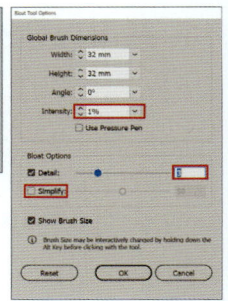

8 화면에 원형 브러쉬 팁이 나타납니다. 단축키 Alt + Shift 를 누른 채로 화면의 우측 상단 대각선 방향으로 드래그하면 브러쉬 팁이 커집니다. 만들어둔 개체보다 4배 이상 크도록 사이즈를 조절합니다.

Tip
괄호 단축키로는 브러쉬 팁이 커지지 않습니다. Warp~Wrinkle까지의 도구는 브러쉬 팁을 키울 때 위와 같은 방법을 사용해야 합니다. 반대 방향은 브러쉬 팁의 사이즈가 작아집니다.

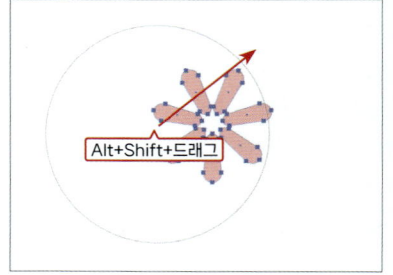

9 개체의 좌측 하단 부분에 원의 중심을 두고 클릭한 상태로 기다리면 클릭한 부분을 중심으로 개체가 1%씩 서서히 부풀어 오릅니다. 원하는 형태가 만들어지면 클릭을 해제합니다.

07 자연스럽게 사라지는 납작한 그림자 만들기

1 형태가 완성되었으면 납작한 그림자를 만들어보겠습니다. 화면의 빈 곳에 20mm인 정원을 그립니다.

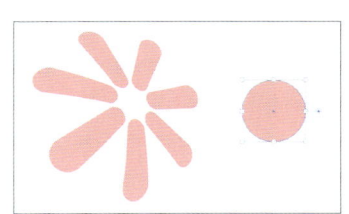

2 방사형 그라디언트로 양쪽 색상점을 분홍색으로 동일하게 지정합니다. 왼쪽 색상점의 Opacity를 50%, 오른쪽 색상점의 Opacity를 0%로 설정합니다.

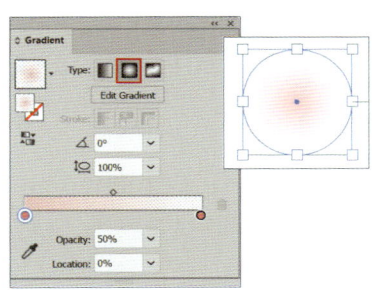

3 바운딩 박스를 조절하여 원을 납작하게 만들고 아래쪽에 배치하여 Ctrl + Shift + [로 그림자를 맨 뒤로 보내기합니다.

4 크기를 원하는 만큼 조절하고 어울리는 색상으로 배경을 만들어 뒤로 배치한 뒤 마무리합니다.

08 불꽃모양 로고 만들기

1. 10×24mm의 긴 타원을 그립니다. Anchor Point Tool로 원의 위, 아래 점을 각각 클릭하면 핸들이 모이면서 위와 아래가 뾰족해집니다.

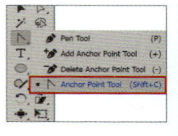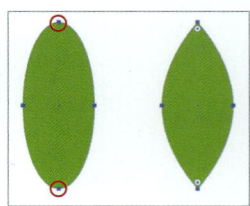

2. Direct Selection Tool로 가운데 점 2개를 선택합니다. 아래쪽으로 드래그하여 점의 위치를 밑으로 이동합니다.

   + plus 점을 이동할 때, 클릭을 놓지 않고 바로 드래그 해야 이동됩니다. 또는 선택된 상태로 키보드 화살표 방향키 ↓ 를 눌러도 됩니다.

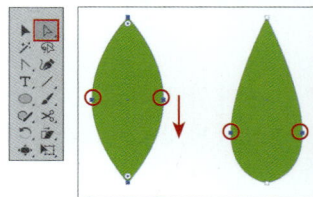

3. 개체의 사본을 만들어 우측에 배치합니다. 그리고 또 다른 색상으로 사본을 만들어 그림과 같이 배치합니다. 왼쪽 개체는 똑같은 크기로, 오른쪽 개체 위에는 작고 폭이 좁게 크기를 조절합니다.

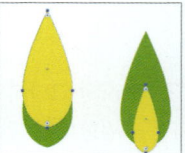

4. 패스파인더 또는 Shape Builder Tool 등을 활용하여 그림과 같이 만들어줍니다. 왼쪽 개체를 오른쪽 개체 아래로 이동시킵니다.

5. 10mm인 정원을 기존 개체 아래쪽에 맞닿도록 배치합니다. 연두색 개체만 선택하고 Rotate Tool로 노란색 원의 중심에 마우스를 두고 Alt 키를 누른 채로 클릭합니다. 60도를 입력하고 Copy를 누릅니다.

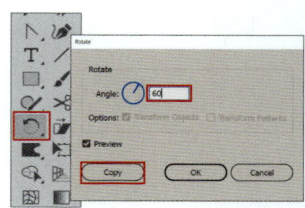

6. Ctrl + D 로 반복합니다. 가운데 작은 원은 삭제하고, 면색에 원형 그라디언트를 적용합니다.

   + plus 개체가 60도라고 해서 중심 개체를 육각형으로 만들면 회전 시 스냅이 걸리지 않습니다. 가운데 스냅이 걸리는 도형은 원과 사각형뿐입니다.(단, 2023 버전 이후로는 업데이트 되었습니다.)

7 `Ctrl`+`8` 을 눌러 컴파운드 패스를 적용합니다. 서로 떨어진 모든 개체가 연결되면서 그라디언트도 하나로 적용됩니다. 왼쪽 색상점은 밝은색, 오른쪽 색상점은 어두운색으로 자유롭게 설정합니다.

8 Bloat Tool(볼록 도구)을 더블클릭하여 옵션을 확인하고, 브러쉬 팁 크기를 조절하여 개체를 부풀립니다. 바닥 부분에 납작한 그라디언트 그림자를 만들고, 어울리는 색상으로 배경을 만들어 뒤로 배치한 뒤 마무리합니다.

ESSENTIAL THEORY — 왜곡 편집 도구의 옵션

왜곡 편집 도구

이 도구들은 모두 브러쉬를 사용하여 개체를 드래그하거나 클릭하여 왜곡시키는 도구입니다. 기본 설정값 대신 도구를 더블클릭하여 나타나는 옵션 창에서 설정값을 조절하면, 작업했던 것처럼 서서히 부풀리는 모양 등 다양한 응용이 가능합니다.

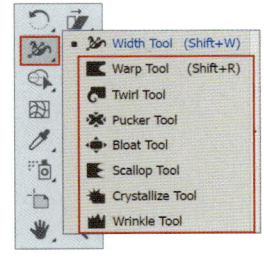

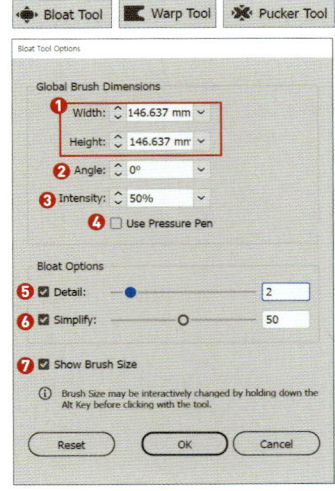

각 옵션의 기능
- **Bloat Tool, Warp Tool, Pucker Tool Options**

❶ **Width / Height** : 브러쉬 팁의 가로, 세로 크기 설정(기본으로 같은 크기로 적용되어 정원 브러쉬가 됨)
❷ **Angle** : 브러쉬 팁의 각도 설정(정원일 경우에는 적용되지 않음)
❸ **Intensity** : 왜곡 효과의 강도 설정
❹ **Use Pressure Pen** : 압력 감지가 가능한 펜 마우스 옵션
❺ **Detail** : 값이 높을수록 점의 개수가 늘어나며 모양이 섬세하게 조절됨
❻ **Simplify** : 모양을 단순하게 만듦(단순한 모양을 의도한 것이 아니라면 해제 후 작업을 권장)
❼ **Show Brush Size** : 화면에서 브러쉬 팁을 보여줌(작업 시 활성화하는 것을 권장)

ESSENTIAL THEORY — Twril, Scallop, Wrinkle Tool Options

Twirl Tool Options

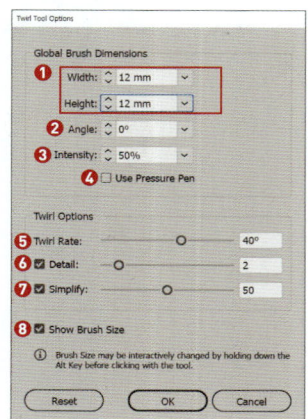

❶ Width / Height : 브러쉬 팁의 가로, 세로 크기 설정
❷ Angle : 브러쉬 팁의 각도 설정
❸ Intensity : 왜곡 효과의 강도 설정
❹ Use Pressure Pen : 압력 감지가 가능한 펜 마우스 옵션
❺ Twirl Rate : 비틀어지는 각도 설정(음수를 입력하면 반대 방향으로 비틀어짐)
❻ Detail : 값이 높을수록 점의 개수가 늘어나며 모양이 섬세하게 조절
❼ Simplify : 모양을 단순하게 만듦
❽ Show Brush Size : 화면에서 브러쉬 팁을 보여줌

Scallop Tool / Crystallize Tool Options

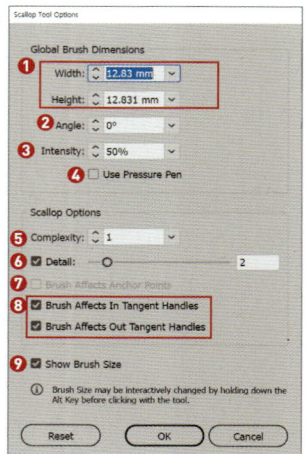

❶ Width / Height : 브러쉬 팁의 가로, 세로 크기 설정
❷ Angle : 브러쉬 팁의 각도 설정
❸ Intensity : 왜곡 효과의 강도 설정
❹ Use Pressure Pen : 압력 감지가 가능한 펜 마우스 옵션
❺ Complexity : 복잡도 설정(값이 높을수록 가리비 모양이 더 얇고 가늘어짐)
❻ Detail : 값이 높을수록 점의 개수가 늘어나며 모양이 섬세하게 조절
❼ Brush Affects Anchor Points : 효과가 점을 중심으로 적용
❽ Brush Affects In / Out Tangent Handles : 브러쉬 효과가 핸들의 안쪽 또는 바깥쪽으로 적용
❾ Show Brush Size : 화면에서 브러쉬 팁을 보여줌

Wrinkle Tool Options

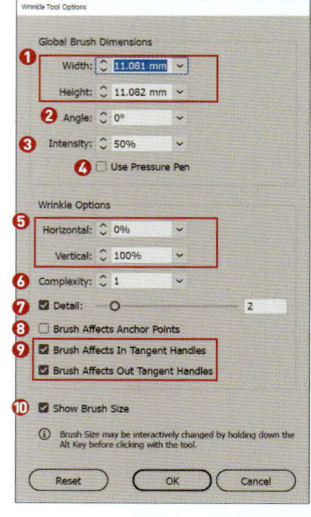

❶ Width / Height : 브러쉬 팁의 가로, 세로 크기 설정
❷ Angle : 브러쉬 팁의 각도 설정
❸ Intensity : 왜곡 효과의 강도 설정
❹ Use Pressure Pen : 압력 감지가 가능한 펜 마우스 옵션
❺ Horizontal / Vertical : 주름 효과를 가로 또는 세로 방향으로 적용
❻ Complexity : 복잡도 설정(값이 높을수록 모양이 더 얇고 가늘어짐)
❼ Detail : 값이 높을수록 점의 개수가 늘어나며 모양이 섬세하게 조절
❽ Brush Affects Anchor Points : 효과가 점을 중심으로 적용
❾ Brush Affects In / Out Tangent Handles : 브러쉬 효과가 핸들의 안쪽 또는 바깥쪽으로 적용
❿ Show Brush Size : 화면에서 브러쉬 팁을 보여줌

꼭 살펴보아야 할 WORKING-LEVEL

단축키 외우기

일러스트레이터는 기능이 많아 모든 단축키를 외우는 것은 어렵지만, 디자인 작업 시 왼손을 책상 아래에 놓고 사용하지 않는 것은 나쁜 습관입니다. 특히, 개체를 앞으로 가져오거나 뒤로 보내는 `Ctrl`+`]`, `Ctrl`+`[`, `Ctrl`+`Shift`+`]`, `Ctrl`+`Shift`+`[` 단축키는 마우스 오른쪽 버튼 클릭보다 효율적이며, 개체가 많을 경우 작업 속도를 크게 향상시킬 수 있습니다.

기능 다시 한 번 익히기 | 예제파일 DS01 > S01_2_연습문제 > Style01_Exercise.ai | 결과파일 DS01 > S01_2_연습문제 > Style01_Exercise_result.ai

Exercise

Design Style 01에서 학습한 효과들을 응용하여 새로운 디자인을 만들어봅니다. 되도록 풀이를 먼저 보지 않고 결과물을 보고 스스로 만들 수 있도록 작업해 봅니다. 색상은 다르게 변경해도 무방하며, 원하는 형태를 만들 수 있는지 확인하는 것이 중요합니다.

정사각형을 연달아 복사 및 배치하여 S 모양을 만든 뒤 불필요한 부분의 점은 삭제합니다. 원하는 개체끼리 합친 뒤 동일한 그라디언트를 적용하되 각각 그라디언트의 방향을 바꿔 작업합니다.

사각형을 45도 회전한 후 납작한 마름모꼴로 만듭니다. 5개를 연달아 배치한 뒤 가운데를 관통하는 얇은 사각형을 그립니다. 개체를 모두 합치고 모퉁이를 둥글립니다. 중심축으로 사용할 작은 원을 만들어 대각선 위쪽에 배치하고 60도로 회전합니다. Style01에서 학습한 Bloat Tool 옵션을 확인하고, 좌측 하단을 중심으로 부풀립니다. 이때, 브러쉬 팁의 크기는 개체보다 훨씬 커야 합니다.

원 5개를 간격이 동일하도록 정렬하고 하나만 색상을 다르게 지정합니다. 오른쪽 맨 위의 원 옆에 작은 원을 배치합니다. 큰 원들만 선택하여 작은 원을 중심으로 120도 회전 및 반복합니다. 회전이 끝나면 작은 원은 삭제하고 모두 선택하여 각도를 조절합니다.

Start Tool을 활용하여 Radius 값이 한쪽은 16, 한쪽은 4, 꼭짓점이 4개인 별을 만듭니다. 같은 개체를 복사하여 45도 회전한 뒤 뒤로 보냅니다. 16mm 라인을 중심에서 45도로 회전시키고 패스파인더 Divide로 조각낸 뒤 원하는 대로 색을 다르게 적용합니다.

정사각형을 연달아 배치해 ㄱ 모양을 만든 뒤, 같은 정사각형 하나를 따로 떨어뜨려 배치합니다. 떨어진 곳에 있는 정사각형을 제외하고 모든 사각형을 합친 뒤 모퉁이를 둥글립니다. 떨어진 사각형을 중심으로 90도 회전 및 복사하고, 가운데 사각형은 삭제합니다. 하나의 개체로 만들어 그라디언트를 적용합니다.

길쭉한 타원을 그려 절반을 자른 뒤 [Object]-[Path]-[Add Anchor Points]로 점을 추가합니다. 아래 가운데 추가된 점을 중심으로 30도 회전 및 복사합니다. 다양한 색상을 각각 면색으로 지정한 후 전체적으로 Opacity를 30%로 낮춥니다. Shape Builder Tool로 원하는 만큼 가운데를 없애고 Bloat Tool을 이용해 부풀립니다.

가운데 구멍이 뚫린 형태의 원을 만듭니다. 얇고 길쭉한 사각형 하나를 가운데 정렬하고 30도 회전 및 복사합니다. 패스파인더를 이용하여 아래쪽 영역만 남기고 앞에 있는 영역을 지웁니다. 각각 15도, 45도, 75도, 105도, 135도, 165도 등 30도씩 각도를 조절하여 색이 이어지도록 그라디언트를 적용합니다.

첫 번째 가장 큰 정원과 절반보다 작은 크기의 두 번째 정원을 왼쪽 정렬로 배치합니다. 그리고 작은 원 바로 오른쪽에 다른 색상으로 세 번째 원을 배치합니다. 이때, 세 번째 원은 첫 번째 원을 약간 빠져나가도록 작업합니다. 첫 번째 원을 복사하여 옆에 붙여넣기 하고, 두 원을 합쳐 Shape Builder Tool로 그림과 같이 태극무늬로 만듭니다. 큰 원을 중심으로 90도 회전한 뒤 그라디언트를 적용합니다.

15x5mm의 삼각별을 만들고 상단 꼭짓점을 기준으로 15mm 수직선 위에 정렬합니다. Bloat Tool 사용법을 응용해 Twirl Tool로 형태를 만듭니다.(옵션의 Simplify를 해제합니다.) 수직선 아래 점을 중심으로 작업한 뒤, Pen Tool로 그림과 같이 뒷부분을 개체보다 더 진한 색상으로 그려 맨 뒤로 보냅니다. 같은 중심으로 120도 회전하고 그라디언트를 적용합니다.

029

Design Style 02

Line Illust Poster
선을 세밀하게 편집하여 만든 라인 일러스트 포스터

Skill Point

라인 드로잉은 단순한 기술이 아닌, 점과 패스를 통해 섬세하고 정교한 표현을 가능하게 하는 핵심 기술입니다. 꾸준한 연습과 노력을 통해 라인 드로잉 스킬을 향상시키고 정확한 계산과 편집을 통해 명확한 작업을 수행할 수 있도록 라인 드로잉 기법을 익히는 것이 중요합니다.

Keyword

\# Direct Selection Tool
\# Shape Builder
\# Scissors Tool \# Join
\# Everage \# Transform \# Align
\# Search Keyword : line illust, line drawing in adobe illustrator

Before you Design

라인 일러스트
라인 일러스트는 그 유연성과 명확성으로 다양한 분야에서 활용됩니다. 미니멀한 로고부터 아이콘, 복잡한 일러스트레이션까지, 라인을 통해 원하는 이미지를 자유롭게 구현할 수 있습니다. 복잡한 이미지 없이 핵심 메시지를 강조하여 전달하고자 할 때 라인 일러스트는 매우 효과적인 도구입니다.

정확한 작업
라인 일러스트는 쉐이프빌더나 라이브페인트와 같은 기능과 결합하여 높은 확장성을 발휘합니다. 하지만 라인의 끝점이 정확하게 맞물리지 않으면 다른 기능과의 연동이 어려워지고 작업 효율성이 저하됩니다. 따라서 라인 일러스트에서 정확한 라인 맞물림 작업은 매우 중요한 작업입니다.

특징 및 표현법
- Effect 메뉴에서 Transform을 활용하면 반복되는 작업을 효율적으로 수행할 수 있습니다.
- 예제에 사용된 Offset Path, ZigZag 등의 기능을 자신만의 방식으로 활용하여 창의적인 결과물을 만들어 보세요.

Designer Gallery

< Simple Line Post Card >

< Poster Design >

| 예제 파일 | DS02 > S02_1_예제파일 > 없음 |
| 결과 파일 | DS02 > S02_1_예제파일 > Style02_Result.ai |

01 인쇄물과 라인 일러스트에 맞춘 세팅

인쇄용 파일은 CMYK로 작업하는 것 외에도, 잘리는 영역으로 인해 반드시 여백이 필요합니다. 또한 이 작업은 모두 같은 선 두께로 작업하기 때문에 선 두께가 바뀌지 않도록 세팅을 해준 뒤 작업해 보겠습니다.

1 [File]-[New]로 새 문서를 엽니다. 파일명은 자유롭게 작성하고 단위는 mm, 사이즈는 210×297(A4)로 작업합니다. Bleed(도련)를 사방 1mm 입력하고 문서를 생성합니다.

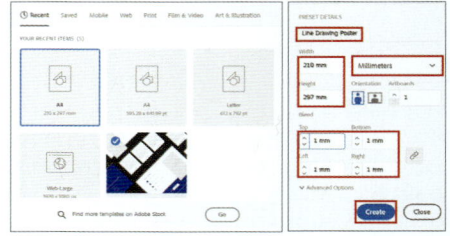

2 212×299mm의 사각형을 문서 기준으로 중앙에 정렬합니다. 면의 색상은 C80, M50, Y10, K20입니다. F7 을 눌러 [Layers] 패널을 열고 Layer 1은 잠그고 Layer 2를 새로 만듭니다.

+ plus 사각형의 색상은 다른 색으로 작업해도 무방합니다.

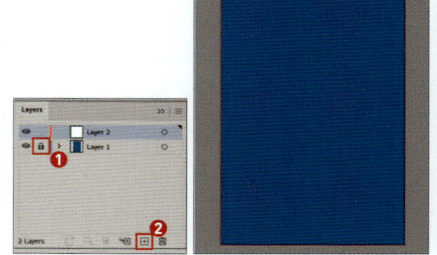

3 [Swatches] 패널에 색상을 등록하기 위해 하단의 버튼을 클릭합니다. Global을 체크하고 OK를 눌러 등록합니다.

Tip
Global 옵션에 체크하면 문서 전체에 적용할 수 있어 효율적입니다.

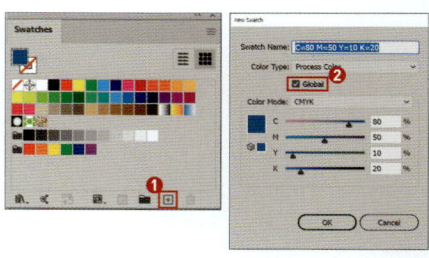

4. 184×271mm의 사각형을 만들고 문서 중앙에 정렬합니다. 면색 없이 선색만 적용합니다. 선의 색상은 C0, M53, Y18, K0입니다. Ctrl + F10 을 눌러 [Stroke] 패널을 열고 선 두께는 2pt, Cap과 Corner는 둥글게, Center로 정렬합니다.

   + plus 이 색상도 같은 방법으로 [Swatches] 패널에 등록합니다.

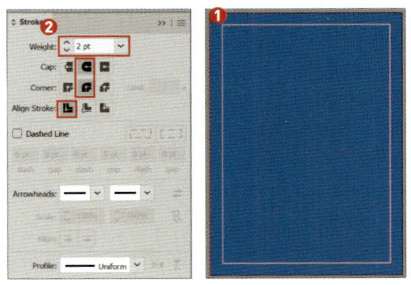

5. [Edit]-[Preferences]-[General] Ctrl + K 로 환경설정을 엽니다. Scale Strokes & Effects(선과 효과 크기조절) 옵션이 해제되어 있는지 확인한 뒤 OK를 누릅니다.

   + plus 이 예제는 모든 선의 두께가 일정하기 때문에 크기에 따라 선 두께가 자동으로 조절되는 옵션은 체크를 해제하는 것이 좋습니다.

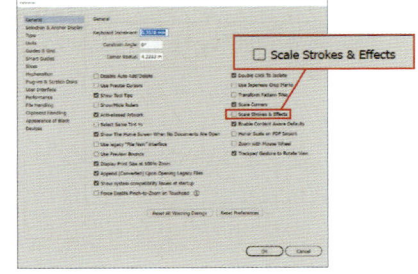

02 라인 일러스트 작업하기

1. 동일한 Stroke 설정값으로 50mm 정원을 그립니다. 원의 중심이 사각형 좌측 상단 점에 맞물리도록 배치합니다. [Effect]-[Distort & Transform]-[Transform]을 선택하고 크기를 가로 90%, 세로 90%, Copies 값을 2로 입력한 후 OK를 누릅니다.

   + plus Stroke은 모두 두께 2pt, Cap과 Corner는 둥글게, Center로 작업합니다.

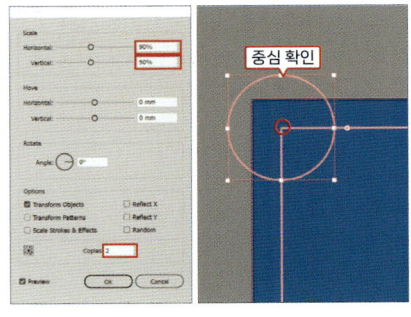

2. [Object]-[Expand Appearance]로 효과를 확장합니다. 사본을 만들어 사각형의 각 모서리마다 배치하여 총 4개를 만듭니다.

   + plus Expand(확장)와 Expand Appearance(모양 확장) 모두 효과를 일반 면이나 선으로 활성화시키는 기능입니다. 실무에서는 보통 '효과를 깬다'라고 표현합니다. Expand Appearance는 Appearance에 등록될 수 있는 효과들을 확장하고, Expand는 그 외의 효과를 확장합니다.

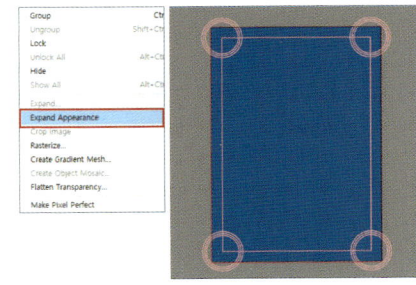

3 `Ctrl`+`A` 또는 전체 드래그하여 라인 개체를 모두 선택합니다. `Ctrl`+`Shift`+`F9` 로 [Pathfinder] 패널을 열어 Divide를 누르고 마우스 오른쪽 버튼을 눌러 Ungroup을 클릭합니다.

+ plus 레이어 1은 잠겨있으므로 선택되지 않습니다.

Tip
패스파인더가 적용된 개체는 자동으로 그룹되어 있으므로 별도로 사용하려면 그룹 해제가 필요합니다.

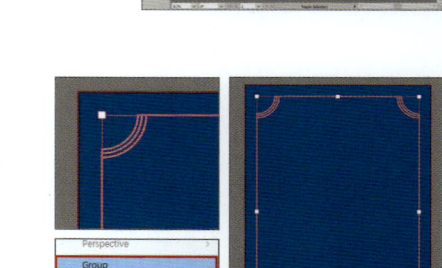

4 빈 화면을 한 번 클릭하여 선택을 해제한 뒤, 그림과 같이 불필요한 부분을 삭제합니다. 남겨진 라인은 모두 `Ctrl`+`G` 로 그룹으로 만듭니다.

+ plus 그룹으로 만들어두면 이후에 작업이 편리합니다.

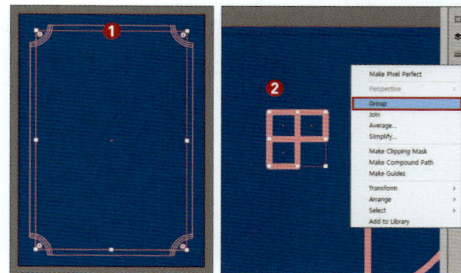

5 ① 동일한 Stroke 설정값으로 171×258mm의 사각형을 그린 뒤 문서 중앙에 정렬합니다. ② 화면을 확대하여 좌측 모퉁이 부분에서 3.3mm의 사각형을 만들어 뒤집힌 기역자 모양으로 만듭니다. 이때 패스를 정확히 맞물려 작업하고 3개를 그룹으로 만듭니다.

ESSENTIAL THEORY Outline View

메뉴에서 [View]-[Outline]을 선택하면 개체의 색상 없이 패스만 볼 수 있는 아웃라인 모드로 변경됩니다. 이를 통해 패스가 정확히 맞물렸는지 디테일하게 확인할 수 있습니다. 개행 후, 단축키 : `Ctrl`+`Y`

라인 일러스트 작업에서는 패스를 정확하게 맞물리는 것이 중요합니다. 특히 선의 두께 때문에 육안으로 확인하기 어려울 수 있으므로, 작업 중간중간 `Ctrl`+`Y` 를 눌러 Outline View로 확인하는 습관을 들이는 것이 좋습니다. `Ctrl`+`Y` 를 한 번 더 누르면 원래 작업 상태로 돌아옵니다.

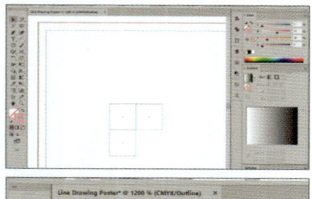

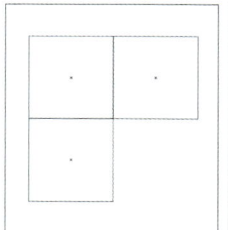
▲ 올바른 맞물림

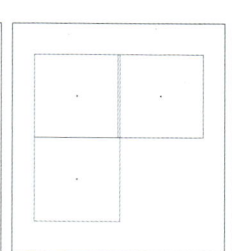
▲ 겹쳐서 잘못된 맞물림

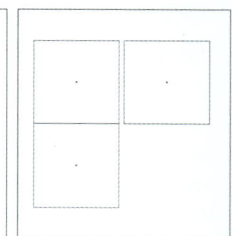
▲ 떨어져서 잘못된 맞물림

6   그룹 지은 개체를 사각형의 모서리에 배치합니다.
    모두 90도씩 회전하여 배치하고, 이때 패스가
    정확히 맞물리는지 Ctrl + Y 로 모두 확인합니다.

    + plus 중심으로 회전하는 방법도 있지만, 보다 정확한 작업을 위해 모두
    확대해서 확인해보는 것이 좋습니다.

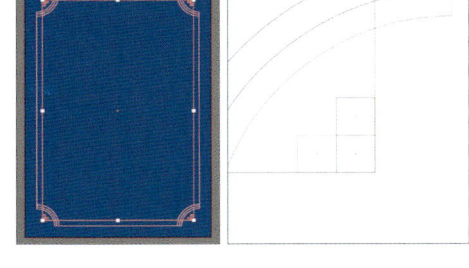

7   라인 개체를 모두 선택하고, Shift 키를 누른 채로 과정
    4에서 만든 그룹은 선택을 해제합니다. Shape Builder
    Tool(도형 구성 도구)로 Alt 키를 사용해 불필요한
    부분을 삭제합니다. 모서리 모두 동일하게 작업합니다.

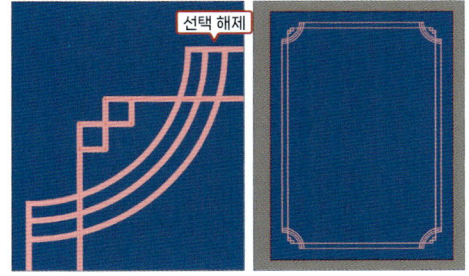

8   화면을 확대하여 3.3mm 사각형을 그린 뒤 45도 회전
    합니다. 복사하여 3개를 그림과 같이 배치하고 그룹으로
    만듭니다. 패스가 정확히 맞물리는지 Ctrl + Y 로 확인합
    니다. 먼저 문서의 가운데로 정렬한 뒤 왼쪽 라인을 가로
    지르는 곳에 겹쳐서 배치합니다.

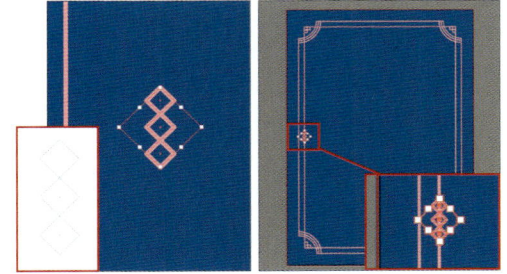

03 패스를 끊거나 연결하기

1   Scissors Tool(가위 도구)을 선택합니다. 이전에 배치한
    사각형 아래쪽의 라인 위에 마우스를 두고 아무 곳이나
    랜덤으로 패스 위를 클릭합니다. 해당 부분의 패스가
    끊어지면서 점이 같은 곳에 2개가 겹쳐서 생성됩니다.

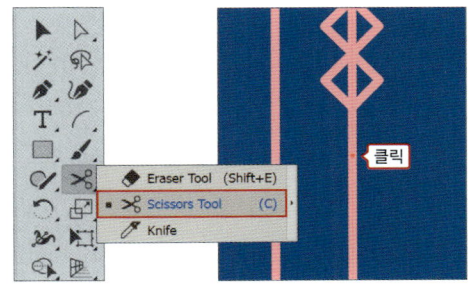

2   Direct Selection Tool(직접 선택 도구)을 선택하고, 끊어준 점을 클릭-드래그해 이동시키면 패스가 분리된 것을 확인할 수 있습니다. 점을 이동하여 그림과 같이 위치를 옮기고 반대쪽도 동일하게 작업합니다.

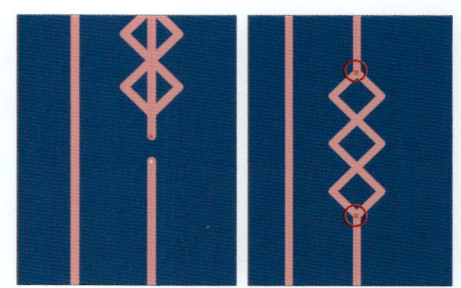

ESSENTIAL THEORY | Join과 Average

떨어진 점을 연결하는 Join(연결)
Direct Selection Tool(직접 선택 도구)을 선택하고 떨어진 점 양쪽을 선택한 후 마우스 오른쪽 버튼을 클릭하면 다양한 기능이 나타납니다. Join을 선택하면 떨어진 점이 연결됩니다.

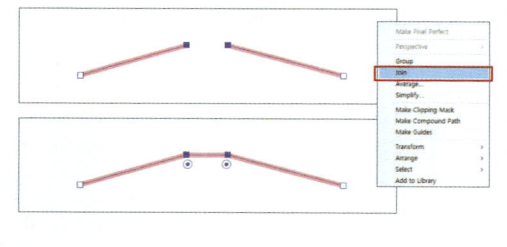

점들을 평균 거리에 모아주지만 연결은 하지 않는 Average(평균점 연결)
Average는 떨어진 거리를 계산하여 평균 위치(가운데)에 점을 모아주는 기능입니다. Join과 달리 점들을 연결하지는 않으므로, 연결을 원한다면 추가 작업이 필요합니다.

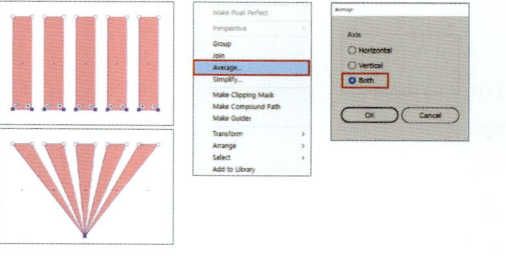

04 정확한 크기, 위치와 간격으로 작업하기

1   103×21mm의 사각형을 문서 중앙에 배치합니다. 위로 7mm 이동하기 위해 개체를 선택하고 Selection Tool (선택 도구)을 더블클릭하여 Horizontal 값은 0mm, Vertical 값은 -7mm로 입력하고 OK를 누릅니다.

+ plus   배경과 텍스트를 제외한 모든 개체는 면색 없이 선 두께는 2pt, Cap과 Corner는 둥글게, Center로 정렬하여 작업합니다.

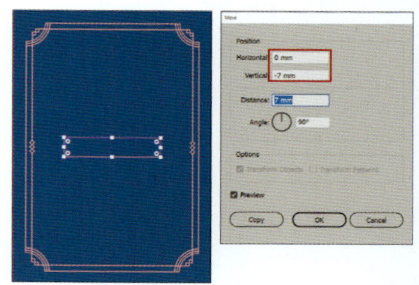

2   21×21mm의 사각형을 중앙에 배치합니다. 오른쪽으로 55mm 이동하기 위해 개체를 선택하고 Selection Tool을 더블클릭하여 Horizontal 값은 55mm, Vertical 값은 0mm로 입력하고 OK를 누릅니다.

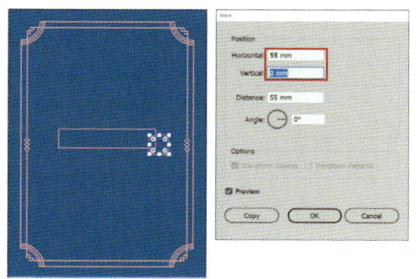

3   작은 사각형의 오른쪽 패스 가운데 점을 추가한 후 -4mm 이동합니다. 좌측 상단의 모서리 점을 Scissors Tool로 분리한 뒤 점을 이동시켜 그림과 같이 만듭니다. Pen Tool이나 Line Segment Tool을 활용하여 새로운 라인을 추가로 그립니다.

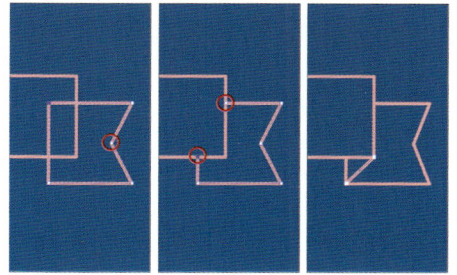

4   Line Segment Tool(선분 도구)을 선택하고 빈 화면을 클릭합니다. 옵션창에 길이를 7mm, 각도를 0으로 입력하고 OK를 누릅니다. 큰 사각형 오른쪽 가운데에 2mm인 정원도 추가로 만들어 그림과 같이 배치합니다.

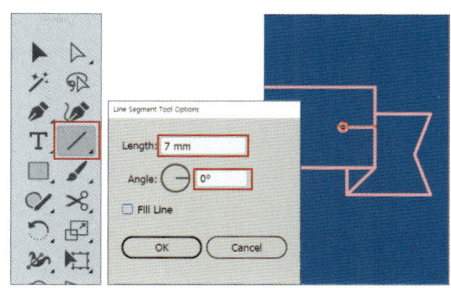

5   큰 사각형을 제외하고 나머지 개체들을 큰 사각형의 중심에서 반전시켜 반대쪽도 대칭으로 복사합니다.

Tip
큰 원의 중심을 찾기 어렵다면 Ctrl + Y 를 눌러 Outline View 모드로 전환하면 쉽게 중심을 찾을 수 있습니다.

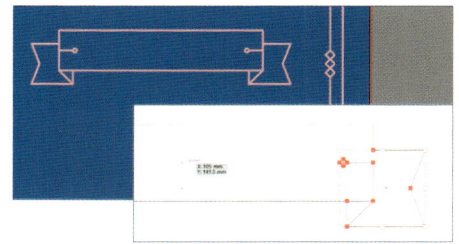

6   도형과 점 끊기, 이동 등을 이용하여 그림과 같은 개체들을 추가로 만듭니다. 디자인은 자유롭게 바꿔도 무방합니다.

+ plus   지금까지 배운 방법으로 만들 수 있습니다. 시간이 부족할 경우 완성 파일을 이용해도 좋습니다.

05 트랜스폼의 참조점 활용하기

1. 눈에 띄는 색상으로 세로 방향의 라인을 하나 그립니다. 위치를 왼쪽 작은 리본의 오른쪽 끝에 맞춰서 바로 아래에 배치합니다. [Effect]-[Distort & Transform]-[Transform]을 눌러 옵션창을 엽니다.

   + plus 길이는 한 번에 조절할 것이므로 여기서는 랜덤으로 지정합니다.

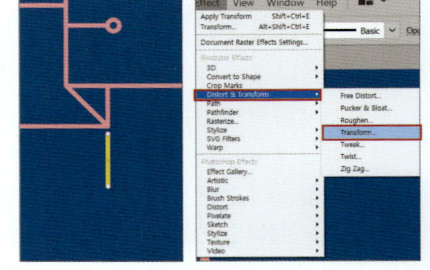

2. Horizontal에 2mm, Copies에 32를 입력하여 총 33개가 오른쪽으로 2mm 이동되면서 반복되도록 설정합니다.

   + plus 실제로 필요한 개수는 31개이지만, 양쪽 끝까지 정렬을 맞추기 위해서는 2개가 더 필요하기 때문에 33개를 만들었습니다. 작업이 끝난 후에 처음과 끝의 2개는 삭제합니다.

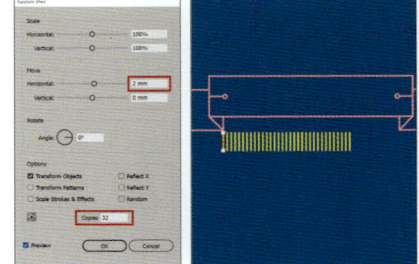

3. [Object]-[Expand Appearance]로 효과를 확장하여 33개의 선을 활성화합니다. 마우스 오른쪽 버튼을 눌러 그룹을 해제하고 빈 화면을 클릭해서 선택을 해제합니다.

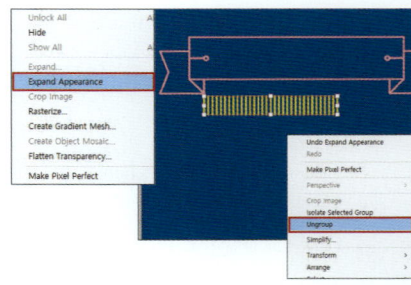

4. 가장 오른쪽 끝의 라인 하나만 이동합니다. 오른쪽 작은 리본의 왼쪽 패스 끝에 맞춰서 바로 아래로 배치합니다. 노란색 라인들을 모두 선택합니다.

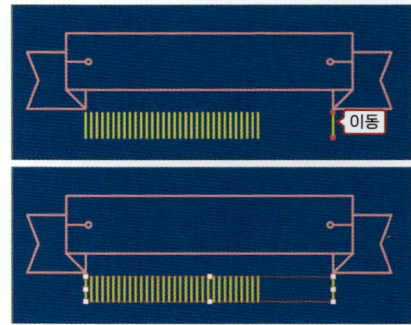

5   Shift + F7 을 눌러 [Align] 패널을 열고 기준을 선택 항목에 정렬하고 가로 공간 분포를 선택합니다. 33개의 개체가 동일한 간격으로 정렬됩니다.

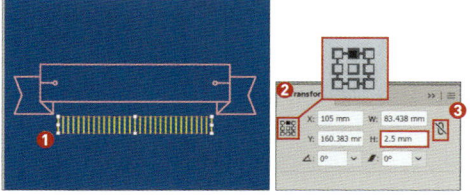

6   첫 번째와 마지막 개체 2개를 삭제합니다. ① 31개가 된 개체를 모두 선택합니다. ② Shift + F8 을 눌러 [Transform] 패널에서 참조점의 위치를 확인하고 ③ 연결고리를 해제한 후, H 값을 2.5mm를 입력하고 Enter 키를 누릅니다.

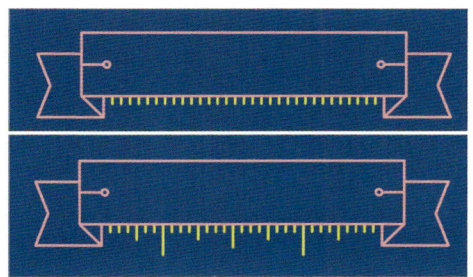

7   큰 리본 사각형의 아래쪽에 맞물리도록 배치한 뒤, Ctrl + Shift + [로 맨 뒤로 보내기합니다. 5, 10, 7.5mm 등으로 라인의 높이를 각각 다르게 조절합니다.

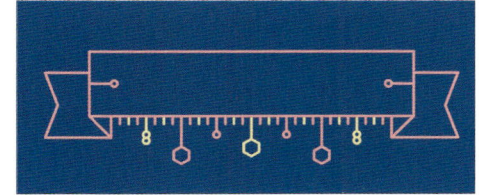

+ plus [Transform] 패널에서 연결고리는 해제하고, 참조점의 기준을 위로 잡은 후 H 값을 조절해야 합니다.

8   선의 색상을 원래 사용하던 색으로 바꿉니다. 일부는 포인트 색을 지정해서 적용하고, 추가로 도형을 만들어 장식으로 달아줍니다. 크기와 모양은 자유롭게 만듭니다.

+ plus 포인트로 지정한 색상도 견본 패널에 등록하면 작업할 때 관리가 편합니다.

06 자료 가져와 배치하기

1   [File]-[Open]으로 'Style02_elements.ai' 파일을 엽니다. 개체들을 복사하여 작업하던 곳으로 돌아와 배치합니다.

+ plus 지금까지 배운 방법으로 충분히 만들 수 있는 난이도이니 개인적으로 작업해 보아도 좋습니다.

07 선라이즈 효과 만들기

1. F7로 [Layers] 패널을 엽니다. 새로운 Layer 3을 추가하고 이전 Layer 2는 잠급니다. Line Segment Tool을 선택하고 빈 화면을 클릭하여 세로 방향의 150mm로 라인을 만듭니다.

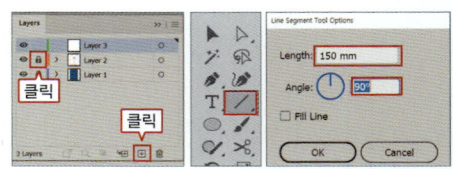

2. 150mm 라인을 건축물 가운데 문 위쪽으로 배치할 때 가운데 정렬이 맞는지 유의합니다. Rotate Tool(회전 도구)을 선택하고 아래쪽 점을 Alt 키를 누른 채로 클릭하여 15도씩 회전 및 복제합니다.

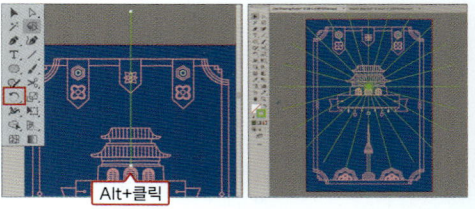

3. 개체를 모두 선택하여 [Object]-[Path]-[Add Anchor Points]로 점을 추가합니다. 같은 명령을 4~5회 정도 실행합니다. Ctrl 키를 눌러보면 Direct Selection Tool(직접 선택 도구)로 바뀌면서 점이 추가된 것을 확인할 수 있습니다.

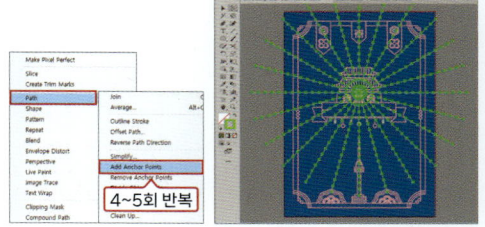

4. Selection Tool로 불필요한 부분을 먼저 삭제합니다. Lasso Tool(올가미 도구)을 선택하고, 중심에서 가까운 점들을 원하는 만큼 드래그하여 삭제합니다.

   + plus 올가미 도구를 사용하면 자유롭게 모양을 그려 원하는 부분을 선택할 수 있어 편리합니다.

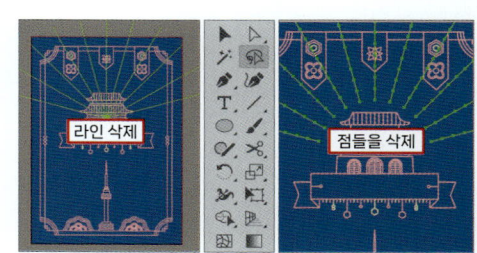

5. 점들이 많아 복잡하기 때문에 안쪽의 점들을 정돈해 줍니다. [Object]-[Path]-[Simplify]를 적용하면 추가된 점들이 삭제됩니다.

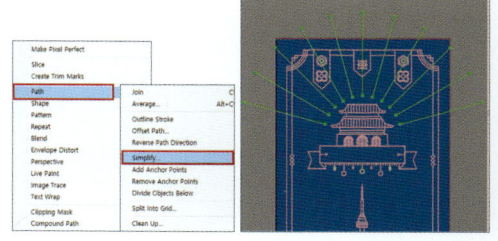

6   라인 위에 점을 추가해 보겠습니다. 패스를 선택하고 Add Anchor Point Tool(고정점 추가 도구)로 라인이 없어야 할 경계 부분을 클릭하여 점들을 추가합니다. 라인이 11개이므로 추가되는 점도 11개입니다.

7   전체 선택하면 오른쪽 그림과 같이 점이 추가되어 있습니다. Lasso Tool이나 Direct Selection Tool로 가장 외곽의 점들만 삭제하여 아래쪽 그림과 유사하게 만들어줍니다.

> **Tip**
> 패스 가이드의 색과 라인의 색이 비슷하면 작업 시 헷갈릴 수 있습니다. 잠시동안 선의 색상을 보색이나 눈에 잘 띄는 다른 색으로 변경하여 작업하는 것도 좋은 방법입니다.

8   Scissors Tool이나 Pen Tool 등을 이용하여 점 추가 및 삭제로 라인의 중간 부분을 랜덤으로 분리하고, 끊긴 부분을 삭제하여 선버스트 효과를 완성합니다.

> **Tip**
> 중심에서 퍼지는 라인들은 태양이 떠오르는 것과 비슷하다 하여 Sunrise(선라이즈) 또는 Sunburst(선버스트)라고 합니다. 가운데로 집중하여 모인다고 하여 집중선이라고 부르기도 합니다.

08 물결모양, 구름 모양 효과 만들기

1 정원 4개를 세로 방향으로 12mm, 6mm, 13mm, 6mm의 순서로 그립니다. 맞물리는 부분이 정확하게 일치해야 하며 어긋남이 없어야 합니다. 그림의 위치와 비슷한 곳에 배치합니다.

2 4개 중 위에서 두 번째 원을 선택하고 Selection Tool을 더블클릭합니다. 옵션창에 Horizontal 18mm, Vertical 0을 입력하고 OK를 누릅니다. 원이 오른쪽으로 18mm 이동됩니다.

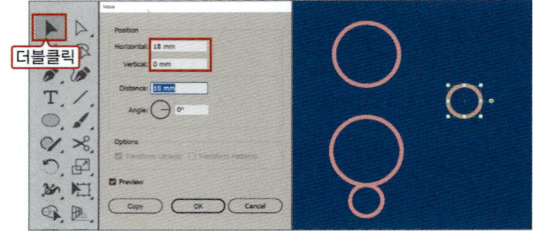

3 나머지 원들도 같은 방법으로 작업합니다. 세 번째 원은 오른쪽으로 6mm, 네 번째 원은 오른쪽으로 31mm 이동합니다.

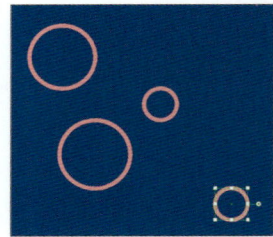

4 Direct Selection Tool을 선택합니다. 첫 번째와 세 번째 원은 오른쪽 점을 삭제하고, 두 번째와 네 번째 원은 왼쪽 점을 삭제합니다.

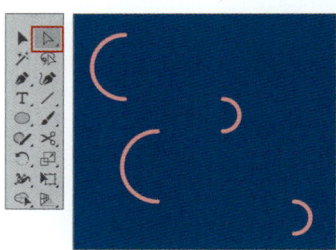

5 Pen Tool(펜 도구)을 선택하고 첫 번째 원의 아래점, 두 번째 원의 윗점을 클릭하면 연결됩니다. 이 방법으로 나머지도 모두 연결합니다.

Tip
펜 도구를 점 위에 올렸을 때 커서의 모양이 변하는지 잘 확인하고 작업합니다.

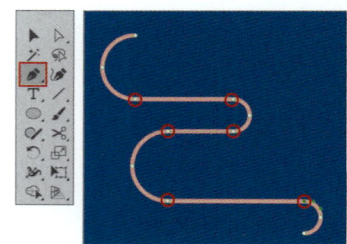

6   윗부분과 아랫부분을 Pen Tool로 조금 더 연결해서
    그림과 같이 만들어줍니다.

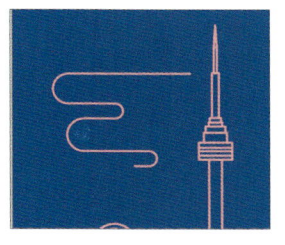

7   개체를 선택하고 [Object]-[Path]-[Offset Path]
    를 클릭합니다. 옵션창에 3.5mm를 입력하고 OK
    를 누릅니다. 사방으로 3.5mm가 커진 개체가
    만들어집니다.

    + plus 해당 개체는 열려있는 패스이므로 왼쪽과 오른쪽의 끝은
    맞닿게 만들어집니다.

 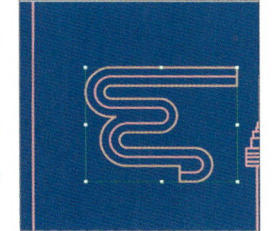

8   Direct Selection Tool로 표시된 부분의 점 4개를
    삭제합니다.

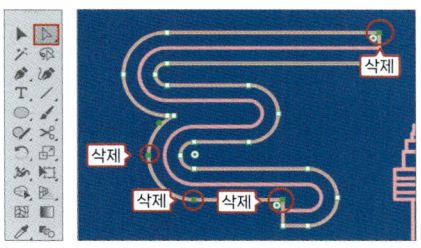

9   그림과 같은 개체가 만들어지면 모두 선택하여 그룹
    으로 설정합니다. 반대쪽도 대칭으로 복사합니다.

10 Pen Tool로 점을 추가 및 삭제하거나, Scissors Tool
    로 일부를 끊어준 뒤 이동하는 등 랜덤으로 라인의
    빈 곳들을 자유롭게 만들어줍니다.

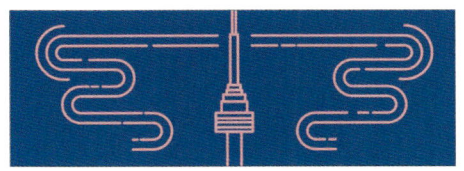

11 앞에서 배운 방법을 응용하면 구름 모양도 그림과 같이
    만들 수 있습니다.

09 지그재그 효과 사용하기

1. Pen Tool이나 Line Segment Tool 등을 이용하여 양쪽으로 건물을 그려줍니다. 똑같이 따라 하지 않아도 되며 크기만 비슷하게 그립니다.

   + plus 완성 파일에서 가지고 와 사용해도 됩니다.

2. 가로로 긴 라인을 하나 그려줍니다. 길이는 바운딩 박스로 수정할 수 있으므로 그림과 비슷하게 랜덤으로 그립니다.

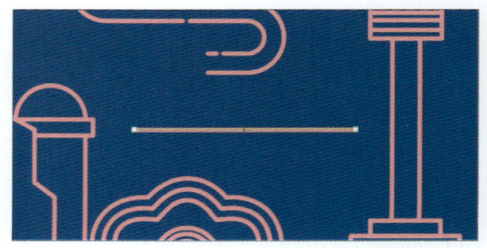

3. [Effect]-[Distort]-[Zig Zag]를 선택합니다. 옵션 창에서 Relative, Size는 7%, segment의 값은 2, Smooth를 선택하고 OK를 누릅니다.

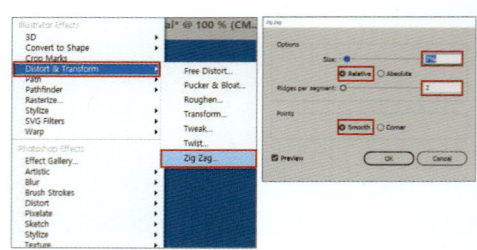

4. 만들어진 개체를 [Object]-[Expand Appearance]로 효과를 확장합니다.

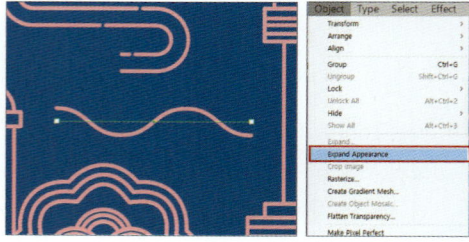

5. 개체를 타워 건물의 오른쪽으로 배치하고 바운딩 박스를 조절하여 크기를 맞춥니다. 2개 복사하여 물결치는 모양으로 만들어줍니다.

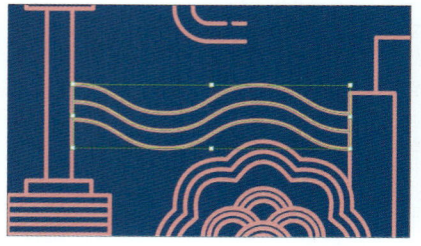

6   반대쪽도 반전시켜 대칭으로 작업합니다. 만약 모자라거나 넘치는 부분이 있다면 바운딩 박스를 조절하여 맞춰줍니다.

7   과정 2~3을 참고하여 다른 설정값으로 지그재그를 적용해 봅니다. 지그재그를 만든 후에는 [Expand Appearance]로 효과를 확장하고, 사본을 만든 뒤 일부 점을 삭제하여 예제와 유사하게 만들어봅니다.

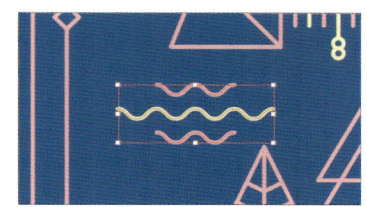

8   도형을 활용하여 나무 등 꾸밈 요소들을 추가로 작업하고 마무리합니다.

ESSENTIAL THEORY — Offset Path(패스 이동)

사방으로 균일하게 커지거나 작아지게 만들어주는 Offset Path

Offset Path(패스 이동)는 선택된 개체를 사방으로 균일하게 확장 또는 축소하는 기능입니다. 정원처럼 단순한 개체는 복사본을 직접 조작해도 되지만, 복잡한 개체를 균일하게 변형하려면 Offset Path 기능이 필요합니다. 실무에서도 빈번하게 사용되는 유용한 기능으로 향후 작업에도 반복적으로 사용되기 때문에 기억해 두는 것이 좋습니다. 값을 입력하면 원본보다 큰 개체가 뒤쪽에 생성되며, 음수를 입력하면 원본보다 작은 개체가 앞쪽에 생성됩니다.

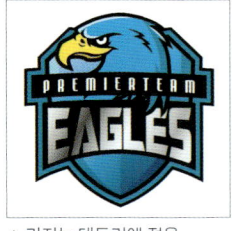
▲ 커지는 테두리에 적용

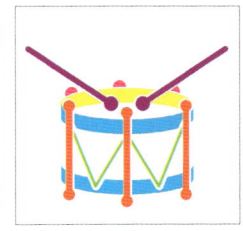
▲ 아이콘에 응용

10 텍스트 작성 및 저장하고 마무리하기

1 어울리는 서체로 타이틀을 입력합니다.

> **+ plus** 라인 포스터에는 규칙적이고 대칭적인 느낌의 서체가 어울립니다. 예제에는 'BEBAS NEUE' 폰트를 사용했습니다. (출처 : dafont.com)

2 인쇄 과정에서 글자가 깨지는 것을 방지하기 위해서 서체를 윤곽선화(아웃라인) 시키는 것이 좋습니다. [Type]-[Create Outlines] 또는 `Ctrl` + `Shift` + `O` 단축키를 누릅니다.

> **+ plus** 단, 아웃라인화하면 텍스트를 더 이상 편집할 수 없게 됩니다.

> **Tip** 실무에서는 서체나 글씨를 '깬다'라고 표현합니다. 앞으로도 자주 쓰이는 기능이므로 단축키를 외워두도록 합니다.

3 [File]-[Save As]로 작업 중인 파일을 저장하고 마무리합니다.

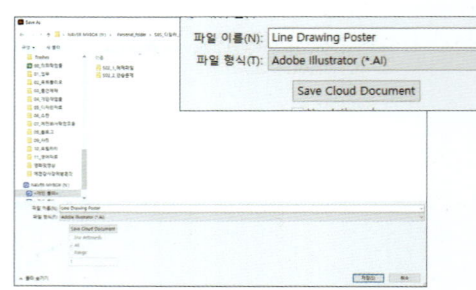

꼭 살펴보아야 할 WORKING-LEVEL

✓ **라인과 점을 정확하게 맞물려 작업하기**

정확한 선 작업과 연결은 실무에서 전문성을 평가하는 중요한 기준입니다. 깔끔하고 정교하게 연결된 요소들은 의도된 메시지를 더욱 효과적으로 전달하며, 작업의 확장성을 높여줍니다. 반면, 엉성한 작업은 디자인의 질을 떨어뜨리고 포트폴리오에도 부정적인 영향을 미칠 수 있습니다. 따라서 정확성은 품질 보증과 직결되는 필수적인 요소입니다. 의도한 곳에 정확하게 작업하는 능력을 키우기 위해 꾸준한 연습과 노력이 필요합니다.

Exercise

Design Style 02에서 학습한 효과들을 응용하여 새로운 디자인을 만들어봅니다.

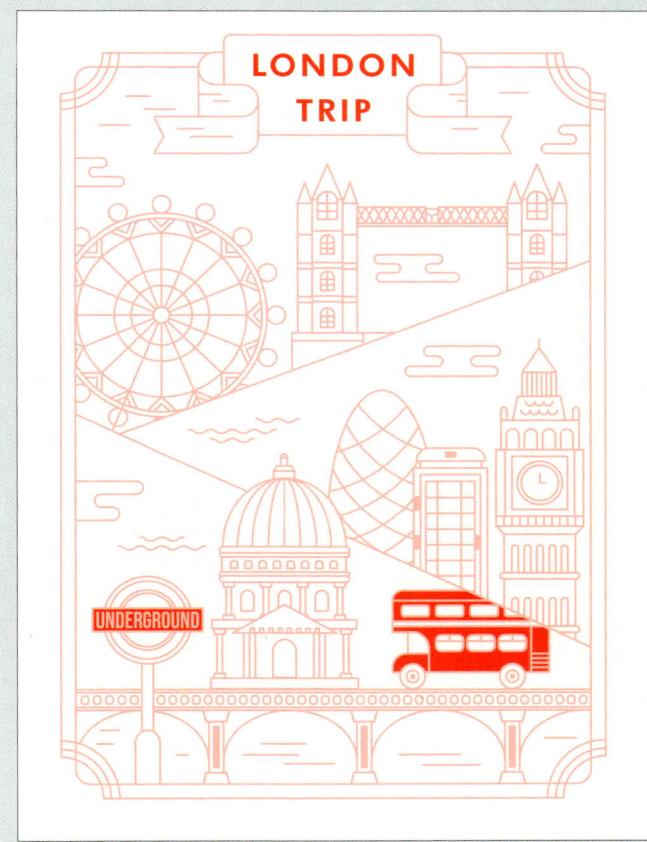

[File]-[Open]으로 'Style02_Exercise.ai' 파일을 엽니다. 기본적으로 외곽이 만들어져 있습니다. 가장 상단에 같은 속성을 가진 색상과 선으로 이어서 리본을 추가로 그립니다. 리본을 모두 그리면 화면을 원하는 대로 3분할합니다. 가장 하단에는 다리와 언더그라운드가 쓰여 있는 지하철 표지판을 그립니다. 이때, 끝점이 각각의 선에 정확히 맞물려야 하므로 스마트 가이드를 활성화했는지 확인합니다. Style02에서 배운 방법을 기억하며 작업하면 좋습니다.

그리고 중간 부분에는 영국의 상징인 빅 벤과 전화박스를 그립니다. 외곽에서 잘리는 부분의 레이아웃을 고려하여 작업합니다. 원과 중심, 회전 등을 잘 활용하여 대관람차도 그려줍니다. 보이고 싶은 영역만큼 막힌 도형을 그리고, 아래에 있는 개체와 함께 선택한 뒤 Ctrl + 7 을 눌러 클리핑 마스크를 적용합니다. 빅 벤과 전화박스 등 나머지도 가려져야 하는 부분이 있다면 클리핑 마스크를 적용하여 작업합니다.

추가적으로 다양한 건축물과 버스, 타워 브리지 등을 작업합니다. 중간에 비는 공간에는 Style02 작업 과정을 참고하여 구름 모양, 지그재그 등 꾸며주는 요소들로 채워줍니다. 포인트가 될 만한 개체를 선택하고 면색을 포스터의 메인 색과 어울리는 강렬한 색으로 지정합니다. 상단 리본에 'LONDON TRIP'이라는 타이틀을 입력하고 마무리합니다. 정해진 색상만 사용하는 것에 그치지 않고 어울리는 컬러팔레트를 찾아 본인이 직접 선과 면의 색을 다양하게 바꿔봅니다.

`Design Style 03`

Retro Stickers
텍스트와 다양한 기능을 활용한 레트로 스티커

Skill Point

레트로한 느낌을 살린 스티커를 디자인해 봅니다. 시대적 특징을 반영하는 폰트와 색상을 활용하여 과거의 스타일을 재현하면서 현대적인 느낌을 유지하는 것이 중요합니다.

Keyword

\# Type on a Path Tool \# Offset Path
\# Pucker & Bloat \# Make with Warp
\# Search Keyword : retro sticker, retro fruits sticker, vintage label

Before you Design

레트로 디자인
레트로 디자인은 과거의 향수를 불러일으키면서 현대적인 감각을 더하여 독특하고 매력적인 분위기를 연출하는 디자인 트렌드입니다. 특정 시대의 문화, 사회, 예술 등을 반영하여 과거의 특징을 현대적인 디자인에 조화롭게 접목합니다.

특징 및 표현법
- 라벨을 디자인하기 전에 용도, 규제 사항, 정보 전달 등을 정확히 파악하고 디자인해야 합니다. 특히 식품, 주류, 의약품 등 규제가 있는 제품의 경우 해당 규정을 준수해야 합니다.
- 균형 잡힌 디자인을 유지하기 위해 레이아웃과 정렬 작업이 중요합니다.

색상과 폰트
시대마다 그만의 고유한 컬러 팔레트와 폰트 스타일을 가지고 있습니다. 예를 들어, 1920년대 서양은 아르데코 스타일의 화려하고 우아한 폰트를 많이 사용했고, 1960~70년대는 대담하고 자유로운 퓨처리스틱한 폰트를 주로 사용했습니다. 이러한 시대적 스타일을 적용하면 더욱 빈티지하고 감성적인 느낌을 더한 레트로 디자인이 완성됩니다.

Designer Gallery

< 레트로 빈티지 스티커 / 출처 : freepik.com >

< 레트로 빈티지 스티커 / 출처 : freepik.com >

| 예제 파일 | DS03 > S03_1_예제파일 > Style03_1.ai, Style03_2.ai, Style03_3.ai |
| 결과 파일 | DS03 > S03_1_예제파일 > 없음 |

01 텍스트를 도형에 적용하기

실무에서는 이미지와 텍스트가 함께 쓰이는 경우가 많기 때문에 텍스트 작업을 다양하게 구사할 수 있도록 연습하는 것이 좋습니다. 도형과 텍스트를 활용한 스티커를 만들어보겠습니다.

1 [File]-[Open]으로 'Style03_1.ai' 파일을 엽니다. 우측 이미지와 같이 스티커 디자인 2개가 있습니다. 하단의 빈 공간에서 따라해 보겠습니다.

2 선색 없이 면색은 C77, M51, Y0, K0으로 48mm인 정원과 정사각형을 그립니다. 원은 절반만 보이도록 사각형을 원 위로 겹쳐줍니다. Ctrl + Shift + F9 를 눌러 [Pathfinder] 패널을 열고 Unite로 두 개체를 합칩니다.

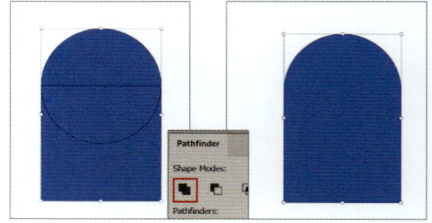

3 합쳐진 개체가 선택된 상태에서 [Object]-[Path]-[Offset Path]를 적용합니다.

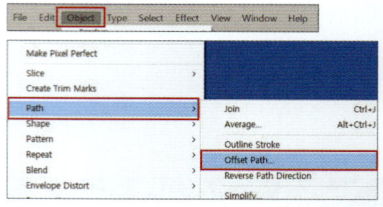

4 2mm를 입력하고 OK를 누릅니다. 면 색상을 다른 색으로 바꿔줍니다.

> **Tip**
> 원본과 동일한 색상으로 만들어지므로 바로 색을 바꿔주는 것이 작업하기 편리합니다. 결과물은 흰색이지만 화면에 잘 보이도록 작업 과정에서는 노란색을 지정했습니다.

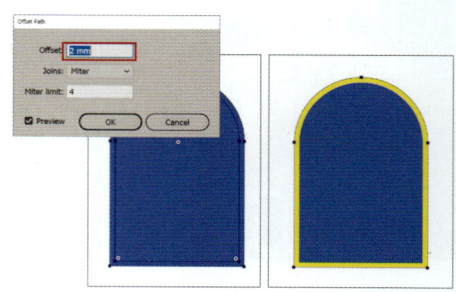

5   다시 파란색 개체를 선택합니다. [Object]-[Path]-
    [Offset Path]에서 -9mm를 입력하고 OK를 누른 뒤,
    핑크색으로 바꿔줍니다.

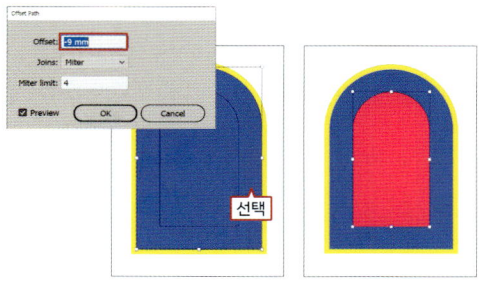

6   이번에는 핑크색 개체를 선택합니다. [Object]-[Path]-
    [Offset Path]에서 -4mm를 입력하고 OK를 누른 뒤
    오렌지색으로 바꿔줍니다.

7   Type on a Path Tool(패스 상의 문자 도구)을 선택합니다.
    핑크색 개체의 패스 윗부분을 클릭합니다. 마지막으로 사용
    했던 폰트나 기본으로 지정된 폰트와 크기로 HTML 자동
    채우기 문자가 패스를 따라 삽입됩니다.

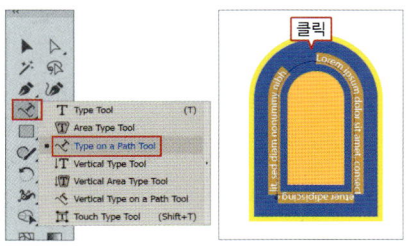

8   'LET'S TRAVEL THE WORLD'로 수정합니다. 원하는
    서체와 크기로 바꾼 뒤 단락을 가운데 정렬합니다.

     plus   예제에서는 'Zoika Bold', 26pt, 흰색으로 수정했습니다. (출처 :
    dafont.com)

    Tip
    본 교재에는 다양한 디자인 작업을 위해 여러 폰트를 사용해 제작했으나 기본
    폰트로 대체하여 작업해도 문제없습니다.

9   Direct Selection Tool(직접 선택 도구)로 글씨 하단의
    가운데 중심점을 드래그하면 글씨를 이동시킬 수 있습니다.
    드래그하여 중심점이 개체 상단으로 오도록 조절합니다.

    Tip
    이동하는 과정에서 시작점, 중심점, 끝점이 의도하는 대로 잘 이동이 되지 않을
    수 있습니다. 실패하더라도 여러 번 작업해 보면서 원하는 곳에 위치시킬 수 있
    는 방법을 터득할 수 있게 연습해야 합니다.

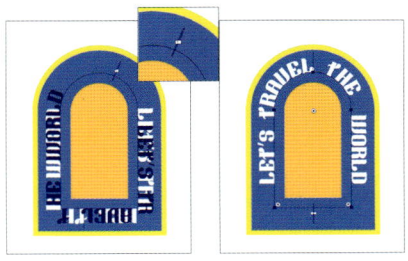

10 Direct Selection Tool로 오렌지색 개체의 하단 점 2개를 선택하여 글씨 위치까지 이동시킵니다. 하단에 'HAPPY DAY'를 입력한 뒤, 문자의 세로폭과 가로폭을 조절합니다.

+ plus 예제에서는 세로폭을 150%, 가로폭을 96%로 지정했습니다.

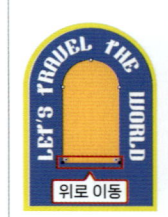

02 Pucker & Bloat로 클로버 모양 그리기

1 적당한 크기로 새로운 정사각형을 그립니다. 선색은 없이 면색만 임의의 색을 지정합니다. [Object]-[Path]-[Add Anchor Points]를 클릭합니다.

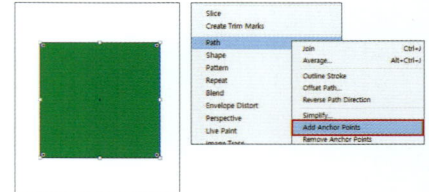

2 점과 점 사이에 하나의 점이 더 추가되어 점의 개수가 2배로 늘어난 것을 확인할 수 있습니다. [Effect]-[Distort & Transform]-[Pucker & Bloat]를 클릭합니다.

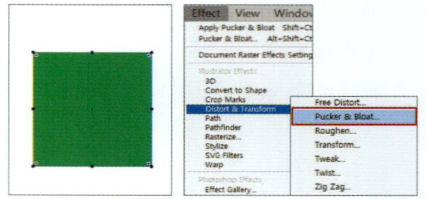

3 값을 30%로 입력하여 점과 점 사이가 부풀어 오르는 효과를 적용합니다. 점이 추가되어 클로버처럼 가운데가 갈라진 네 잎사귀 모양으로 적용됩니다.

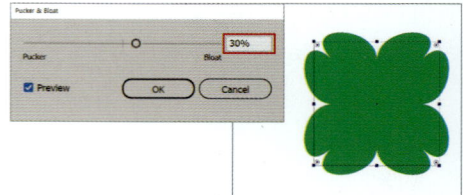

ESSENTIAL THEORY Add Anchor Points

Add Anchor Points (고정점 추가)

점과 점 사이의 정 가운데에 새로운 점을 추가하여 점의 개수를 두 배로 늘려줍니다. 정 가운데는 핸들 길이의 가운데를 의미합니다. 따라서 핸들의 길이가 서로 다른 타원의 경우 정 가운데에 추가된 점의 거리가 균일해 보이지 않습니다.

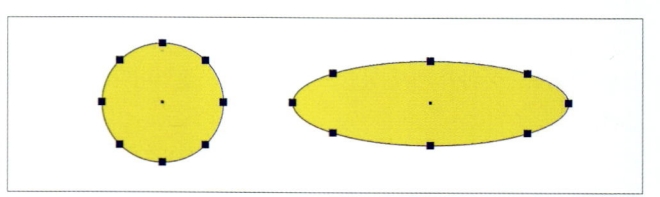

▲ Add Anchor Points를 정원에 적용한 경우(좌측)와 타원에 적용한 경우(우측)

4 [Object]-[Expand Appearance]를 누르면 해당 효과가 확장되면서 개체의 아웃라인이 활성화됩니다.

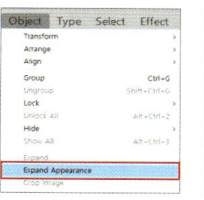 

5 Pen Tool(펜 도구)이나 Arc Tool(호 도구) 등으로 곡선을 그려줍니다. 선을 그릴 때 시작점이 위쪽이어야 합니다. 선색과 두께를 원하는 만큼 지정합니다.

6 상단의 Control 패널에서 Width Profile 목록을 엽니다. 시작점은 두껍고 끝점은 얇아지는 Width Profile 4를 선택합니다. 해당 Width가 선에 적용되어 위는 두껍고 아래는 얇아집니다.

+ plus [Window]-[Control]을 선택해 제어 패널을 불러올 수 있습니다.

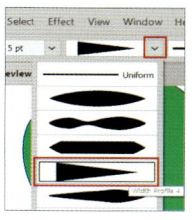 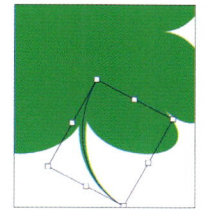

7 [Object]-[Expand Appearance]로 효과를 확장합니다. 두 개체를 모두 선택하고 [Pathfinder] 패널을 열어 Unite 를 누릅니다.

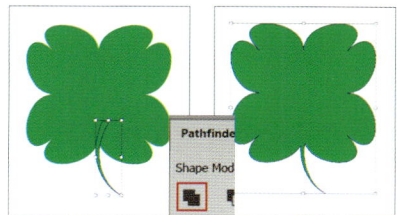

ESSENTIAL THEORY — Pucker & Bloat

[Effect]-[Distort & Transform]-[Pucker & Bloat]

도구 패널에 있는 Pucker, Bloat 기능과는 다르게 [Effect] > [Distort & Transform] 메뉴는 점과 점 사이를 균일하게 모으거나 부풀립니다. 이러한 특징으로 별, 눈송이 등 반짝이는 모양이나 꽃문양을 쉽게 만들 수 있습니다. 입력한 수치에 따라 다양한 변형 결과를 얻을 수 있습니다.

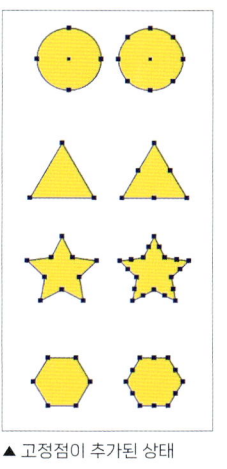 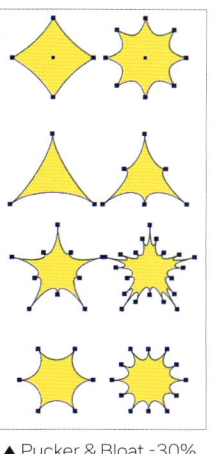 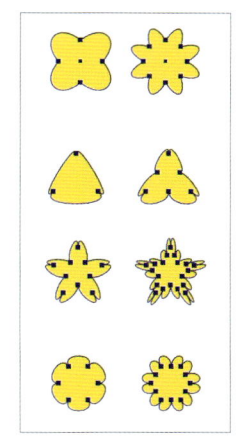

▲ 고정점이 추가된 상태　　▲ Pucker & Bloat -30%　　▲ Pucker & Bloat 30%

03 클로버 얼굴 그리기

1. 흰색 면과 검은색 선을 지정하고, 길쭉한 타원을 2개 그려 그림과 같이 겹쳐줍니다. 두 개체를 모두 선택하고 Shape Builder Tool(도형 구성 도구)을 선택합니다.

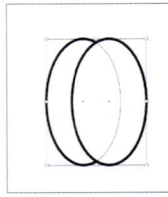 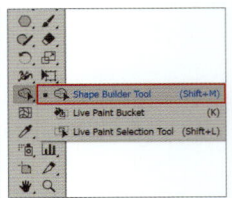

2. Alt 키로 불필요한 부분을 삭제합니다. 눈 안쪽 개체를 선택하고 면색에 검은색을 적용합니다.

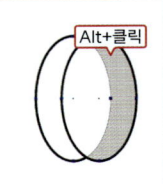 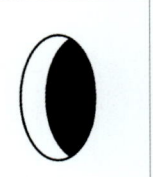

3. 삼각형을 그려 회전시킨 뒤 눈 개체 위에 올려줍니다. 안쪽 검은색 원과 삼각형만 선택한 상태에서 Alt 키를 누른 채로 삼각형 부분을 드래그하여 삭제합니다. 또는 [Pathfinder] 패널에서 Minus Front를 누릅니다.

4. 완성된 눈 개체를 복사 및 이동하여 2개로 만듭니다. Pen Tool 또는 원에 점을 추가하고 나머지 점들을 삭제하여 코와 입을 그려줍니다. 선 두께는 원하는 대로 지정합니다.

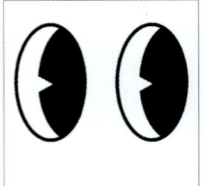 

5. 완성된 눈코입을 클로버 위에 올려 위치나 크기를 조정하고 그룹 Ctrl + G 으로 만들어 이전에 만들어둔 스티커 개체 위에 배치합니다.

6. 오렌지색 아치형 개체와 초록색 클로버를 함께 선택한 뒤, Shape Builder Tool로 왼쪽 튀어나온 부분을 Alt 키로 삭제합니다.

7   클로버 뒤의 아치형 개체는 노란색, 맨 뒤에 정렬된 아치형
    개체는 흰색으로 각각 면색을 바꿔줍니다.

8   흰색으로 바꾼 아치형 개체를 선택하고 [Effect]-
    [Stylize]-[Drop Shadow]를 클릭합니다. 색상은 검은색,
    블렌드 모드는 Multiply, Opacity 값은 30%, X와 Y의
    이동값은 각각 0.5mm, Blur 값은 0으로 선명한 그림자가
    나오도록 설정값을 지정합니다.

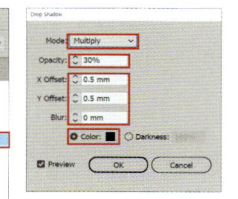

9   개체에 그림자가 적용됩니다. 모두 선택하고 글씨를
    윤곽선으로 만들기 위해 [Type]-[Create Outlines]
    Ctrl + Shift + O 를 누르고 작업을 마무리합니다.

04 텍스트에 Envelope 효과 사용하기

1   48×62mm의 직사각형을 그립니다. Shift + F8 을 눌러
    [Transform] 패널을 열고 사각형의 라운드 값을 모두 20mm
    로 입력합니다.

    + plus 모퉁이 반경 값이 연결되어 있으면 하나만 입력해도 같은 값으로 자동
    설정됩니다.

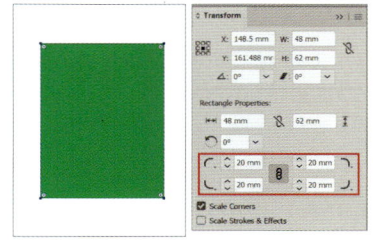

2   모퉁이에 라운드 값이 적용됩니다. [Object]-[Path]-[Offset
    Path]를 클릭합니다.

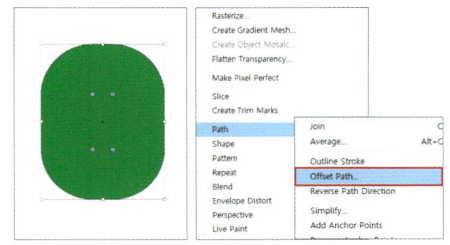

3   값을 2mm를 입력하고 OK를 누릅니다. 사방으로 2mm 커진 개체가 만들어집니다. 구분하기 쉽도록 바로 다른 면색으로 바꿔줍니다.

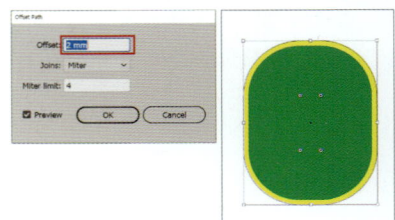

4   다시 녹색 개체를 선택한 후 이전과 같이 [Offset Path]를 적용합니다. 이번에는 -11mm를 입력하고 면색을 핑크색으로 바꿔줍니다. Type on a Path Tool로 핑크색 개체의 패스 윗부분을 클릭하면 패스를 따라 문자가 입력됩니다.

5   'RELAX AND HEALING LIFE'를 입력하고 면색을 흰색으로 바꿉니다. 이전 과정을 참고하여 작업합니다.

   + plus   예제에서는 'Excalibur Nouveau Mdeim', 25pt로 작업하였습니다. (출처 : dafont.com)

 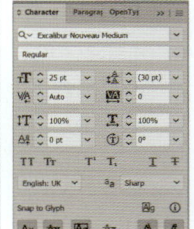

6   가로 40mm의 오렌지색 선을 그려줍니다. 선 두께는 원하는 만큼 지정합니다. 노란색 원과 선을 활용하여 그림과 같이 눈코입을 만들고 그룹으로 설정합니다.

7   선 아래쪽에 노란색으로 'AWESOME'을 입력한 뒤, [Object]-[Envelope Distort]-[Make with Warp]를 클릭합니다.

 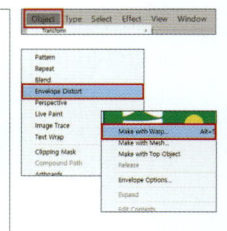

8   Style 목록에서 Arc Lower를 선택하고 Bend 값을 35% 입력한 뒤 OK를 누릅니다. 아래 부채꼴 모양이 만들어지면 위치와 크기를 바운딩 박스로 조절합니다.

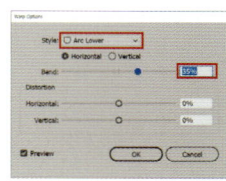 

9 개체를 모두 선택하고 [Object]-[Expand]를 클릭합니다.
   확장 옵션창이 뜨면 모두 체크되어있는지 확인하고 OK를
   누릅니다. 개체가 모두 활성화됩니다.

   + plus Expand가 비활성화 되어있으면 먼저 Expand Appearance를 적용
   해 봅니다.

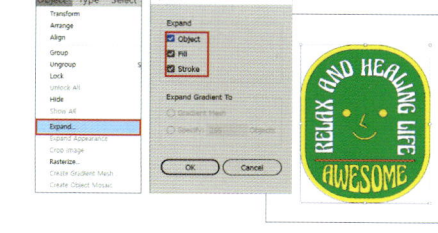

10 맨 뒤에 정렬된 개체를 흰색으로 바꾸고 [Drop Shadow]
   를 클릭하여 개체에 그림자를 적용하고 마무리합니다.

   + plus 이전과 동일한 설정값으로 선명한 그림자를 적용합니다.

05 단순화된 V손가락 모양 만들기

V 표시나 엄지를 치켜든 Thum up 표현의 손가락 모양을 만드는 방법을 알아두면 다양한 작업에 활용할 수 있습니다.

1 [File]-[Open]으로 'Style03_2.ai' 파일을 엽니다. 우측
   이미지와 같이 스티커 디자인 2개가 있습니다. 하단의
   빈 공간에서 따라해 보겠습니다.

2 62mm의 녹색 원을 그린 뒤 ① [Offset Path] 기능으로
   사방으로 3mm가 더 큰 노란 원을 만듭니다. ② 다시 녹색
   원을 선택하고 사방으로 -8mm 작은 파란 원을 만듭니다.
   ③ 다시 파란 원을 선택하고 사방으로 -5mm 작은 오렌지색
   원을 만듭니다.

3 Type on a Path Tool로 파란색 개체의 패스를 클릭하여
   'ALWAYS BE FUN AND HAPPY! LUCKY'를 입력합니다.
   다른 내용을 적어도 무방합니다. 위치를 조정하고 흰색을
   적용합니다.

   + plus 예제에서는 'Franklin Gothic Heavy', 16pt로 작업하였습니다.

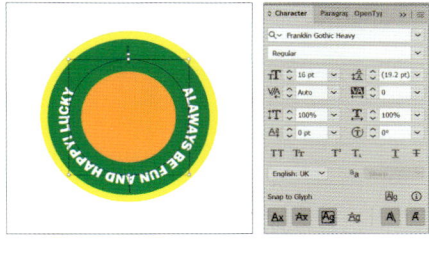

4 글씨가 적힌 개체를 작업 화면 빈 공간에 복사합니다.
   임시로 검은색으로 바꿔준 뒤 원을 180도 회전합니다.
   'VICTORY'로 수정하고 면색 없이 선색을 검은색으로
   지정하고 그림과 같이 위치를 조절합니다.

   ➕ plus Shift + X 키로 선과 면색을 반전할 수 있습니다.

5 기존에 작업한 개체 위에 배치하고 선색을 흰색으로 바꾼
   뒤 단락을 가운데 정렬합니다. [Transform] 패널을 열고
   원의 크기를 41mm로 수정합니다.

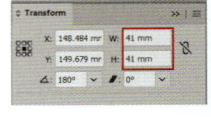

6 Ctrl + F10 을 눌러 [Stroke] 패널을 열고 선 두께를 1pt,
   Cap과 Corner를 둥글게 처리합니다.

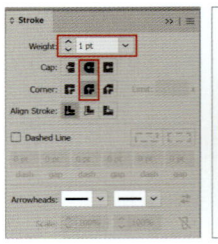

7 면색은 흰색, 선색은 녹색으로 8×24mm의 직사각형
   모퉁이를 최대로 둥글립니다. 사본을 만들어 개체를 2개
   로 만든 뒤, 각각 10도와 -10도로 회전시켜 그림과 같이
   배치합니다. 두 개체를 패스파인더로 합칩니다.

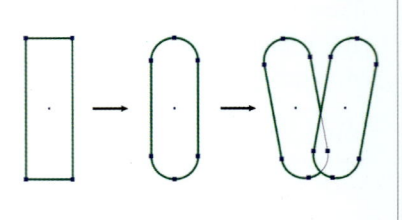

8 7.5×16mm의 직사각형 모퉁이를 최대로 둥글립니다.
   사본을 만들어 각각 오른쪽으로 45도, 왼쪽으로 45도 회전
   및 복사하여 그림과 같이 개체를 배치합니다.

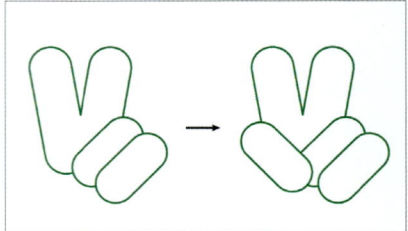

9 22×15mm의 직사각형을 그려 맨 뒤로 보내기 합니다.
   사각형의 하단 점 2개만 선택하여 모퉁이를 원하는 만큼
   둥글립니다.

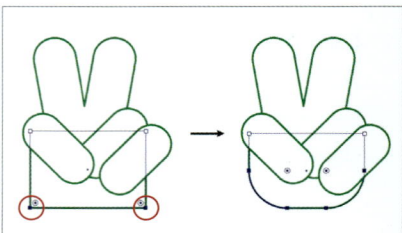

10 15×2mm의 직사각형 모퉁이를 최대로 둥글리고 그림과 같이 배치합니다. [Object]-[Envelope Distort]-[Make with Warp]를 클릭합니다.

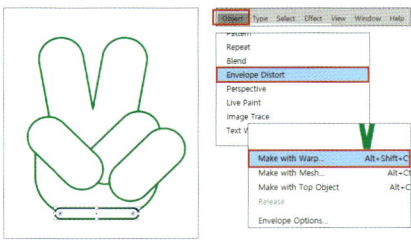

11 Style 목록에서 Arc를 선택하고 Bend 값을 -15% 입력한 뒤 OK를 누릅니다. [Object]-[Expand]에서 옵션창이 뜨면 OK를 눌러 개체를 확장합니다.

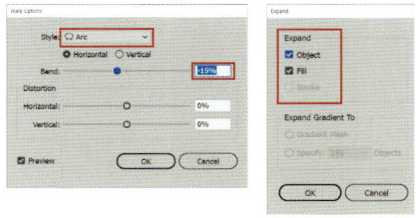

12 개체를 모두 선택합니다. Ctrl + C , Ctrl + B 를 눌러 사본을 제자리 뒤에 붙여넣기 합니다. [Pathfinder] 패널을 열어 Unite를 누릅니다.

+ plus 뒤쪽에 복사된 개체로 작업하기 때문에 눈에 잘 보이지 않습니다. 빈 화면을 클릭하지 말고 바로 진행해야 합니다.

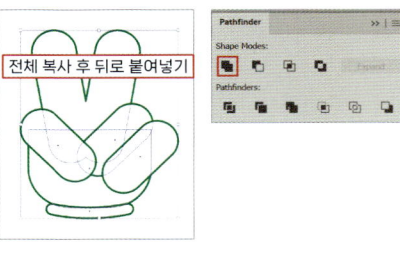

13 [Effect]-[Path]-[Offset Path]를 클릭합니다. Offset 값을 1.5mm를 입력한 뒤 OK를 누릅니다.

Tip
메뉴의 [Object]-[Path]-[Offset Path]에서는 사방으로 크거나 작은 사본을 만들지만, [Effect]-[Path]-[Offset Path]에서는 선택한 개체가 직접 커지거나 작아집니다.

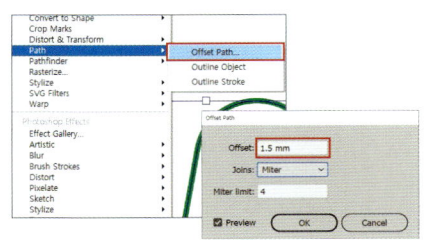

14 사방으로 1.5mm 커진 개체가 선택된 상태에서 [Object]-[Expand Appearance]를 눌러 개체를 확장합니다.

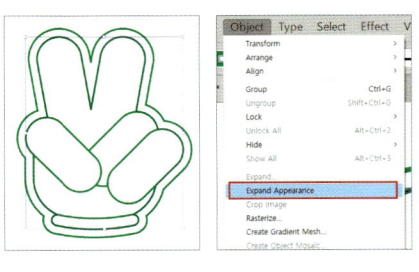

15 개체는 면 개체와 선 개체로 따로 그룹 지어진 채로 확장됩니다. 마우스 오른쪽 버튼을 눌러 Ungroup Ctrl + Shift + G 으로 그룹을 해제합니다. 분리된 선 개체만 선택하기 위해 Group Selection Tool(그룹 선택 도구)을 선택합니다.

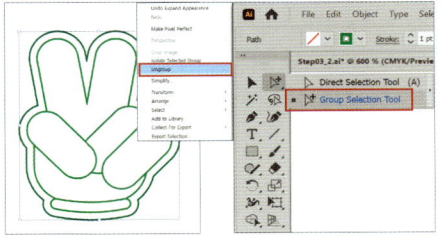

16 빈 화면을 한 번 클릭했다가 Group Selection Tool로 개체의 가장 외곽선을 선택합니다. 도구 패널 하단에 면색 없이 선색만 나오는 것을 확인한 후 삭제합니다. 다시 외곽 쪽을 선택하여 선색 없이 면색만 나오는 것을 확인합니다.

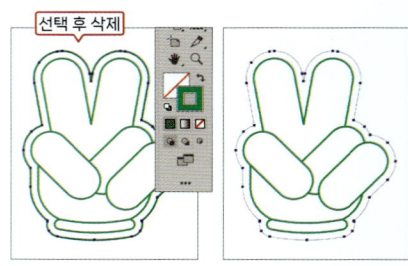

17 손가락 개체를 그룹으로 만들고 기존 스티커 위에 배치한 뒤 각도와 크기를 조절합니다. 모두 선택한 후 Ctrl + Shift + O 로 글씨를 모두 윤곽선으로 만듭니다.

18 맨 뒤에 노란 개체를 선택한 뒤, 면색을 흰색으로 바꾸고 이전과 같은 방법으로 [Drop Shadow] 효과를 지정하고 마무리합니다. 설정값을 다르게 적용해도 됩니다.

06 단순화된 Thumbs up 모양 만들기

1 9×4mm의 직사각형 모퉁이를 최대로 둥글립니다. 면색은 흰색, 선색은 녹색으로 지정합니다. 사본을 만들고 위로 중첩으로 쌓아서 그림과 같이 배치합니다.

2 16×14mm의 직사각형을 만들어 가장 뒤로 배치합니다. [Transform] 패널을 열어 모퉁이 반경값 연결을 해제하고 왼쪽 위와 아래에는 3mm, 오른쪽 위와 아래에는 5mm의 값을 입력합니다.

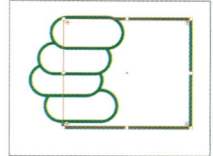 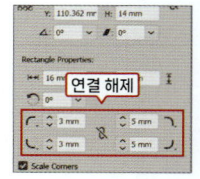

3 4.5×11mm의 직사각형 모퉁이를 최대로 둥글립니다. 가장 뒤로 배치한 뒤, 과정 2에서 만든 사각형과 함께 선택하고 [Pathfinder] 패널에서 Unite를 누릅니다.

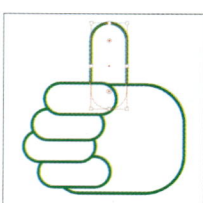 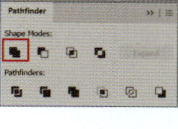

4 합쳐진 개체에서 Direct Selection Tool로 엄지와 손바닥이 연결되는 점 하나를 선택하고 모퉁이를 최대로 둥글립니다.

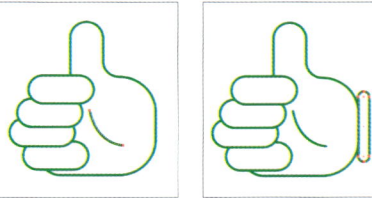

5 손바닥 위에 면색 없이 선색으로 곡선을 그려줍니다. 1.5×10mm의 직사각형을 그린 후 모퉁이를 최대로 둥글려 그림과 같이 배치합니다.

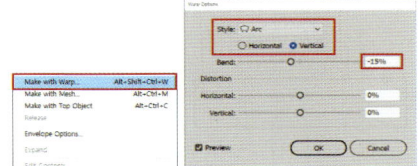

6 [Object]-[Envelope Distort]-[Make with Warp]를 클릭합니다. Style 목록에서 Arc, Vertical을 선택하고 Bend 값을 -15% 입력한 뒤 OK를 누릅니다.

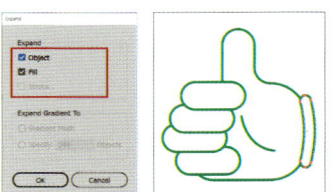

7 [Object]-[Expand]로 개체를 확장하고 엄지를 든 손 모양을 완성합니다.

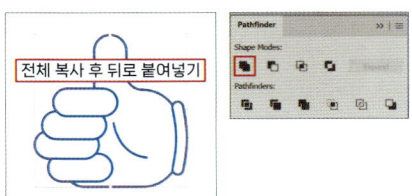

8 모두 선택한 후 선색을 파란색으로 바꿔줍니다. Ctrl + C , Ctrl + B 를 눌러 사본을 제자리 뒤에 붙여넣기 합니다. [Pathfinder] 패널을 열어 Unite를 누릅니다.

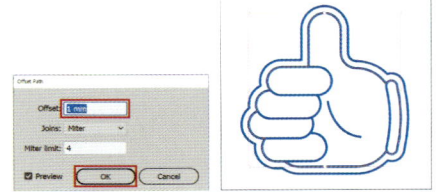

9 [Effect]-[Path]-[Offset Path]에서 Offset 값을 1mm를 입력한 뒤 OK를 누릅니다. 사방으로 1mm 커진 개체를 선택하고 [Object]-[Expand Appearance]를 눌러 개체를 확장합니다.

10 개체는 면 개체와 선 개체로 따로 그룹 지어진 채로 확장됩니다. 마우스 오른쪽 버튼을 눌러 Ungroup으로 해제하고 분리된 선 개체만 선택하기 위해 Group Selection Tool을 클릭합니다.

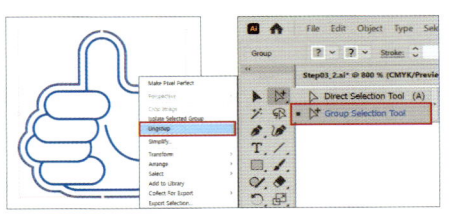

11 빈 화면을 한 번 클릭했다가 Group Selection Tool로 개체의 가장 외곽선을 클릭합니다. 면색 없이 선색만 나오는 것을 확인한 후 삭제합니다. 다시 외곽 쪽을 선택하여 선색 없이 면색만 나오는 것을 확인하고 파란색 면으로 바꿉니다.

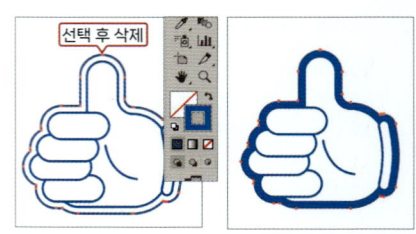

12 엄지 모양 개체를 모두 선택하고 전체적으로 -10도 회전합니다. 70×12mm의 긴 직사각형을 파란색 면색으로 만들어 맨 뒤로 배치합니다.

13 사각형의 모퉁이를 원하는 만큼 둥글립니다. 그 위에 흰색으로 'CHEER UP'을 입력하고 Ctrl + Shift + O 로 윤곽선으로 만듭니다.

14 엄지 개체의 가장 뒤에 있는 파란색 면 개체와 70×12mm 사각형을 함께 선택합니다. [Pathfinder] 패널에서 Unite를 클릭합니다.

+ plus 만약 엄지 모양 개체를 그룹으로 만들었다면 먼저 그룹을 풀고 작업을 진행합니다.

15 [Object]-[Path]-[Offset Path]에서 Offset의 값을 2mm 입력하고 OK를 누릅니다.

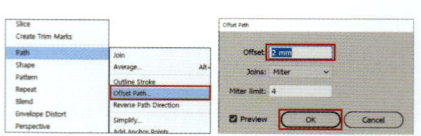

16 면색을 흰색으로 바꾸고 이전과 같은 방법으로 [Drop Shadow] 효과를 지정하고 마무리합니다. 설정값을 다르게 적용해도 됩니다.

07 그 외 텍스트와 효과 활용하기

1 [File]-[Open]으로 'Style03_3.ai' 파일을 엽니다. 우측 이미지와 같이 스티커 디자인 2개가 있습니다. 하단의 빈 공간에서 따라해 보겠습니다.

2 46mm, 26mm, 24mm의 정원을 모두 다른 색으로 그립니다. 맨 뒤의 가장 큰 원을 선택한 뒤, [Object]-[Path]-[Add Anchor Points]로 점을 추가합니다.

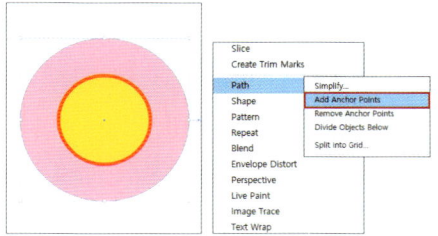

3 [Effect]-[Distort & Transform]-[Pucker & Bloat]에서 값을 20%로 입력하고 OK를 누릅니다.

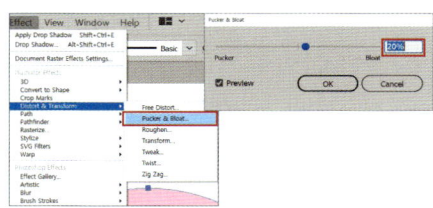

4 [Object]-[Expand Appearance]로 효과를 확장합니다.

5 클로버 얼굴 그리는 과정을 참고하여 눈을 만듭니다. 납작한 타원 2개로 볼터치도 표현합니다. 10×2mm의 사각형을 흰색 면과 검은색 선 0.5pt로 그린 뒤, 모퉁이를 최대로 둥글립니다.

+ plus 이전에 작업해둔 개체를 복사해 사용해도 됩니다.

6 입 안쪽에 라인들을 그려준 뒤, 입 개체와 함께 그룹으로 만듭니다. [Object]-[Envelope Distort]-[Make with Warp]를 클릭합니다.

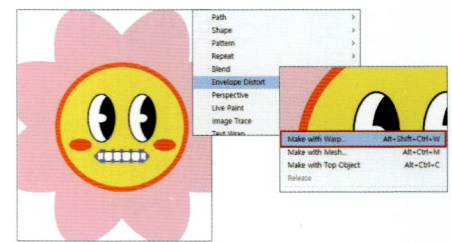

7 Style 목록에서 Arc, Horizontal을 선택하고 Bend 값을 -20% 입력한 뒤 OK를 누릅니다.

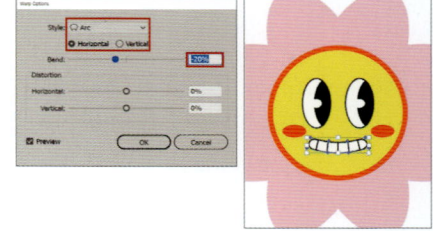

8 [Object]-[Expand]로 입 모양의 개체를 확장합니다. 맨 뒤에 분홍색 개체를 선택하고 [Offset Path]를 적용하여 사방으로 2mm 큰 개체를 만들어 흰색으로 지정합니다.

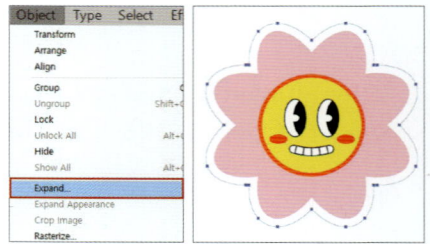

9 [Effect]-[Stylize]-[Drop Shadow]로 그림자 효과를 지정합니다. 설정값을 다르게 적용해도 됩니다.

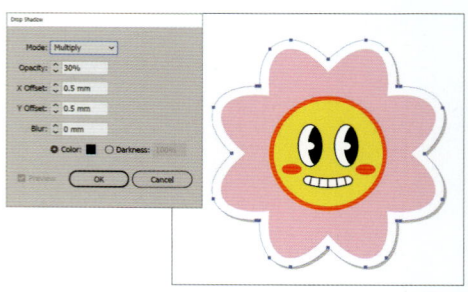

10 'EVERYDAY'와 'HAPPYDAY'를 각각 다른 색으로 입력합니다. 분홍색으로 적은 'EVERYDAY' 개체만 선택하고 [Object]-[Envelope Distort]-[Make with Warp]를 클릭합니다.

+ plus 예제에서는 'Excalibur Nouveau Medium' 폰트를 사용했습니다. (출처 : dafont.com)

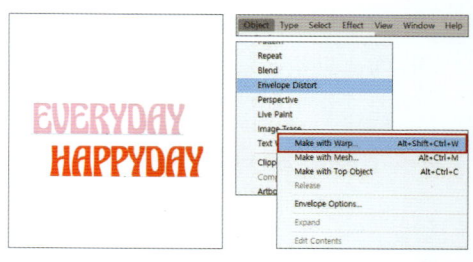

11 해당 개체는 Style 목록에서 Flag를 선택하고 12%를 입력합니다. 'HAPPYDAY'도 같은 기능으로 Style을 Fish로 선택하고 -12%를 입력합니다.

12 두 개체를 모두 선택하고 [Expand]로 확장합니다. [Object]-[Path]-[Offset Path]를 클릭하고 값을 1.3mm로 입력한 뒤 OK를 누릅니다.

+ plus 텍스트 크기가 크거나 작은 경우 Offset Path의 값이 어울리지 않을 수 있습니다. 이 경우엔 값을 임의로 조절합니다.

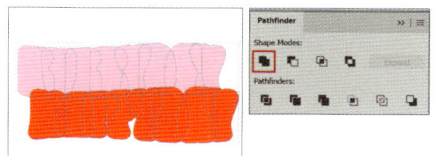

13 [Pathfinder] 패널을 열어 Unite를 클릭합니다.

14 합친 개체를 맨 뒤로 보내고 면색을 흰색으로 설정합니다. 그림자도 이전과 동일한 방법으로 작업합니다.

Tip
만약 뒤로 보내기가 잘되지 않을 경우, 빈 화면을 한 번 클릭했다가 다시 개체를 선택해 보거나 그룹이 해제되었는지 확인합니다.

08 하트 모양과 왜곡하기

1. 30×46mm의 직사각형을 그립니다. 상단 점 2개만 모퉁이를 최대로 둥글립니다.

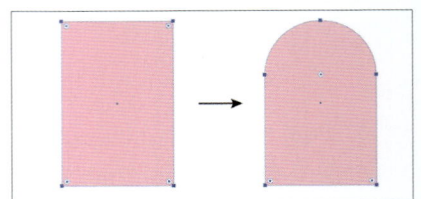

2. 사본을 만들어 회전한 뒤 모서리를 그림과 같이 맞춥니다. 모두 선택하여 전체적으로 45도 회전합니다.

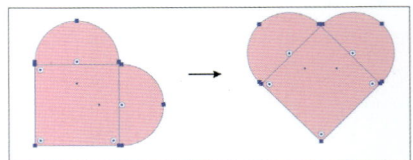

3. 개체를 모두 선택한 뒤 [Pathfinder] 패널을 열어 Unite를 누릅니다.

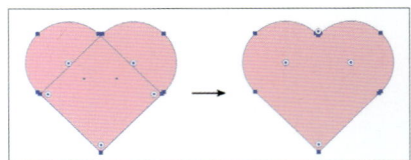

4. 합친 개체에 [Object]-[Path]-[Offset Path]로 2mm 값을 입력하고 면색을 흰색으로 지정합니다. [Effect]-[Stylize]-[Drop Shadow]로 그림자를 적용합니다.

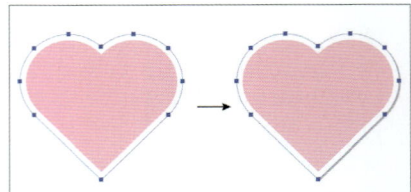

5. 분홍색 하트를 빨간색으로 바꿉니다. 빨간 하트를 선택하고 [Object]-[Path]-[Offset Path]를 실행하여 값을 -3mm 입력한 후, 면색을 노란색으로 지정합니다.

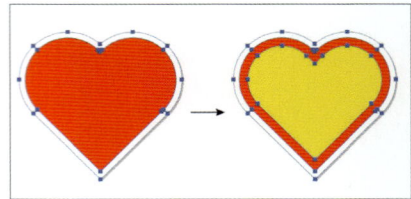

6. Pen Tool로 하트를 가로지르는 곡선을 5pt로 그려줍니다. 곡선을 선택하고 [Object]-[Path]-[Outline Stroke]로 선을 면으로 확장합니다.

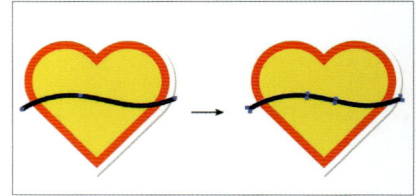

7   노란색 하트와 확장된 검은색 면을 선택하고 [Pathfinder] 패널에서 Minus Front를 클릭합니다. 아래쪽에 있던 노란색 개체의 보이는 부분만 남겨집니다. 노란색 개체는 자동으로 그룹 지어지므로 그룹을 해제합니다.

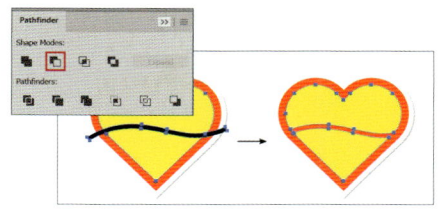

8   원하는 폰트로 각각 'LOVE'와 'MORE'를 입력하고 색상도 다르게 지정합니다. 두 글씨 개체를 선택하여 Ctrl + Shift + [로 맨 뒤로 보내기 합니다.

9   'LOVE'와 노란색 하트 조각 중 위쪽 개체를 함께 선택하고 [Object]-[Envelope Distort]-[Make with Top Object]를 클릭합니다.

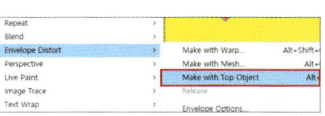

10 글씨가 최상위 개체 모양에 맞춰 왜곡됩니다. 하단의 노란 개체와 'MORE'를 함께 선택하고 Ctrl + Alt + C 단축키로 같은 작업을 반복합니다.

11 글씨가 왜곡된 두 개체를 선택한 뒤 [Object]-[Expand]를 눌러 개체를 확장하고 마무리합니다.

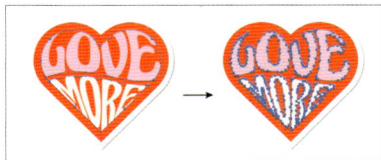

기능 다시 한 번 익히기 | 예제파일 DS03 > S03_2_연습문제 > Style03_Exercise.ai | 결과파일 DS03 > S03_2_연습문제 > Style03_Exercise_result.ai

Exercise

Design Style 03에서 학습한 효과들을 응용하여 새로운 디자인을 만들어 봅니다. 되도록 결과 파일을 열지 않고 새로운 문서에서 스스로 작업해 보고, 다양한 서체를 사용해보면서 직접 어울리는 서체를 골라 적용해보는 연습을 해봅니다.

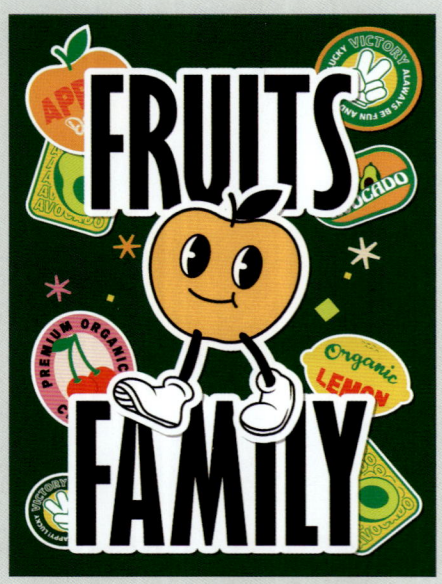

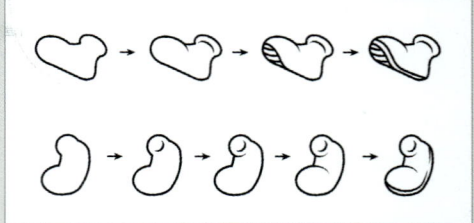

크기가 다른 원 2개를 겹친 뒤 패스파인더로 합칩니다. 모퉁이를 원하는 만큼 둥글리고 연한 연두색을 지정합니다. 안쪽에 진한 색상으로 원을 그립니다. 각도를 회전하고 뒤쪽으로 진한 녹색 원과 꼭지 부분도 달아주면 아보카도가 완성됩니다.

납작한 사각형의 모퉁이를 최대로 둥글려준 뒤, [Offset Path]로 사방으로 작거나 큰 개체들을 다양하게 만들어줍니다. 사각형을 길쭉하게 그린 뒤 [Object]-[Envelope Distort]-[Make with Warp]에서 Flag를 선택하고 [Expand]를 적용합니다. 텍스트도 작업하여 배치합니다. 박스를 조절하여 크기를 맞추고 만들어두었던 아보카도 개체들을 복제하여 배치합니다.

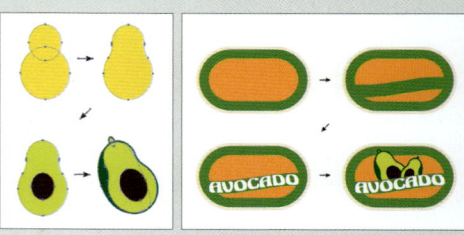

길쭉한 타원 2개를 대칭을 맞춰 배치합니다. 패스파인더로 합친 뒤에 모퉁이를 둥글립니다. 단면을 둥글게 처리하고 두께를 다르게 적용해서 줄기를 표현하고, Pen Tool로 잎사귀를 그려줍니다. 모든 개체를 합친 사본을 하나 만든 뒤 [Offset Path]로 사방으로 더 큰 개체를 만듭니다. 'APPLE'을 입력하고 [Object]-[Envelope Distort]-[Make with Warp]에서 Arc Upper를 선택하고 값을 조절한 뒤 [Object]-[Expand]로 효과를 확장합니다. 다른 텍스트를 추가로 입력하고, 하단에 반짝임을 표현하기 위해 끝이 둥근 선으로 작업한 뒤, 면으로 확장합니다.

원 2개를 다른 색으로 만든 뒤 Shape Builder Tool로 구획을 나눠 정리합니다. 원을 또 하나 복제하여 그림자가 들어갈 공간을 Shape Builder Tool로 다시 정리합니다. 어둡게 그림자 색을 지정합니다. 녹색 선으로 단면을 둥글게 처리한 뒤 체리 위에 짧은 곡선을 그려줍니다. 그 위로 긴 곡선을 연결하여 그려줍니다. Pen Tool을 이용하여 녹색 면으로 나뭇잎을 그리고 마무리합니다.

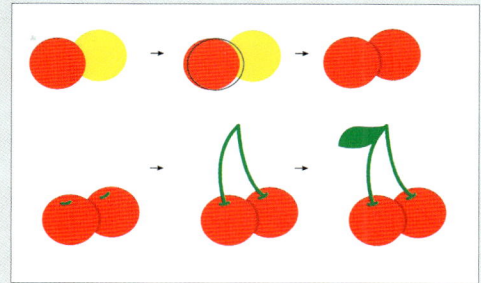

긴 타원을 그린 후 안쪽부터 체리가 배치될 연한 분홍색, 텍스트가 삽입될 파란색, 텍스트의 배경이 될 진한 분홍색, 외각 부분이 될 연노란색 타원을 [Offset Path]로 크기를 조절하여 만듭니다. 파란색 원 위에 Type on a Path Tool로 패스 가운데를 클릭하여 'PREMIUM ORGINIC'을 입력합니다. 그리고 복사한 뒤 방향을 전환하여 아랫부분에 'CHERRIES'라고 입력하고 크기를 조절하여 위아래가 잘 어우러지도록 위치를 맞춥니다.

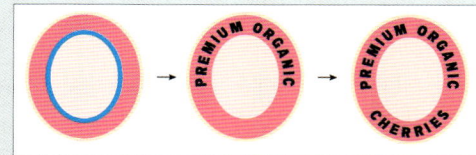

작은 원 2개와 큰 타원 하나로 레몬의 외형을 만듭니다. 패스파인더로 합친 후 [Offset Path]로 얇은 테두리를 만들어 연한 아이보리색을 지정합니다. 'Organic'을 입력하고 [Make with Warp]에서 Arc를 선택하고 Bend 값을 32% 지정합니다. 하단의 'LEMON'은 Arc Lower를 선택하고 Bend 값을 30% 입력합니다. 레몬의 울퉁불퉁한 질감을 표현하기 위해 아주 작은 원을 겹치고 잘라내어 그림과 같이 만들어 레몬 위에 배치합니다. 전체적으로 [Object]-[Expand]로 확장하고 마무리합니다.

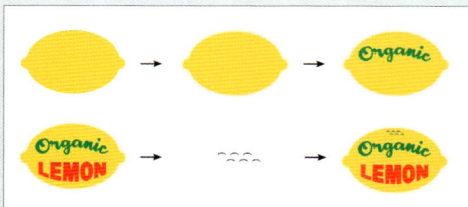

사각형을 그린 뒤 모퉁이를 둥글립니다. [Offset Path]를 이용하여 사방으로 더 큰 개체를 만들고 각각 노란색과 녹색을 지정합니다. 개체 안쪽에 'AVOCADO'를 입력하고 글씨를 면색 없이 녹색 선으로만 지정하여 빼곡하게 배치합니다. 이전에 그렸던 아보카도 개체를 가져옵니다. 아보카도를 전체 그룹 짓고 복사본을 만들어 패스파인더로 합칩니다. 사방으로 조금 더 큰 노란색 면 개체를 [Offset Path]로 만듭니다. 아보카도 뒤에 배치하고 만들어두었던 사각형 개체 위에 올려줍니다.

작업을 마치면 Style03에서 작업했던 그림자를 모든 개체에 적용합니다. 이때 설정값은 원하는 대로 수정해도 됩니다. 추가적으로 만들어둔 사과 모양 개체 위에 캐릭터 얼굴을 만들어봅니다. 밑은 그림을 참고하여 도형과 패스파인더, Pen Tool을 이용해 직접 그려도 되고, 완성 파일을 참고해 복사해와 사용해도 됩니다.

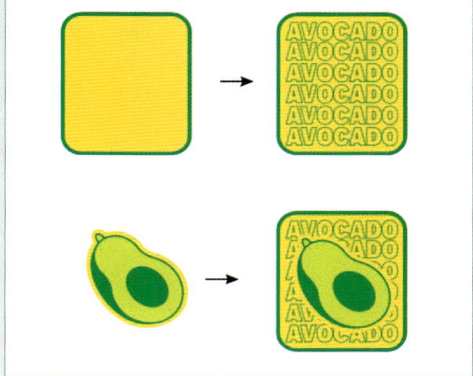

Design Style 04

Exterior Design

면과 선으로 작업한 건물 외관 일러스트

Skill Point

건물의 색상, 스타일, 디테일 등 콘셉트를 명확하게 파악하고 디자인에 반영합니다. 건물의 각 부분은 서로 다른 기능을 수행하지만, 전체적인 분위기는 일관되게 유지하여 공간의 조화를 이루어야 합니다.

Keyword

Stroke # Offset Path
Round Corners # Free Transform
Search Keyword : exterior design, window design, world door design

Before you Design

건물의 외관 일러스트

다채로운 건축물의 문, 창문 등 외형을 그래픽으로 표현하는 것은 창의력과 집중력을 필요로 하는 매력적인 작업입니다. 이 작업에서 중요한 것은 비례와 대칭의 균형을 유지하는 것입니다. 건물의 각 부분은 서로 조화를 이루어야 하며, 대칭적인 디자인은 안정감을 부여합니다. 또한, 디테일과 장식 요소를 추가하여 풍성한 느낌을 더할 수 있습니다. 문틀, 문짝, 장식적인 석조나 목재, 조명, 창문, 벽돌 패턴 등이 이러한 디테일의 예시입니다.

컬러 팔레트

컬러는 디자인에서 매우 중요한 역할을 합니다. 건물의 정면 문을 그릴 때는 특히 신중하게 컬러 팔레트를 선택하여 건물의 주변 환경과 조화를 이루고, 원하는 분위기를 효과적으로 표현해야 합니다.

특징 및 표현법

- 건물의 주요 특징과 비율을 정확하게 유지하며 작업하는 것이 중요합니다.
- 디자인인적인 컨셉을 일관되게 유지하는 것이 중요합니다. 레트로, 미니멀즘 등 다양한 스타일 중 하나를 선택하여 건축물의 전체적인 분위기를 조화롭게 만듭니다.

Designer Gallery

< Classic Door Design / 출처 : freepik.com >

< Wooden Door Design / 출처 : freepik.com >

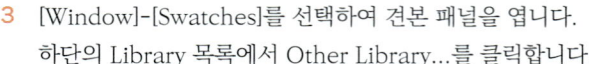

01 새 문서 세팅 및 견본 불러오기

웹 작업에 적합한 설정을 적용하고, 미리 제작된 Swatches(견본) 파일을 불러오는 작업을 진행합니다.

1. 웹용 포스터를 만들어보겠습니다. [File]-[New]로 새 문서를 엽니다. Web을 선택하고 가로는 1400px, 세로는 2000px, 단위는 Pixel로 설정된 문서를 생성합니다.

   + plus 파일명은 자유롭게 작성합니다.

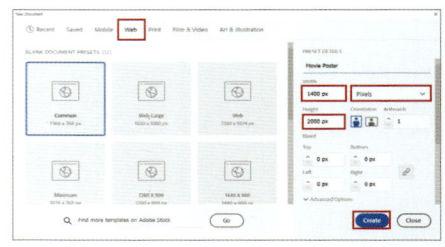

2. [View]에서 [Snap to Grid]와 [Snap to Pixel]은 해제합니다.

   + plus Snap to Pixel(픽셀에 물리기)이나 Snap to Grid(격자에 물리기)는 모바일 UI/UX작업 등 정확하게 픽셀을 맞춰야 하는 작업에는 적합하지만, 일반적인 드로잉 작업에서는 불편하므로 기능을 해제하고 사용합니다.

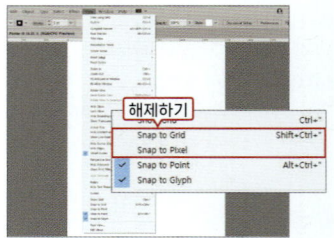

3. [Window]-[Swatches]를 선택하여 견본 패널을 엽니다. 하단의 Library 목록에서 Other Library...를 클릭합니다.

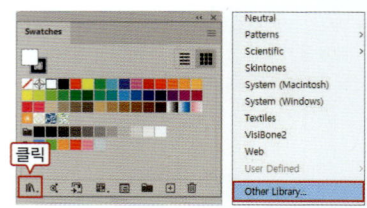

4. 'Swatch_Movie Poster.ase' 파일을 선택하고 열기를 누릅니다. Swatch_Movie Poster의 네임탭을 가진 보조 견본 패널이 열립니다.

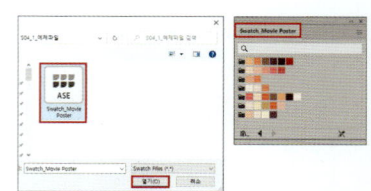

5. 보조 패널에서 맨 앞의 폴더 버튼을 각각 누르면 [Swatches] 본 패널에 자동 추가됩니다. 모두 클릭하여 견본 패널에 추가합니다.

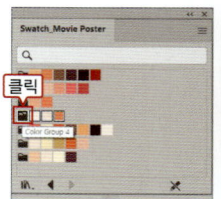
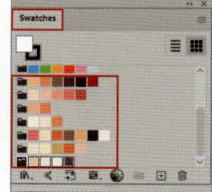

02 면과 선, 패스파인더로 문 그리기

본 예제에서 작업하는 크기나 색상과 같은 설정값들은 가이드일 뿐 반드시 동일하게 작업하지 않아도 됩니다. 작업을 똑같이 따라 하는 데 초점을 두기보다는 하나의 작업물을 완성해 보는 것에 목표를 두고 작업하기를 권장합니다.

1 ① 430×340 픽셀의 사각형을 그리고, 면색을 #F8B480으로 지정합니다. ② 그 위에 390×220px 사각형은 면색을 #7F5D57로 지정한 뒤 그림과 같이 배치합니다. ③ 그 위에 205×220px 사각형은 면색을 #523746으로 지정한 뒤 ④ Direct Selection Tool(직접 선택 도구)로 상단 2개의 점만 선택해 모퉁이를 둥글립니다.

+ plus [Swatches] 패널에서 비슷해 보이는 색상을 선택하거나 [Color] 패널이나 Color Picker창에서 직접 색상을 지정해 사용해도 됩니다.

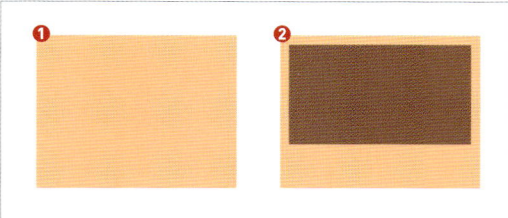
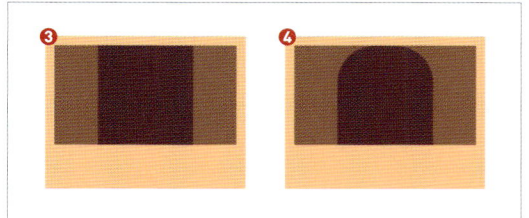

2 마지막에 작업한 개체를 선택합니다. 선색을 #F8B480으로 지정한 뒤, Ctrl + F10 을 눌러 [Stroke] 패널을 열고 두께는 10pt, Outside로 정렬합니다. [Object]-[Path]-[Outline Stroke]로 선을 면으로 확장합니다. 자동으로 그룹이 지어지므로 그룹을 해제합니다.

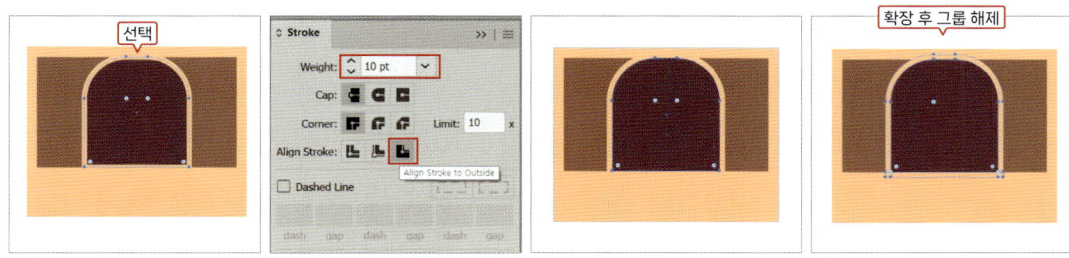

3 처음에 지정한 색과 동일한 색으로 가로세로를 가로지르는 18×340px, 430×8px 사각형 2개를 그립니다. 그다음, 모든 개체를 선택한 뒤 Ctrl + Shift + F9 을 눌러 [Pathfinder] 패널에서 Merge를 클릭하고 그룹을 해제합니다.

+ plus 크기는 육안으로 작업해도 무방합니다.

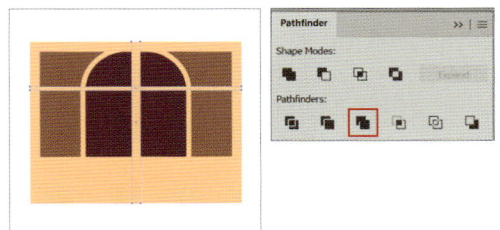

4   창문 모양으로 조각난 개체들만 선택합니다. 선색은 #3f2123, 두께 5pt, Inside로 정렬합니다. 나머지 조각난 부분은 Shape Builder Tool(도형 구성 도구)로 드래그하여 연결합니다.

 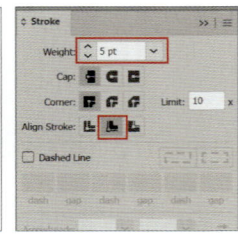  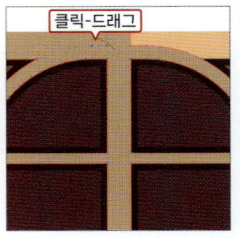

5   ① 면색은 #db8065로 430×5, 5×340px 사각형을 문의 위아래와 가운데 배치합니다. ② 면색은 #982C26으로 215×5px 사각형은 모퉁이를 둥글리고 그림과 같은 위치에 배치합니다. ③ 선색은 #DB8065로 Pen Tool(펜 도구)로 문 쪽에 3pt, 둥근 단면으로 라인을 하나 그립니다. ④ 반전시켜 양옆으로 배치합니다.

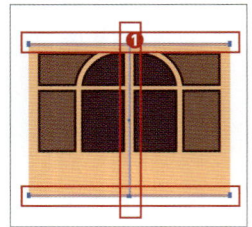 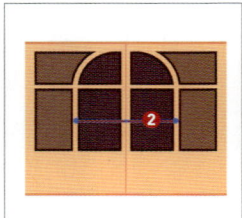 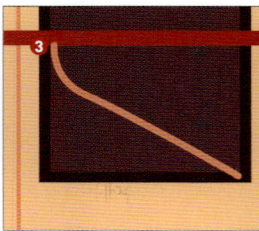 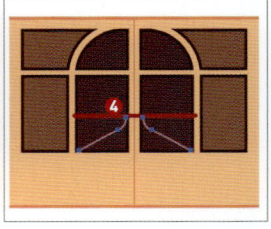

6   ① 문 위에 사각형 5개를 아래부터 차례대로 만듭니다. 430×10px는 #FCD3B9, 430×25px는 #F5B3A3, 430×40px는 #F59480, 430×10px는 #FCD3B9, 430×25px는 #DE6379 입니다. 모두 만들면 Ctrl + G 로 그룹으로 설정합니다. ② 그 위에 #BE4A60으로 5×110px 사각형 10개를 만들어 그림과 같이 정렬합니다. ③ 같은 색상으로 430×5px 사각형을 그려 가장 위에 배치하고, 새로 만든 개체들을 모두 그룹으로 만듭니다.

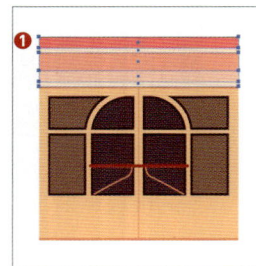 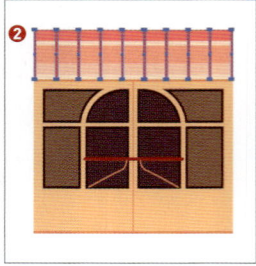 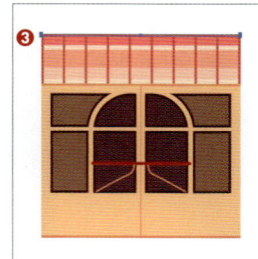 

7   #F5A688 색상으로 430×70px 사각형을 맨 위에 배치합니다. Ctrl + Shift + F10 을 눌러 [Transparency] 패널에서 Opacity 값을 40%로 설정합니다.

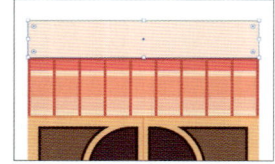 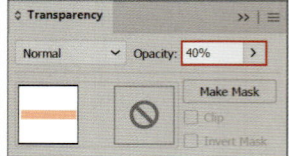

8   #E27B65 색상으로 5x70px 사각형을 2개 그립니다.
    첫 번째 사각형의 오른쪽 윗점을 왼쪽으로 이동합니다.

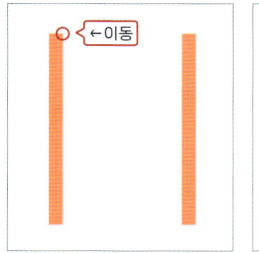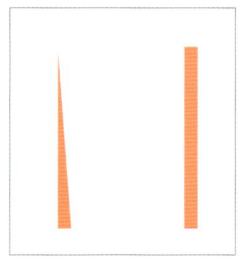

9   두 번째 사각형은 위쪽 점 2개만 선택하고 마우스
    오른쪽 버튼에서 Average(평균점 연결)을 클릭합니다.
    Both를 선택하고 OK를 누릅니다. 양쪽 점이 가운데
    위치로 모이면서 뾰족한 모양으로 바뀝니다.

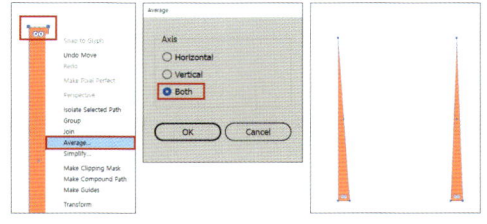

10 오른쪽이 뾰족한 개체를 왼쪽, 가운데로 뾰족한 개체는
    사본을 만들어 중간에 배치합니다. 오른쪽에는 왼쪽에
    만든 개체를 반전하여 사용합니다. 과정 8부터 새로 만든
    개체들끼리 그룹으로 만듭니다.

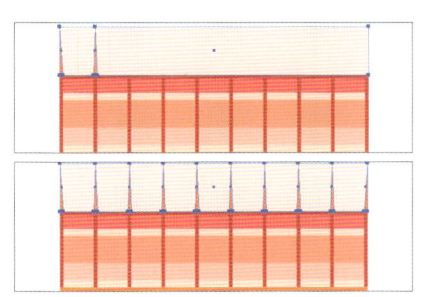

11 Free Transform Tool(자유 변형 도구)에서 Perspective
    distort(원근 왜곡)를 누른 뒤, 그룹 지은 개체의 상단 우측
    부분을 오른쪽으로 드래그하여 뒤집힌 사다리꼴 모양으로
    만듭니다.

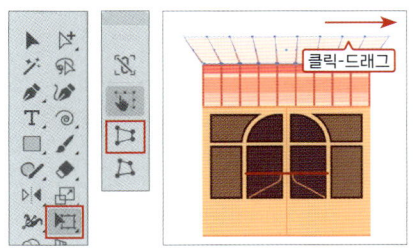

12 문을 3개로 나누어 각각 그룹으로 만듭니다.

    + plus 개체들을 그룹으로 분류하여 관리하면 작업의 효율성을 높일 수
    있습니다.

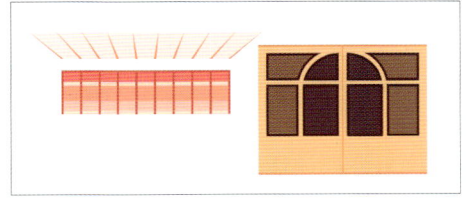

Design Style 04 - Exterior Design   075

03 타지마할 스타일의 창문 그리기

1. ① #FDD6B9 색상으로 230×140px 사각형과 280×215px 타원을 그려 겹쳐줍니다. ② Anchor Point Tool(고정점 도구)로 원의 꼭짓점을 클릭하여 뾰족하게 만듭니다. ③ Direct Selection Tool로 원 양옆의 점 2개를 선택해 아래로 약간 내리고 ④ 두 개체를 모두 선택하고 패스파인더로 합칩니다.

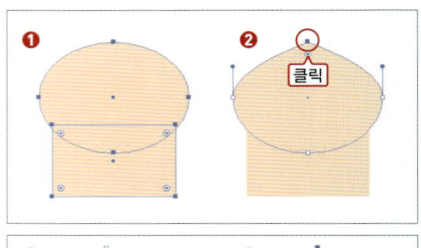

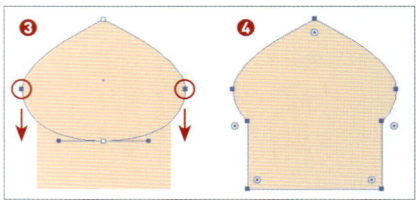

2. ① 합친 개체를 선택하고 [Object]-[Path]-[Offset Path]로 값을 -18px 입력하고 면색을 #D3624C로 지정합니다. ② 다시 한 번 [Offset Path]를 선택한 뒤 값을 -10px 입력하고 면색을 #7F5D57로 지정합니다. ③ #FFA46D 면색으로 얇고 긴 사각형 3개를 이용해 난간을 만들고 ④ 마지막에 그린 3개의 개체는 패스파인더로 합쳐줍니다.

   + plus 난간은 육안으로 작업해도 무방합니다.

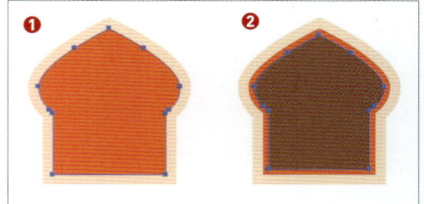

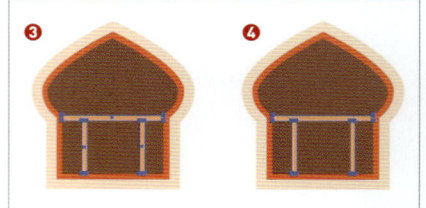

3. 개체를 모두 선택한 뒤, [Pathfinder] 패널에서 Trim을 클릭하고 그룹을 해제합니다. 개체가 눈에 보이는 대로 조각납니다.

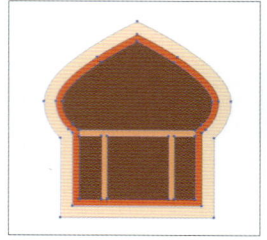 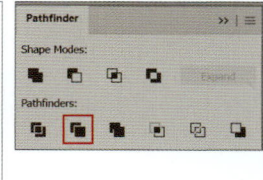

4. 안쪽에 갈색인 개체들만 따로 선택합니다. 선색은 #3f2123, 두께는 6pt, Inside로 정렬합니다.

 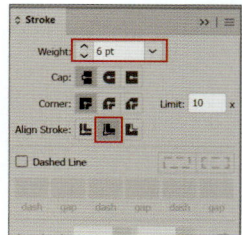

5   #FFEADC 색상으로 아래쪽에 더 크고 넓은 사각형을 만든 뒤, 개체를 모두 선택하고 그룹으로 만듭니다.

6   #DE6379 색상으로 430×500px 사각형을 만듭니다. 문 위쪽으로 배치하고 맨 뒤로 보내기 합니다. 타지마할 창문을 적절한 곳에 사이즈를 조절하여 올리고 마무리합니다.

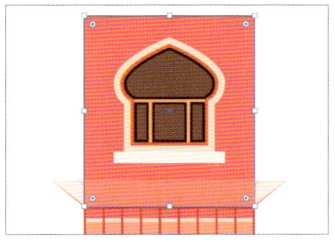

04 기둥과 벽 그리기

1   기둥을 만들어봅니다. ① 면색 #F2DBCC, 100×760px 사각형을 그려 문 오른쪽으로 배치하고 `Ctrl + Shift + [` 로 맨 뒤로 보내기 합니다. ② 면색 #FFEADC, 120×115px 사각형을 그려 `Ctrl + Shift + ]` 로 맨 앞으로 보내기 합니다. 그 위에 면색 #DB8065로 얇은 사각형을 덮어줍니다. ③ 오른쪽 바닥에 놓고 기둥 위로 배치합니다.

2   ① 면색 #FFEADC으로 기둥 위에 120×30px 사각형을 만들어 맨 앞으로 보내기 합니다. ② 남는 공간은 사다리꼴 개체를 그려 기둥을 완성합니다. ③ 반대쪽은 사본을 만들어 배치합니다. 이때 기둥 몸통 부분은 가장 뒤로 배열되어야 합니다.

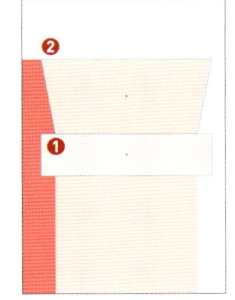 

3 ① 문서 아래쪽에 #E8BEC6 면색으로 1400×240px 사각형을 배치합니다. ② 그 위에 #FFEADC 면색으로 1400×15px 얇은 사각형을 덮어줍니다. ③ 문서의 양옆에는 이전에 작업했던 핑크색을 추출하여 그림과 같이 적당한 크기로 그려줍니다.

4 ① 면색 #FFEADC으로 60×40px, 50×40px 사각형 2개를 그림과 같이 정렬합니다. ② 그 위에 #FFF1E9, 60×5px와 ③ #EFD7C7, 50×5px 사각형을 덮어 밝은 부분과 어두운 부분을 표현합니다.

5 벽돌 개체를 여러 개 복사하여 그룹으로 만들고, 반전시켜 양옆에 배치합니다. 크기가 맞지 않으면 바운딩 박스를 조절하여 맞춰줍니다.

05 베란다가 있는 창문 그리기

1 ① 차례대로 #F2DBCC 면색으로 170×180px 사각형을 그립니다. 그 안에 #D3624C 면색으로 150×160px 사각형을 그립니다. 그리고 그 안에 #7F5E57 면색으로 63×144px 사각형 2개를 그림처럼 배치합니다. ② 오른쪽에 각각 40×40, 20×80, 40×60px의 사각형들을 연달아 배치합니다.

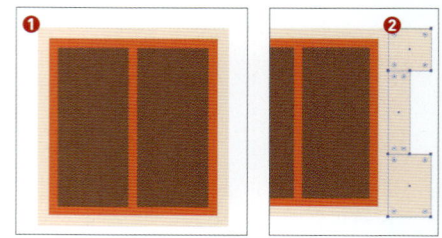

2 일부 점을 이동시켜 그림과 같이 만들고, 세 개체를 모두 선택한 뒤 패스파인더로 합칩니다.

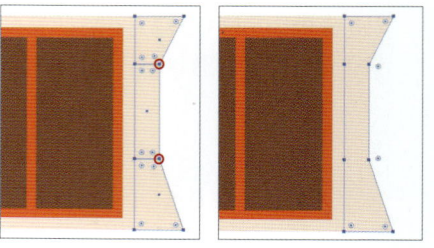

3 ① Direct Selection Tool로 합쳐진 개체 오른쪽의 점들만 선택하고 모퉁이를 원하는 만큼 둥글립니다. ② 그 위에 면색 없이 선색을 #F5B3A3으로 지정한 뒤, 원과 직선을 이용해 그림과 같은 모양을 그려줍니다.

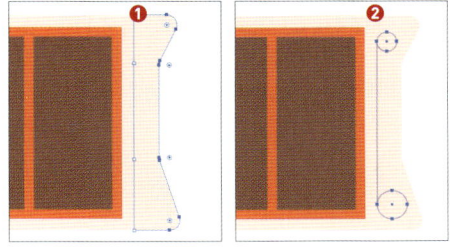

4 ① 완성된 개체들을 반전시켜 왼쪽에 배치합니다.
② 사각형 2개를 아래부터 차례대로 만듭니다. 210×5px는 #F5B3A3, 210×20px는 #F2DBCC 입니다.

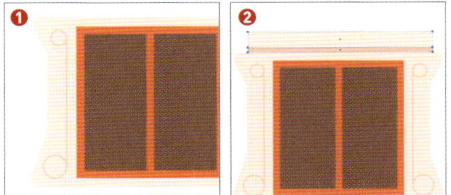

5 ① 가장 상위 개체의 위쪽 점 2개를 최대로 둥글립니다.
② 하단 부분에는 30×55px 사각형을 2개 배치합니다.

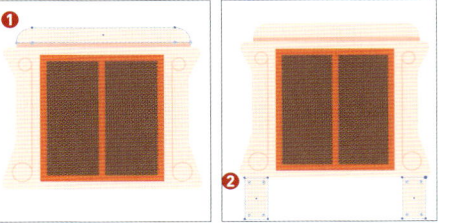

6 12×12, 12×33, 12×9px 사각형 3개를 연달아 그립니다. 면색은 모두 #F2DBCC 입니다. 첫 번째와 두 번째 사각형이 맞닿는 왼쪽 부분의 겹쳐있는 점들을 Direct Selection Tool로 선택하고 오른쪽으로 1~2칸 이동합니다. 반대쪽도 왼쪽으로 이동합니다.

+ plus 키보드 방향키를 이용하거나 직접 조정해도 됩니다.

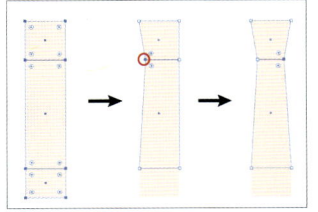

7 상단 2개의 개체를 패스파인더로 합치고 오목하게 들어간 부분의 점 2개를 선택해 모퉁이를 둥글립니다. 아래쪽에 #FFF1E9 면색으로 14×2px 사각형을 배치하고 모퉁이를 최대로 둥글립니다. 모든 개체를 그룹으로 만듭니다.

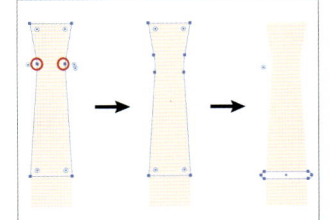

8 250×20px 사각형을 하단에 배치한 후 아래쪽 점 2개를 선택해 모퉁이를 최대로 둥글립니다. 과정 7에서 만든 개체를 6~7개 정도 배치한 뒤 그룹짓습니다. 알맞은 간격으로 정렬하고 마무리합니다.

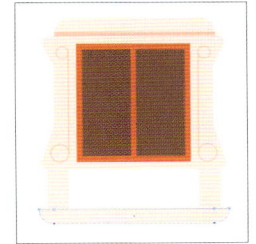
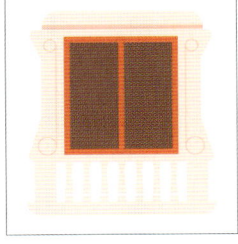

06 아치형 창문 그리기

1. 면색 #5D4350으로 57×130px 사각형을 그립니다.
상단의 점 2개만 선택하여 모퉁이를 최대로 둥글립니다.
[Object]-[Path]-[Offset Path]로 값을 12px 입력하고
면색을 #FBE3B3으로 바꿉니다.

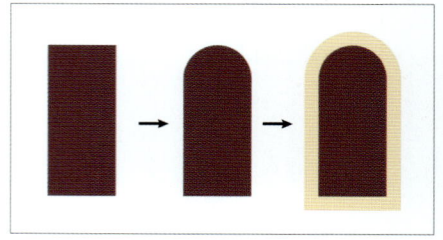

2. 마지막 개체를 선택하고 면과 선색을 바꿔줍니다.
선 두께를 12pt로 지정합니다. 하단의 점 2개만 삭제하면
윗부분의 곡선만 남게 됩니다. 곡선을 선택하고 [Object]-
[Path]-[Outline Stroke]로 선을 면으로 확장합니다.

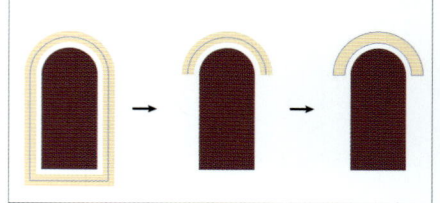

3. 93×10px 사각형을 아래쪽에 약간 떨어뜨려 배치합니다.
그다음 면색 #F8BB9C으로 얇고 길쭉한 사각형 4개를
그림과 같이 안쪽과 바깥쪽에 그려줍니다. 그다음 면색
#F2DBCC으로 100×170px 사각형을 맨 뒤로 배열합니다.

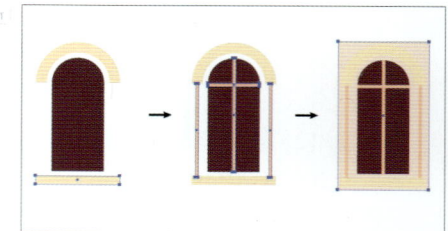

4. 창문 위로 사각형 4개를 아래부터 차례대로 만듭니다.
100×7, 108×5, 116×3, 116×10px 입니다. 색상은
#F8BB9C, #FFEDCC 두 가지 색을 번갈아 적용합니다.

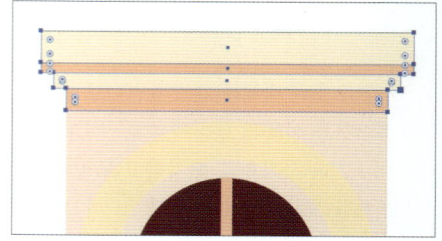

5. 2번째와 4번째 사각형의 점 일부를 1번째와 3번째 사각형
쪽으로 이동하면 그림과 같은 모양으로 만들 수 있습니다.
완성된 아치형 창문은 그룹으로 만듭니다.

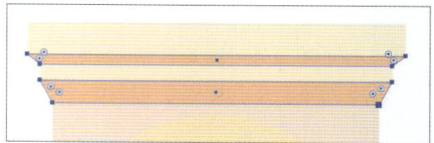

07 나선형 곡선과 장식 그리기

1. Spiral Tool(나선형 도구)를 선택합니다. 면색 없이 선색은 #C69C6D으로 두께는 13pt, Cap과 Corner를 둥글게 처리합니다.

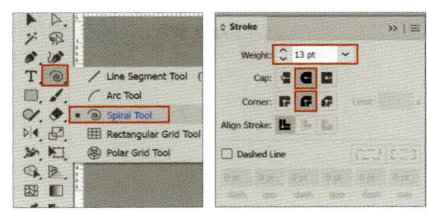

2. 빈 화면을 클릭하고 옵션창에서 Radius 60px, Decay 75%, Segments의 수는 4를 입력하고 왼쪽 방향 나선을 선택한 뒤 OK를 누릅니다. 나선이 만들어집니다.

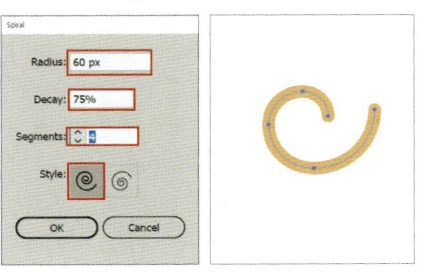

3. Pen Tool로 마지막 끝점을 이어서 위쪽 수직 방향으로 드래그하여 연결합니다. 자연스럽게 연결되도록 우측 상단 임의에 떨어진 곳에 오른쪽 방향으로 클릭-드래그하면 부드럽게 이어진 곡선이 만들어집니다.

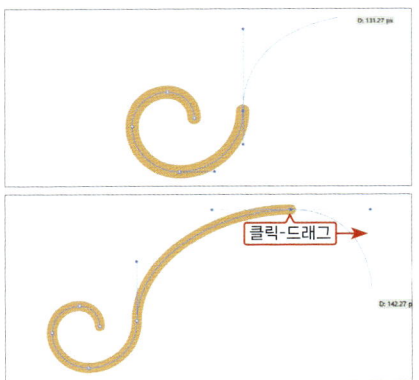

> **Tip**
> 펜 도구로 끝점을 이을 때, 곡선으로 만들고 싶다면 클릭-드래그를 해야 핸들이 펼쳐지면서 곡선을 유려하게 만들 수 있습니다. 그냥 클릭하면 한쪽 핸들이 끊어진 상태로 만들어져 뾰족한 모양이 됩니다.

ESSENTIAL THEORY Pen Tool 곡선 연결

끊어진 점에서 곡선으로 연결하기

Pen Tool은 클릭하면 점을 생성하고, 클릭-드래그하면 점을 생성하면서 핸들을 펼쳐 곡선을 만들 수 있습니다. 이러한 속성을 이용하여 끊어진 점에서 다음 점으로 연결할 때 자연스럽게 연결하여 곡선을 이어갈 수 있습니다.

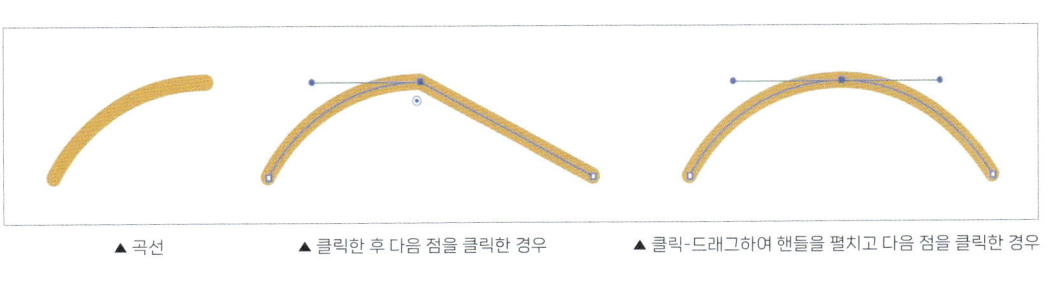

▲ 곡선   ▲ 클릭한 후 다음 점을 클릭한 경우   ▲ 클릭-드래그하여 핸들을 펼치고 다음 점을 클릭한 경우

4 다음 곡선은 한 번 끊어서 진행합니다. 마지막 점을 연결하여 상단 임의에 떨어진 곳에 클릭하면 이전 핸들만 남겨지고 앞으로 진행될 핸들은 사라지므로 뾰족한 모양이 됩니다. 이어서 우측 상단 임의의 곳에 클릭-드래그하여 곡선을 만들고 마무리합니다.

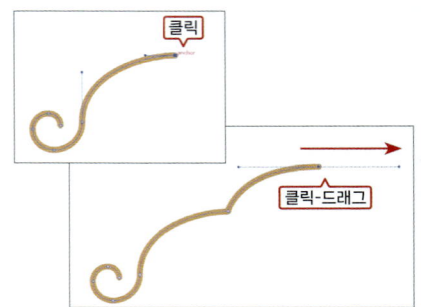

5 Spiral Tool로 빈 화면을 클릭하고 반지름의 크기를 50px, Decay 값을 75%, Segments의 수는 4를 입력하고 왼쪽방향 나선을 선택한 뒤 OK를 누릅니다. 이전보다 약간 작은 나선이 만들어집니다.

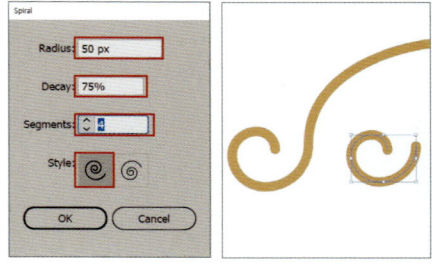

6 Reflect Tool(반사 도구)로 반전시키고 각도를 조절하여 만들어둔 개체와 연결되어 보이도록 위치를 맞춰줍니다.

7 한쪽을 모두 완성하면 반대쪽도 대칭으로 복사합니다.

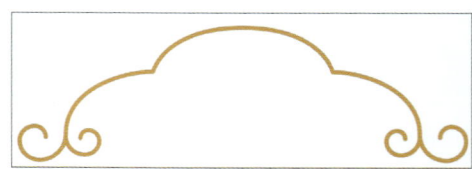

8 개체 안쪽에 원들을 그려 꾸며줍니다.

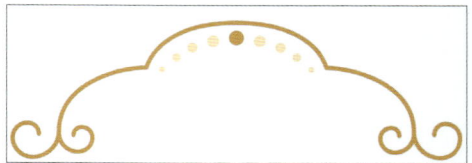

+ plus Blend Tool을 활용할 수 있으나 높낮이가 다른 경우 간격 정렬을 맞추기가 어려우므로 육안으로 배치한 뒤 가로로 반전-복사합니다.

9 선 두께는 6pt로 이전 작업을 참고하여 나선과 곡선을 연결하여 다음과 같이 만들어봅니다.

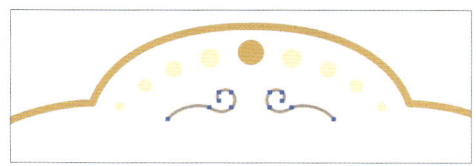

10 'GRAND HOTEL'을 입력하고 색상을 #D3624C로 지정합니다.

+ plus 예제에는 'The Gold Smith' 폰트를 사용했습니다.
(출처 : dafont.com)

11 텍스트 하단에 340×40px, 340×20px 사각형을 만들고, 위의 작은 사각형은 사다리꼴로 만들어줍니다.

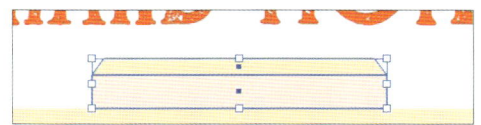

12 Pen Tool이나 Pencil Tool을 이용해 곡선을 그린 뒤 반전 및 복사합니다.

13 해당 곡선의 두께를 10pt, 하단의 Width Profile을 1로 지정하여 안쪽은 두껍고 양 끝은 뾰족한 모양으로 만들어줍니다.

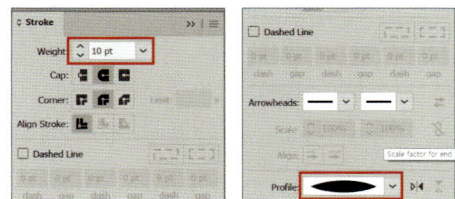

14 나선형 선과 장식 작업을 마무리합니다.

+ plus 어색한 부분이 있다면 펜 도구나 직접 선택 도구로 수정합니다.

Design Style 04 - Exterior Design   083

08 뒷배경 및 벽돌 그리기

1. 나선형 장식 아래쪽에 1400×60px, 1400×20px 사각형을 그립니다. 면색은 각각 #F9BC9D, #FBE3B3으로 지정합니다.

2. #F9BC9D 면색으로 1400×730px 사각형을 그려 `Ctrl` + `Shift` + `[` 로 맨 뒤로 배치합니다. 그 위에 #F9BC9D로 1400×20px 얇은 사각형을 그립니다.

3. 작업해 둔 창문 개체를 복제하여 위쪽에 배치합니다.

    + plus 레이아웃은 원하는 대로 수정하여 재배치해도 좋습니다.

4. #F695A1 면색으로 80×25px 사각형을 그립니다. 그 위에 #C64F69로 5×25px 사각형과 80×5px 사각형을 덮어서 그림자를 표현합니다.

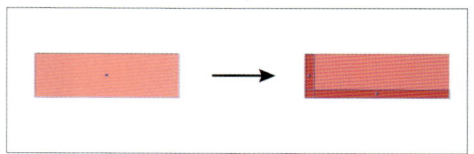

5. 분홍색 벽이 있는 부분에 자유롭게 배치합니다. 자연스럽게 표현되도록 한 개만 두거나, 두 개를 겹쳐서 배치한 후 그룹으로 만들고 마무리합니다.

09 그림자 표현하기

1 상단에 있는 아치형 창문 3개를 모두 선택합니다. 각각 하나씩 그룹이 지어진 상태입니다. [Effect]-[Stylize]-[Drop Shadow]를 클릭합니다. 옵션창에 블렌드 모드를 Soft Light, Opacity 50%, X는 0, Y는 7px, Blur 값을 0으로 설정하고 검은색인지 확인한 후 OK를 누릅니다.

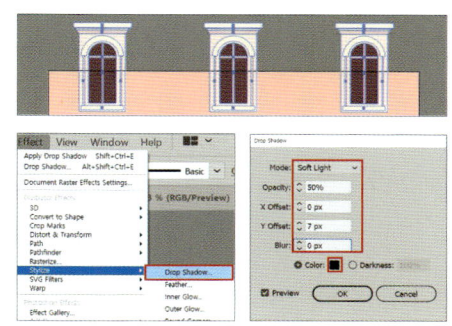

2 아치형 창문 아래에 있는 얇은 사각형 개체를 선택합니다. 동일한 그림자 효과를 적용하기 위해 [Effect]-[Apply Drop Shadow]를 선택합니다.

3 나선형 곡선과 텍스트를 선택하고 동일한 그림자 효과를 적용합니다. 선택 후 단축키 Ctrl + Shift + E 를 눌러 진행하면 편리합니다.

4 기둥 위쪽에 있는 1400×60px 사각형을 선택합니다. [Effect]-[Stylize]-[Drop Shadow]를 클릭합니다. 옵션창에 Y 이동값을 14px로 입력하고 OK를 누릅니다.

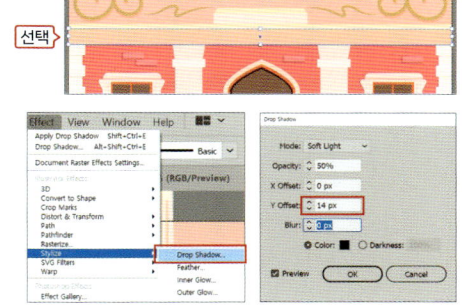

5 창문이나 벽돌 등 원하는 개체에 그림자 효과를 적용합니다.

+ plus 설정값은 자유롭게 바꾸어도 무방합니다.

6   그룹을 정리합니다. 창문은 창문끼리, 벽돌과 벽끼리 관련된 개체들을 각각 그룹으로 만든 후, 앞뒤의 순서를 고려해 정돈합니다. 단, 문 위쪽의 투명한 창 부분은 가장 위로 배치되어야 합니다. `Ctrl`+`A` 로 전체 선택한 후 `Ctrl`+`Shift`+`O` 로 서체를 윤곽선으로 만듭니다.

7   1400×2000px 크기의 사각형을 만들어 전체 선택하고 [Object]-[Clipping Mask]-[Make] `Ctrl`+`7` 로 클리핑 마스크를 적용하고 작업을 마무리합니다.

ESSENTIAL THEORY | Release to Layers (Sequence)

그룹별로 레이어 나누기

After Effects와 같은 모션 프로그램에서 그룹별 레이어를 컴포지션으로 불러오고 싶다면, 일러스트레이터에서 미리 그룹을 만들고 각각의 레이어로 나눕니다. 이를 위해서는 마지막 클리핑 마스크를 적용하기 전 단계에서 작업해야 합니다.

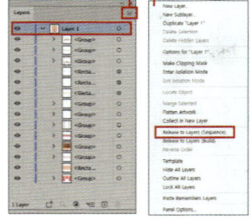 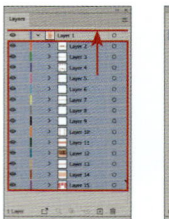 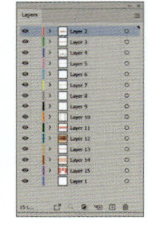

▲ Layer 1 선택 후 보조 메뉴 - Release to Layers (Sequence) 선택

▲ 분리된 레이어를 모두 선택하고 레이어 패널 상단으로 끌어올리기

WORKING-LEVEL — 꼭 살펴보아야 할

그룹을 체계적으로 만드는 일의 중요성

그룹을 체계적으로 만드는 것은 디자인 작업의 효율성을 높이고, 프로젝트 관리를 용이하게 하는 중요한 작업입니다. 그룹을 이용하면 여러 개체를 동시에 선택, 이동, 편집, 삭제할 수 있으며 명확하고 일관된 그룹 명칭을 사용하면 다른 디자이너와의 협업에도 도움이 됩니다. 따라서, 평소부터 그룹을 적극적으로 활용하여 체계적인 디자인 작업 습관을 만드는 것이 좋습니다.

| 기능 다시 한 번 익히기 | 예제파일 DS04 > S04_2_연습문제 > Style04_2_exercise.ai | 결과파일 DS04 > S04_2_연습문제 > Style04_2_exercise_result.ai |

Exercise

Design Style 04에서 학습한 효과들을 응용하여 새로운 디자인을 만들어봅니다.

Style04에서 학습한 효과들을 응용하여 다른 건물을 만들어보겠습니다. [File]-[Open]으로 'Style04_2_exercise.ai' 파일을 엽니다. 작업을 위해 기본틀이 준비되어 있습니다. 새로운 레이어를 만들고 원과 사각형 도형 등을 활용하여 아치형 문을 만들고 [Offset Path] 등을 활용하여 안쪽 창문과 이어서 계단과 기둥도 만들어줍니다. 작업을 마친 개체들은 그룹으로 만들어 관리합니다.

먼저 갈색으로 지붕 가운데 뾰족한 부분을 그립니다. 그 위에 베이지색으로 상단 부분을 덮는 두께의 두꺼운 선을 여러 개 그려줍니다. 왼쪽을 먼저 만들면 반대쪽은 반전시켜 배치합니다. 그리고 선을 면으로 확장한 후 모양이 어색한 부분은 다듬어줍니다. 모두 합친 뒤 [Offset Path]를 활용하여 안쪽에 더 작은 개체를 만들고 어두운색으로 바꿔줍니다.

새로운 레이어를 생성하고 창문들을 만듭니다. Style04 작업 과정을 참고하여 아치형 창문과 사각 창문 등을 만들고, 주변에 베이지색으로 테두리 장식 등을 그려 꾸며줍니다. 굴뚝은 순서상 가장 뒤에 배치되어야 하므로 레이어를 하단에 위치 시킵니다. 상단 부분에 레이어를 하나 추가하여 [Drop Shadow]로 원하는 개체에 효과를 적용합니다. 검은색 개체로 그림자가 만들어지는 부위를 Pen Tool로 그려줍니다. 모두 그렸으면 자연스럽게 보이도록 Opacity를 50%로 낮춰줍니다.

Design Style 05

Vintage Poster

선버스트 디자인과 마스크를 활용한 빈티지 해상 포스터 디자인

Skill Point

거친 질감의 해상 빈티지 포스터를 만들어 봅니다. 빈티지한 느낌에 어울리는 폰트를 선택하고, 패턴 브러쉬를 활용하여 밧줄이나 선버스트 요소를 그려내어 빈티지한 분위기를 연출하는 것이 중요합니다.

Keyword

Pattern Brush # Compound Path
Offset Path # Envelope Distort
Search Keyword : vintage poster, nautical vintage design

Before you Design

선버스트 디자인 요소
선버스트 디자인은 햇살 모양을 본뜬 디자인으로, 다양한 디자인 스타일에 활용될 수 있는 다재다능한 디자인 요소입니다. 희망과 에너지, 긍정적인 분위기를 연출하며, 포스터의 중심 또는 배경에 배치하여 시선을 집중시키고 역동적인 느낌을 부여합니다.

특징 및 표현법
- 오래된 느낌을 연출하기 위해 퇴색된 색상, 낮은 질감 등을 사용합니다.
- 과거 시대를 상징하는 소품, 일러스트 등을 사용하여 빈티지 분위기를 더합니다.

Designer Gallery

< Nautical Vintage Poster / 출처 : freepik.com >

예제 파일 DS05 > S05_1_예제파일 > 없음
결과 파일 DS05 > S05_1_예제파일 > Style05_rope_result.ai

01 새 문서에서 로프 브러쉬 만들고 적용하기

준비된 자료 없이 직접 로프 브러쉬를 패턴 브러쉬로 만들고 적용해 봅니다.

1 [File]-[New]로 새 문서를 엽니다. Print에서 A4를 선택한 뒤 단위가 Millimetrs인지 확인하고 일반적인 인쇄 설정으로 문서를 생성합니다.

   + plus 파일명은 자유롭게 작성합니다.

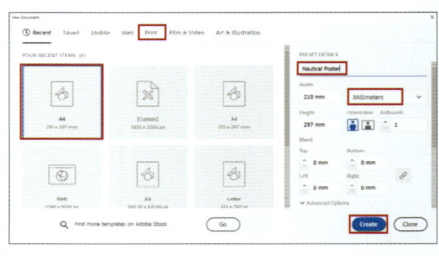

2 선색 없이 면색만 검은색으로 설정한 뒤, 가로 2.7 × 4mm의 사각형을 그립니다.

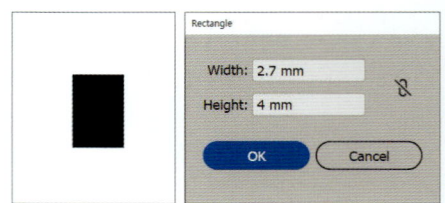

3 사각형을 선택하고 Shear Tool(기울이기 도구)을 더블 클릭한 뒤 옵션창이 뜨면 25도, Horizontal을 선택하고 OK를 누릅니다.

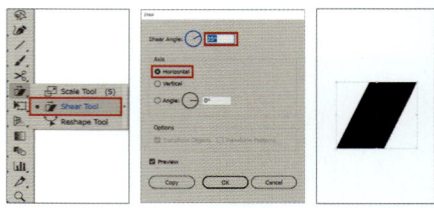

4 [Effect]-[Stylize]-[Round Corners]에서 값을 1mm를 입력한 뒤 OK를 누릅니다. 모퉁이가 둥글려집니다.

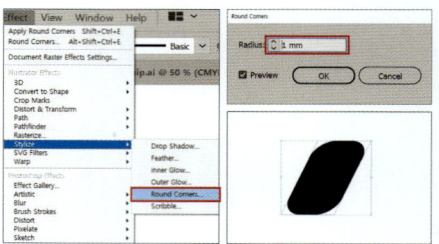

5 [Object]-[Expand Appearance]를 누르면 모퉁이가 둥글려진 부분이 효과가 아닌 일반 개체로 확장됩니다.

+ plus 실무에서는 '효과를 깬다'라고 표현하기도 합니다.

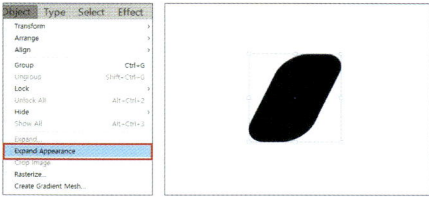

6 [Effect]-[Distort & Transform]-[Transform]을 누릅니다. 오른쪽으로 이동하기 위해 Horizontal에 3.2mm, Copies에 2를 입력한 뒤 OK를 누릅니다. 오른쪽으로 3.2mm 이동된 사본이 2개 만들어집니다. 바로 [Expand Appearance]로 효과를 확장합니다.

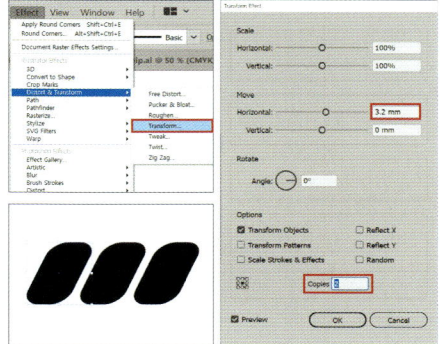

7 투명한 사각형을 만듭니다. 가로 6.4×4mm로 만든 뒤, 면색과 선색을 모두 없음으로 지정하고 맨 뒤로 보낸 후 그림과 같이 가운데 정렬합니다.

8 개체를 모두 선택하여 [Swatches] 패널 안으로 드래그합니다. 해당 개체가 패턴 타일로 등록됩니다.

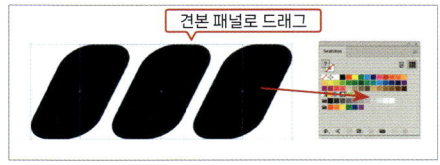

9 F5를 눌러 [Brushes] 패널을 불러옵니다. 하단의 + 버튼을 눌러 옵션창에서 Pattern Brush를 선택하고 OK를 누릅니다.

+ plus 이때, 개체를 선택하지 않은 상태에서 진행합니다.

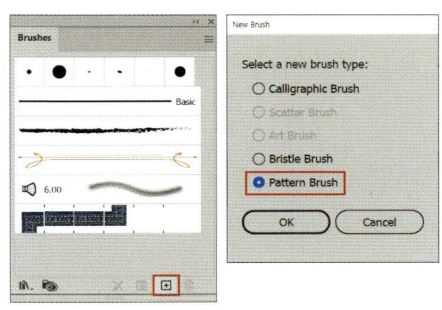

10 Pattern Brush 옵션창이 나타납니다. Name에 rope brush를 입력하고, 첫 번째와 세 번째 타일은 열어 Auto Center를 선택합니다. 두 번째 타일은 이전 견본 패널에 등록한 패턴 타일을 선택합니다. 색상을 자유롭게 지정하기 위해 Method에서 Tints를 선택하고 OK를 누릅니다.

+ plus Tints 메서드는 선택한 색상과 조화로운 색상을 자동으로 생성하여 디자인의 일관성을 유지하는 데 도움이 됩니다.

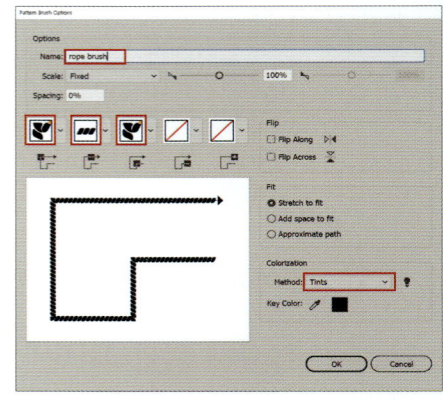

11 면색 없이 선색으로 180x267mm 사각형을 만듭니다. 문서 중앙에 정렬하고 [Object]-[Path]-[Add Anchor Points]로 점을 추가합니다.

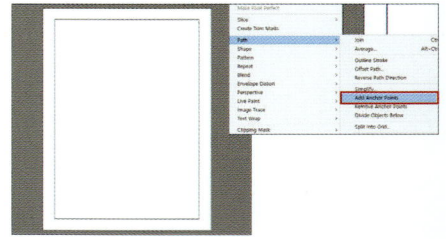

12 한 번 더 [Add Anchor Points]를 적용하고, Ctrl 키를 눌러보면 Direct Selection Tool(직접 선택 도구)로 바뀌면서 점이 16개로 늘어난 것을 확인할 수 있습니다.

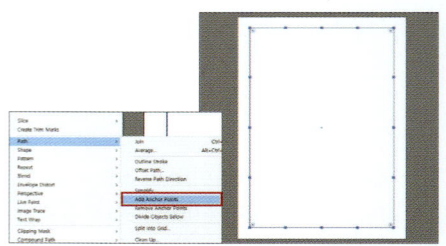

13 상단 가운데 점 하나만 선택하고 Direct Selection Tool을 더블클릭한 뒤 Vertical에 10을 입력하고 OK를 누릅니다. 해당 점이 10mm 아래로 이동됩니다.

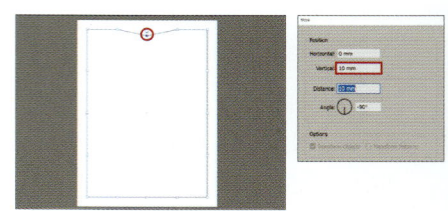

14 하단 가운데 점은 위로 10mm 이동하기 위해 Vertical에 -10을 입력하고 OK를 누릅니다.

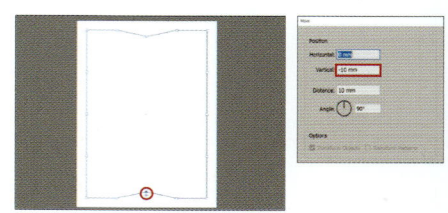

15 그림과 같이 좌측 점 중 2개를 선택하고 Horizontal에 10을 입력하고 OK를 누릅니다. 해당 점들이 10mm 오른쪽으로 이동됩니다.

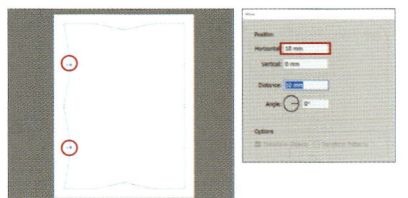

16 우측 점 2개도 이전과 같은 방법으로 왼쪽으로 -10mm 옮겨준 뒤 전체 선택합니다. Direct Selection Tool로 모퉁이를 최대로 둥글려줍니다.

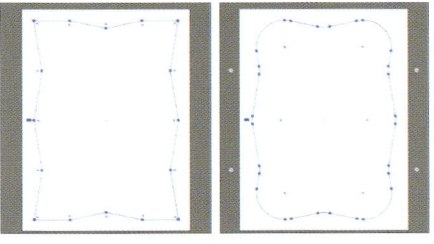

17 Direct Selection Tool로 그림과 같이 점 4개를 선택하여 가운데 부분의 모퉁이를 더욱 완만하게 둥글려줍니다.

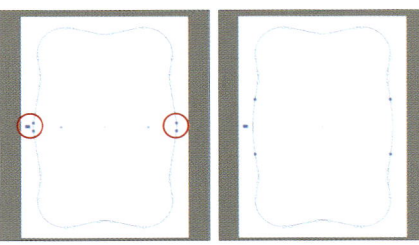

18 개체를 선택하고 [Brush] 패널에서 미리 만들어둔 로프 브러쉬를 클릭하면 브러쉬가 적용됩니다.

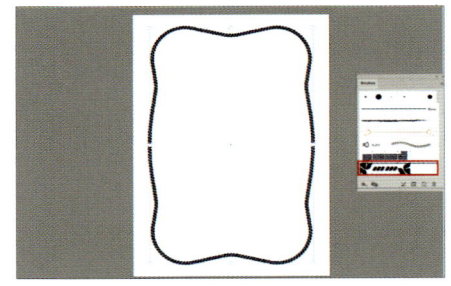

19 선색을 원하는 색으로 지정합니다. 사본은 이후의 작업 과정에 필요하므로 선색 없이 면색으로만 지정하여 화면의 빈 공간에 복사해 둡니다.

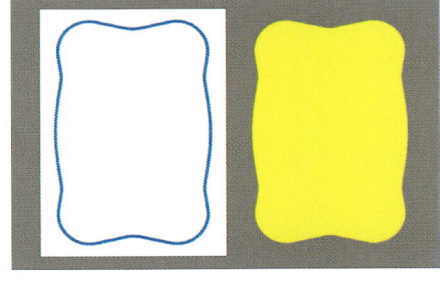

예제 파일   DS05 > S05_1_예제파일 > Style05_ship.ai
결과 파일   DS05 > S05_1_예제파일 > Style05_ship_result.ai

02 배에 Envelope Distort로 텍스트 작업하기

1   [File]-[Open]으로 'Style05_ship.ai' 파일을 엽니다. 배 모양의 개체에서 노란색으로 된 개체 2개만 선택합니다. [Object]-[Path]-[Offset Path]를 누릅니다.

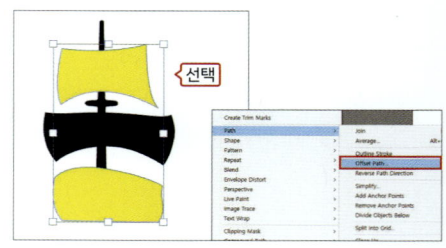

2   Offset 값을 -2mm 입력하고 OK를 누릅니다. 바로 면색을 다른 색으로 바꿔줍니다.

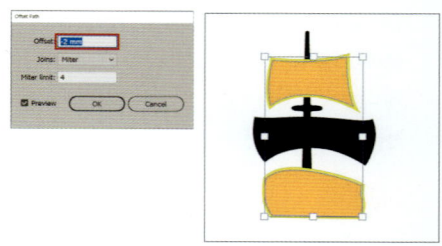

3   Pen Tool(펜 도구)을 선택하고, 면색 없이 5pt의 빨간 선으로 그림과 같이 개체를 가로지르는 라인들을 그려줍니다. 모두 그리면 [Object]-[Path]-[Outline Stroke]로 선을 면으로 확장합니다.

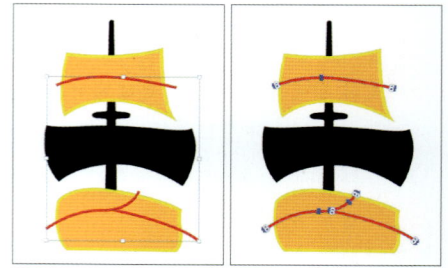

4   위쪽 돛의 오렌지색 개체와 빨간색 개체를 선택한 뒤 [Pathfinder]에서 Minus Front를 누릅니다. 빨간색 개체는 사라지고 오렌지색 부분만 남겨집니다.

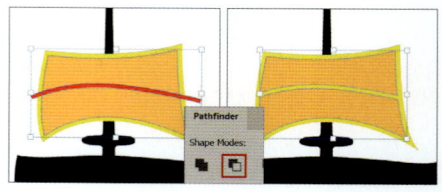

5   아래쪽도 동일하게 작업합니다.

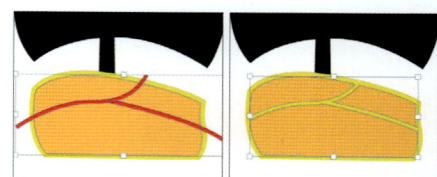

6   개체 옆에 다른 색상으로 면색을 지정하고 단어들을 각각 입력합니다. 'AGAINST', 'STORM', 'NEVER', 'AFRAID', 'SAILING', 'THE GREATEST', 'ADVENTURE'를 모두 적으면 글씨 개체들을 선택하고 Ctrl + Shift + [로 맨 뒤로 보내기 합니다.

+ plus 예제에는 'The Goldsmith Vintage' 폰트를 사용했습니다. (출처 : dafont.com)

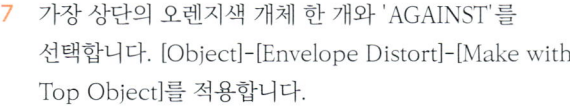

7   가장 상단의 오렌지색 개체 한 개와 'AGAINST'를 선택합니다. [Object]-[Envelope Distort]-[Make with Top Object]를 적용합니다.

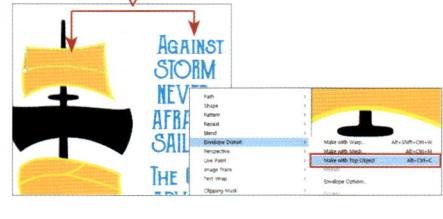

8   상위 개체로 둘러싸기 왜곡이 만들어집니다. 나머지도 동일하게 작업합니다. 선택 후 단축키 Ctrl + Shift + C 를 눌러 진행하면 편리합니다.

Tip
상위 개체의 모양으로 작업되기 때문에 글씨 개체가 아래에 있어야 합니다.

9   'ADVENTURE'를 선택하고 Ctrl + Shift +] 로 맨 앞으로 배열한 뒤, 남겨진 돛 부분 위에 올립니다. [Object]-[Envelope Distort]-[Make with Mesh] Ctrl + Alt + M 를 누릅니다.

10 Mesh 옵션창에 Rows는 2, Columns는 6을 입력합니다. 글씨에 가로 2칸, 세로 6칸의 그물 모양이 만들어집니다.

11 Direct Selection Tool로 점을 이동하면 모양이 왜곡됩니다. 핸들도 조절하며 점을 하나씩 이동하여 그림과 같이 만들어봅니다.

   Tip
   점만 이동하기보다는 점을 이동한 후에 주변의 핸들 길이와 방향을 바꾸면서 조금 더 자연스러운 모양이 될 수 있도록 왜곡해 봅니다.

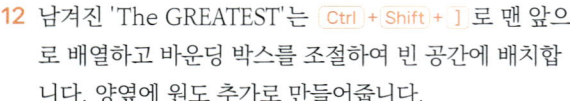

12 남겨진 'The GREATEST'는 Ctrl + Shift +] 로 맨 앞으로 배열하고 바운딩 박스를 조절하여 빈 공간에 배치합니다. 양옆에 원도 추가로 만들어줍니다.

13 모든 개체를 선택합니다. [Object]-[Expand]를 클릭하고 옵션창에서 OK를 누릅니다. 적용된 모든 효과가 확장됩니다.

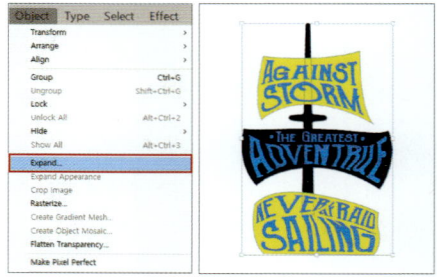

14 노란색 개체를 검은색으로 바꿔줍니다. 검은색만 모두 선택하기 위해 검은색 개체를 선택하고 [Select]-[Same]-[Fill Color]를 누릅니다. 선택했던 개체와 동일한 개체를 모두 찾아줍니다.

15 바로 [Pathfinder] 패널에서 Unite를 누르면 검은색 개체들이 모두 합쳐집니다.

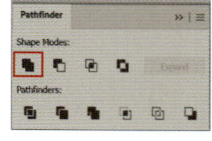

`예제 파일`   DS05 > S05_1_예제파일 > Style05_sunburst.ai
`결과 파일`   DS05 > S05_1_예제파일 > Style05_sunburst_result.ai

03 패턴 브러쉬로 선버스트 라인 만들기

다양한 곳에 활용되는 선버스트 라인을 만들어봅니다. 빈티지한 로고, 강조되는 집중선 등에 유용하게 쓰입니다.

1. [File]-[Open]으로 'Style05_sunburst.ai' 파일을 엽니다. 서로 다른 라인이 2개 있습니다. 모두 선택하고 Select Tool(선택 도구)을 더블클릭한 뒤 Horizontal에 4mm 입력하고 Copy를 누릅니다.

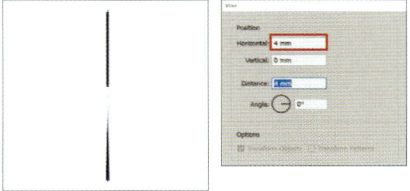

2. Ctrl + D 를 눌러 개체가 각각 총 7개가 되도록 복사합니다. 마지막에 만들어진 개체 2개는 선색을 없음으로 지정합니다.

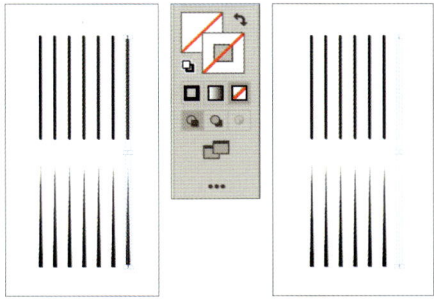

3. Scissors Tool(가위 도구)로 첫 번째 패스 위에 원하는 곳을 클릭하면 해당 지점이 분리됩니다. Direct Selection Tool 로 이동시켜 보면 빈 공간이 생깁니다.

   Tip
   대부분의 도구들은 개체를 선택하고 작업을 진행하지만 가위 도구는 선택이 되어있지 않은 상태에서 패스 위를 클릭해도 적용이 됩니다.

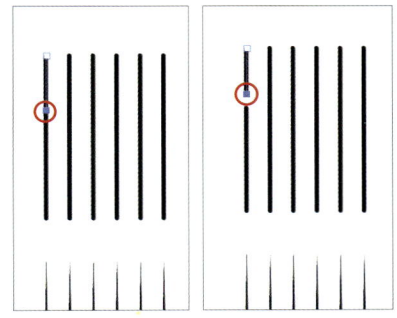

4. Scissors Tool로 패스를 끊고 점을 이동하여 랜덤으로 빈 공간을 만들어줍니다. 예제와 일치하지 않아도 무방합니다. 아래 뾰족한 개체는 Direct Selection Tool로 위쪽 점만 이동시켜 높낮이가 다르도록 조정합니다. Selection Tool로 상단 부분 개체를 투명한 선까지 모두 선택합니다.

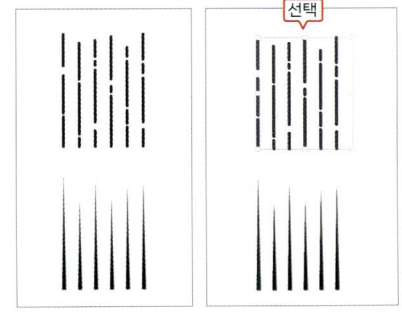

5   선택된 개체를 [Swatches] 패널 안으로 드래그하여 패턴 타일로 등록합니다. 아래쪽 개체도 투명한 선까지 모두 선택하여 패턴 타일로 등록합니다.

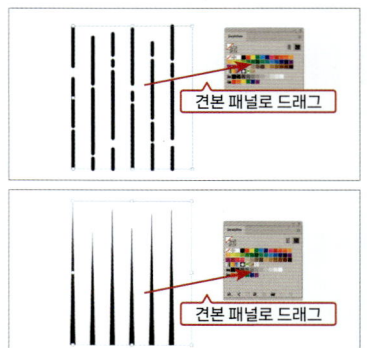

6   F5 키를 눌러 [Brushes] 패널을 열고 하단의 + 버튼을 눌러 옵션창 목록에서 Pattern Brush를 선택하고 OK를 누릅니다.

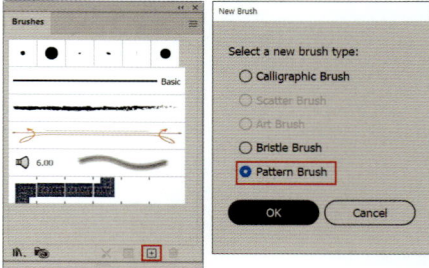

7   Name에는 Sunburst_line을 입력하고, 두 번째 타일 목록을 열어 등록했던 첫 번째 패턴 타일을 선택합니다. Colorization에서 Method를 Tints로 설정한 뒤 OK를 누릅니다.

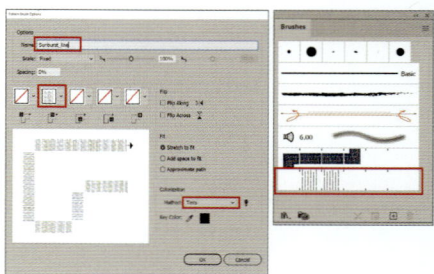

8   같은 방법으로 Name에는 Sunburst_Sharp로 입력하고, 두 번째 타일 목록을 열어 등록했던 두 번째 패턴 타일을 선택합니다. Method를 Tints로 설정한 뒤 OK를 누릅니다. [Brushes] 패널에 추가로 등록된 Pattern Brush를 확인합니다.

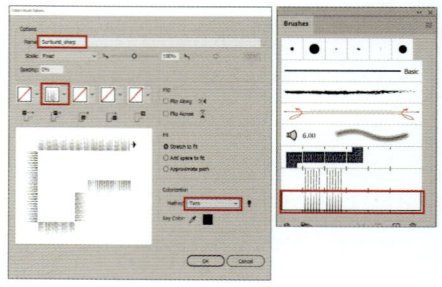

9   90mm인 정원을 면색 없이 1pt 선으로 2개 만듭니다. 첫 번째 원을 선택하고, [Brushes] 패널에서 새로 등록한 브러쉬 중 첫 번째를 선택합니다.

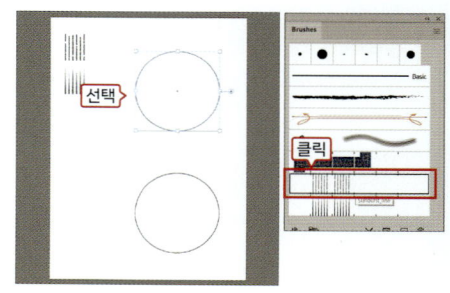

098   Detail Illust

10 두 번째 원을 선택하고 새로 등록한 브러쉬 중 두 번째 브러쉬를 선택합니다.

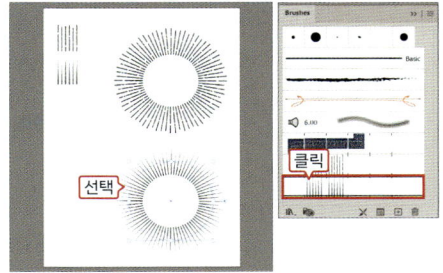

11 두 개체를 모두 선택한 뒤 [Object]-[Expand Appearance]로 효과를 확장합니다.

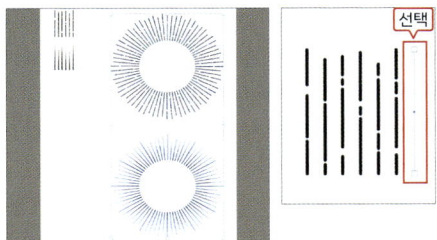

12 개체의 효과가 확장된 것을 확인합니다. 화면을 확대하고, 이전에 만들어둔 개체들 중 선색과 면색이 없는 투명한 개체를 선택합니다.

13 [Select]-[Same]-[Fill & Stroke]를 선택하면 면색, 선색이 없는 투명한 개체들을 모두 찾아줍니다. Delete 키를 눌러 개체들을 모두 삭제합니다.

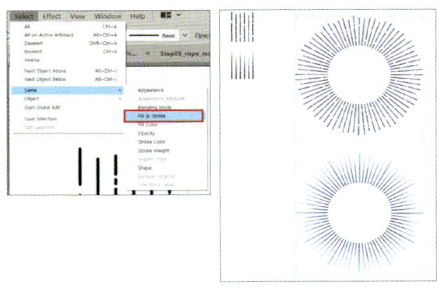

✅ 선버스트 작업 시 주의할 점

Pattern Brush에서 투명한 개체를 만드는 이유

패턴 브러쉬는 패턴을 반복하기 때문에 균일한 간격을 유지하는 작업에서 마지막 개체 다음에 공간이 없으면 다음 개체가 바로 옆에 이어져 균일해 보이지 않습니다.

따라서 마지막 라인을 투명하게 만들어 간격을 일정하게 유지합니다. 이후 모든 개체를 확장한 후 투명한 선과 면색만 찾아 삭제하여 선버스트 라인을 만듭니다.

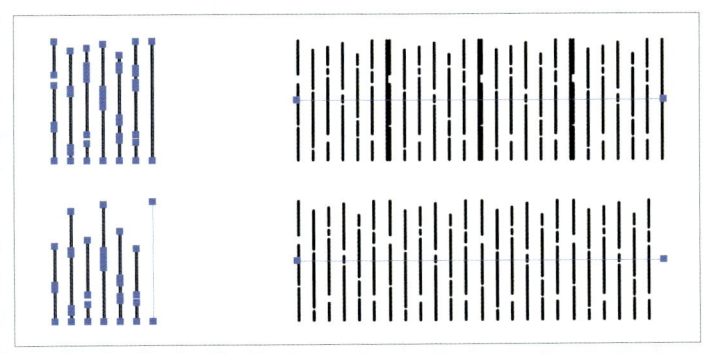

▲ (위) 투명한 라인 없이 작업 / (아래) 마지막 라인을 투명하게 만든 후 작업

| 예제 파일 | DS05 > S05_1_예제파일 > Style05_ribbon.ai |
| 결과 파일 | DS05 > S05_1_예제파일 > Style05_ribbon_result.ai |

04 꼬리가 있는 휘어진 리본 만들기

1. [File]-[Open]으로 'Style05_ribbon.ai' 파일을 엽니다. 사각형이 2개 있습니다. 위쪽 사각형을 선택한 뒤 [Object]-[Envelope Distort]-[Make with Warp] Ctrl + Alt + Shift + W 을 선택합니다.

    + plus 흰 선이 잘 보이도록 작업 과정에서는 짙은 색 배경을 지정했습니다.

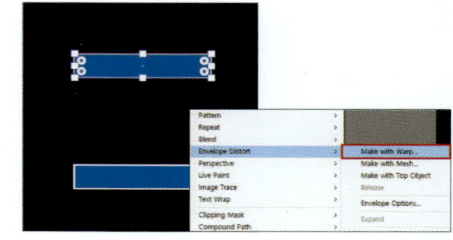

2. Style 목록에서 Flag, Bend 값을 -25%로 입력한 뒤 OK를 누릅니다. 개체에 효과가 적용됩니다.

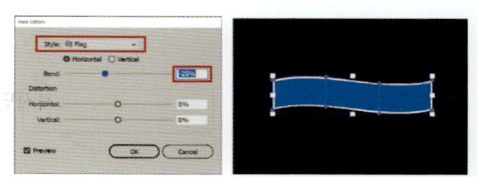

3. [Object]-[Expand]로 효과를 확장합니다. 옵션창이 뜨면 OK를 누릅니다.

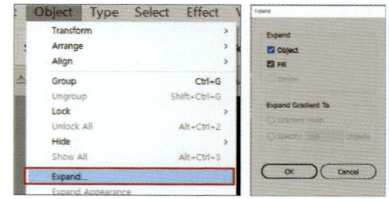

4. 아래쪽 개체를 선택하고 Ctrl + Alt + Shift + W 를 누릅니다. Bend 값은 25%를 입력하고 OK를 누릅니다. [Expand]로 효과를 확장합니다.

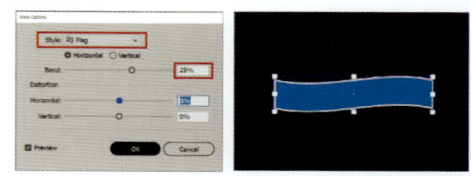

5. 첫 번째 사각형을 선택하고 Pen Tool 리본 꼬리 부분을 그려줍니다. 시작점으로 돌아와 막힌 개체로 모두 그리면 Ctrl + Shift + [로 맨 뒤로 보내기 합니다. 반대편도 비슷한 모양으로 작업합니다.

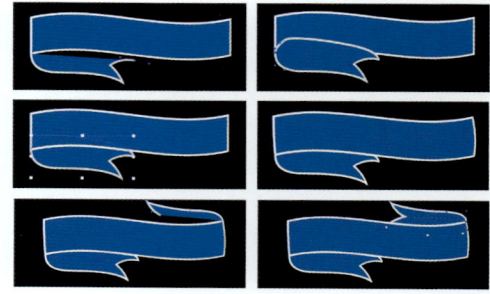

6 아래쪽 개체도 동일하게 작업합니다. 이번에는 리본이 더 휘어진 모양으로 만들어봅니다. 리본 뒤로 휘어진 부분을 막힌 개체로 그려 맨 뒤로 보내기 합니다. 핸들을 이용하거나, 점을 추가하는 등의 작업을 통해 자연스러운 연결 지점을 만들어줍니다.

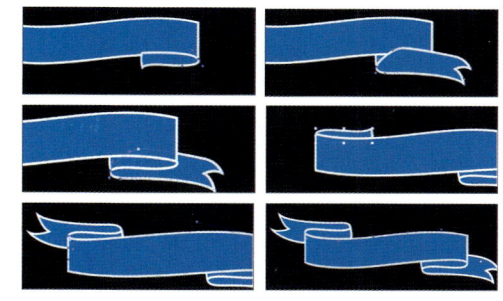

7 개체를 모두 선택합니다. [Object]-[Path]-[Outline Stroke]로 선을 모두 면으로 확장합니다.

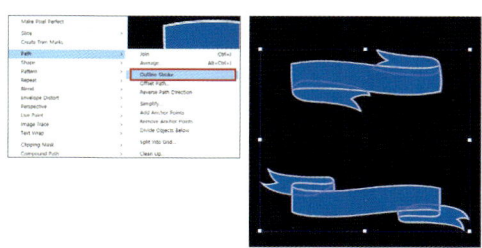

8 Ctrl + Shift + F9 로 [Pathfinder] 패널을 열고 Merge를 누릅니다. 개체가 같은 색상끼리 합쳐지면서 눈에 보이는 대로 나뉩니다. 작업 후에는 Ctrl + Shift + G 로 그룹을 해제합니다.

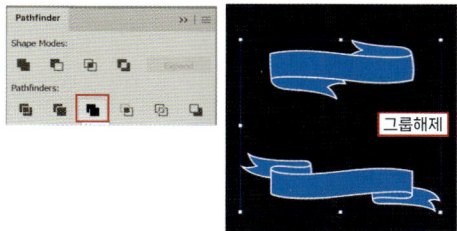

9 Pen Tool로 리본 안쪽 부분에 짧은 라인들을 여러 개 그립니다. Ctrl + F10 을 눌러 [Stroke] 패널에서 Width Profile 4를 선택합니다. 선 두께는 2~3pt 정도 적용합니다.

+ plus 연필 도구나 브러쉬 도구 등으로 작업해도 무방합니다.

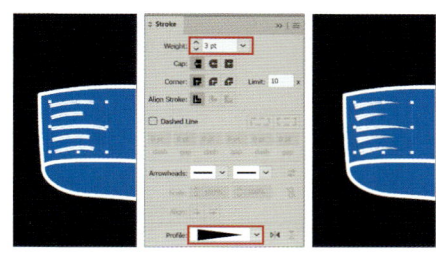

10 나머지도 동일하게 작업합니다.

11 [Object]-[Expand Appearance]로 작업한 선들을 모두 면으로 확장합니다.

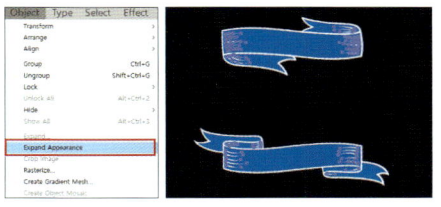

12 리본 위에 'THE MUSICAL'을 입력합니다.
　Ctrl + Alt + Shift + W 로 Warp 옵션창에서 Flag를 선택하고 Bend 값을 15% 입력하고 OK를 누릅니다.

+ plus 예제에는 'akaPosse', 자간 50으로 작업하였습니다. (출처 : dafont.com)

13 적절한 곳에 각도를 조절하여 배치한 뒤, [Object]-[Expand]를 눌러 개체를 확장합니다. 면색을 흰색으로 바꿉니다.

14 아래쪽 리본 위에 'HONGDAE'를 입력합니다.
　Ctrl + Alt + Shift + W 로 Bend 값을 -15% 입력하고 OK를 누릅니다.

 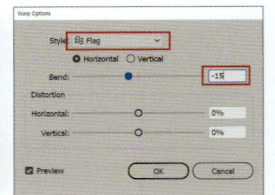

15 적절한 곳에 각도를 조절하여 배치한 뒤, [Expand]로 개체를 확장하고 면색을 흰색으로 바꿉니다.

예제 파일　　DS05 > S05_1_예제파일 > Style05_Nautical Poster.ai
결과 파일　　DS05 > S05_1_예제파일 > Style05_Nautical Poster_result.ai

05 물결모양 만들고 마스크 적용하기

1 [File]-[Open]으로 'Style05_Nautical Poster.ai' 파일을 엽니다. F7 로 [Layers] 패널을 열어 '배경' 레이어를 잠그고 + 버튼을 눌러 새로운 Layer 2를 만듭니다.

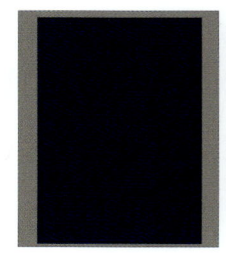 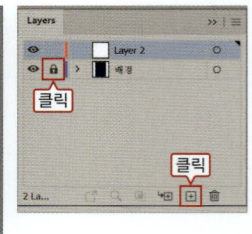

2   배 개체를 가져옵니다. 확장된 문자들의 면색을 C100, M80, Y40, K50으로 지정합니다.

   + plus 만약 서체가 활성화 되어 있다면 Ctrl + Shift + O 로 모두 윤곽선으로 만듭니다.

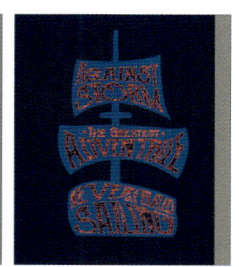

3   [Layers] 패널에서 작업 중인 레이어의 이름은 '배'로 수정하고, 새로운 '로프' 레이어를 생성합니다. 작업해 둔 로프 개체를 가져와 문서 중앙에 정렬하고, 그림과 같이 배의 위치를 하단 오른쪽에 배치합니다.

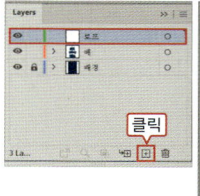

4   로프의 패스 일부를 끊어줍니다. 로프 개체는 Stroke로 작업되어 있으므로 원하는 부위에 점을 추가하고 그 사이에 점을 다시 추가합니다. 원하는 만큼 추가, 삭제하여 겹치는 부분들을 자연스럽게 없애줍니다.

5   [Layers] 패널에서 로프 레이어 아래에 '물결' 레이어를 만듭니다. 로프 아래쪽에 선 하나를 길게 그려줍니다.

6   [Effect]-[Distort & Transform]-[Zigzag]를 실행합니다. Size는 1.2mm, Absolute, segment는 15, Smooth를 선택하고 OK를 누릅니다.

7   개체의 사본을 하나 만듭니다. 위쪽 색상은 C100, M70, Y25, K0, 아래쪽 색상은 C85, M50, Y0, K0입니다.

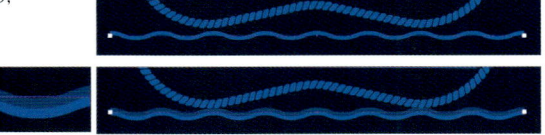

8 두 개의 색상이 반복되도록 여러 개를 복사합니다. 모두 선택한 후 `Ctrl`+`G`로 그룹으로 만듭니다. [Object]-[Expand Appearance]로 효과를 확장합니다.

9 이전에 작업해 둔 사본 개체를 맨 앞으로 가져온 뒤, 그림과 같이 배치합니다. 과정 8에서 만들어둔 물결 개체와 노란색 개체를 함께 선택하고 `Ctrl`+`7`로 클리핑 마스크를 적용합니다.

06 메인 텍스트 작업하기

가장 시선을 사로잡는 메인 텍스트와 포스터에서 강조해야 할 날짜를 작업해 봅니다.

1 [Layers] 패널에서 모든 레이어를 잠그고, '텍스트' 레이어를 새로 만듭니다. 'Nautical'과 'ADVENTURE' 를 각각 입력하고 어울리는 서체를 지정합니다.

　＋plus 예제에는 'Ballet Harmony', 'akaPosse' 폰트를 사용했습니다. (출처 : dafont.com)

2 텍스트를 모두 선택한 뒤, `Ctrl`+`Shift`+`O`로 윤곽선으로 만듭니다. 'Nautical'만 따로 선택하여 패스파인더에서 합치고 `Ctrl`+`8`로 컴파운드 패스를 적용하여 하나의 개체로 만듭니다.

　＋plus 만약 면색이 사라지면 다시 흰색을 지정합니다.

3 'ADVENTURE'만 따로 선택합니다. `Ctrl`+`8`로 컴파운드 패스를 적용합니다. 만약 면색이 사라지면 다시 흰색을 적용합니다.

Tip
'Nautical'은 글씨가 겹치는 부분이 있어 패스파인더 후 컴파운드 패스를 적용하고, 'ADVENTURE'는 겹치는 부분이 없어 바로 컴파운드 패스를 적용합니다.

4 'ADVENTURE'를 선택한 뒤 Shear Tool을 더블클릭 합니다. Vertical을 선택하고 -20도를 입력한 뒤 OK를 누릅니다.

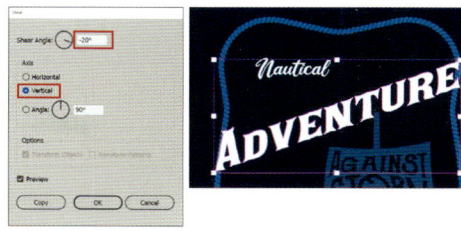

5 [Object]-[Path]-[Offset Path]를 선택합니다. Offset에 3mm를 입력한 뒤 OK를 누릅니다. 사방으로 균일하게 3mm 커진 개체가 만들어집니다.

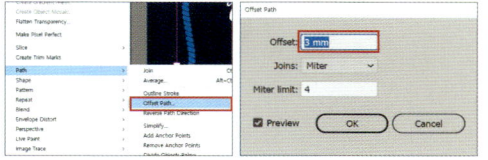

6 [Swatches] 패널의 하단 폴더에서 가장 어두운 남색을 선택합니다.

Tip
이전에 Compound Path 명령으로 개체를 하나로 결합해 놓았기 때문에 Offset Path도 9개가 아닌 1개로 만들어집니다.

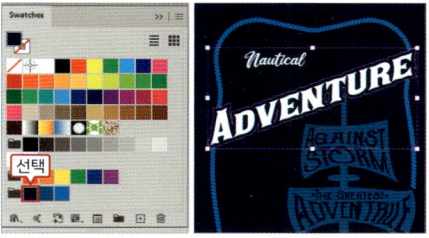

7 'Nautical'은 하단 폴더의 두 번째 색을 선택합니다. 그림과 같이 배치한 뒤, [Object]-[Path]-[Offset Path]를 클릭합니다.

8 Offset Path 값에 2mm를 입력한 뒤 OK를 누릅니다. 면색을 이전과 똑같이 가장 어두운 남색으로 지정합니다.

9 [Layers] 패널에서 모든 레이어를 잠급니다. 가장 상위에 '리본' 레이어를 새롭게 만들고, 이전에 작업해 둔 리본 개체를 복사 후 붙여넣기 합니다.

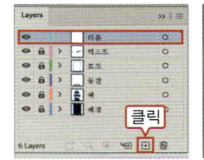

10 텍스트를 제외한 나머지 흰색 개체들을 모두 선택합니다. 가장 어두운 남색을 선택하고 색상이 바뀐 것을 확인합니다.

11 각각 하나씩 그룹으로 만들어 위쪽과 왼쪽 아래 공간에 배치합니다.

+ plus 각도와 크기는 자유롭게 작업합니다.

12 크기나 위치를 다르게 '24.07.30', 'JULY', '30TH'를 각각 입력합니다. Ctrl + Shift + O 로 윤곽선으로 만든 후 Ctrl + 8 로 하나의 개체로 결합합니다.

+ plus 예제에는 'The Goldsmith Vintage' 폰트를 사용했습니다. (출처 : dafont.com)

13 개체를 선택하고 [Object]-[Path]-[Offset Path]를 누릅니다. 값을 1mm를 입력하고 가장 어두운색으로 바꿔줍니다.

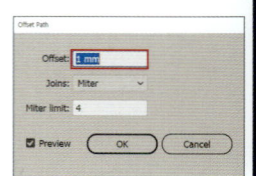

07 선버스트와 장식용 개체 그리기

선버스트 개체를 배치하고 불필요한 부분은 삭제합니다. 빈 공간에 장식으로 들어갈 개체들을 직접 그려봅니다.

1 [Layers] 패널에서 모든 레이어를 잠그고, 텍스트 레이어 아래에 '선버스트 외' 레이어를 만듭니다. 이전에 만들어 두었던 선버스트 디자인 중 마음에 드는 개체를 복사 후 붙여넣기 합니다.

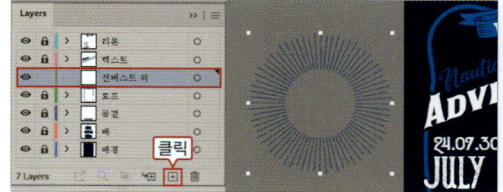

2 개체를 일부를 삭제하고 그룹으로 만듭니다. 그림과 같이 각도와 크기를 조절하여 텍스트 주변에 배치합니다.

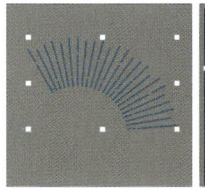

3 삐져나오는 부분들은 일부 삭제하거나 점을 직접 선택하여 이동시킵니다. 스마트 가이드를 보며 각도가 어긋나지 않도록 주의합니다. 다른 텍스트를 침범하는 부분들도 모두 삭제하여 정리해줍니다.

4 Pencil Tool(연필 도구)로 마우스로 클릭-드래그하면 그림 그리듯 패스를 그릴 수 있습니다. 그림과 같이 부드러운 라인을 그려줍니다.

Tip
연필 도구를 더블클릭한 뒤 옵션창에서 Fidelity를 Smooth 쪽으로 조정하면 좀 더 자연스럽고 부드러운 곡선을 그릴 수 있습니다.

ESSENTIAL THEORY | Pencil Tool Options

정밀함을 낮춰야 오히려 더 부드럽게 그려지는 Fidelity

① Fidelity : '충실도'라는 의미로, 그림 입력 시 값을 얼마나 정교하게 따라 했는지 나타냄
  - Accurate : 정밀하게 그리기
  - Smooth : 매끄럽게 그리기
  ※ Pencil Tool(연필 도구), Brush Tool(브러쉬 도구) 공통 적용
② Fill new pencil strokes : 연필선 그리면서 자동 면색 채우기
③ Keep selected : 선택 계속 유지
④ Alt key toggles to Smooth Tool : 그림을 그릴 때 Alt키를 누르면 직선으로 변경
⑤ Close paths when ends are within : 설정된 픽셀값만큼 두 개의 점이 가까워지면 자동으로 패스를 연결
⑥ Edit selected paths Within : 새로운 패스를 그릴 때 설정된 픽셀값 이하로 가까워지면 연속으로 그리거나 수정할 수 있는 기능

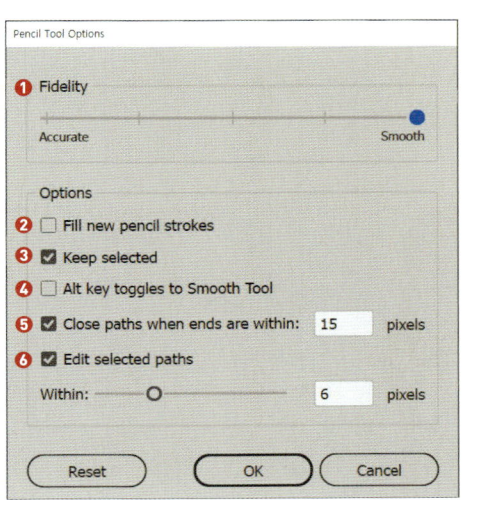

Design Style 05 - Vintage Poster 107

5   Pencil Tool로 그린 개체들을 모두 선택한 뒤, Ctrl + F10을 눌러 [Stroke] 패널을 엽니다. 선 두께를 5pt, Width Profile 1로 바꿉니다. 양쪽 끝이 뾰족하고 가운데는 두꺼운 모양으로 바뀝니다.

+ plus 임의로 몇몇 개의 라인은 더 두껍게 수정해도 무방합니다.

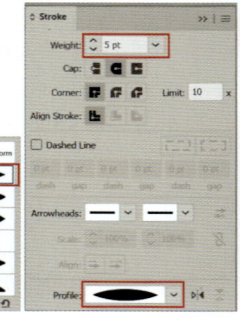 

6   선색 없이 면으로만 된 원들을 여러 개 그려 장식을 만들어줍니다. 전체적인 공간에서 비어있는 부분을 채워준 뒤, 모두 선택하고 [Object]-[Expand Appearance]를 누릅니다.

7   [Layers] 패널에서 모든 레이어를 잠그고 가장 위에 '질감' 레이어를 만듭니다. [File]-[Open]으로 'Style05 _texture.ai' 파일을 열어 개체를 복사한 뒤 '질감' 레이어에 붙여넣기 합니다. 면색을 배경색과 같은 어두운 남색으로 바꾸고 마무리합니다.

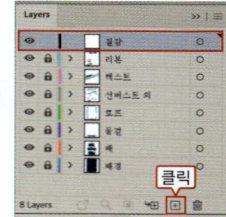 

WORKING -LEVEL 꼭 살펴보아야 할

레이어 나누기

개체를 레이어 별로 분류하면 원하는 레이어만 선택적으로 내보낼 수 있어 편리하며 편집의 효율성을 높입니다. 애니메이션이나 대화형 콘텐츠 제작에 유용하며 공동 작업 및 디자인 프로세스를 보다 체계적으로 관리할 수 있습니다. 전문 디자이너 및 일러스트레이터들은 작업 효율성을 높이기 위해 이를 적극 활용합니다.

| 기능 다시 한 번 익히기 | 예제파일 📁 DS05 > S05_2_연습문제 > Style05_2_exercise.ai | 결과파일 📁 DS05 > S05_2_연습문제 > Style05_2_exercise_develope.ai |

Exercise

Design Style 05에서 학습한 효과들을 응용하여 새로운 디자인을 만들어봅니다.

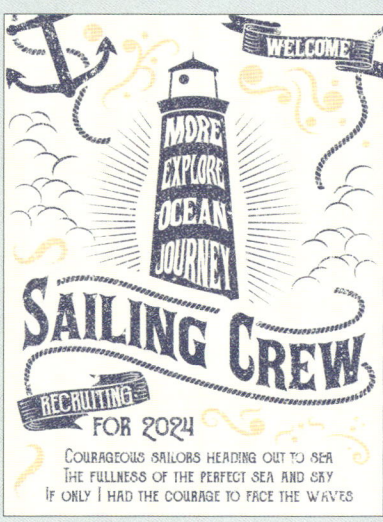

[File]-[Open]으로 'Style05_2_exercise.ai' 파일을 엽니다. 'SAILING CREW' 라는 메인 텍스트가 윤곽선으로 만들어져 있습니다. Style05에서 작업했던 로프 브러쉬를 활용하여 텍스트 주변을 감싸는 라인을 만들어 줍니다. 패턴 브러쉬가 적용된 개체를 [Expand Appearance]로 확장합니다. 전체 선택하여 [Offset Path]로 더 큰 개체를 만든 뒤 패스파인더 합치기를 누릅니다. 그리고 면색을 배경색과 같은 색으로 지정합니다.

윗부분이 둥근 사다리꼴 개체를 만들고 그 위에 배경색과 같은 색으로 텍스트를 각각 입력합니다. [Envelope Distort]-[Make with Mesh]를 활용하여 등대처럼 보일 수 있도록 모양을 왜곡합니다. 이때, 글씨의 윗부분은 둥근 느낌을 유지합니다. 작업을 마치면 [Expand]로 효과를 확장합니다.

Style05에서 작업했던 선버스트 라인을 등대 뒤로 배치하고 불필요한 부분은 삭제합니다. 반원을 활용하여 구름 모양을 만들면 [Stroke] 패널에서 적당한 두께로 가운데가 두껍고 양 끝은 뾰족한 Width Profile 1을 적용합니다. 리본과 주변을 꾸며주는 개체들을 활용하여 빈 공간을 장식하고, 하단에는 포스터와 관련된 내용을 추가하여 어울리는 서체를 지정합니다. 마지막으로 질감 개체를 맨 위에 배치하고 배경색과 같은 색을 적용하여 마무리합니다.

Design Style 06
Drawing Illust
드로잉 도구들을 활용하여 일러스트 그리기

Skill Point

다양한 스킬을 익히는 것은 분명 중요하지만, 벡터 그래픽 디자인의 기본 도구인 펜툴과 브러쉬를 능숙하게 다루는 것은 그 어떤 스킬보다도 중요합니다. 펜 툴로 정확한 라인을 만들고 브러쉬로 질감을 추가하여 더욱 완성도 높은 그림을 만들 수 있습니다. 자연스러운 표현과 정밀한 제어를 동시에 수행할 수 있도록 꾸준한 연습과 노력이 필요합니다.

Keyword

Pen Tool # Paintbrush # Anchor Point Tool # Draw Inside # Gradient
Search Keyword : Illustrator drawing, Vector Portrait

Before you Design

펜 툴 다루기
원하는 대로 곡선을 유려하게 만들고 조절하는 펜 툴을 잘 다루기 위해서는 많은 연습이 필요합니다. 스캔 된 인물 이미지의 드로잉을 펜 툴로 트레이싱하며 연습합니다.

얼굴 구조와 음영 표현
인물의 얼굴을 표현할 때는 뼈의 구조를 파악하고 빛이 닿았을 때 그림자와 하이라이트의 모양, 피부의 두께와 조명, 환경에 따라 달라 보이는 피부색 등 많은 공부가 필요합니다.

특징 및 표현법
- 드로잉 된 이미지를 패스로 표현할 때, 두께감을 조절하여 풍성한 느낌을 연출해 보세요.
- 넓은 면적 안쪽을 표현할 때 단색으로 표현할 것인지, 질감을 표현해 줄 것인지 등에 대해 고민해 보세요.

Designer Gallery

< Popart Illustration / 출처 : freepik.com >

< Portrait Illustration / 출처 : freepik.com >

예제 파일   DS06 > S06_1_예제파일 > Style06_1_Drawing_start.ai
결과 파일   DS06 > S06_1_예제파일 > Style06_1_Drawing_result.ai

01 아트 브러쉬 등록하기

드로잉에 사용될 양 끝이 뾰족한 브러쉬를 다양한 두께로 직접 만들고 등록합니다.

1 [File]-[Open]으로 'Style06_1_Drawing_start.ai' 문서를 엽니다. F7 을 눌러 [Layers] 패널을 열고 '배경' 레이어가 잠겨있는 것을 확인합니다. '작업1' 레이어를 선택하고 Ellipse Tool(원형 도구)을 선택합니다.

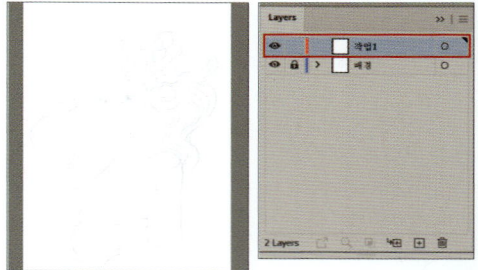

2 화면을 확대하고 30×3px 타원을 그립니다. 다음은 30×4, 30×5, 30×6, 30×7px 크기로 4개 더 그려 총 5개의 타원을 만듭니다.

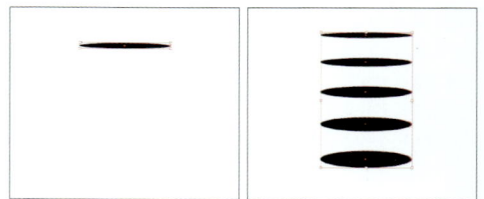

3 Anchor Point Tool(고정점 도구)로 타원의 양쪽 끝점을 한 번씩 클릭하여 뾰족하게 만듭니다. 나머지 원도 동일하게 작업합니다.

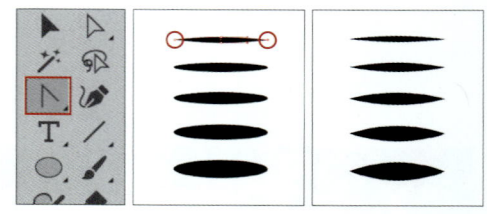

4 가장 위의 원을 선택합니다. F5 를 눌러 [Brushes] 패널을 열어 + 버튼을 누릅니다. 옵션창이 뜨면 Art Brush를 선택하고 OK를 누릅니다.

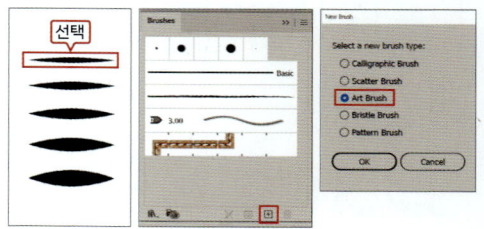

5 브러쉬 옵션창에서 방향은 오른쪽으로, Method는 Tints로 설정하고 Key Color가 검은색인지 확인한 후 OK를 누릅니다.

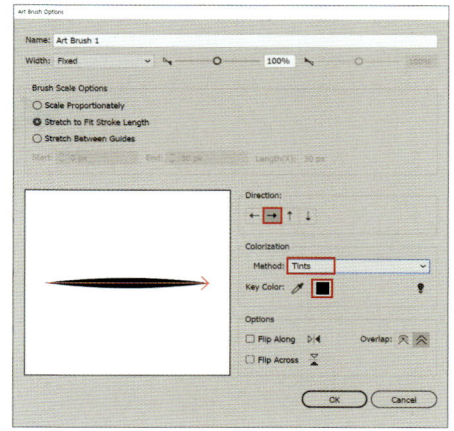

6 나머지 4개의 브러쉬도 같은 옵션으로 모두 등록합니다.

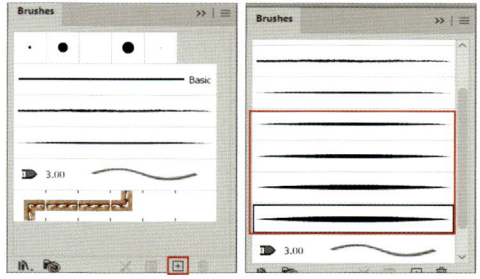

7 Paintbrush Tool(페인트브러쉬 도구)을 더블클릭하면 옵션창이 나타납니다. Fidelity를 Smooth 방향으로 최대로 설정하고 OK를 누릅니다.

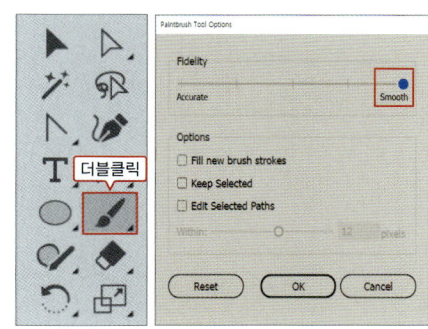

8 스케치를 보며 따라 그립니다. 그림이 어색해지지 않도록 자연스럽게 드래그합니다. 선의 두께는 등록해 둔 브러쉬를 다양하게 적용하여 만들고, 더 얇은 브러쉬가 필요한 경우 [Stroke] 패널에서 두께를 조절합니다.

9   Pen Tool(펜 도구)을 선택하고 눈썹 안쪽이나 눈동자 안쪽은 직접 막힌 도형으로 그려 면으로 작업합니다. 모양이 어색해지지 않도록 유의하며 그립니다.

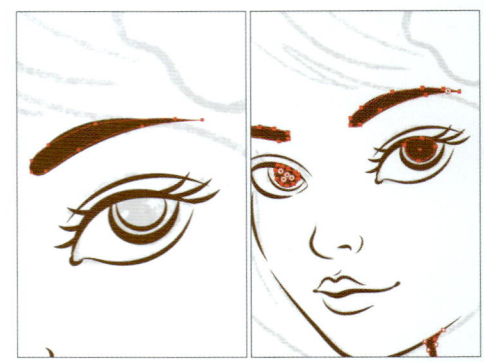

10 굵은 브러쉬들로 그림의 큰 윤곽을 그립니다.

11 상대적으로 더 얇은 브러쉬를 선택하고 머리카락 안쪽의 디테일한 부분을 그립니다. 이어서 나머지도 작업합니다.

12 윤곽 작업이 끝나면 Ctrl + A 로 전체 선택하고 Ctrl + 2 를 눌러 임시로 잠가둡니다.

13 브러쉬 선의 양 끝이 얇기 때문에 모양이 어색해지는 부분들이 있습니다. 그 부분은 Pen Tool로 직접 그리면서 면으로 채워줍니다. 모든 작업이 끝나면 Ctrl + Alt + 2 를 눌러 잠금을 해제합니다.

+ plus 굵거나 얇게 표현할 부분 등을 잘 고려하여 작업합니다.

14 다시 전체 선택한 뒤 [Object]-[Expand Appearance]를 눌러 효과를 확장합니다. Ctrl + Shift + F9 를 눌러 [Pathfinder] 패널을 열고 Unite를 누릅니다.

+ plus 여기까지의 과정이 'Style06_1_Drawing_course1.ai'으로 저장되어 있습니다.

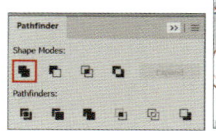

02 배경 작업하기

1 [Layers] 패널을 열고 '작업1' 레이어는 잠그고 '배경' 레이어 눈을 끕니다. 바로 아래 '배경2' 레이어를 만들고 800×1120px 사각형을 임의의 색으로 만들어 문서 중앙에 정렬합니다.

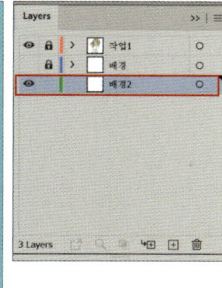

2   면색을 선형 그라디언트로 바꿉니다. 왼쪽은 흰색,
    오른쪽은 #bbeaff로 설정하고 각도를 90도 입력합니다.

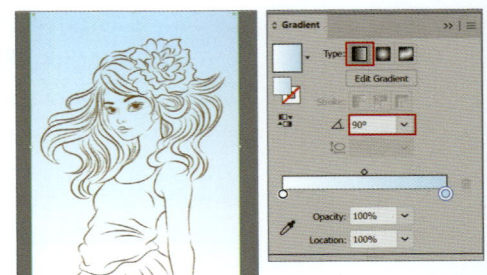

3   Pencil Tool(연필 도구)로 그림과 유사한 유선형의
    막힌 개체를 그립니다. 면색은 #85ffff로 지정하고,
    Ctrl + Shift + F10 을 눌러 [Transparency] 패널에서
    Opacity를 25%로 설정합니다.

    Tip
    연필 도구는 드래그하여 처음 작업했던 점 근처로 마우스가 가까워지면
    자동으로 닫힌 패스가 됩니다.

4   Pencil Tool로 다른 형태의 유선형 개체를 그립니다.
    그 안쪽에 작은 원들을 더 그립니다. 선색 없이 면색은
    임의로 설정합니다.

5   과정 4에서 작업한 개체들을 선택하고 [Pathfinder]
    패널에서 Minus Front를 누르면 앞에 있는 영역이
    지워집니다. 색상은 #81ddff, Opacity를 15%로
    설정합니다.

6   Pencil Tool로 유선형의 개체들을 더 만듭니다. 색상은 각각 #d37ce5, #f2ec8b로 지정합니다. 작업 후에는 Opacity를 15%로 설정합니다.

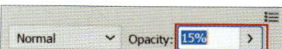

7   과정 3~6까지 작업했던 모든 개체들을 선택하고 [Effect]-[Blur]-[Gaussian Blur]를 클릭합니다. 값을 15로 입력하고 OK를 누릅니다.

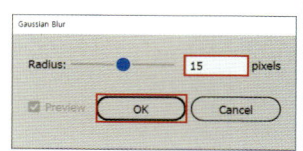

03 인물 컬러 작업하기

1   F7 을 눌러 [Layers] 패널을 열고 '배경2' 레이어는 잠그고, '작업1' 레이어를 선택합니다. 잠금을 풀고 전체 선택한 뒤 면색을 #cc6e95로 설정합니다.

2   '작업1' 레이어는 다시 잠그고 아래에 '몸' 레이어를 만듭니다. Pen Tool로 얼굴과 목 부분의 피부색을 #efcab1로 작업합니다.

이 경우에는 세밀한 작업을 위해 연필 도구보다 펜 도구 사용을 권장합니다.

3   이어서 팔 부분도 작업을 마치면 '몸' 레이어는 잠그고, 그 위에 '얼굴' 레이어를 만듭니다.

 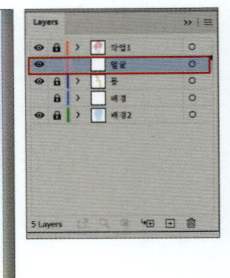

4   Pen Tool로 눈 안쪽에 밝은색 개체를 #e8dfe3으로, 동공 옆의 청록색 부분은 #7de2cf로 막힌 도형으로 그립니다.

Tip
눈 흰자 부분을 흰색으로 작업하면 도드라져 보일 수 있습니다.

5   입술 부분도 #f46c83으로 그리면 얼굴 작업이 마무리 됩니다. [Layers] 패널에서 '얼굴' 레이어는 잠그고, 그 위에 새로운 '헤어' 레이어를 만듭니다.

 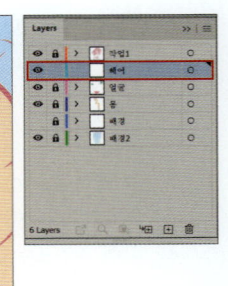

6   Pen Tool로 머리카락 외곽 부분을 그립니다. '작업1' 레이어에서 그렸던 외곽 라인 개체를 완벽히 따라 그리지 않아도 됩니다. 다만, 곡선이 어색해 보이지 않도록 그려줍니다.

7   작업이 끝나면 확대하여 부분적으로 살펴봅니다. 만약 곡선이 어색한 부분이 있다면 Pen Tool이나 Direct Selection Tool 등을 활용하여 자연스럽게 만듭니다.

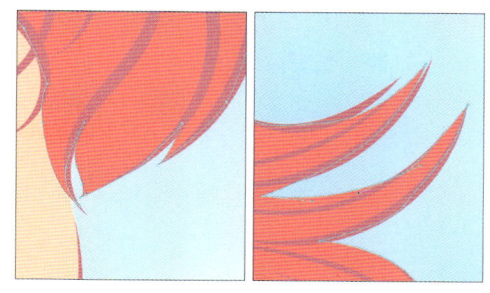

8   헤어를 모두 마무리하면 면색을 선형 그라디언트로 바꿉니다. 색상은 붉은색 계열로 자유롭게 지정합니다.

+ plus   그라디언트 컬러
첫 번째 색 #e93e1a (위치 : 0%)
두 번째 색 #f07abd (위치 : 33%)
세 번째 색 #f24866 (위치 : 70%)
네 번째 색 #f4866f (위치 : 100%)

+ plus   여기까지의 과정이 'Style06_1_Drawing_course2.ai'으로 저장되어 있습니다.

9   '헤어' 레이어를 잠그고 그 위에 '꽃' 레이어를 새로 만듭니다. Pen Tool로 꽃의 외곽을 따라 막힌 도형을 그려줍니다.

10   방사형 그라디언트를 적용하고 왼쪽 색은 #e9651a, 오른쪽 색은 #f4af6f로 지정합니다.

+ plus   여기까지의 과정이 'Style06_1_Drawing_course3.ai'으로 저장되어 있습니다.

11 꽃 레이어를 잠그고 '헤어' 아래에 '옷' 레이어를 새롭게 만듭니다. Pen Tool로 옷을 따라 그려줍니다.

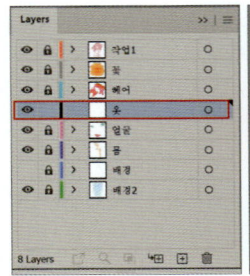

12 개체에 선형 그라디언트를 적용합니다. 첫 번째 색은 #59bfe8, 두 번째 색은 #d895c8, 세 번째 색은 #ffb48e로 지정합니다. 각도는 90도로 색상 위치는 자유롭게 설정합니다.

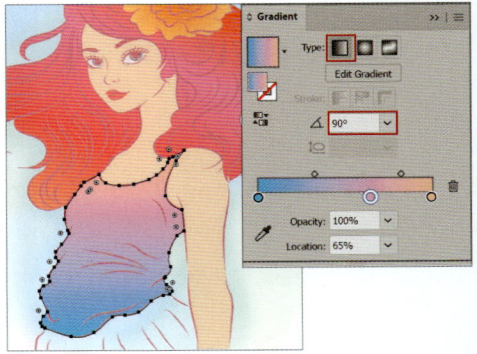

13 하의도 같은 방법으로 작업한 뒤 그라디언트를 적용합니다. 각도는 90도, 첫 번째 색은 #6079d6, 두 번째 색은 #43aed4로 지정합니다.

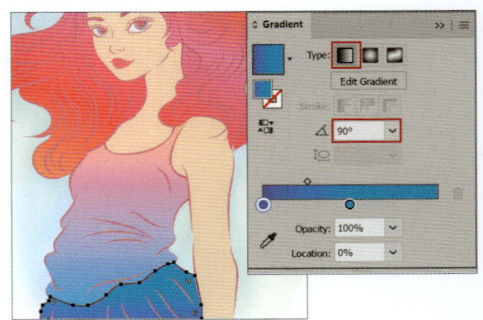

14 작업이 모두 마무리되면 전체적으로 곡선이나 색상 등 어색한 부분 등이 없는지 확인합니다.

04 수채화 브러쉬로 채색하기

1 '얼굴' 레이어 위에 '채색' 레이어를 만듭니다. 해당 레이어를 제외한 나머지 레이어는 모두 잠급니다. 얼굴 위에 볼터치로 표현할 원을 그립니다.

2 방사형 그라디언트를 선택합니다. 왼쪽과 오른쪽 색은 둘 다 #ff8d8f이며 왼쪽은 Opacity 30%, 오른쪽은 0%로 지정합니다.

   + plus 그라디언트에서 Opacity를 조절하여 더 붉게 하거나 덜 붉게 농도를 조절합니다.

3 개체의 크기나 모양을 조절하고 중첩시켜 얼굴 양 볼과 코, 목뒤나 쇄골, 겨드랑이, 팔꿈치 등에 배치합니다.

   + plus 여기까지의 과정이 'Style06_1_Drawing_course4.ai'으로 저장되어 있습니다.

4 F5 를 눌러 [Brushes] 패널을 엽니다. 보조 메뉴에서 Open Brush Library를 클릭하고 Artistic 중 Artistic_Watercolor를 선택하면 새로운 브러쉬 패널이 나타납니다. 목록에서 2번째 브러쉬를 선택합니다.

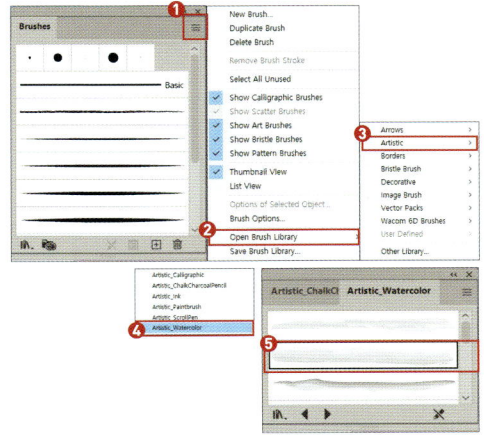

5 [Layers] 패널에서 '헤어' 레이어의 잠금을 풀고 나머지는 모두 잠급니다. 해당 레이어의 개체를 선택합니다.

6 도구 패널에서 Draw Inside 버튼을 누릅니다. 선택한 개체 주위로 점선이 생기는 것을 확인한 뒤 면색은 없음, 선색은 #972376으로 지정합니다.

> **Tip**
> Draw Inside 버튼을 누르면 해당 개체의 선택이 해제되기 때문에 면이나 선색을 바꾸더라도 기존 개체에 영향을 미치지 않습니다.

7 [Transparency] 패널에서 블렌드 모드를 Multiply, Opacity 값을 50%로 설정하고, [Brushes] 패널에서 수채화 브러쉬가 선택되어 있는지 확인합니다.

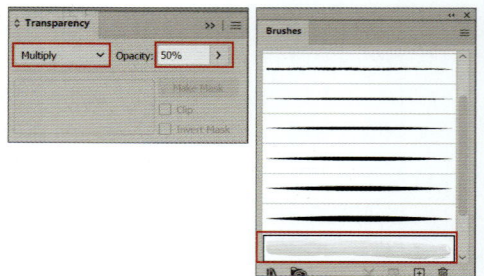

8 클릭-드래그하여 수채화 브러쉬를 원하는 곳에 그려줍니다. 헤어 개체 내부에만 브러쉬가 적용되고 빠져나가는 부분은 자동으로 마스크 처리되어 가려집니다.

> **Tip**
> Draw Inside 기능은 자동으로 마스크 처리되어 매우 유용하지만, 해제하면 다시 인사이드 모드로 돌아갈 수 없기 때문에 한 번에 모두 작업해야 합니다. 따라서 작업이 완전히 끝난 것이 아니라면 되돌아갈 수 없으므로 작업을 모두 마치고 해제하도록 합니다.

9   밝은 부분도 이어서 작업합니다. 선색을 #eae671로 지정하고 블렌드 모드를 Normal, Opacity 값도 10%로 수정합니다. 머리 윗부분을 드래그하여 칠해주면 해당 부위가 밝아집니다.

10 작업을 모두 마치면 Draw Normal을 클릭하여 Inside를 해제합니다. '헤어' 레이어는 잠그고 '꽃' 레이어를 선택하고 잠금을 해제합니다. 꽃 개체를 선택합니다.

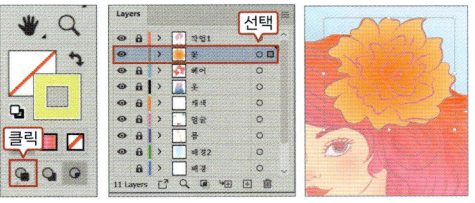

11 Draw Inside 버튼을 누릅니다. 선색을 #d85339로 지정하고 블렌드 모드를 Multiply, Opacity는 50%로 설정합니다. 이전에 작업한 수채화 브러쉬를 선택하고 선 두께는 1~2pt로 꽃 개체 안을 드래그하여 채색합니다.

12 선색을 #fff0a6으로 바꿉니다. 블렌드 모드를 Normal, Opacity는 13%, 선 두께는 1pt로 지정합니다. 꽃 개체 안을 드래그하여 밝은 부분도 채색합니다. 완성되면 Draw Normal을 클릭합니다.

13 '헤어'와 '꽃'에서 작업한 것과 같은 방법으로 Draw Inside를 적용해 브러쉬, 색상, 선의 굵기, 블렌드 모드 등을 자유롭게 활용하여 '옷' 레이어도 작업합니다.

05 그림자 만들기

1. '얼굴' 레이어 아래 새로운 '그림자' 레이어를 만들고 다른 레이어들은 모두 잠급니다. Pen Tool을 선택하고 면색을 검은색으로 지정한 뒤 그림처럼 얼굴 오른쪽의 어두워지는 영역을 그려줍니다.

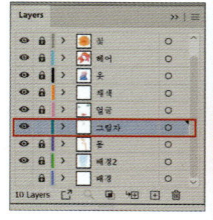 

2. Opacity 값을 5%로 설정합니다. 새로운 개체를 중첩해서 그립니다.

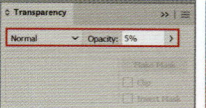 

3. Opacity 값을 5%로 설정하고 음영이 생기는 부분에 개체를 그려 그림자를 표현합니다. 큰 면적부터 작은 면적 순서로 작업합니다. 얼굴뿐만 아니라 목과 팔 부분도 그려줍니다.

✅ 얼굴을 면으로 작업하는 이유

얼굴 부분에 브러쉬를 사용하지 않는 이유

머리카락, 꽃, 옷 등은 음영 없이도 분위기를 표현할 수 있지만, 얼굴은 구조에 따른 빛 방향을 고려하지 않으면 자칫 얼룩덜룩하게 보일 수 있습니다. 펜 타블렛을 사용하면 작업이 편리하지만, 빛 방향과 얼굴 구조를 잘 파악하면 마우스로도 충분히 작업 가능합니다. 본 예제에서는 펜 도구로 면을 나누어 작업합니다.

06 눈코입 디테일 그리기

1. '얼굴' 레이어를 선택하고 잠금을 해제합니다. 나머지 레이어는 모두 잠급니다. Pen Tool로 눈 안쪽 아이라인 개체를 그립니다. 면색은 #5b1036으로 진한 보라색입니다.

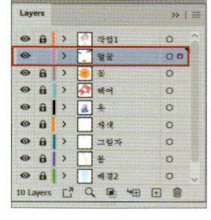 

2. [Transparency] 패널을 열고 Opacity 값을 5~10%로 자유롭게 설정합니다. 한 번 더 얇은 개체를 그립니다. 같은 작업을 반복하여 눈 안쪽에 디테일한 음영을 표현합니다.

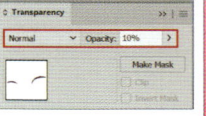 

3. 흰색 면으로 Pencil Tool이나 Pen Tool을 이용하여 그림과 같이 하이라이트 부분을 그립니다. Opacity 값을 20~60% 정도에서 자유롭게 조절합니다.

4. 입술도 같은 방법으로 작업합니다. 붉은 계열의 색들을 중첩하여 채색하고, Opacity 값들을 조절하여 입체감을 표현해 줍니다.

5 [Layers] 패널의 가장 위에 '하이라이트' 레이어를 만들고 눈동자와 입술에서 가장 빛나는 부분을 그려줍니다.

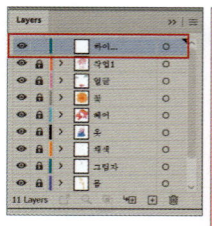 

6 확대하여 어색하게 작업된 곳이 없는지 꼼꼼하게 확인하고 마무리합니다.

WORKING-LEVEL
꼭 살펴보아야 할

✓ 펜 도구의 중요성

펜 도구는 처음에는 기본적인 도구로 보이거나, 제대로 이해하지 않아도 작업 결과에 큰 영향을 미치지 않는 것처럼 느껴질 수 있습니다. 하지만 펜 도구는 벡터 기반 프로그램의 핵심 도구입니다. 자료 조합 작업을 주로 하는 디자이너에게도 필요하지만, 특히 창작 활동을 하는 디자이너에게는 필수적인 도구입니다. 펜 도구를 완벽하게 다루려면 곡선 제작, 핸들 조작, 원하는 모양 만들기 등 반복적인 연습을 통해 도구에 대한 이해를 높여야 합니다. 이를 통해 펜 도구는 기본적인 도구이지만 강력한 무기가 될 수 있습니다.

| 기능 다시 한 번 익히기 | 예제파일 📁 DS06 > S06_2_연습문제 > Style06_2_Exercise_start.ai | 결과파일 📁 DS06 > S06_2_연습문제 > Style06_2_Exercise_result.ai |

Exercise

Design Style 06에서 학습한 효과들을 응용하여 새로운 디자인을 만들어봅니다.

[File]-[Open]으로 'Style06_2_exercise_start.ai' 파일을 엽니다. 밑바탕에 스케치가 준비되어 있습니다. Style06의 작업 과정처럼 먼저 외곽 라인을 브러쉬로 따라 그립니다. 브러쉬만으로 작업된 곡선이 어색해 보이지 않도록 작업 후에는 확대해서 패스의 곡선들을 세밀하게 다듬고, 일부는 Pen Tool로 직접 채워줍니다. 그리고 모든 개체를 [Object]-[Expand Appearance], [Object]-[Path]-[Outline Stroke]로 확장합니다. 스케치 레이어는 눈을 끄고, 작업하던 레이어의 모든 개체를 선택하고 패스파인더에서 합치기를 누릅니다. 더 추가하거나 수정할 부분은 Pen Tool로 다듬거나 새로운 개체를 만들어 주고, 다시 한 번 패스파인더로 합칩니다. 헤어, 얼굴, 몸, 옷 등의 레이어를 추가하고 각각 어울리는 면색으로 막힌 개체를 그려줍니다.

이때 헤어는 미리 레이어를 하나 더 복사해 두고 잠시 눈을 꺼둡니다. 원본 헤어 레이어를 선택하고 Pen Tool과 패스파인더 등으로 구역별로 조각내어 어두운 부분과 밝은 부분의 색들을 모두 다르게 적용합니다. 레이어를 잠그고 다시 사본 레이어를 선택합니다. 이때 헤어 개체는 잠시 잠가둡니다. Style06에서 작업한 방법과 동일하게 수채화 브러쉬로 질감 표현을 해줍니다. 잠가둔 헤어 개체를 가장 상위로 올리고 클리핑 마스크를 적용합니다. 옷과 몸의 경우는 Style06과 동일한 방법으로 작업합니다. 몸 레이어 위에 그림자 레이어를 만듭니다. 면색을 검은색으로 지정하고 Opacity 값을 10% 정도 설정합니다. 같은 작업을 반복하여 음영을 표현합니다.

레이어를 새로 만들어 볼터치와 몸의 붉은 부분 등 혈색이 돌만한 부위의 그라디언트 작업을 해줍니다. Style06에서 학습한 방법을 응용하여 본인이 원하는 대로 투명도를 조절해도 됩니다. 마지막으로 하이라이트 레이어를 만들고 눈동자와 입술 등에 입체감을 더하고 주근깨도 표현해 줍니다. 새로운 레이어를 만들고 [Layers] 패널에서 가장 아래에 배치한 뒤, 세로 방향의 선형 그라디언트를 적용합니다. 어울리는 색상으로 배경을 만들어 저장하고 작업을 마무리합니다.

Design Style 07

Character Design
레서판다 디자인 및 Turn-Around 제작

CHARACTER DESIGN

Skill Point

캐릭터 디자인 작업 시 펜 툴을 사용할 수도 있지만 Warp 기능을 활용하면 통통한 몸이나 얼굴 등을 빠르고 쉽게 만들 수 있도록 도와줍니다. 또한 360도 턴 어라운드로 캐릭터의 다양한 면을 보여주는 이미지를 만들어봅니다.

Keyword

\# Effect-Warp \# Stroke Panel
\# Live Paint \# Free Transform
\# Search Keyword : character design, character design competition

Before you Design

동물 캐릭터의 장점
동물 캐릭터는 친근하고 매력적인 이미지로 감정적인 공감을 이끌어내고, 메시지나 브랜드 가치를 효과적으로 전달합니다. 또한, 어린이 도서, 애니메이션, 브랜딩, 광고, 소셜 미디어 등 다양한 매체와 콘텐츠에서 활용될 수 있어 유연성이 높습니다.

특징 및 표현법
• 동물의 형태와 비례를 정확하게 파악하여 캐릭터 디자인에 반영합니다.
• 몸짓, 제스처, 동작 등을 통해 캐릭터의 생동감을 더합니다.

Warp의 활용
펜 툴은 정밀하고 섬세한 표현이 가능하지만 시간 소모가 큰 단점이 있습니다. 반면, Wrap 기능은 빠르고 쉽게 기본 형태를 제작할 수 있어 효과적인 캐릭터 디자인을 가능하게 합니다.

Designer Gallery

< Animal Characters >

< Rabbit Character >

예제 파일	DS07 > S07_1_예제파일 > Style07_1_Character_start.ai
결과 파일	DS07 > S07_1_예제파일 > Style07_1_Character_result.ai

01 캐릭터 얼굴 그리기

1 [File]-[Open]으로 'Style07_1_Character_start.ai' 문서를 엽니다. F7 을 눌러 [Layers] 패널을 엽니다. '가이드' 레이어는 잠그고 '작업' 레이어를 선택합니다. 작업 시 불편할 수 있으므로 우선 가이드 레이어의 눈을 꺼줍니다.

+ plus 작업할 색상은 상단의 샘플 색상을 추출하거나 자유롭게 작업해도 무방합니다.

2 75×65mm의 납작한 원을 그립니다. [Effect]-[Warp]-[Inflate]를 실행합니다. Bend 값을 -30%, Vertical 값을 20%로 입력한 뒤 OK를 누릅니다. 아래쪽이 빵빵한 원이 만들어집니다. 면 색상은 C0, M4, Y40, K0입니다. 상단의 샘플 색상을 추출하여 사용해도 무방합니다.

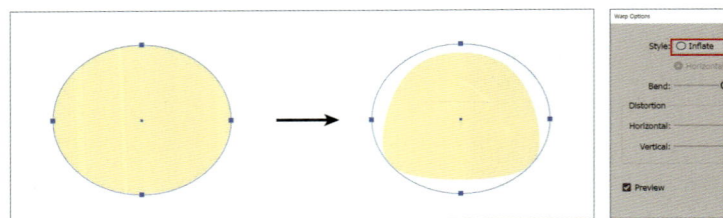

3 양쪽으로 튀어나온 볼을 표현하기 위해 45×32mm의 작고 납작한 원을 만듭니다. 반대쪽도 똑같은 간격으로 사본을 만들어 대칭으로 작업합니다. 그 위에 35×27mm의 흰색 원을 만들어 머즐(주둥이)을 표현할 곳에 올려줍니다.

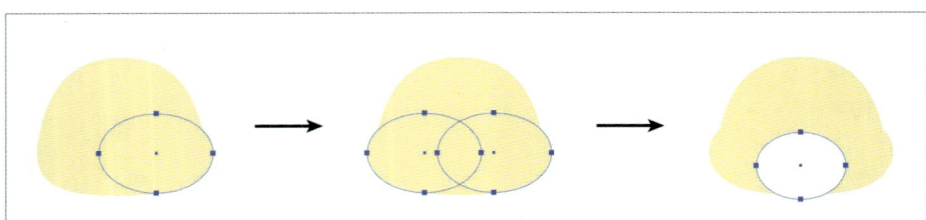

4 흰색 원을 선택하고 [Effect]-[Warp]-[Inflate]를 실행합니다. Bend 값을 -20%, Vertical 값을 25%로 입력합니다. 아래쪽이 더 큰 모양의 원이 만들어집니다.

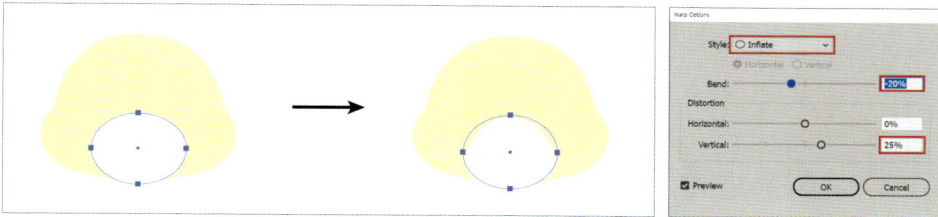

5 28×23mm의 원을 그리고 Anchor Point Tool(고정점 도구)을 선택합니다. 가장 위쪽 점을 오른쪽 방향으로 짧게 클릭-드래그하고 Direct Selection Tool(직접 선택 도구)로 가운데 점 두 개를 선택하여 아래로 위치를 내리면 뾰족한 귀 모양이 만들어집니다. 면색은 C5, M8, Y45, K0으로 지정하거나 샘플 색상을 추출하여 사용합니다.

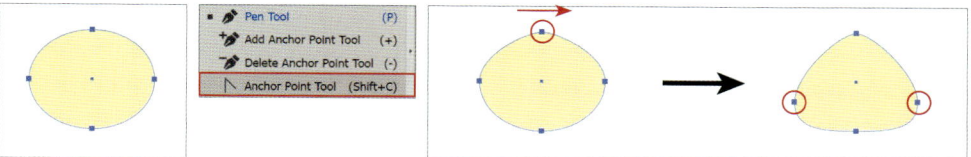

6 귀를 맨 뒤로 배열합니다. Rotate Tool(회전 도구)을 더블클릭하여 각도를 50도로 입력하고 OK를 누릅니다. 반대쪽은 반전 및 복사하여 대칭으로 작업합니다.

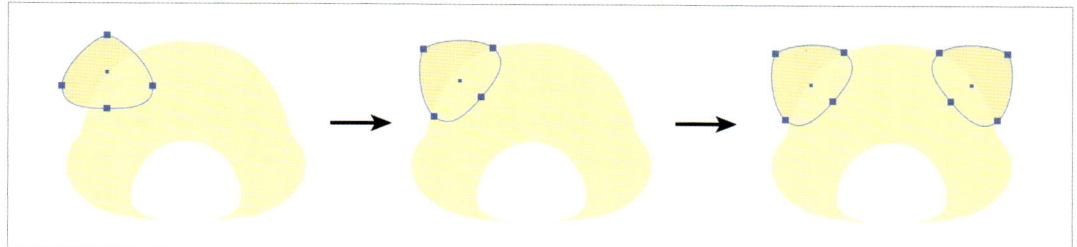

7 코를 그리기 위해 4×2.7mm의 원을 검은색 면으로 그립니다. [Effect]-[Warp]-[Inflate]를 실행합니다. Bend 값을 30%, Vertical은 -30%를 입력하여 아래가 좁아진 모양으로 만듭니다.

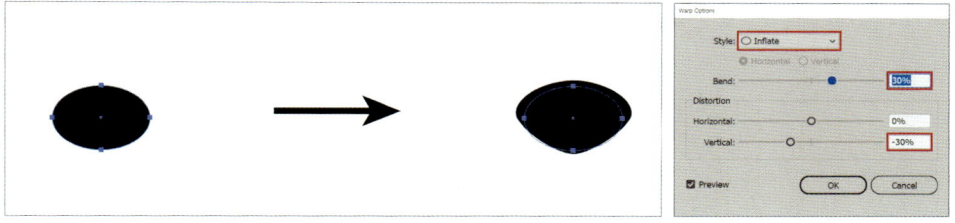

8 ① 4.5×6.5mm의 사각형을 그립니다. 면색 없이 선색만 검은색으로 지정합니다. ② 선 두께는 3pt, Cap과 Corner를 모두 둥글게 처리합니다. ③ 모퉁이를 최대로 둥글립니다. 표시된 부분의 점을 삭제하여 ④ 그림과 같이 만듭니다. [Object]-[Path]-[Add Anchor Points]로 점을 추가합니다. ⑤ Direct Selection Tool로 양 끝쪽 표시된 부분의 점을 삭제하여 그림과 같이 만듭니다.

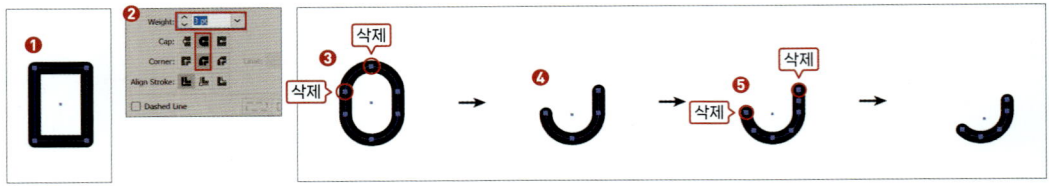

9 만들어진 개체를 반전으로 복사하여 맞물려줍니다. 이전 단계에서 그렸던 코 개체 위로 덮어 입 모양을 만들어줍니다. 캐릭터 얼굴 위의 적절한 곳에 이동시키고 5.5mm 원을 2개 그려 눈 위치에 배치합니다. 눈의 크기나 간격에 따라 분위기가 달라지므로 자유롭게 만들어보도록 합니다.

10 6×3mm 흰색 사각형을 눈 위로 배치합니다. Free Transform Tool(자유 변형 도구)에서 Perspective Distort를 누릅니다. 오른쪽 위쪽 점을 아래로 클릭-드래그하면 좁아집니다. 오른쪽 점 2개를 선택하여 모퉁이를 둥글리고, 반대쪽도 왼쪽 점 2개를 선택하여 모퉁이를 둥글립니다. Selection Tool(선택 도구)로 눈썹을 다시 선택하고 -10도로 회전합니다.

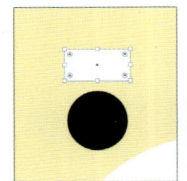 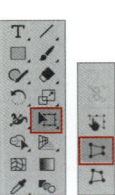 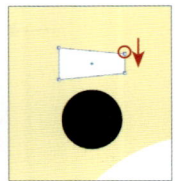 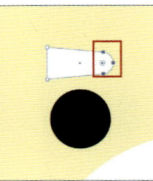 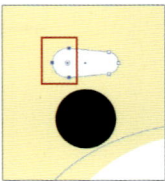 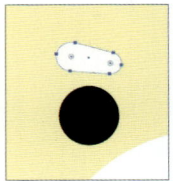

11 눈썹을 대칭으로 복사합니다. 모두 선택한 뒤 [Object]-[Expand Appearance]로 효과를 확장합니다. 입도 면으로 확장하기 위해 입 개체를 선택하고 [Object]-[Expand]를 누릅니다. 얼굴 개체 3개만 선택한 뒤, [Pathfinder] 패널에서 합치기를 누릅니다.

   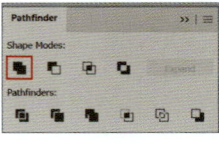

12 Pen Tool로 그림과 같이 막힌 도형을 그려줍니다. 색은 귀의 색과 동일하게 지정합니다. 흰색 개체보다 뒤로 배열하고 반대쪽도 대칭으로 복사합니다.

13 Pen Tool로 그림과 같이 막힌 도형을 그려줍니다. 면색을 흰색으로 지정합니다. 이전에 그린 개체보다 뒤로 배열하고 반대쪽도 대칭으로 복사합니다.

14 개체를 모두 선택합니다. Shape Builder Tool(도형 구성 도구)을 선택하고 얼굴 아래쪽의 삐져나오는 부분들을 Alt 키로 삭제합니다.

 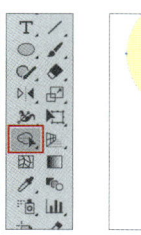 

15 귀 개체 2개를 선택합니다. [Object]-[Path]-[Offset Path]에서 Offset 값을 -5mm로 입력하고 OK를 누릅니다. 면색을 더 어두운색으로 지정합니다.

 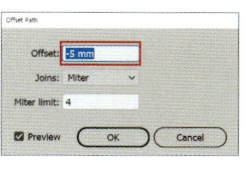 

02 어울리는 색 지정 및 외곽라인 작업

1. 얼굴 개체를 선택합니다. 선색에 검은색을 지정하고 [Stroke] 패널을 엽니다. 두께를 3pt, Cap과 Corner는 둥글게, Outside로 정렬합니다. 귀의 아래쪽 개체 2개도 동일하게 작업합니다. 얼굴의 면색은 C0, M70, Y100, K0, 갈색 줄무늬와 귀 안쪽은 C31, M76, Y88, K44로 지정합니다. 나머지는 흰색으로 작업합니다. 더욱 선명한 색의 캐릭터가 만들어집니다.

 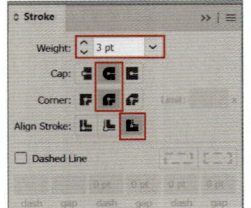  

✅ 조금만 변화해도 달라 보이는 이목구비

이목구비를 다양하게 표현해 봅시다!

사람의 이목구비가 조금만 변해도 인상이 크게 달라지는 것처럼, 캐릭터의 이목구비 또한 매우 중요한 요소입니다. 일반적으로 미간이 넓고 중안부가 짧으면 귀여운 인상, 코나 입이 크게 부각되면 남성적이거나 호탕하고 자신감 있는 인상으로 표현됩니다. 또한 눈을 그리는 스타일이나 눈썹 각도를 조금만 변화시켜도 다양한 감정을 표현할 수 있습니다. 이러한 점을 잘 이해하고 다양한 표현을 시도해보세요.

03 몸통과 팔, 다리, 꼬리 작업하기

짧은 등신 캐릭터, 즉 SD 캐릭터 또는 데포르메는 브랜드 로고 등에서 동물 캐릭터를 의인화할 때 자주 활용됩니다. 이는 다양한 작업에 용이하며, 특히 두 발로 서 있는 이미지와 통통한 체형은 귀여움을 더하고 활용도를 높여줍니다.

1 얼굴 개체는 그룹으로 만들고, 53×72mm 원을 그려 얼굴 뒤로 배열합니다. [Effect]-[Warp]-[Inflate]를 실행합니다. Bend 값을 -15%, Vertical 값을 30% 입력하고 OK를 누릅니다.

2 20×50mm의 사각형을 그리고 아래쪽 점 2개만 선택합니다. Control 패널에서 Corners에 5mm를 입력하여 모퉁이를 둥글립니다. 다시 개체를 전체 선택한 뒤 [Effect]-[Warp]-[Arc Lower]를 선택합니다. Vertical, Bend 값을 20%로 입력합니다.

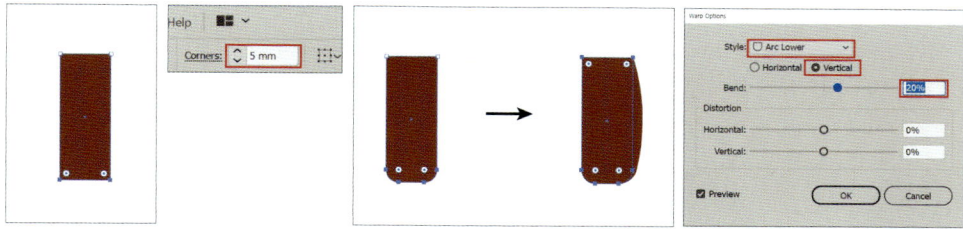

3 과정 2와 동일하게 작업하고 [Effect]-[Warp]-[Arc Upper]를 선택합니다. Vertical, Bend 값을 20% 입력하고 OK를 누릅니다.

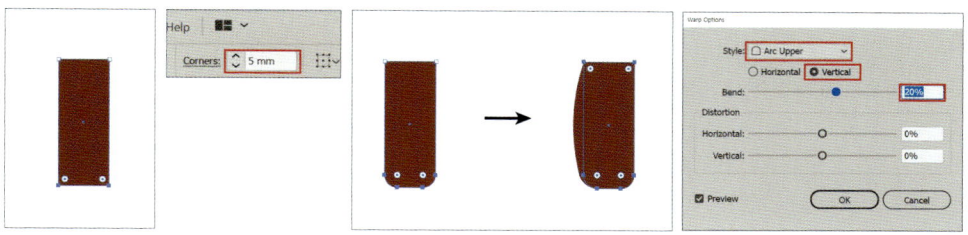

4. 만든 양쪽 다리를 배치합니다. 몸통의 곡면과 잘 연결되도록 위치를 잡습니다. 작업 후 몸통과 다리를 모두 선택하여 [Expand Appearance]를 눌러 확장합니다.

   + plus 만약 같은 색상으로 확인이 어렵다면 잠시 다른 색으로 작업합니다.

5. 20×46mm의 원을 그리고 [Effect]-[Warp]-[Arc]를 클릭합니다. Vertical, Bend 값을 –12%, Vertical 값을 22%로 입력하고 OK를 누릅니다. [Expand Appearance]로 효과를 확장합니다. 면색은 몸통보다 조금 더 어두운 갈색으로 지정합니다.

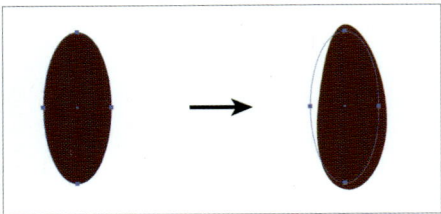 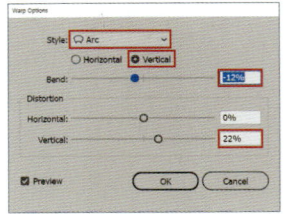 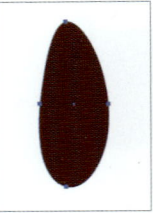

6. 팔 개체는 20도 회전하여 오른쪽으로 배치하고 맨 뒤로 보냅니다. 반대쪽은 Reflect Tool로 복사합니다. 다리 개체 2개와 몸을 선택하고 [Pathfinder] 패널에서 합칩니다. 합쳐진 몸통이 앞쪽으로 올라온다면 얼굴 개체를 다시 맨 앞으로 보내기 합니다.

 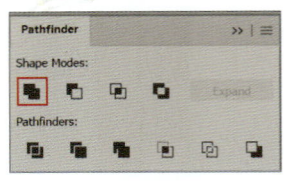 

7. 몸통을 오렌지색으로 수정하고, Ctrl+C, Ctrl+F로 앞으로 복사한 뒤, 면색을 갈색으로 바꿉니다. Alt 키를 누른 채로 안쪽으로 드래그하여 작게 만듭니다.

8   앞쪽 갈색 몸통을 바운딩 박스를 조절하여 오렌지 몸통 아래로 삐져나오게 만듭니다. Shape Builder Tool을 선택하고 [Alt] 키로 불필요한 부분을 삭제합니다.

 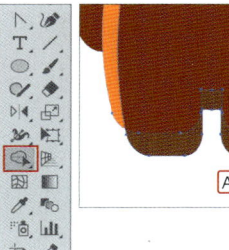 

9   오렌지색 몸통과 양쪽 팔을 선택합니다. 선색을 검은색으로 지정하고 [Stroke] 패널을 열어 선 두께를 3pt, Cap과 Corner를 둥글게, Outside로 정렬합니다.

 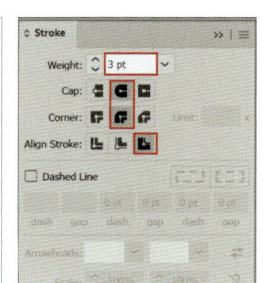

10   33×18mm의 원을 그리고 [Effect]-[Warp]-[Arc]를 클릭합니다. Bend 값을 -80%, Horizontal 값을 60%로 입력하고 OK를 누릅니다. [Expand Appearance]로 효과를 확장합니다.

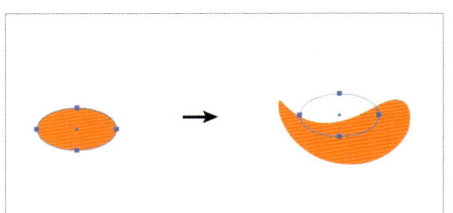 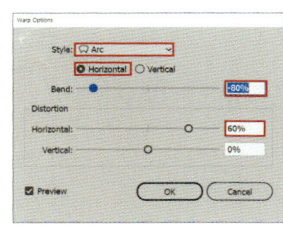 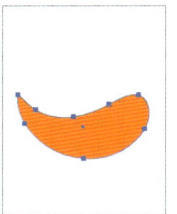

11   꼬리를 선택합니다. 선색을 검은색으로 지정하고 선 두께는 3pt, Cap과 Corner를 둥글게, Outside로 정렬합니다. [Object]-[Path]-[Outline Stroke]를 눌러 선을 면으로 확장합니다. 자동으로 그룹이 지어지므로 그룹을 해제합니다. 이동시켜 보면 그림과 같이 분리됩니다. 다시 원래 자리로 되돌립니다.

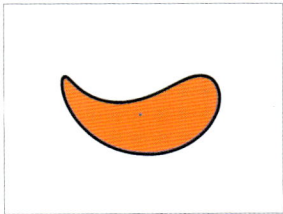 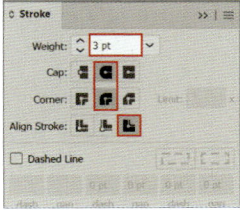 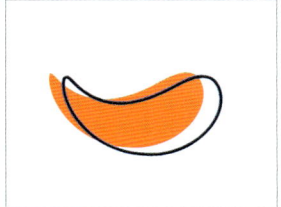

12 Pen Tool로 면색 없이 선색만 지정하여 꼬리 위로 가로지르는 곡선을 그립니다. 이동 및 복사하여 4개를 만들어줍니다. 오렌지색 개체와 Pen Tool로 그린 선 4개만 선택하고 [Pathfinder] 패널에서 Divide를 누릅니다. 그룹을 해제한 뒤 안쪽 2개의 면색을 갈색으로 바꿉니다.

> **Tip**
> 패스파인더의 Divide로 나누기할 때, 이전 작업에서 만든 검은색 외곽을 선택하지 않도록 주의합니다.
>
> **+ plus** 곡선은 그대로 복사하면 각도가 어색할 수 있으니 조금씩 회전시킵니다.

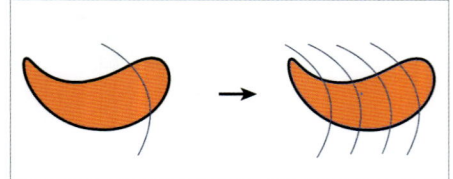
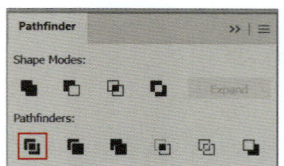

13 꼬리 개체를 그룹으로 만들고 `Ctrl` + `Shift` + `[` 로 맨 뒤로 배열합니다. 어울리는 위치에 배치하고 마무리합니다.

04 턴 어라운드 가이드에 맞추기

준비된 가이드는 캐릭터의 360도 턴 어라운드에 맞추기 쉽도록 제작해 놓은 것입니다. 다른 비율로 수정하여 사용해도 무방합니다.

1 `F7`을 눌러 [Layers] 패널을 엽니다. 가이드 레이어의 눈을 켜고 잠금은 풀어줍니다. 점선 가이드를 머리의 끝부분, 코가 시작되는 부분, 입이 끝나는 부분, 얼굴이 끝나는 부분, 꼬리가 시작되는 부분, 팔이 끝나는 부분, 가랑이가 시작되는 부분, 다리가 끝나는 부분으로 8개의 위치를 재조절한 뒤, 가이드 레이어를 다시 잠급니다.

05 캐릭터 옆모습 그리기

1. 71×65mm의 납작한 원을 그립니다. [Effect]-[Warp]-[Inflate]를 실행합니다. Bend 값을 -30%, Vertical 값을 20%로 입력한 뒤 OK를 누릅니다. 아래쪽이 빵빵한 원이 만들어집니다.

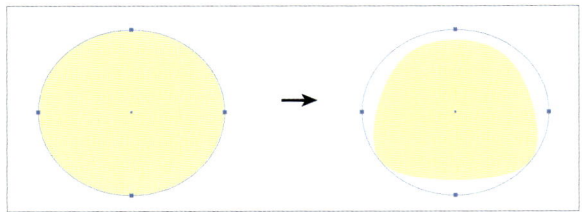 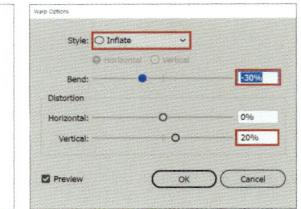

2. Pen Tool을 선택하여 그림과 같이 옆모습에서 보이는 머즐 부분을 만듭니다. 가이드를 켜서 위치를 확인하며 그려줍니다. 이전에 그렸던 개체를 [Expand Appearance]로 확장합니다.

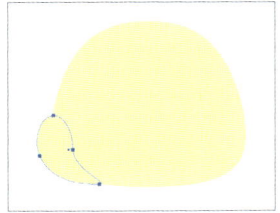 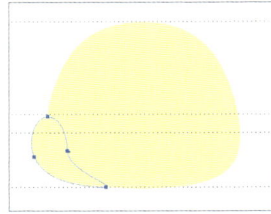 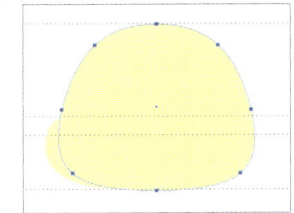

3. 두 개체를 모두 선택하고 [Pathfinder] 패널을 열어 합치기를 누릅니다. Pen Tool로 코의 옆모습 부분을 그리고, 이전에 만들어둔 판다의 입 중 한쪽만 가져와 각도를 회전시켜 그림과 같이 배치합니다.

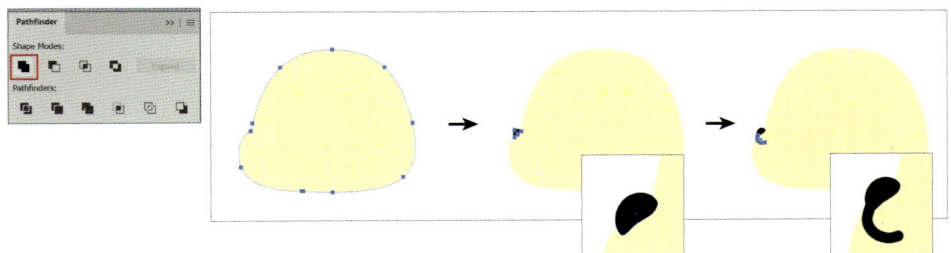

4. 얼굴 개체를 선택합니다. 선색은 검은색으로 지정하고 선 두께는 3pt, Cap과 Corner를 둥글게, Outside로 정렬합니다. [Outline Stroke]로 선을 면으로 확장합니다. 그룹을 해제하고 검은색 개체를 이동시켜 보면 그림과 같이 분리됩니다. 다시 원래 자리로 되돌립니다. 무늬를 그리기 위해 얼굴 앞쪽에 곡선 3개를 그립니다.

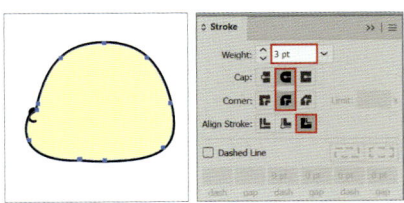 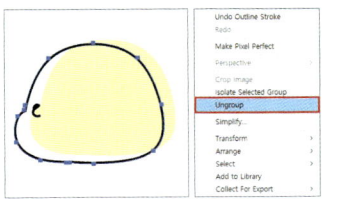 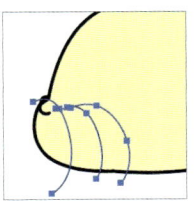

5   노란색 얼굴 개체와 곡선 3개를 선택하고 [Pathfinder] 패널에서 Divide를 누릅니다. Ctrl + Shift + [로 맨 뒤로 배열합니다. 그룹을 해제하고 각 면마다 원하는 색을 지정합니다.

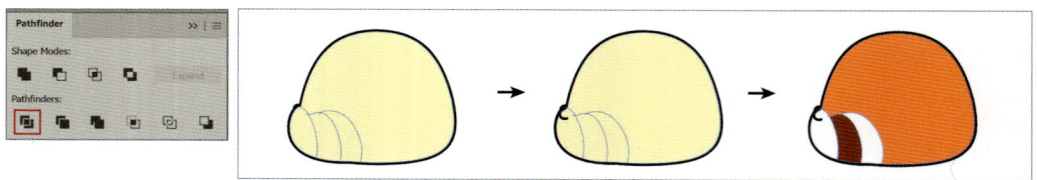

6   이전에 작업해 둔 눈과 눈썹, 귀를 가져와 적절한 위치에 배치합니다. '가이드' 레이어의 눈을 켜고 위치를 확인하며 작업합니다. 귀 개체의 점 하나를 이동시켜 옆모습에 어울리도록 수정합니다. 선은 Center로 정렬합니다.

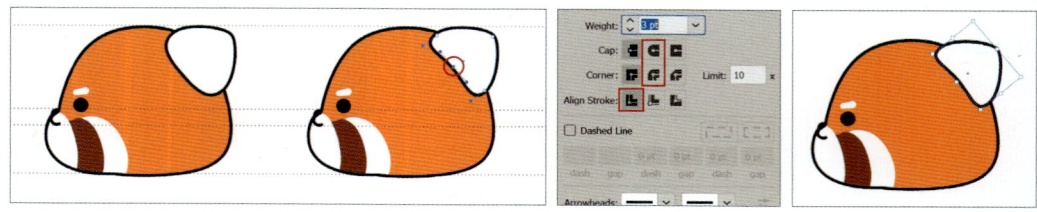

7   3pt 두께로 그림과 같이 귀 윗부분에 라인을 그려줍니다.
    패스가 정확히 맞물리도록 유의하며 작업합니다.

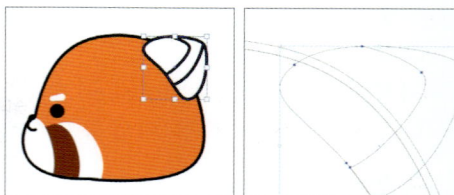

8   선과 귀 개체를 함께 선택하고 Ctrl + Alt + X 단축키로 Live Paint 개체로 만듭니다. 빈 화면을 클릭하고 면색을 갈색으로 지정한 후, Live Paint Bucket(라이브 페인트 통)을 선택하고 원하는 곳을 클릭합니다. 다시 귀 개체를 선택하고 [Expand]로 확장합니다.

9 47×76mm 원을 몸통으로 배치합니다. [Effect]-[Warp]-[Fish]를 선택하고 Vertical, Bend 값 -5%, Vertical 5%를 입력합니다. 다시 한번 [Effect]-[Warp]-[Inflate]를 선택합니다. 중첩된 효과를 적용할 것인지 묻는 대화 상자가 나타나면 'Apply New Effect'를 누릅니다. Bend -15%, Vertical 20%를 입력하고 OK를 누릅니다.

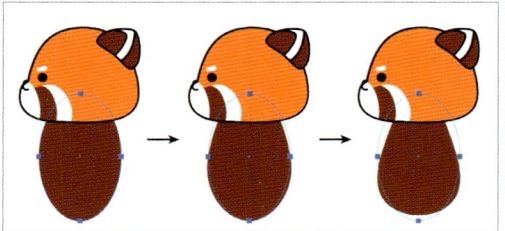 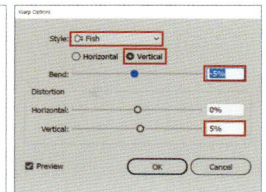 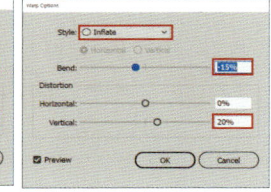

10 [Expand Appearance]로 개체를 확장합니다. 47×40mm의 원을 회전하거나 위치를 조절하여 약간 튀어나온 엉덩이를 표현합니다. 작업 후에는 두 개체를 합칩니다.

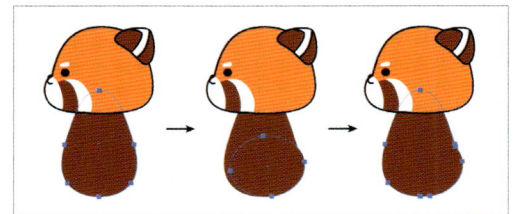

✓ 배열 순서 유지

패스파인더로 합쳤을 때, 가장 위로 올라오는 것이 번거롭다면?

Pathfinder 패널의 모든 효과는 작업 후 가장 상단으로 배열되어 불편을 줄 수 있습니다. 만약 재배열이 번거롭다면 Shape Builder Tool을 사용하여 합치거나 나누는 작업을 수행하면 배열 순서를 유지할 수 있습니다.
▶ (좌) Pathfinder로 합친 경우 : 개체 배열 순서가 가장 위로 올라옴
▶ (우) Shape Builder로 합친 경우 : 개체 배열 순서를 그대로 유지함

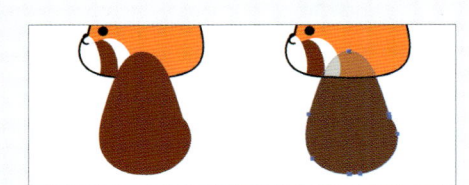

11 27×31mm의 사각형을 그려 다리 위치에 배치합니다. 아래쪽 점 2개만 선택하고 Corners에 4.5mm를 입력합니다.

12 다리 개체를 선택하고 [Effect]-[Warp]-[Fish]를 선택합니다. Vertical, Bend 값을 10% 입력합니다. 위는 넓고 아래는 좁은 개체가 만들어집니다.

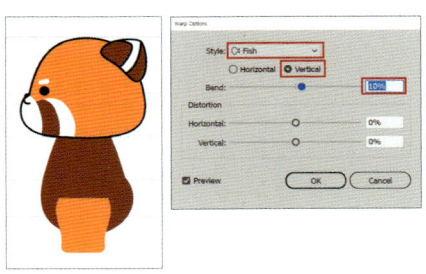

13 9×11mm의 원을 그립니다. [Effect]-[Warp]-[Arc]를 선택하고 Bend 55%, Vertical 20%를 입력합니다. 발 바닥 위치에 배치한 뒤, 발 개체를 모두 선택하여 [Expand Appearance]로 확장합니다. 몸통과 함께 선택하여 모두 합쳐줍니다.

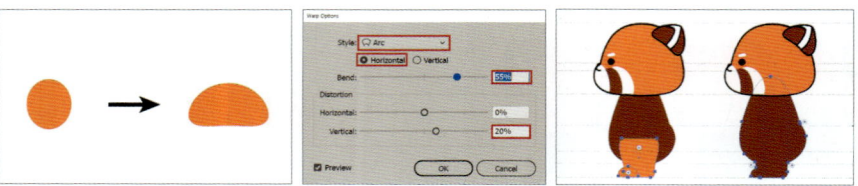

14 몸통 개체를 선택합니다. 선색에 검은색을 지정하고 선 두께는 3pt, Cap과 Corner를 둥글게, Outside로 정렬합니다. [Outline Stroke]로 선을 면으로 확장합니다. 그룹을 해제하고 검은색 개체를 이동시켜 보면 그림과 같이 분리됩니다. 다시 원래 자리로 되돌립니다. 개체 위로 그림과 같이 몸통을 가로지르는 라인을 그립니다. 이때 선이 몸통보다 더 길어야 합니다.

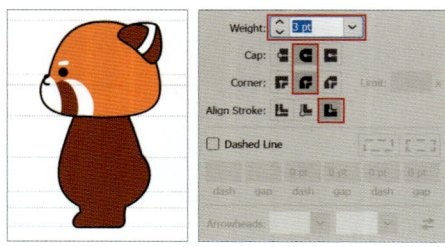

15 라인과 몸통 개체를 선택하고 [Pathfinder] 패널을 열어 Divide를 누릅니다. 개체를 맨 뒤로 배열하고 그룹을 해제합니다. 뒤쪽을 오렌지색으로 바꾸고 몸 개체를 다시 그룹으로 만듭니다.

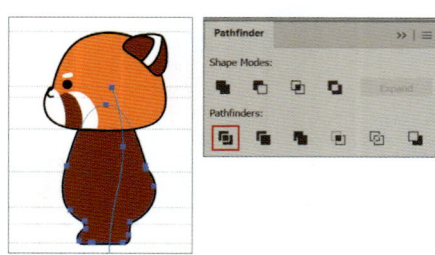

16 팔 부분을 완만한 곡선으로 그립니다. 구분이 잘되도록 눈에 띄는 선색을 지정하여 두께는 30pt, Cap은 둥글게, Center로 정렬합니다. Width Tool(폭 도구)로 패스 위에 마우스를 두고 위쪽과 아래쪽을 드래그하여 아래가 더 넓어지도록 조절합니다.

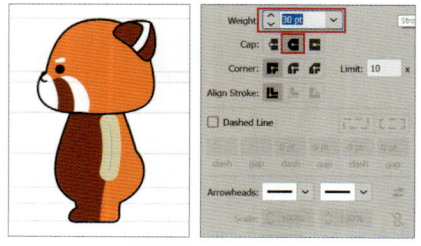
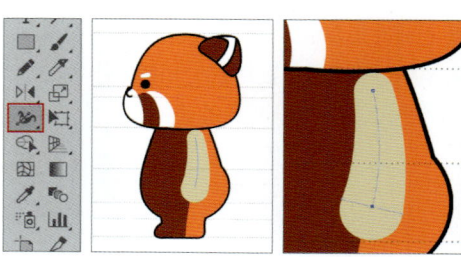

17 팔 개체를 선택하고 [Expand Appearance]로 확장합니다. 작은 원을 배치하여 엄지손가락으로 표현합니다. 두 개체를 함께 선택하고 [Pathfinder] 패널에서 합치기를 누릅니다. 면색은 몸통과 동일한 색상, 선은 검은색으로 3pt, 둥글게 처리합니다.

 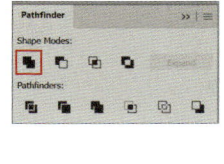  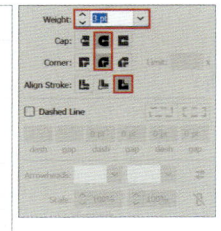

18 꼬리를 가져와 맨 뒤로 배치합니다. 전체적으로 캐릭터와 가이드가 잘 맞는지 확인하고 마무리합니다.

06 캐릭터 뒷모습 그리기

1 앞에서 작업한 개체들을 일부 가져옵니다. 귀 개체를 선택하여 맨 앞으로 배치합니다. 일부 점을 이동시켜 모양을 변형하고 반대쪽도 대칭으로 복사합니다.

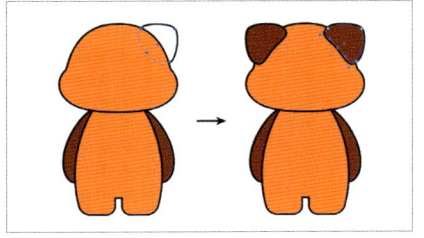

2 이전과 동일한 방법으로 꼬리를 그립니다. 33×18mm의 원을 그려 [Effect]-[Warp]-[Arc]를 클릭합니다. Bend 값을 -80%, Horizontal 값을 60% 입력하고 [Expand Appearance]로 확장합니다.

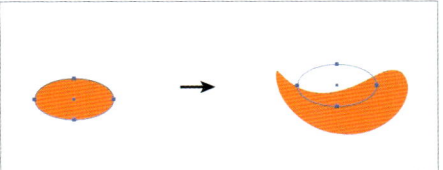 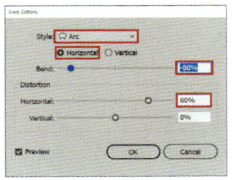 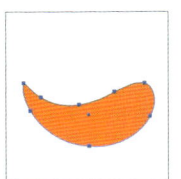

3 왼쪽 부분이 뾰족하게 만들어집니다. Pen Tool로 끝이 둥글도록 수정하고, 나머지 점들을 이동 및 핸들을 조절하여 통통하고 짧은 꼬리로 만들어줍니다.

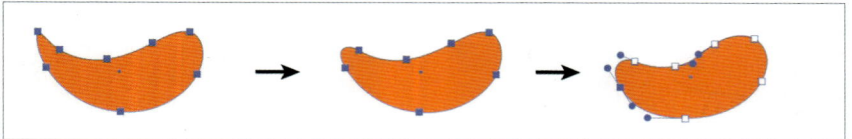

4 선색에 검은색을 지정하고 선 두께는 3pt, Cap과 Corner를 둥글게, Outside로 정렬합니다. [Outline Stroke]로 선을 면으로 확장합니다. 그룹을 해제하고 검은색 개체를 이동시켜 보면 그림과 같이 분리됩니다. 다시 원래 자리로 되돌리고 꼬리 위로 가로지르는 4개의 곡선을 그립니다.

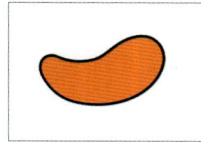 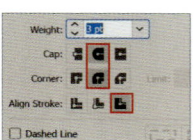 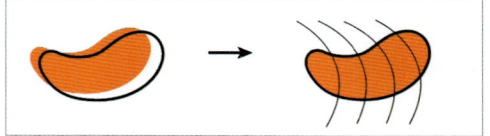

5 오렌지색 개체와 선 4개만 선택하고 [Pathfinder] 패널에서 Divide를 누릅니다. 그룹을 해제한 뒤 일부 개체를 갈색으로 바꾸고 작업이 끝나면 모두 그룹으로 만듭니다.

+ plus 패스파인더의 Divide로 나누기할 때, 이전 작업에서 만든 검은색 외곽을 선택하지 않도록 주의합니다.

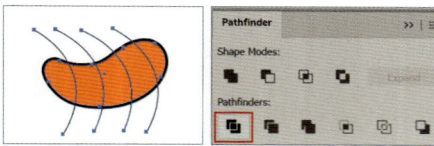 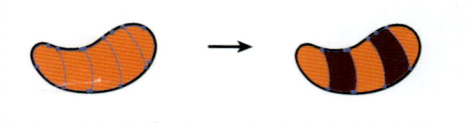

6 꼬리를 적당한 위치에 배치합니다. 정면과 옆면, 뒷면까지 360도 회전된 Turn-Around(턴어라운드) 작업이 완료되었습니다.

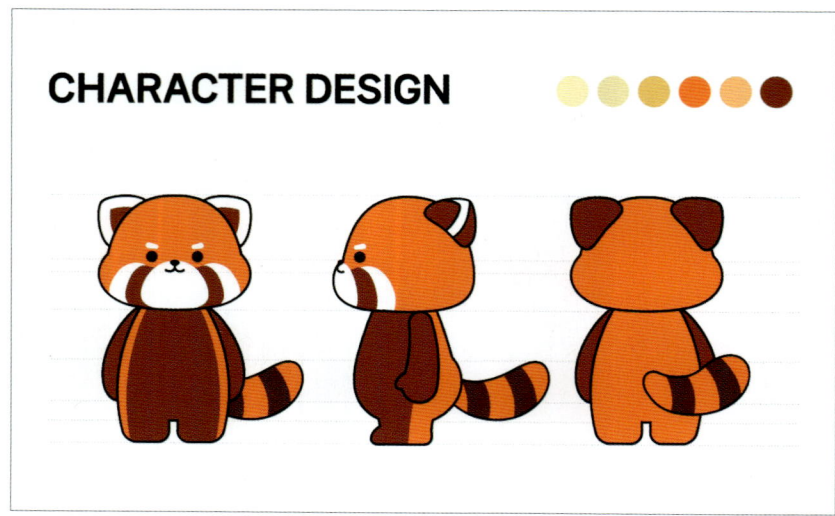

07 캐릭터의 동작을 추가하고 콘셉트 입력하기

1. 정면 얼굴 개체를 복사해 옵니다. Pen Tool을 선택하고 선 두께는 3pt, Cap과 Corner를 둥글게, Center로 정렬합니다. 캐릭터 얼굴의 입 아랫부분에 그림과 같이 그려줍니다.

2. 코와 입 개체를 함께 선택하고 `Ctrl` + `Alt` + `X` 로 Live Paint 개체로 만듭니다. 면색을 분홍색으로 지정합니다. 라이브 페인트 통을 선택하고 입 안을 클릭합니다.

   + plus Shape Builder Tool, 패스파인더 등을 활용할 수도 있습니다.

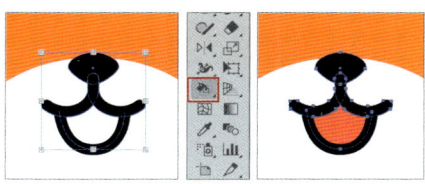

3. [Object]-[Expand]를 클릭하고 옵션창에서 OK를 누릅니다. 캐릭터 얼굴 전체를 그룹으로 만든 후 왼쪽으로 약간 회전합니다.

4. 팔 부분을 완만한 곡선으로 그립니다. 45pt의 두께로 둥글게 처리합니다. Width Tool로 손이 될 부분을 좀 더 두껍게 조절하고 [Expand Appearance]로 확장합니다.

5. Pen Tool로 엄지손가락을 표현하는 개체를 그린 후 팔 개체와 함께 선택하여 [Pathfinder] 패널에서 Unite를 누릅니다.

6. 팔 개체를 선택하고 검은색 선을 지정합니다. 두께를 3pt, Cap과 Corner는 둥글게, Outside로 정렬합니다.

7   원 5개의 크기를 각각 조절하여 앞 발바닥을 그려줍니다. 색상은 C0, M26, Y22, K0으로 연한 분홍색으로 표현합니다. 팔과 발바닥을 그룹으로 만듭니다.

 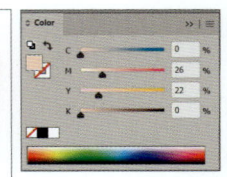

8   팔 개체는 맨 뒤로 보내고 이전에 작업해 둔 몸 개체를 가져와 팔의 앞쪽으로 배열합니다. 동세가 어색하지 않도록 적당한 위치와 크기로 배치하고 캐릭터에 어울리는 서체를 선택합니다.

 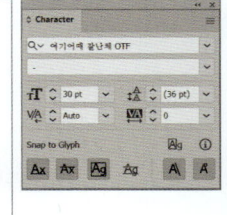

Tip
동세란 움직임의 자세나 그림이나 조각에서 나타나는 운동감을 말합니다.

9   캐릭터의 배경에 문구를 입력하고 마무리합니다.

+ plus   여기까지의 과정이 'Style07_2_Character_add.ai'으로 저장되어 있습니다.

08 다양한 동작 추가하기

1   정면 얼굴 개체를 복사해 옵니다. 사선 방향으로 눈코입을 이동하고 줄무늬 위치도 함께 수정합니다. 삐져나간 부분이 있다면 Shape Builder Tool로 정리하고 입을 그립니다.

2   몸통을 붙여넣기 합니다. Warp Tool을 더블클릭하고 Intensity 값은 5%, Simplify는 해제합니다. 몸통의 윗부분을 드래그하여 좀 더 넓게 만듭니다.

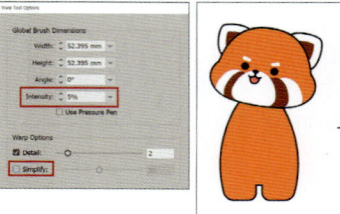

3   팔 부분을 약 40pt 두께로 완만한 곡선으로 그립니다. Width Tool로 팔 아래쪽 부분이 조금 더 두껍게 조절합니다.

Tip
곡률이 심하면 이후의 과정에서 모양이 어색해지므로 완만한 곡선으로 그립니다.

 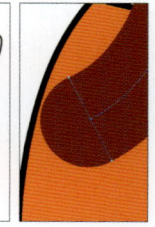

4. 개체를 [Expand Appearance]로 확장합니다. 팔 하나를 Ctrl + C , Ctrl + F 로 앞으로 복사한 뒤, 복사된 개체는 면색 없이 선색만 검은색으로 설정합니다. 일부 점들을 지워 열린 패스로 남깁니다. 반대편도 동일하게 작업합니다.

5. 몸통을 Ctrl + C , Ctrl + F 로 앞으로 복사한 뒤, 복사된 개체를 Alt 키를 누른 채로 안쪽으로 드래그하여 안쪽으로 좁게 만듭니다. 선색 없이 면색을 갈색으로 바꾸고 불필요한 부분은 Shape Builder Tool로 삭제한 뒤 장식 요소를 더하고 마무리합니다.

6. 다른 동작을 만들어보기 위해 캐릭터 얼굴을 복사해 옵니다. 한쪽 눈을 삭제하고 검은색 곡선으로 윙크하고 있는 눈을 그립니다.

7. 타원을 그리고 맨 뒤로 배열합니다. Free Transfrom Tool을 선택하고 모퉁이에서 클릭한 채로 Ctrl 키를 누르고 드래그하여 그림과 같이 몸통을 왜곡합니다.

8. 두꺼운 선으로 팔을 그려줍니다. 뒤로 배치하고 Width Tool로 끝부분을 좀 더 두껍게 조절합니다. [Expand Appearance]로 선을 면으로 확장하고, 다리 부분은 Pen Tool로 그려줍니다. 몸통보다 뒤로 배열합니다.

9. 왼쪽 다리와 몸을 합치고, 오른쪽 다리는 가장 앞으로 배열한 뒤 면색만 남기고 선색은 없앱니다. Ctrl + C , Ctrl + F 로 앞으로 복사한 뒤, 복사된 개체는 면색 없이 선색만 검은색으로 설정합니다. 일부 점들을 지워 열린 패스로 남깁니다.

10 Shape Builder Tool로 팔과 몸통을 합칩니다.
엄지를 그린 후 팔과 합치고 검은색 라인으로
접힌 손가락을 표현합니다. 꼬리를 뒤로 배열한 뒤
마무리합니다.

11 다른 동작을 만들어보기 위해 캐릭터 얼굴을 복사해
옵니다. Reflect Tool로 반전시키고 각도를 오른쪽으로
약간 회전합니다.

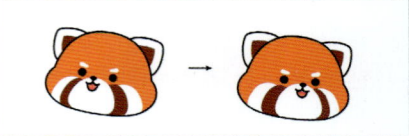

12 타원을 그리고 맨 뒤로 배열합니다. Free Transform을
선택하고 모퉁이에서 클릭한 채로 Ctrl 키를 누르고 드래
그하여 그림과 같이 몸통을 왜곡합니다.

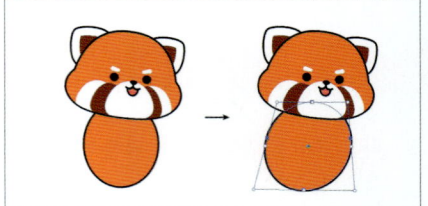

13 두꺼운 선으로 팔을 그려줍니다. 뒤로 배치하고 Width
Tool로 끝부분을 좀 더 두껍게 조절합니다. [Expand
Appearance]로 선을 면으로 확장합니다.

Tip
곡률이 심하면 이후의 과정에서 모양이 어색해지므로 완만하게 그려줍니다.

14 Pen Tool로 다리를 그립니다. 왼쪽 다리는 앞으로, 오른쪽
다리는 뒤로 배열합니다. 왼쪽 다리를 Ctrl + C , Ctrl + F
로 앞으로 복사한 뒤, 면색 없이 선색만 검은색으로 설정합
니다. 일부 점들을 지워 열린 패스로 남깁니다.

15 몸통을 선택하고 선색을 없음으로 지정합니다. Ctrl + C , Ctrl + F 로 앞으로 복사한 뒤, 복사된 개체는 면색
없이 선색만 검은색으로 설정합니다. 일부 점들을 지워 열린 패스로 남깁니다.

16 몸통과 다리 개체만 복사하여 면색만 남기고 모두 합친 뒤, 그 위에 몸통을 가로지르는 곡선을 그립니다. [Pathfinder] 패널에서 Divide를 활용하여 왼쪽의 얇은 부분만 남긴 뒤, 레서판다의 왼쪽 몸통에 배치하고 알맞은 순서로 배열합니다. 꼬리를 가져와 맨 뒤로 배치합니다.

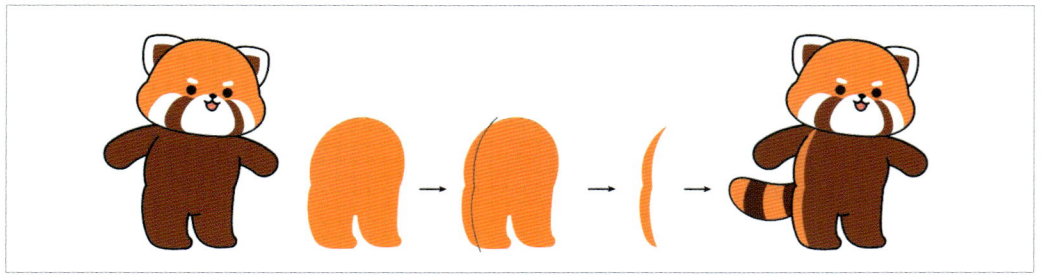

17 팔 개체를 복사하여 Ctrl + Shift + [를 눌러 맨 뒤로 보냅니다. Opacity 값을 50%로 낮추고 같은 작업을 반복하여 다른 각도로 배치한 뒤 Opacity 값을 30%로 낮춥니다. 추가적인 요소를 더하고 입을 크게 만들어 감정적인 표현을 강조합니다.

18 다른 동작을 만들어보기 위해 캐릭터 얼굴을 복사해 옵니다. 감고 있는 눈으로 그립니다.

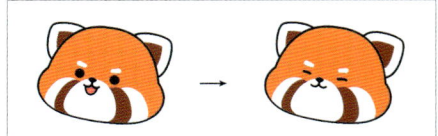

19 타원을 그리고 아래쪽 점을 이동하여 납작하게 만듭니다. Ctrl + C , Ctrl + F 로 앞으로 복사한 뒤, 복사된 개체는 면색 없이 선색만 검은색으로 설정합니다. 일부 점들을 지워 열린 패스로 남깁니다. 팔은 두꺼운 선으로 그린 뒤 [Expand Appearance]로 확장하고 엄지를 추가로 그린 후 합칩니다. 타원을 그려 반대편 손을 표현합니다.

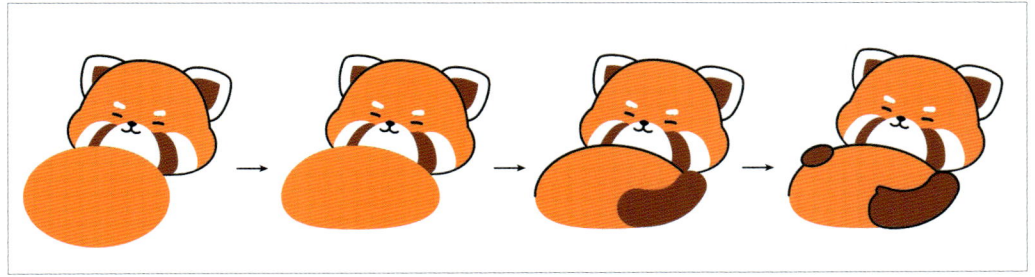

Design Style 07 · Character Design

20 이어서 Pen Tool로 다리를 그립니다. 왼쪽 다리는 가장 뒤로 보내고 선을 적용합니다. 오른쪽 다리는 Ctrl+C, Ctrl+F로 앞으로 복사한 뒤, 면색 없이 검은색 선만 남깁니다. 일부 점들을 지워 열린 패스로 남기고 발바닥 부분을 핑크색 색상으로 그려줍니다.

21 맨 뒤에 베개를 그리고 선으로 주름을 표현합니다. 추가적인 요소를 더하여 잠든 모습을 표현하고 작업을 마무리합니다.

+ plus 여기까지의 과정이 'Style07_1_Character_pose.ai'으로 저장되어 있습니다.

꼭 살펴보아야 할 WORKING-LEVEL

캐릭터 제작 시 고려 사항

① **목적과 역할** : 스토리에서 어떤 역할을 수행하고, 어떤 목적을 가지고 행동하는지 명확히 정의합니다. 이는 디자인에 큰 영향을 미칩니다.

② **캐릭터의 배경** : 나이, 동기, 성격, 특성, 좋아하는 것, 출신, 콤플렉스까지 상세한 배경 설정은 시각적 요소를 풍부하게 만들어줍니다.

③ **일관성 유지** : 디자인의 프로젝트나 기업 이미지 등의 스타일, 세계관과 일치하는지 확인합니다.

④ **성격에 따른 시각적 특성** : 자신감 있는 캐릭터는 대담하고 곧은 자세, 소심한 캐릭터는 내성적인 자세 등 성격에 맞는 시각적 표현을 고려합니다.

⑤ **신체적 특성** : 나이, 성별, 신체적 능력을 전달하는 신체 비율을 고려합니다. 과장하거나 뒤집어 독특한 디자인을 만들 수도 있습니다.

⑥ **컬러팔레트** : 성격에 어울리는 컬러팔레트를 선택합니다. 따뜻한 색은 열정, 차가운 색은 신비감 등을 나타낼 수 있습니다.

⑦ **소비자 참여** : 대상(타겟)을 고려하여 공감을 불러일으키고 관심을 끌 수 있는 디자인 요소를 포함합니다.

⑧ **응용 범위 다양성** : 다양한 감정, 행동, 포즈, 표현 등을 수용할 수 있는 디자인인지 확인합니다. 애니메이션이나 게임 캐릭터에 특히 중요합니다.

| 기능 다시 한 번 익히기 | 예제파일 📁 DS07 > S07_2_연습문제 > Style07_2_exercise_start.ai | 결과파일 📁 DS07 > S07_2_연습문제 > Style07_2_exercise_result.ai |

Exercise

Design Style 07에서 학습한 효과들을 응용하여 다양한 포즈를 추가하여 하나의 캐릭터 모음을 완성합니다.

레서판다의 뒷모습에서 몸통을 복사해 옵니다. Warp Tool을 활용하여 뾰족한 목 부분을 완만하게 수정합니다. 그리고 레서판다의 옆모습에서 얼굴을 복사해 옵니다. 각도를 약간 왼쪽으로 회전한 뒤, 입과 눈을 삭제합니다. 눈은 울먹이는 모양으로 더 크게 그리고 입꼬리를 내려서 울고 있는 표정으로 만들어봅니다.

레서판다의 정면 얼굴을 복사해 옵니다. 눈썹을 더 모이게 만들고 회전합니다. 눈은 꼭 감은 모양을 선으로 만든 뒤 면으로 확장합니다. 코와 입은 조금 더 크게 만들어줍니다. 그 아래 분홍색 면을 비대칭으로 만들어 감정이 강조되도록 표현합니다.

몸통을 면으로 그리고 팔은 40pt 정도 두께의 선으로 그립니다. Width Tool로 손 부분을 더 두껍게 조절한 뒤 [Object]-[Expand Appearance]로 면으로 확장합니다. 다리 부분은 Pen Tool로 그립니다. 반대쪽으로 반전시킨 뒤 팔과 다리, 몸통을 모두 합칩니다. 꼬리를 복사해 맨 뒤로 배치합니다.

Design Style 08

Golden Ratio Logo
황금비를 이용한 앵무새 심볼 로고 디자인 시스템

Skill Point

황금비는 로고 디자인에 있어 중요한 역할을 하는 특별한 비율입니다. 황금비를 적용하여 모든 요소들이 조화롭게 배치되어 시각적으로 균형 잡힌 디자인을 만들어 봅니다.

Keyword

Shape Builder # Anchor Point Tool
Align Panel # Outline Preview
Search Keyword : golden ratio, golden ratio logo design

Before you Design

황금비
황금비는 파이(Phi)로 알려진 1.618의 무리수를 의미하며, 피보나치수열에서 유래되었습니다. 인간의 눈에 가장 편안하게 느껴지는 비율로 미학적으로 아름다운 균형미를 제공합니다. 자연과 예술에서 발견되는 이 특별한 비율은 로고뿐만 아니라 웹사이트, 브로슈어, 명함 등 다양한 브랜드 매체에 적용하여 일관된 이미지를 구축하는 데 활용됩니다.

쉐이프 빌더
쉐이프 빌더는 로고 작업 시 가장 유용하게 활용할 수 있는 도구입니다. 겹친 영역에서 불필요한 부분을 삭제하는 작업을 먼저 진행한 후, 다음으로 필요한 부분을 합치는 작업을 하는 것을 권장합니다.

특징 및 표현법
- 작업 전에 도형으로 적합한 모양이 나올 수 있도록 스케치를 먼저 진행합니다.
- 쉐이프 빌더로 넘어가기 전, 반드시 사본을 만들어 두고 추후 활용합니다.

Designer Gallery

< 건축구조물에 적용된 황금비 / 출처 : Unsplash.com >

< 제품 로고에 적용된 황금비 / 출처 : Unsplash.com >

예제 파일 DS08 > S08_1_예제파일 > Style08_1_GoldenRatio_start.ai
결과 파일 DS08 > S08_1_예제파일 > Style08_1_GoldenRatio_result.ai

01 새 문서에서 로프 브러쉬 만들고 적용하기

시각적으로 균형 잡힌 작품을 만드는 데 필수적인 요소 중 하나는 바로 황금 비율입니다. 그래픽 디자인 분야에서 형태에 관계없이 황금 비율, 비율, 규칙 등은 중요한 역할을 합니다. 특히 로고 디자인에서는 널리 사용되고 있으며, 오랜 시간 입증된 이론으로 인정받고 있습니다.

1   [File]-[Open]으로 'Style08_1_GoldenRatio_start.ai' 문서를 엽니다. 만들어져 있는 개체가 바로 황금비율 개체입니다.

   + plus 비율은 0, 1, 1, 2, 3, 5, 8, 13...으로 앞선 두 수의 합으로 만들어 지는 피보나치수열을 응용합니다.

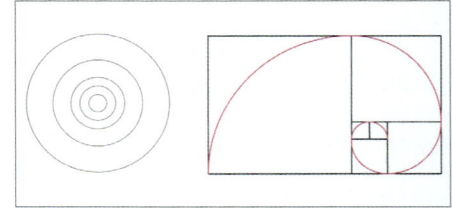

2   면색 없이 선으로만 가로세로 10mm의 정사각형을 그립니다. 왼쪽으로 복사하되, 정확하게 맞물리도록 배치합니다. 20mm의 정사각형을 만들어서 그 아래로, 30mm의 정사각형을 만들어서 오른쪽으로 배치합니다.

   + plus 모든 과정은 정확하게 맞물리도록 작업하는 것이 가장 중요합니다. Ctrl + Y 를 눌러 아웃라인 모드로 확대하여 확인합니다.

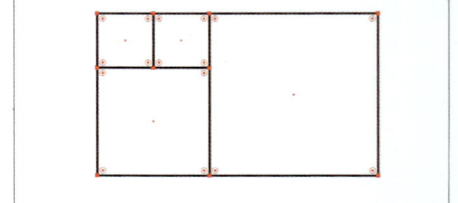

3   50mm의 정사각형을 만들어 그 위쪽으로, 80mm의 정사각형을 만들어 다시 왼쪽으로 정확하게 맞물리도록 배치합니다. 모든 개체를 그룹으로 만듭니다.

   + plus 동일한 방법으로 130mm, 210mm까지 계속 확장할 수 있습니다. 순서는 반시계 방향으로 만듭니다.

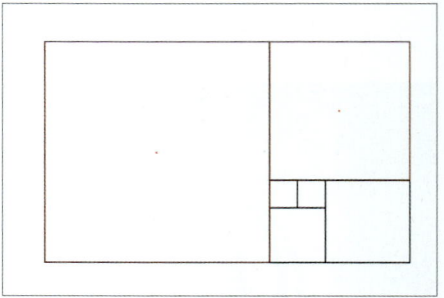

4   Arc Tool(호 도구)을 선택합니다. 색 구분이 잘 되도록
    눈에 띄는 선색으로 지정합니다. Shift 키를 누른 채로
    큰 사각형의 아래 왼쪽 점에서 오른쪽 위 대각선으로
    드래그하여 나선을 그립니다.

    Tip
    만약 나선이 반대 방향으로 만들어진다면, 마우스를 놓지 말고 그 상태
    에서 바로 영문 F 키를 누릅니다. Flip 되어 반대 방향이 됩니다.

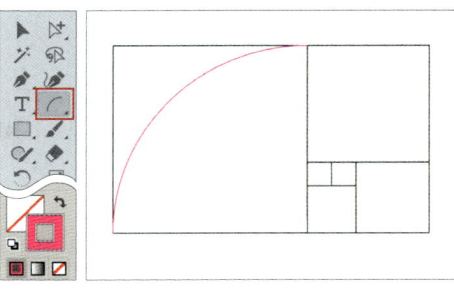

5   같은 방법으로 나머지 나선들을 모두 그려줍니다.
    방향이 반대인 경우 단축키 F 를 눌러 반대 방향으로
    뒤집어가며 그립니다. 핑크색 나선 개체만 선택합니다.
    마우스 오른쪽 버튼에서 Join을 선택하면 하나의 선으
    로 연결됩니다.

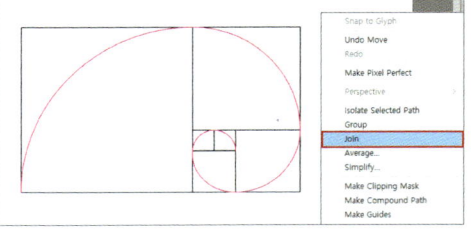

6   크기가 10, 20, 30, 50, 80mm인 5개의 원을 각각의
    사각형에 맞물리도록 만들어 배치합니다. 황금비가
    각각 나선과 원으로 표현됩니다.

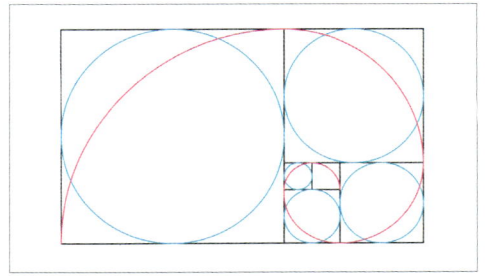

ESSENTIAL THEORY | 서양의 황금비와 동양의 백은비

피타고라스에서 유클리드로 계승된 서양의 황금비

그리스의 수학자 피타고라스는 만물의 근원을 수학으로 보았습니다. 정오각형의 별 모양에서 이상적인 비율을 발견하였고, 이는 황금비 개념의 시초가 됩니다. 이후 황금비를 이론적으로 구체화한 인물은 수학자 유클리드입니다. 그는 직선을 둘로 나누었을 때 큰 조각과 작은 조각의 길이가 1:1.618033989로 도출되는 비율을 황금비라 하였고, 소수점 3번째 자리까지 나타낸 1:1.618이 황금비로 통용되었습니다.
조화와 비례, 균형을 사랑한 고대 그리스인들의 건축물과 예술품에는 이 황금비를 자주 발견할 수 있습니다. (이미지 출처 : pixabay.com)

동양의 금강비율(백은비율)

황금비는 서양에만 있는 것은 아닙니다. 동양에도 예로부터 이상적으로 생각했던 비율이 있습니다. 동양, 특히 한국, 중국, 일본에서 많이 사용한 비율은 1:√2로, 1:1.414의 비율을 사용하였으며, 이는 금강비, 또는 백은비율이라고도 합니다. 석굴암이나 첨성대 등 다양한 문화재에서 찾아볼 수 있습니다. (이미지 출처 : YTN사이언스 유튜브)

| 예제 파일 | DS08 > S08_1_예제파일 > Style08_1_Birdlogo_start.ai |
| 결과 파일 | DS08 > S08_1_예제파일 > Style08_1_Birdlogo_result.ai |

02 황금비로 앵무새 심볼 만들어보기

스케치를 기반으로 황금비 원 5개와 직선 등을 활용하여 앵무새 심볼을 만들어 봅니다. 이 작업의 경우 특히 정확도가 중요합니다. 점을 정확하게 맞물려야 한다는 점을 기억하면서 꼼꼼하게 작업해 봅니다.

1 [File]-[Open]으로 'Style08_1_Birdlogo_start.ai' 문서를 엽니다. 왼쪽의 원들을 활용하여 오른쪽 앵무새 이미지를 만들어 보겠습니다. 선의 색은 임의로 지정하되 눈에 띄는 색상으로 작업하는 것이 좋습니다.

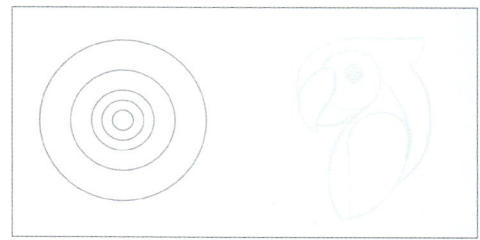

2 30mm 원을 가져와 그림과 같이 배치합니다. 그리고 원의 오른쪽 점에서 시작하는 수직선을 그려줍니다. 이때, 반드시 오른쪽 점과 완전히 맞물려서 수직선을 시작해야 합니다. 선의 끝점이 넘치거나 모자라지 않게 작업합니다.

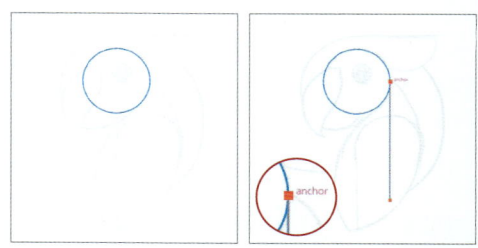

3 두 개체를 모두 선택합니다. Rotate Tool(회전 도구)을 선택하고 원의 중심에 Alt 키를 누른 채로 클릭합니다. 옵션창에 -45도를 입력하고 OK를 누릅니다. 원을 중심으로 회전됩니다.

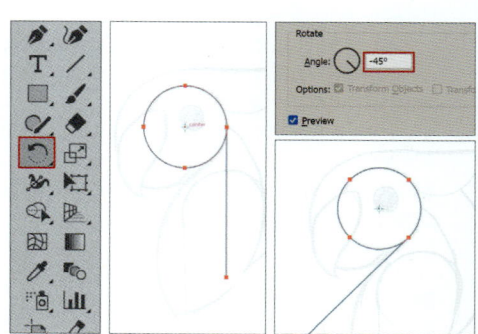

4 다시 원만 선택하고 Selection Tool(선택 도구)을 더블클릭합니다. 각도는 45도, 거리를 30mm로 입력 후 Copy를 누릅니다.

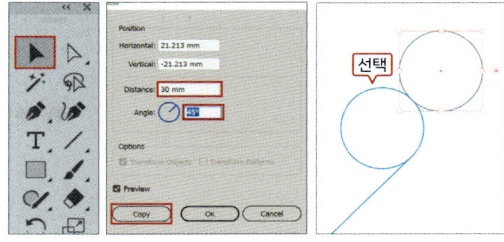

5 다시 처음에 만든 원 하나만 선택하고 Selection Tool을 더블클릭합니다. 각도는 45도, 거리를 -13mm로 입력 후 Copy를 누릅니다.

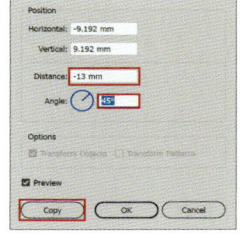 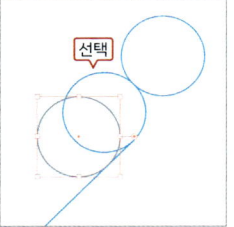

6 마지막에 만든 원을 선택합니다. 점이 회전되어 있으면 다음 작업이 어려우므로 수직과 수평을 맞추기 위해 Rotate Tool을 더블클릭하여 -45도 입력하고 OK를 누릅니다. 점이 다시 수직과 수평으로 돌아옵니다.

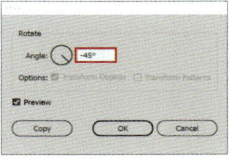 

7 두 번째 만들었던 원도 동일하게 작업합니다. -45도 입력하면 점이 다시 수직과 수평으로 돌아옵니다.

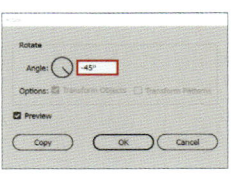 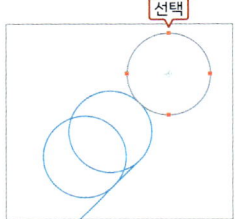

8 50mm 원을 복사 후 붙여넣기 합니다. 3번째 만들었던 원의 왼쪽 가운데로 정렬합니다. 이때 점과 점이 정확히 맞물려야 합니다.

+ plus 화면에 잘 보이도록 작업 과정에서는 해당 원들은 다른 색상으로 지정했습니다.

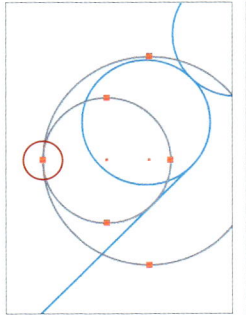 

Design Style 08 - Golden Ratio Logo

9   두 원을 선택하고 Rotate Tool을 선택합니다. 마우스를 작은 원의 중심에 두고 'center'라고 뜨면 Alt 키를 누른 채로 클릭합니다. 옵션창에 33도를 입력하고 OK를 누릅니다. 원이 회전하며 이동됩니다.

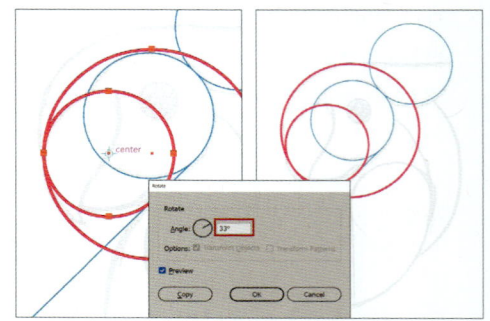

10 과정 9에서 작업했던 원 중 큰 원만 선택하여 -33도를 입력하고 OK를 누릅니다. 점의 위치가 다시 수직과 수평으로 회전됩니다.

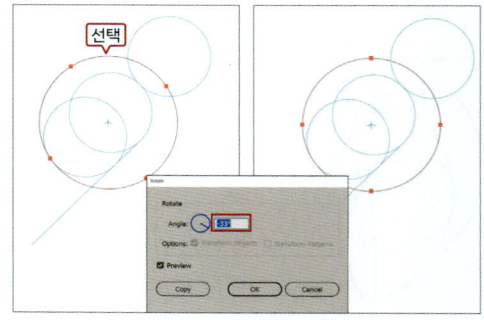

11 회전시킨 50mm 원 가장 위쪽 점에서 시작하는 수평선을 그려줍니다. 그리고 80mm 원을 복사 후 붙여넣기 합니다. 80mm 원의 윗점도 정확히 맞물리게 배치해줍니다.

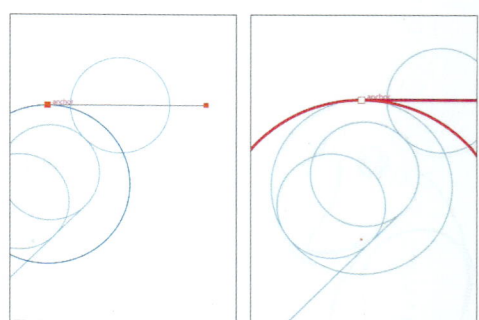

12 그림에서 보이는 원을 찾아 선택합니다. Ctrl + Shift +] 로 맨 앞으로 배열합니다. Rotate Tool을 더블클릭하여 -33도를 입력하고 OK를 누릅니다. 점이 수직과 수평으로 돌아옵니다.

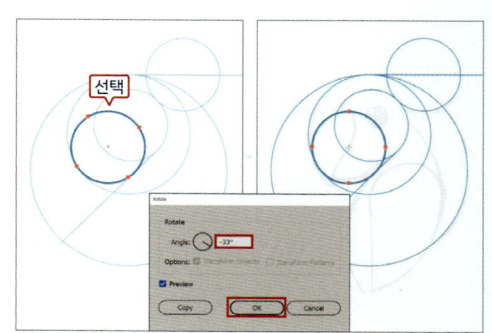

13 80mm 원을 복사 후 붙여넣기 하여 과정 12에서 작업했던 작은 원 아래쪽 점에 큰 원의 윗점을 정확하게 맞물립니다. 두 원을 모두 선택하고 Rotate Tool로 마우스를 작은 원의 중심에 두고 'center'라고 뜨면 Alt 키를 누른 채로 클릭합니다. 45도를 입력하고 OK를 누릅니다.

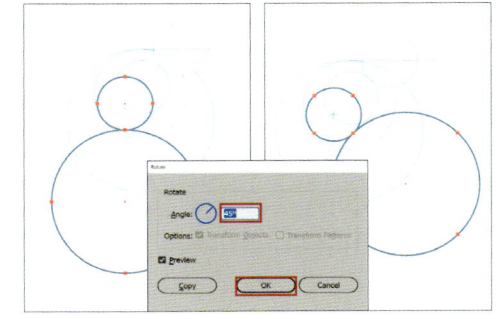

14 새로운 80mm 원과 30mm 원을 오른쪽 가운데로 정렬하고 그림과 같이 배치합니다. 마지막에 배치한 작은 원의 왼쪽 점에서 시작하는 수직선을 새롭게 그려줍니다. 이때 점과 점이 정확히 맞물려야 합니다.

+ plus 이전에 작업했던 개체들은 점이 회전되어 있을 수 있으므로 새로 만들거나 복사해 옵니다.

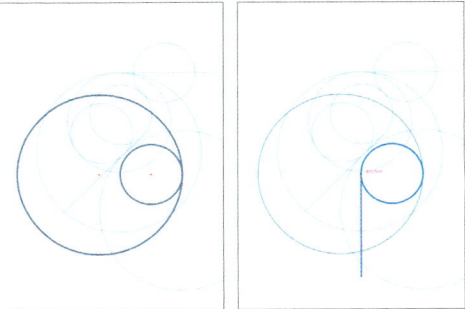

15 새로운 30mm 원 2개를 수직으로 맞물리게 배치합니다. 두 원을 모두 선택하고 45도 회전합니다.

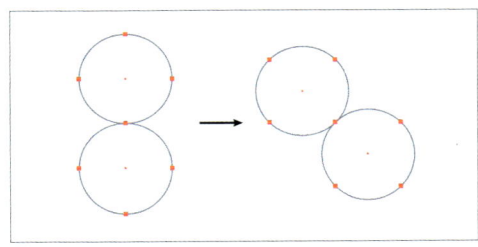

16 과정 15에서 작업했던 두 원은 부리 위치에 배치해 줍니다. 마지막으로 10mm 원을 복사 후 붙여넣기 한 뒤 눈 위치에 배치합니다. 심볼의 황금비 작업이 마무리 되었습니다. 파일을 저장합니다.

 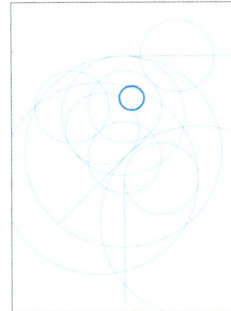

Design Style 08 · Golden Ratio Logo   159

> **예제 파일** 📁 DS08 > S08_1_예제파일 > Style08_1_shapebuilder_start.ai
> **결과 파일** 📁 DS08 > S08_1_예제파일 > Style08_1_shapebuilder_result.ai

03 Shape Builder 도구로 앵무새 형태 다듬기

1 F7 을 눌러 [Layers] 패널을 엽니다. 스케치 레이어의 잠금을 풀고, 작업 화면에서 밑바탕이 되는 스케치 그림 개체를 선택하고 [Control] 패널에서 Opacity의 값을 100%로 바꿉니다. 스케치 레이어는 다시 잠그고 작업 레이어를 선택합니다.

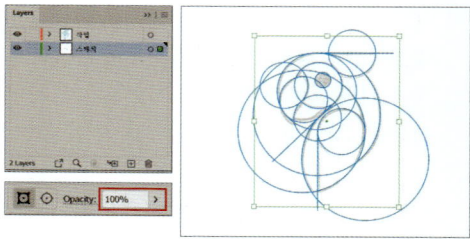

2 황금비 라인은 작업이 끝난 후 다시 필요하기 때문에 사본을 만들어 놓아야 합니다. 화면의 빈 공간에 개체를 복사해 둡니다.

3 스케치 위에 작업해 둔 황금비 라인 개체를 모두 선택하고, Shape Builder Tool(도형 구성 도구)을 선택합니다. Alt 키로 불필요한 부분을 삭제합니다. 먼저 스케치가 없는 바깥쪽 개체들은 모두 삭제합니다.

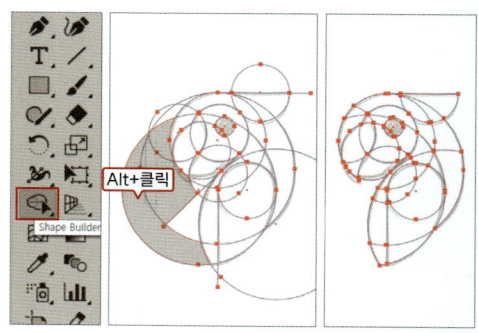

4 부리 위쪽으로 연결되는 부분을 드래그하여 하나로 합쳐줍니다. 그다음 눈이 될 부분을 드래그하여 합칩니다.

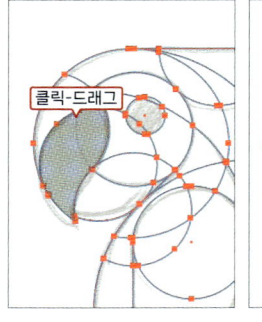 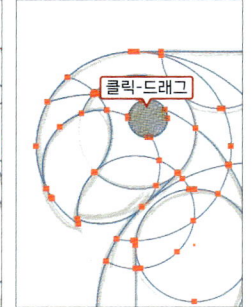

5 아래쪽 부리가 될 부분을 합쳐줍니다. 특히 아래 연결되는 부분이 복잡하므로 화면을 확대하여 꼼꼼하게 작업합니다. 그다음 눈 주변의 동그랗게 얼굴이 될 부분을 드래그하여 합칩니다.

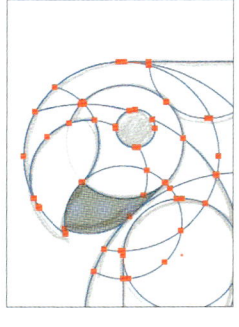 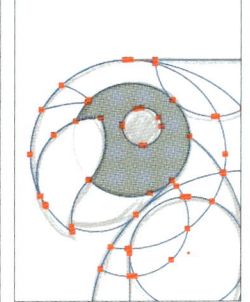

6 부리와 얼굴 윗부분으로 이어지는 깃털 모양을 연결하여 합쳐줍니다. 그다음 몸통 아래쪽으로 이어지는 부분도 연결하여 합쳐줍니다.

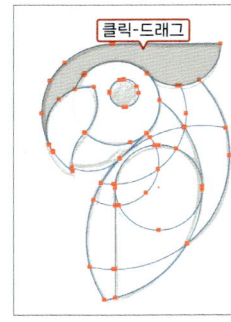 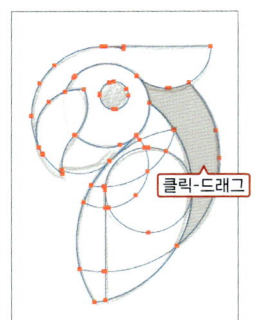

7 이어서 부리 아래쪽의 몸통을 드래그하여 합쳐줍니다. 마지막으로 날개 부분을 드래그하여 합치고 작업을 마무리합니다. 어긋나거나 잘못된 부분이 없도록 확대하여 꼼꼼하게 작업합니다.

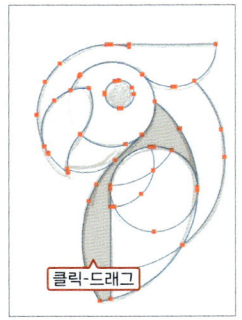 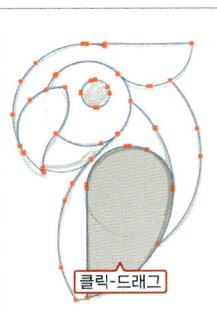

8 다시 모든 개체를 선택하고 선색은 없음, 면색을 단색으로 지정합니다. Ctrl + Shift + G 로 그룹을 해제한 뒤, 각각 조각난 개체마다 원하는 색상을 지정합니다.

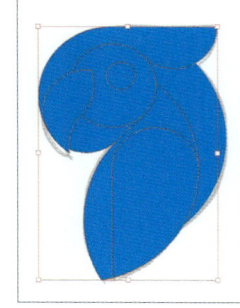 

9 사본으로 복사해 둔 황금비 라인 개체를 선택하여 Ctrl + G 로 그룹으로 만들고 Ctrl + Shift +] 로 맨 앞으로 배열합니다. [Layers] 패널을 열어 스케치 레이어의 눈을 끕니다.

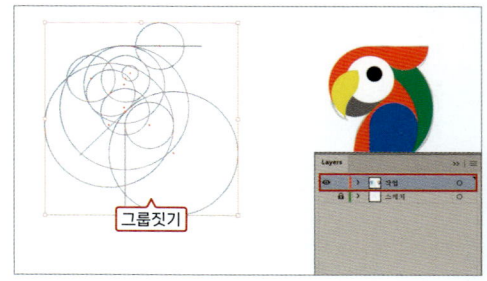

10 라인 개체를 앵무새 심볼 위에 올리면 정확히 맞물립니다. Ctrl + F10 으로 [Stroke] 패널을 열고 Dashed Line에 체크하고 4pt를 입력하여 점선으로 만들어줍니다. 선의 색은 원하는 색으로 지정합니다.

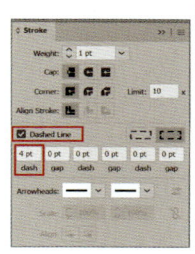 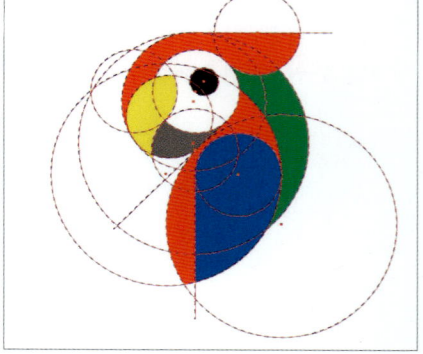

✓ Shape Builder 후 체크 사항

Shape Builder 사용 시 꼭 확대해서 꼼꼼하게 작업해야 하는 이유
쉐이프 빌더 도구 사용 시 곡선 경계 부분에 아주 작은 조각이 남는 경우가 발생합니다. 이는 개체가 너무 작아 놓치기 쉬운 문제입니다. 라인이 겹치는 구간은 확대된 화면에서 꼼꼼하게 확인하고 작업하는 것이 중요합니다.

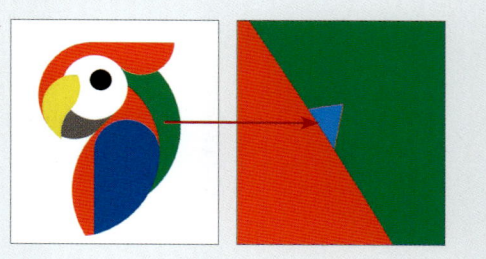

예제 파일 DS08 > S08_1_예제파일 > Style08_1_solidcolor_start.ai
결과 파일 DS08 > S08_1_예제파일 > Style08_1_solidcolor_result.ai

04 Solid Color 로고 만들기

단색 로고는 1도 인쇄 시 빈번하게 쓰이기 때문에 로고를 만들 때 같이 제작해 두는 것이 좋습니다. 실무에서 또한 로고만 납품되는 것이 아니라 단색 로고도 함께 납품되는 경우가 많습니다. 단색 로고는 다양한 상황에서 활용할 수 있는 요소로 우산이나 머그잔, 의류 등 확장하여 다양하게 쓰일 수 있기 때문에 여러 가지 버전을 만들어 두는 것이 좋습니다.

1 [File]-[Open]으로 'Style08_1_solidcolor_start.ai' 문서를 엽니다. 이전 단계에서 완성한 앵무새 심볼이 있습니다. 모두 선택하여 선색은 없음, 면색은 검은색으로 만듭니다.

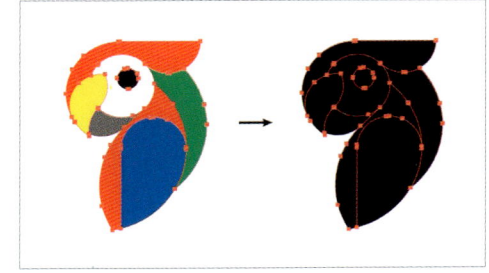

2 눈 바깥쪽 개체를 선택하여 면색을 흰색으로 바꿉니다. 그다음 아래쪽 부리와 날개 개체를 선택하여 선색에 흰색을 적용합니다.

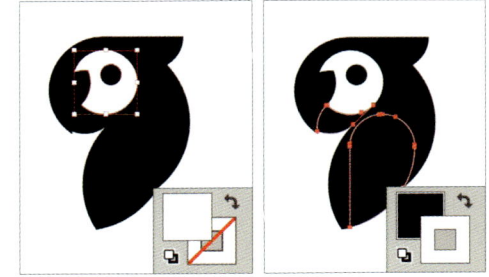

3 [Stroke] 패널을 열어 선 두께는 4pt, Inside로 정렬합니다.

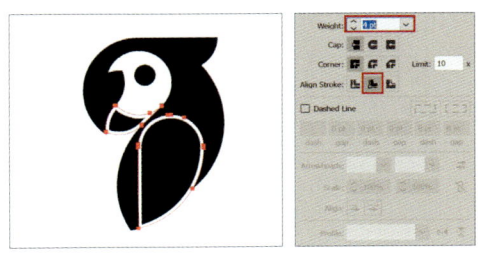

4 위쪽 부리 개체를 선택합니다. 면색을 흰색, 선색을 검은색으로 바꾸고 선 두께는 4pt, Inside로 정렬합니다.

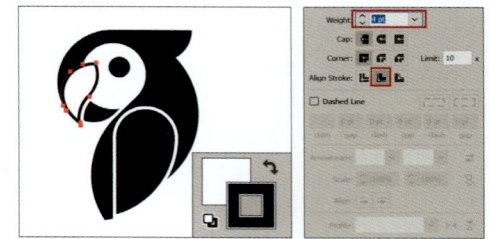

5 과정 4까지 작업한 개체의 사본을 만듭니다. 사본 개체의 날개 부분만 선택하여 선색과 면색을 바꿔줍니다.

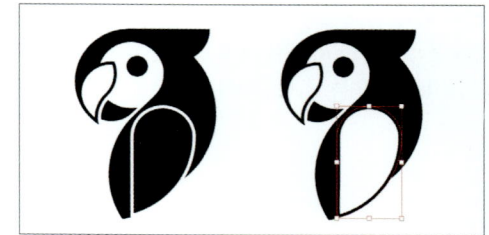

6 머리 윗부분 개체를 선택하여 흰색 선을 적용하고 선의 두께는 4pt, Inside로 정렬합니다. 아래쪽 부리 개체는 삭제합니다. 위쪽 부리는 선색 없이 면색을 검은색으로 지정합니다.

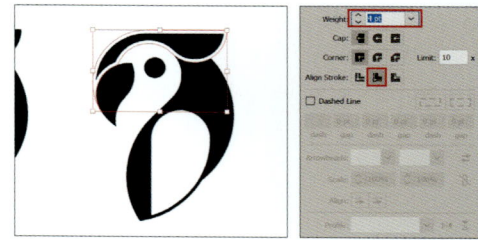

7 개체를 모두 선택합니다. [Object]-[Path]-[Outline Stroke]로 개체의 선을 모두 면으로 확장합니다.

8 [Pathfinder] 패널을 열어 Merge를 클릭합니다. 같은 색은 합쳐지고 다른 색은 나눠집니다. Ctrl + Shift + G 로 그룹을 해제합니다.

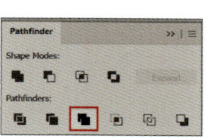

9   빈 화면을 한 번 클릭하고 다시 흰색 개체를 선택한 후 [Select]-[Same]-[Fill Color]를 누릅니다.

10 흰색 면으로 된 개체가 모두 선택됩니다. Delete 키를 눌러 흰색 개체들을 모두 삭제합니다.

11 검은색으로 아주 작게 남겨진 개체들이 있습니다. 화면을 확대하여 Group Selection Tool(그룹 선택 도구)이나 Lasso Tool(올가미 도구) 등을 이용하여 삭제합니다.

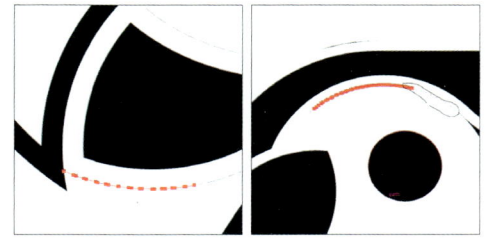

12 개체를 모두 선택합니다. F6 을 눌러 [Color] 패널을 엽니다. 패널에서 면색에 검은색만 남겨져 있는지 확인하고, 만약 그렇지 않다면 검은색을 적용합니다. 그림과 같이 제대로 적용되었는지 확인합니다.

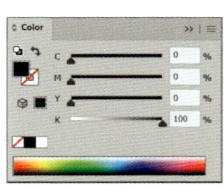

예제 파일　　DS08 > S08_1_예제파일 > Style08_1_text_start.ai
결과 파일　　DS08 > S08_1_예제파일 > Style08_1_text_result.ai

05 텍스트 작업하기

심볼과 함께 쓰일 텍스트 작업을 진행합니다. 'PARROT FASHION'이라는 가제 대신 다른 이름으로 바꾸어 사용해보아도 좋습니다.

1 [File]-[Open]으로 'Style08_text_start.ai' 파일을 엽니다. 기존에 작업했던 앵무새 심볼 로고가 가이드와 함께 있습니다. F7 을 눌러 [Layers] 패널을 열어 '가이드' 레이어를 선택합니다.

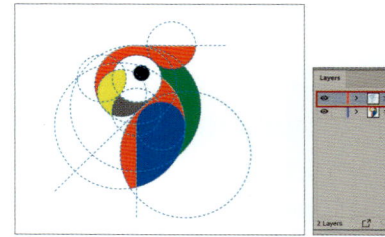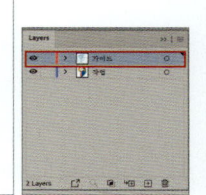

2 앵무새 로고가 끝나는 녹색 부분 오른쪽에 맞닿도록 수직선을 그립니다. 그 옆에 20mm 원을 만들어 배치하고 다시 수직선을 원 오른쪽에 붙여 그립니다.

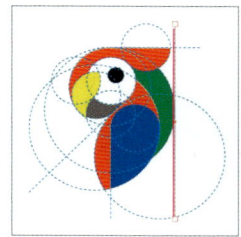

3 앵무새 로고의 가장 윗부분을 기준으로 옆쪽에 긴 가로 라인을 그리고 Select Tool을 더블클릭합니다. 옵션창에 Vertical 10mm를 입력한 뒤 Copy를 누릅니다. Ctrl + D 를 8번 더 눌러 복사합니다.

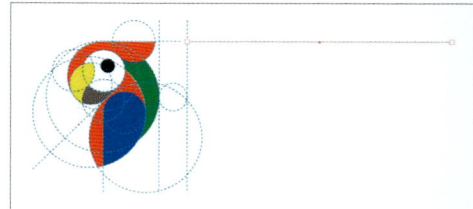

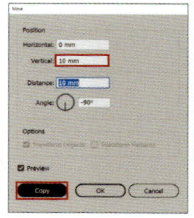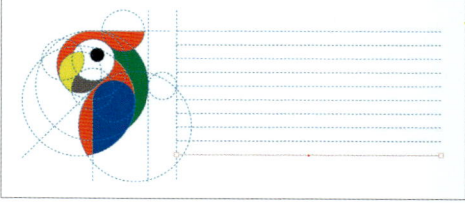

4 [Layers] 패널에서 '작업' 레이어를 선택합니다. 어울리는 폰트와 크기를 정하고 로고가 될 텍스트를 입력합니다.

+ plus 예제에서는 'THE NEXT FONT' 116pt를 사용하였으며, 높이를 30mm로 작업했습니다. (출처 : dafont.com)

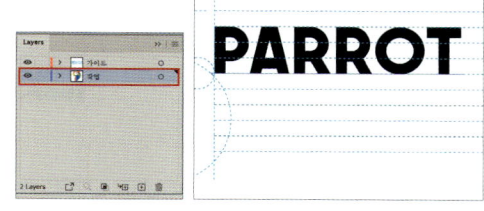

5 로고의 이름을 가제로 정하고 나머지 텍스트를 아래쪽에 입력합니다. 사이 간격은 10mm로 작업합니다.

+ plus 글줄의 간격이나 글씨의 높이는 자유롭게 바꿔도 무방하나, 가독성을 꼭 염두에 두어야 합니다.

6 색상은 앵무새 부리 아래쪽의 회색과 같은 색으로 지정합니다. 텍스트를 선택하고 Ctrl + Shift + O 를 눌러 윤곽선으로 만듭니다.

7 개체를 전체 복사하고 'FASHION'을 삭제합니다. 다른 형식으로도 작업해 봅니다. 'PARROT'은 한 칸 더 크게 작업하고, 아래 'TOP GOLF WEAR'라는 부제를 입력합니다. Ctrl + Shift + O 로 윤곽선으로 만들어 20mm 높이로 만들고 위쪽 텍스트와 가로 폭을 맞춰줍니다.

예제 파일 DS08 > S08_1_예제파일 > 없음
결과 파일 DS08 > S08_1_예제파일 > Style08_1_Logosystem.ai

06 로고 시스템 만들기

일관성을 유지하기 위한 체계로 법칙으로 정해진 시스템은 없지만, 대중적으로 널리 쓰이는 형식으로 기본 시스템을 만들어 보겠습니다. 최종 정해진 심볼과 텍스트, 그리드 시스템, 솔리드 컬러, 그리고 컬러 시스템이 필요합니다.

1 [File]-[New]를 눌러 A4용지를 선택합니다. Artboards의 개수를 2개로 입력하고 문서를 생성합니다.

Tip
로고 시스템을 만들 때 A4 사이즈 판형이 절대적인 기준은 아닙니다. A4 판형은 로고 시스템 제작 과정에서 주로 사용되는 용지 크기이며 고객에게 납품 시 인쇄하기 편리하다는 장점이 있습니다.

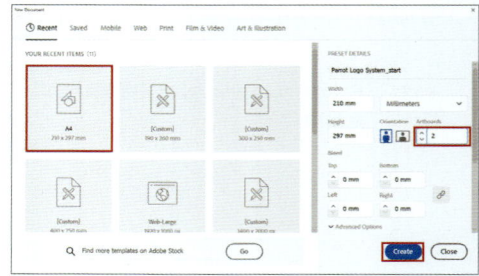

2 180×1mm 사각형을 그리고 면색을 회색으로 지정합니다. Shift + F8 을 눌러 [Transform] 패널을 열어 참조점의 위치를 좌측 상단으로, X값은 15mm, Y값은 25mm로 입력하고 2번 아트보드에도 똑같이 복사합니다.

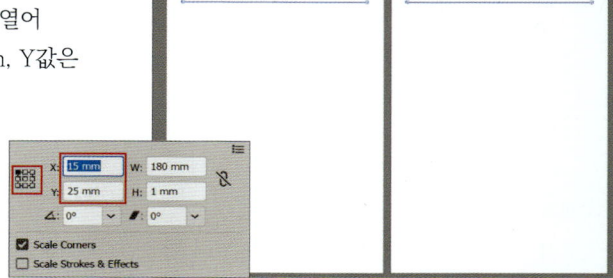

3 왼쪽 아트보드에는 'Parrot Logo System 1' 오른쪽에는 'Parrot Logo System 2'라고 입력합니다. 기존 작업했던 로고를 가져와 적절한 크기로 배치하고 오른쪽에는 디자인 콘셉트를 작성합니다.

+ plus 예제에서는 제목은 'G마켓 산스' Mideum, 14pt, 소제목은 Bold, 11pt, 본문은 Light, 10pt, 행간 14pt로 작업하였습니다.

4 섹션을 구분하기 위한 용도로 180mm, 0.5pt 회색 선을 그려줍니다. 그 아래에 'Symbol & Text Golden Ratio'라고 입력한 뒤 황금비를 적용했던 개체를 복사해 옵니다. 아래쪽에 다시 180mm 선을 붙여넣기 합니다.

5 아래에 'Solid Color Logotype'을 입력합니다. 기존 작업해 둔 단색 로고를 가져와 배치하고 하단에 180mm 선을 복사해와 2~3pt로 두껍게 수정합니다. 화면 비율을 고려하여 전체적으로 간격과 크기 등을 조절합니다.

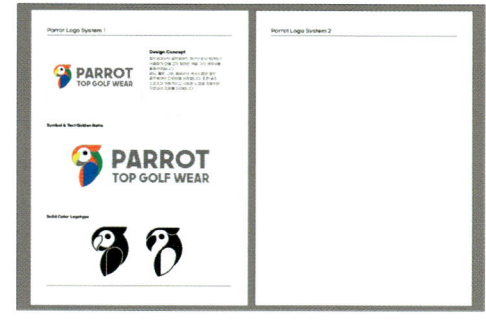

6 25mm의 정사각형을 6개 만듭니다. Eyedropper Tool (스포이드 도구)을 활용하여 심볼 색상을 복사합니다. 왼쪽에는 'Core Color', 오른쪽에는 'Mono Color'를 입력합니다. 25×36mm 크기의 얇은 회색 선으로 만든 사각형을 그 위로 배치합니다.

7 사각형 아래에 CMYK의 값과 RGB의 값을 찾아 표기 합니다. 선택한 색상에 따라 값은 달라질 수 있습니다. CMYK와 RGB를 동시에 보려면 Color Picker창을 더블클릭하여 확인할 수 있습니다.

+ plus   예제에서는 각각 Bold와 Light, 9pt로 작업하였습니다.

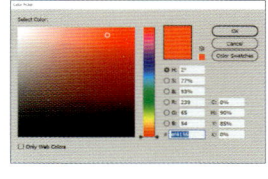

8   아래에는 'Color Guide'를 입력하고 로고를 밝은 회색, 중간 회색, 검은색 배경에 어울리도록 텍스트나 부리 색상 일부를 수정합니다. 원에는 앵무새 심볼만 따로 사용해 크기와 색상을 다양하게 조합해 만들어봅니다.

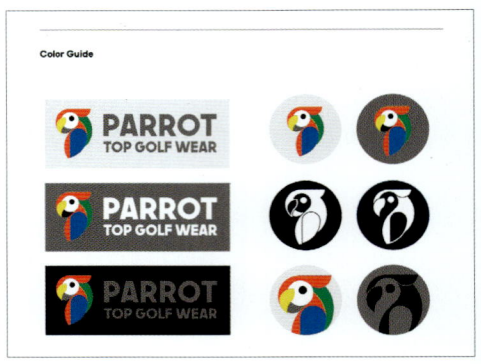

9   Artboard Tool로 아트보드를 하나 더 만들어 다른 요소를 모두 지우고 'Parrot Logo System 3'이라고 입력합니다. 하단에는 'Application'을 입력한 뒤 이전에 만든 원형 심볼 중 하나를 복사해 옵니다.

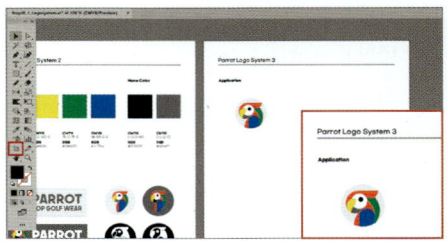

10 원형 심볼보다 더 큰 원을 하나 그린 뒤, Type on a Path Tool(패스 상의 문자 도구)을 선택합니다. 원의 윗부분을 클릭하고 'PARROT'을 입력합니다. Control 패널의 Paragraph 목록에서 가운데 정렬을 선택합니다.

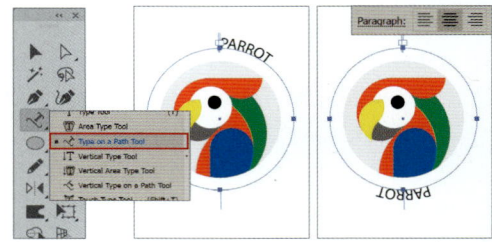

11 Rotate Tool을 더블클릭합니다. 옵션창에 180도를 입력하고 OK를 누릅니다. 문자가 다시 상단으로 회전됩니다.

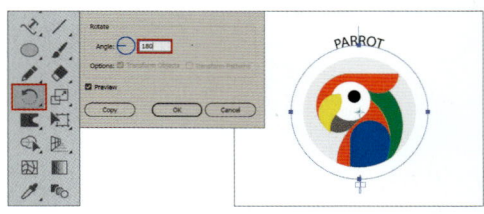

12 [Ctrl]+[T]를 눌러 [Character] 패널을 엽니다. 기존 로고와 같은 폰트 또는 어울리는 서체를 선택하고 적절한 크기로 조절합니다.

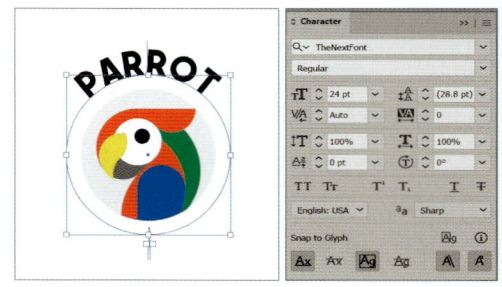

13 `Ctrl` + `C` , `Ctrl` + `F` 로 제자리에 붙여넣기 합니다. 아래쪽으로 문자가 돌아가도록 180도 회전하고 `Alt` + `Shift` 를 누른 채로 원의 크기를 키웁니다.

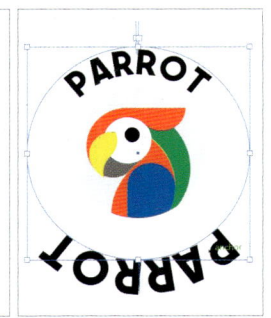

14 Direct Selection Tool(직접 선택 도구)로 패스의 중심선을 위로 드래그하여 바깥쪽의 문자를 원 안쪽 방향으로 바꿔줍니다.

15 원 안쪽으로 넣은 텍스트를 선택하고 Eyedropper Tool로 위쪽의 'PARROT'을 클릭하면 동일한 속성이 적용됩니다. 위쪽은 'PARROT FASHION' 아래쪽은 'TOP GOLF WEAR'를 입력합니다. `Alt` + `Shift` 를 누른 채로 두 원을 한 번에 드래그하여 크기를 조절합니다.

16 안쪽에 있는 원을 글씨가 가리도록 크기를 키우고 `Ctrl` + `Shift` + `[` 로 맨 뒤로 보내기합니다. 밝은 회색과 검은색으로 2가지 버전을 만들어봅니다.

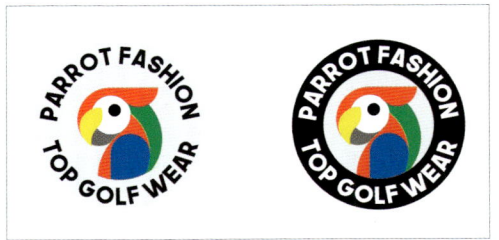

17 이어서 금지 조항을 만들기 위해 라인을 복사하고, 그 아래에 'Prohibition'을 입력합니다.

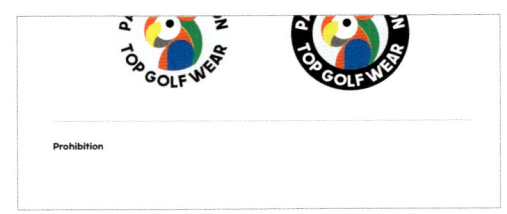

18 크기 및 비율, 컬러, 그라데이션, 심볼 형태, 텍스트 간격 등 대표적인 금지 조항을 6개 정도 만듭니다. 박스 위에 X 모양을 표시하고 6개의 금지 항목을 작성한 뒤 마무리합니다.

꼭 살펴보아야 할 WORKING-LEVEL

✓ **심볼 로고 제작 시 고려 사항**

① **간결성** : 심볼 로고는 간결하고 단순한 형태로 디자인되어야 합니다. 복잡한 디자인은 메시지 전달을 방해하고 로고 인식을 떨어뜨릴 수 있습니다.

② **관련성** : 로고의 심볼은 해당 브랜드 또는 비즈니스와 관련이 있어야 합니다. 심볼이 브랜드의 가치, 제품 또는 서비스와 연관되면 고객들에게 더 강력한 메시지를 전달할 수 있습니다.

③ **다양한 크기와 매체에 적합한 스케일링** : 로고는 크기 변화에 관계없이 선명하게 보여야 하며, 인쇄물과 디지털 매체 모두에서 효과적으로 작동해야 합니다. 따라서 일러스트레이터와 같은 벡터 기반 프로그램에서 작업하는 것이 적합합니다.

④ **적절한 색상 선택** : 로고의 색상은 브랜드의 정체성과 감성을 반영해야 합니다. 색상은 브랜드 메시지와 연결고리가 되어 중요한 역할을 합니다.

⑤ **시간에 따른 변화 고려** : 로고는 시간이 지남에 따라 브랜드의 성장과 변화에 맞게 조정하거나 개선할 수 있어야 합니다.

⑥ **테스트와 피드백** : 로고를 디자인한 후, 다양한 사용자 그룹에게 테스트하고 피드백을 수렴해야 합니다. 이를 통해 로고의 효과와 메시지를 개선할 수 있습니다.

⑦ **저작권 및 상표권 준수** : 로고 디자인 시 다른 상표와의 충돌을 피하기 위해 저작권 및 상표권을 검토하고 기준을 준수해야 합니다.

✓ **황금비에 의존할 필요는 없다.**

최근 로고 디자인은 황금비를 절대적인 기준으로 삼지 않습니다. 표현하려는 로고의 특성에 따라 황금비를 활용하는 것이 적합하며, 캘리그라피나 한글 로고처럼 황금비가 어울리지 않는 경우에는 무리하게 적용할 필요가 없습니다.

기능 다시 한 번 익히기 | 예제파일 DS08 > S08_2_연습문제 > Style08_2_exercise.ai | 결과파일 DS08 > S08_2_연습문제 > Style08_2_exercise_result.ai

Exercise

Design Style 08에서 학습한 효과들을 응용하여 새로운 디자인을 만들어봅니다.

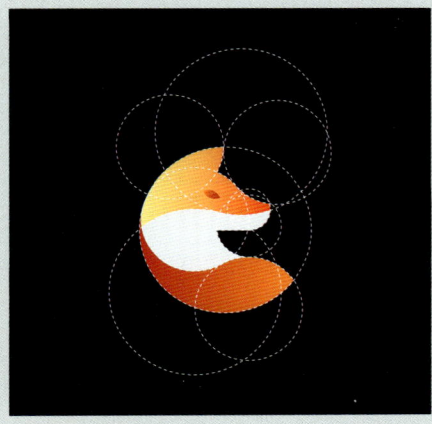

[File]-[Open]으로 'Style08_2_exercise.ai' 파일을 엽니다. 그림과 같이 80mm와 50mm 원을 왼쪽 점이 정확하게 맞물리게 배치합니다. 두 원을 한 번에 선택하고 -20도 회전합니다. 그리고 각각 하나씩 선택하여 다시 20 도씩 회전시켜 점의 수직과 수평을 맞춥니다. 50mm 원을 하나 더 만들어 그림과 같이 오른쪽으로 붙입니다.

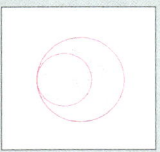 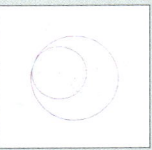 

왼쪽 원을 중심으로 40도 회전합니다. 20mm 원을 만들어 코 부분에 배치하고, 바로 아래쪽 점을 기준으로 왼쪽 방향으로 짧은 수평선을 그립니다. 50mm 원을 만들어 귀가 될 부분에 배치합니다.

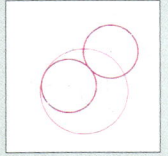 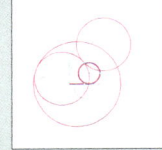 

새로운 50mm 원을 처음에 만든 50mm 원의 오른쪽으로 맞물리게 배치합니다. 왼쪽 원을 중심으로 -60도 회전합니다. 80mm 원을 얼굴이 나뉘는 곳에 배치합니다. 그리고 그 위에 동일한 80mm 원을 배치하고 아래쪽 원을 중심으로 -15도 회전합니다. 마지막으로 30mm 원을 목이 될 부분에 배치 합니다.

  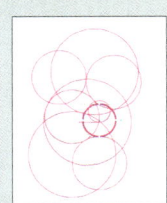

도구 패널에서 Shape Builder Tool(도형 구성 도구)을 선택합니다. Alt 키를 누른 채로 드래그하여 여우의 바깥쪽 부분을 모두 제거합니다. 안쪽에 여우 모양을 3등분으로 합쳐준 뒤, 눈은 황금비와 관계없이 임의로 그려줍니다. 어울리는 색상으로 그라디언트를 적용하고 작업을 마무리합니다.

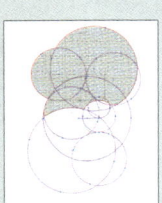  

Design Style 09

Nature Pattern
이미지 트레이스를 이용한 패턴화 및 디자인 작업

 Skill Point

수작업 아트웍을 이미지 트레이싱으로 벡터화하여 패턴화하거나 모노라인으로 변환하여 디자인에 활용합니다.

 Keyword

Image Trace # Pattern
Shape Builder # Compound Path
Search Keyword : flower pattern, hand draw flower illustrator

Before you Design

이미지 트레이스

일러스트레이터는 사진을 벡터로 변환하는 이미지 트레이스 기능이 있습니다. 그 옵션은 매우 다양하기 때문에 어떤 색상으로 변환할지, 컬러를 넣을지, 흑백으로 할지, 검은색과 흰색으로만 할지, 흰색을 투명 처리할지, 얼마나 디테일하게 이미지를 추적할지 등을 내 이미지에 어울리도록 심도있게 고민하며 작업을 해야 합니다. 또한 이미지의 해상도도 영향을 받는다는 점도 고려해야 합니다.

특징 및 표현법

- 트레이스된 이미지의 컬러나 그라디언트를 원하는 분위기에 맞춰 조정하는 것을 추천합니다.
- 트레이스된 개체들을 조합하여 초대장, 포스터 등 다양한 곳에 활용해보세요.

패턴 만들기

일러스트레이터는 패턴을 손쉽게 만들 수 있는 강력한 기능이 있습니다. 과거에는 패턴이 끊기는 지점에서 연결해 주어야 했던 작업을 자동으로 만들 수 있게 되면서부터 생산성이 대폭 향상되었습니다.

Designer Gallery

< Invitation Card >

< Wallpaper Design >

예제 파일 📁 DS09 > S09_1_예제파일 > 없음

결과 파일 📁 DS09 > S09_1_예제파일 > Style09_1_Scan_flower_result.ai

01 수작업 아트웍을 이미지 트레이스하기

수작업으로 만드는 아트웍은 저작권의 문제에서 벗어날 수 있는 아주 강력한 도구입니다. 흰 종이에 검은색으로 그려진 이미지는 스캔 후 이미지 트레이스로 손쉽게 벡터화 시킬 수 있습니다. 예제에서는 그려진 스캔 파일을 사용합니다.

1 [File]-[New]로 새 문서를 A4용지 크기로, 단위를 mm로 설정하여 만듭니다. [File]-[Place]로 'Scan-flower.jpg' 파일을 불러옵니다. 화면에 대기상태가 되면 빈 화면에 클릭합니다. 사진이 문서에 삽입됩니다.

2 [Window]-[Image Trace]를 선택합니다. 이미지 추적 패널이 열립니다. Threshold의 값을 160으로 입력하여 검은색의 비중을 높입니다. Advanced 옵션의 토글을 엽니다.

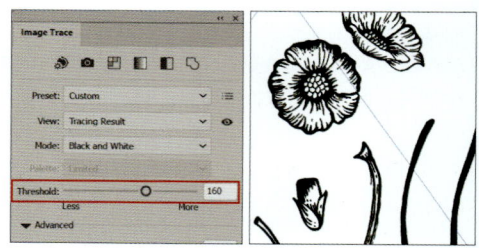

✓ 수작업의 중요성

수작업 그림을 파일화시키기

원하는 그림의 참조 사진을 인터넷 등에서 찾아 참고하며 수작업으로 그림을 그립니다. 이렇게 작업한 수작업 아트웍은 따라 그린 작업이 아닌 이상 온전히 나만의 작업이 되며, 저작권 문제도 발생하지 않습니다. 스캔 후 포토샵에서 배경을 정리하고 Image-Threshold 등의 기능으로 파일화 시켜놓는 습관을 들이면 나만의 온전한 아트웍 모음을 만들 수 있습니다.

3 Paths와 Corners를 70%, Noise는 5px로 작게 설정합니다. Method는 Abutting, Create는 Fills만 선택하여 면색만 트레이싱 되도록 합니다. 하단에 Ignore White를 선택하여 흰색이 투명해지도록 합니다.
설정을 마치면 Control 패널에 있는 Expand 버튼을 누릅니다.

+ plus Paths와 Corners는 비율이 높을수록 복잡한 패스를 만듭니다. Noise는 크기를 의미하기 때문에 수치가 작을수록 자잘하고 복잡하게 표현됩니다.

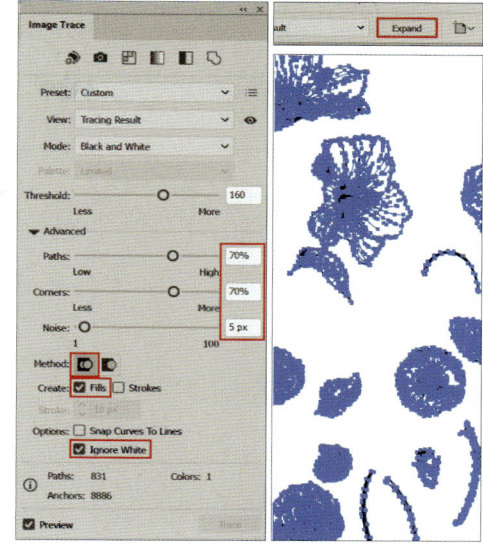

ESSENTIAL THEORY Image Trace Panel

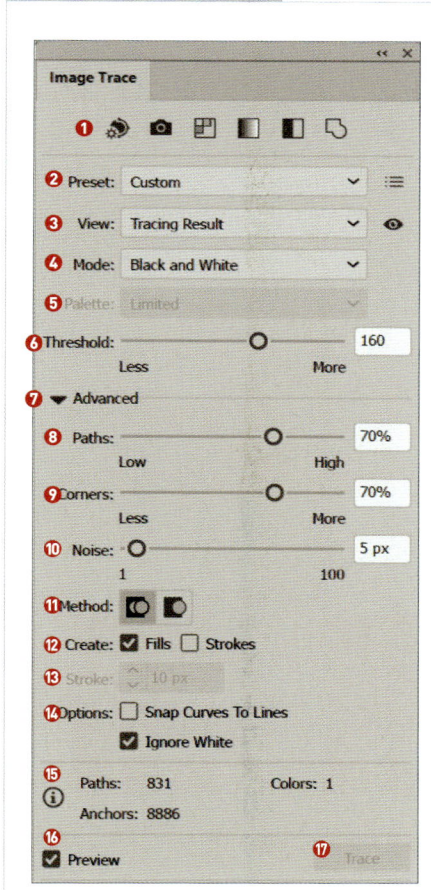

❶ 자주 사용하는 기본 옵션 아이콘 목록
❷ Preset : 사용자가 직접 설정하지 않고 미리 설정된 옵션 사용
❸ View : 최종 결과를 보여주는 옵션으로 보통 Tracing Result를 기본으로 설정
❹ Mode : Color, Grayscale, Black and White 세 가지 옵션 제공
❺ Palette : Color 모드를 선택했을 때 사용할 수 있는 옵션으로 Automatic, Limited, Full Tone 제공
❻ Threshold : 검은색과 흰색의 비율 조절(값이 높을수록 검은색으로 변환)
❼ Advanced : 보다 디테일한 설정을 할 수 있는 고급 옵션
❽ Paths : 패스의 양 결정(값이 높을수록 점의 개수 증가)
❾ Corners : 코너 각도 조절(값이 높을수록 각이 날카롭게 표현)
❿ Noise : 픽셀 트레이싱 시 최소 조각 크기 조절(값이 높을수록 조각 크기가 커져 단순해 보이고, 작을수록 디테일해 보임)
⓫ Method :
  - Abutting - 컬러 또는 흑백 영역이 겹치지 않고 분리
  - Overlapping - 컬러 또는 흑백 영역이 겹쳐 표현. 선택 시 하단 옵션의 Ignore White(흰색 무시) 비활성
⓬ Create :
  - Fills - 이미지를 면으로만 추적
  - Strokes - 이미지를 선으로만 추적
  Mode에서 흑백 (Black & White)을 선택했을 때만 사용 가능
⓭ Stroke : 상단의 Stroke를 체크했을 때 적용되는 선의 길이(최대 100px까지)
⓮ Options :
  - Snap Curves To Lines - 선으로 곡률이 맞물림(코너를 뾰족하게 만들고 싶을 때 체크)
  - Ignore White - 흰색 영역 투명 처리(하얀 바탕이 있는 이미지에 유용)
⓯ Paths, Colors, Anchors : 최종 추적 결과에서 생성될 경로, 색상, 점의 개수 표현
⓰ Preview : 미리보기(컴퓨터 사양에 따라 속도가 느릴 수 있으며, 필요에 따라 켜고 끄는 것을 권장)
⓱ Trace : 모든 설정을 완료한 후 버튼을 눌러 이미지를 벡터로 변환

02 트레이싱 된 패스 정리하기

벡터화된 이미지를 효율적으로 정리하고, 꽃과 나뭇잎 등을 작업하기 쉽게 분리합니다.

1. 이미지가 트레이싱 되면 개체가 선택된 상태에서 마우스 오른쪽 버튼의 Ungroup을 클릭하여 그룹을 해제합니다.

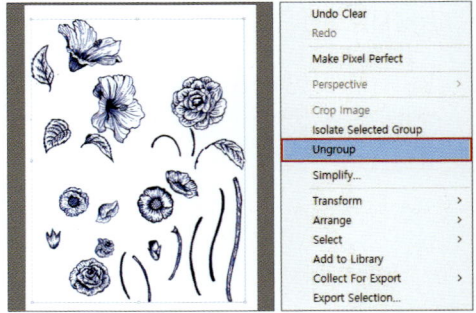

2. Lasso Tool(올가미 도구)로 꽃을 한 송이만 드래그하여 패스를 선택하고 `Ctrl`+`8` 을 눌러 개체를 Compound Path로 만듭니다.

ESSENTIAL THEORY | Compound Path

Compound Path란 무엇인가?
[Compound Path]는 서로 떨어진 개체들을 완전히 하나의 개체로 결합해 주는 기능입니다. Pathfinder 합치기와는 달리, 그라디언트나 다른 효과가 결합된 개체 전체에 하나로 적용할 수 있는 점이 특징입니다.

사용 방법
- 메뉴에서 [Object] - [Compound Path] 선택
- 단축키 : `Ctrl`+`8`
- Release 명령으로 결합 이전 상태로 복원 가능. 단, 패스가 겹치는 부분은 구멍으로 생성

Gradient로 알아보는 컴파운드 패스 예시 이미지
단색 개체에 Compound Path를 적용해도 육안으로 확인하기 어려울 수 있습니다. 이때는 그라디언트를 사용하여 확인합니다.

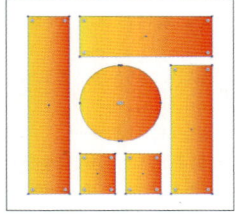 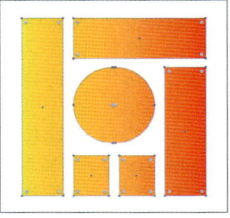 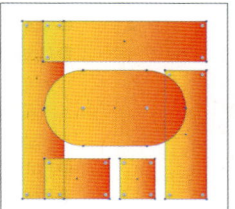 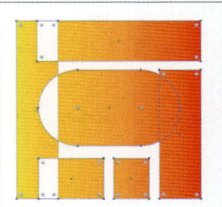

▲ 개체가 모두 떨어져 있는 경우 그라디언트를 적용하면 각 개체에 개별적으로 적용됨

▲ 이때 컴파운드 패스를 적용하면 개체가 하나로 결합되어 그라디언트가 연결됨

▲ 겹쳐 있는 구간이 있는 경우 그라디언트를 적용하면 마찬가지로 각 개체에 개별적으로 적용됨

▲ 맨 아래 개체는 겹치는 부분에 구멍이 생기므로, 패스파인더를 먼저 사용한 후 컴파운드 패스를 적용

3   다른 꽃도 Lasso Tool로 선택하여 Ctrl + 8 을 눌러 개체를 Compound Path로 만듭니다. 이때 주변에 그려진 다른 개체를 실수로 선택하지 않도록 주의합니다.

4   나뭇잎 개체도 Lasso Tool로 선택하고 Ctrl + 8 을 눌러 Compound Path로 변환합니다. 같은 작업을 반복하여 꽃과 나뭇잎, 줄기별로 각각 하나씩 결합합니다.

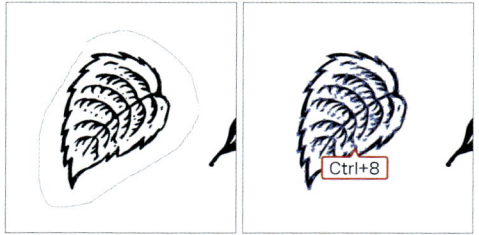

5   모든 개체를 Compound Path로 만들면, Selection Tool(선택 도구)로 꽃은 위쪽, 줄기와 나뭇잎은 아래쪽으로 이동하여 구분이 편하도록 배치합니다.

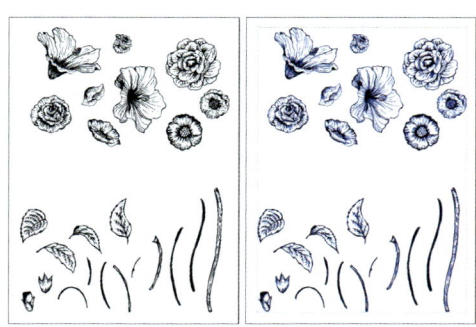

6   지저분한 부분은 Eraser Tool(지우개 도구)을 선택하여 작업합니다. 다만, 이 경우 Compound Path가 해제되므로 다시 Lasso Tool로 선택하여 Ctrl + 8 을 눌러 컴파운드 패스로 변환해야 합니다.

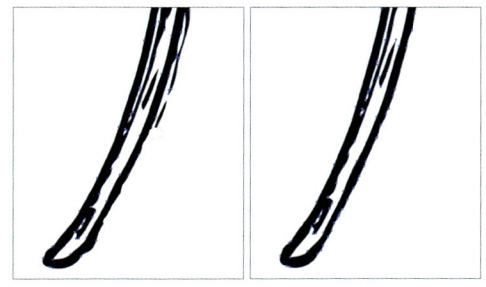

7   모든 개체를 선택하고 F6 을 눌러 [Color] 패널을 엽니다. 보조 메뉴에서 Grayscale을 CMYK로 바꿔줍니다.

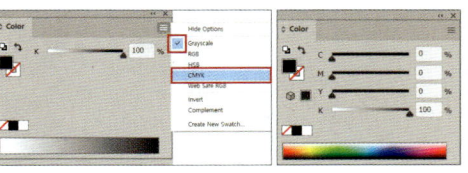

   + plus 스캔본이 흑백이었기 때문에 색상이 Grayscale로 설정되어 있습니다.

03 트레이싱 된 패스에 색 적용하기

Shape Builder 도구를 통해 벡터화된 이미지 패스 안에 간편하게 색상을 적용합니다.

1 꽃 개체 위에 Pen Tool로 막힌 패스를 그립니다. 면색을 원하는 색으로, 선색은 없음으로 지정합니다. 모두 그리면 Ctrl + Shift + [로 맨 뒤로 보냅니다.

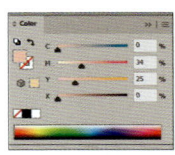 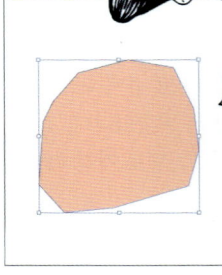 

2 검은색 개체를 선택하여 원하는 색으로 바꿔줍니다. 이전에 작업했던 면색보다 조금 더 진한 색으로 지정한 뒤, 꽃 개체와 뒤쪽의 면 개체를 함께 선택합니다.

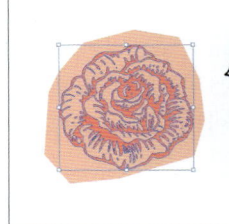 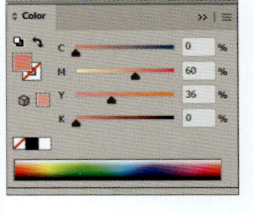

ESSENTIAL THEORY　Shape Builder와 Pathfinder

Shape Builder와 Pathfinder의 차이점

- Shape Builder : 그룹을 해제한 후 상단에 있는 개체를 이동하면, 처음에 [Compound Path]를 했던 검은 개체는 여전히 하나의 결합 개체를 유지하며, 하단의 분홍 개체와 겹치는 부분에 영향을 미치지 않습니다.
- Pathfinder : 패스파인더 Divide나 Trim 등을 적용하고 그룹을 해제한 후 상단에 있는 개체를 이동하면, 처음 [Compound Path]를 했던 검은 개체의 결합 상태가 분리되었으며, 하단의 분홍 개체와 겹치는 부분이 모두 도려내집니다.

Shape Builder와 Pathfinder는 모두 패스를 조각하고 합칠 수 있지만, 결과물과 편집 후 상태에서 차이가 있습니다.
Shape Builder는 겹치는 부분을 조각내지 않고 아래 개체를 유지하며 하나의 개체로 유지됩니다. 반면, Pathfinder는 겹치는 부분을 모두 도려내 새로운 도형을 생성하며 여러 개체로 분리됩니다. 목적에 맞게 사용하는 것이 좋습니다. 본 예제 작업에서는 Shape Builder가 더 관리하기에 유리합니다.

▲ Shape Builder　　　　▲ Pathfinder

3   Shape Builder Tool(도형 구성 도구)을 선택합니다.
    꽃의 외곽 쪽에 마우스를 올리면 해당 패스 면적이
    점 패턴으로 표시됩니다. Alt 키를 누른 채로 클릭하
    면 해당 면적의 패스가 삭제되면서 꽃만 남게 됩니다.
    개체를 그룹으로 만듭니다.

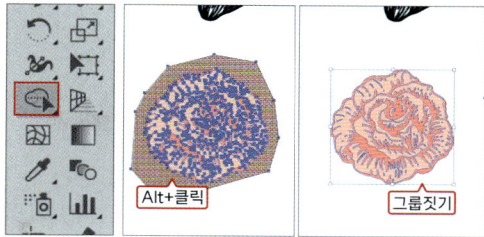

4   다른 색상을 적용해 봅니다. 이전과 같은 방법으로
    Pen Tool로 막힌 패스를 만들어 Ctrl + Shift + [로
    맨 뒤로 보냅니다. 면색을 꽃에 어울리는 색으로
    지정합니다.

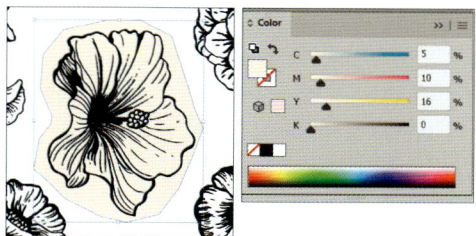

5   검은색 개체를 선택하여 면색보다 조금 더 어두운
    색을 지정합니다. 어울리는 색 조합으로 자유롭게
    작업합니다.

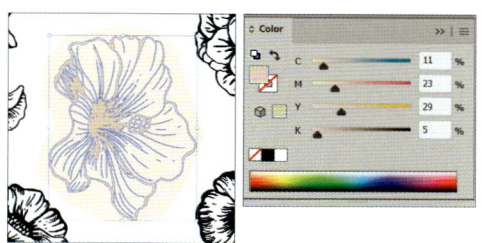

6   꽃 개체와 뒤쪽의 면 개체를 함께 선택하고, Shape
    Builder Tool을 선택한 뒤, Alt 키로 불필요한 부분
    을 삭제합니다.

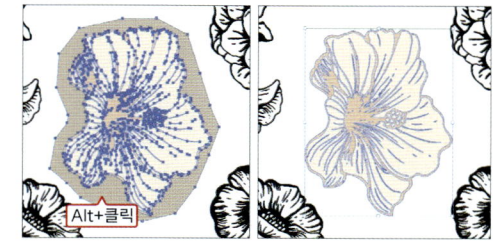

7   화면을 확대하여 꽃의 수술 부위 위쪽을 덮는 면 개체를
    그립니다. 원하는 색을 지정하고 진한 색의 꽃 개체를
    선택하여 Ctrl + Shift +] 로
    맨 앞으로 배열합니다.

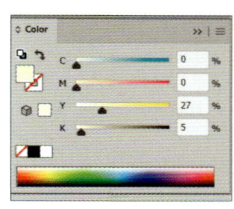
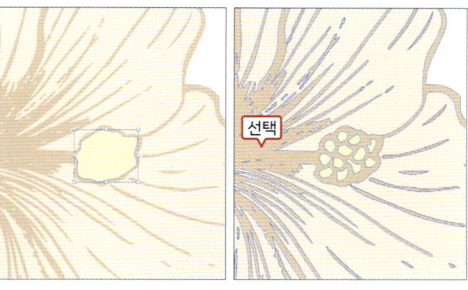

Design Style 09 · Nature Pattern   181

8 동일한 작업을 반복하여 꽃들의 색상을 정리하고, 한 송이씩 각각 그룹으로 만듭니다.

+ plus 색상 조화를 판단하여 자유롭게 완성합니다.

9 아래쪽 나뭇잎들과 줄기들은 모두 같은 색으로 지정합니다. 나뭇잎들과 줄기들을 모두 선택한 뒤, 면색을 원하는 색으로 지정합니다.

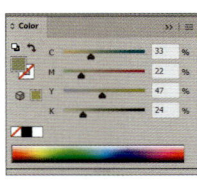

10 나뭇잎과 줄기들을 모두 가릴 정도의 큰 사각형을 그리고 Ctrl + Shift + [로 맨 뒤로 보낸 후, 나뭇잎과 줄기 색보다 밝은색으로 면색을 지정합니다.

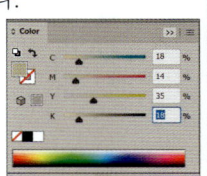

11 나뭇잎 개체와 줄기 개체, 뒤쪽 면 개체들을 모두 선택합니다. Shape Builder Tool로 Alt 키를 이용해 외곽 부분을 삭제합니다.

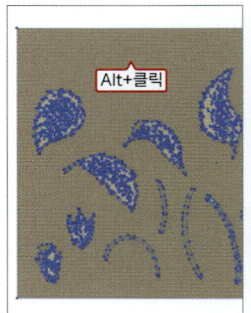

12 Selection Tool로 드래그하여 나뭇잎이나 줄기를
    각각 그룹으로 만듭니다.

13 그룹으로 만든 꽃과 나뭇잎, 줄기들을 복사 및 회전,
    반전 등을 통해 조합하여 꽃송이를 만듭니다. 이 작업을
    반복하여 다양한 여러 개의 꽃송이를 만들어봅니다.

14 완성하면 각각 그룹으로 만들고, ai 파일로 저장한 뒤
    마무리합니다.

✅ 컨셉에 따른 다양한 스타일

다양한 스타일 적용하기

본 예제에서는 부드러운 파스텔톤 색감을 적용했지만, 개인 취향에 따라 다양한 색상 스타일을 시도할 수 있습니다. 강렬한 이미지를 위해 블랙을 그대로 사용하거나 그라디언트를 적용해 보는 것도 좋습니다.

| 예제 파일 | DS09 > S09_1_예제파일 > Style09_1_Scan_flower_result.ai |
| 결과 파일 | DS09 > S09_1_예제파일 > Style09_1_Scan_flower_pattern.ai |

04 패턴화를 위해 수정하기

패턴화에 어울릴 수 있도록 개체의 배치를 조절하고, 필요에 따라 개체를 수정하여 매력적인 패턴을 만들어 봅니다.

1. Group Selection Tool(그룹 선택 도구)로 꽃의 줄기를 선택합니다. 다시 Warp Tool(변형 도구)을 더블클릭 합니다. 옵션창에서 Intensity를 25%로 설정하고, Simplify는 체크를 해제합니다.

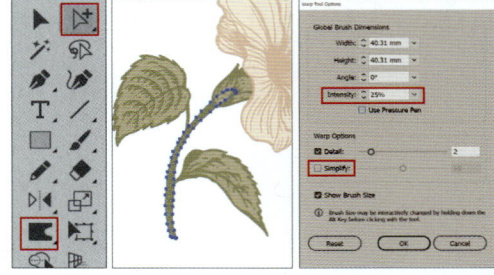

2. 선택된 꽃줄기를 드래그하여 모양을 변형합니다. 브러쉬의 사이즈에 따라 모양이 달라지므로 Alt + Shift 를 누른 채로 대각선 드래그하여 브러쉬 팁 사이즈를 조절합니다.

   + plus 우측 상단 대각선 방향으로 드래그하면 브러쉬 팁이 커지고 반대 방향은 작아집니다.

3. 꽃 위에 다른 꽃을 배치합니다. 더 많은 꽃과 나뭇잎을 마치 연결된 것처럼 조합하여 어울리도록 배치합니다.

4. 줄기의 아랫부분, 비어 보이는 왼쪽 부분과 상단에도 나머지 꽃들을 자유롭게 배치합니다.

5   패턴화를 위해 원하는 컨셉으로 개체의 색을 변경하고
    [Swatches] 패널을 열어 하단의 폴더 버튼을 누릅니다.

6   Selected Artwork, Include Swatches for Tints를
    선택한 뒤 OK를 누릅니다. 견본 패널 하단에 그룹이
    만들어지고 그 안에 사용했던 모든 색들이 등록됩니다.

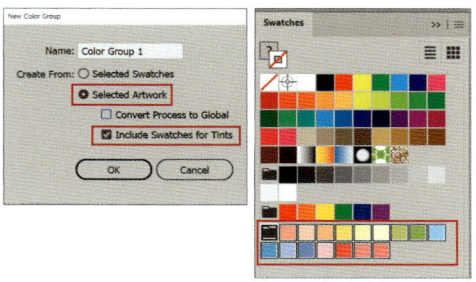

✅ 컬러 조합 사이트 추천

디자이너를 위한 컬러 조합 사이트

같은 레이아웃과 이미지라도 색상 조합에 따라 분위기는 달라집니다. 적절한 색상 팔레트는 성공적인 제품이나 서비스를 만드는 데 매우 중요한 요소입니다.

프로젝트에 가장 적합한 색상 팔레트를 찾는 데 도움이 되는 컬러 팔레트 사이트 다섯 곳을 추천합니다.

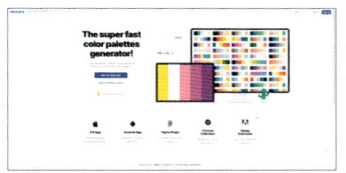

쿨러스(https://Coolors.co)
커스텀 팔레트 제작에 탁월합니다. 컬러 팔레트 생성 기능을 통해 원하는 색상을 미세하게 선택할 수 있으며, 사진을 업로드하여 색채 설정까지 가능합니다.

컬러 헌트(https://colorhunt.co)
컬러 헌트는 매일 업데이트되는 온라인 색상 팔레트 모음입니다. 랜덤 구성이 아닌, 디자이너와 커뮤니티의 데이터로 큐레이션된 최신 트렌드를 확인할 수 있습니다.

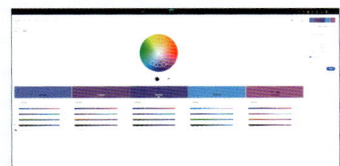

어도비 컬러(https://color.adobe.com)
가장 많이 사용되는 컬러 팔레트 사이트 중 하나인 어도비 컬러입니다. 다른 디자이너가 만든 기존 팔레트를 탐색하거나, 색상표를 추출하는 등 다양한 기능을 제공합니다.

컬러팔레트(https://colorpallettes.net)
카테고리별로 구성되어 큐레이션 된 색상 구성을 제공합니다. 본인이 원하는 컬러를 픽업하면 해당 색상이 포함된 예시 팔레트가 나타납니다.

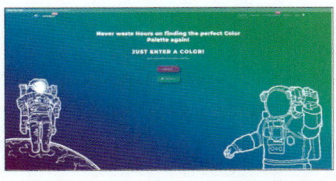

컬러 스페이스(https://mycolor.space)
원하는 색을 입력하고 제너레이터를 누르면 다양한 방식으로 여러 개의 컬러 팔레트를 제공하는 사이트입니다. 한 가지 색으로 다양한 레퍼런스를 볼 수 있습니다.

7 [Object]-[Pattern]-[Make]로 경고창이 뜨면 OK를 누릅니다. 기본 격자 모양으로 패턴의 미리보기가 만들어집니다.

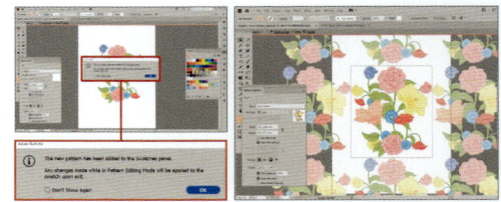

8 패턴 옵션창에서 Flower Pattern 입력하고 Tile Type은 Hex by Column을 선택합니다. 120× 165mm, Overlap을 설정합니다. 설정을 마치면 상단의 'Done'을 누릅니다.

+ plus Overlap은 각각 클릭해보며 원하는 대로 설정합니다.

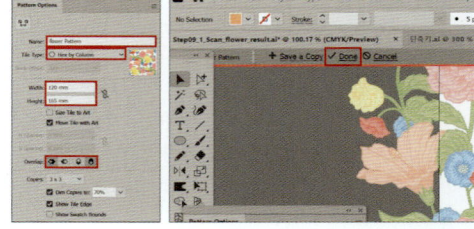

9 [Swatches] 패널을 열어 꽃 패턴이 추가되었는지 확인합니다. Artboard Tool(대지 도구)을 선택하고 200×200mm로 새로운 아트보드를 생성합니다.

+ plus Pattern과 Gradient 타일은 [Swatches] 패널 폴더에 넣을 수 없습니다. 폴더에는 단색 타일만 넣을 수 있습니다.

10 200×200mm 사각형을 그린 뒤 면색에 만들어둔 패턴을 적용합니다. 상하좌우가 이어지는 패턴이 적용됩니다.

11 배경이 될 200×200mm 사각형 면색을 C18, M3, Y16, K0으로 지정합니다. Ctrl + Shift + [로 맨 뒤로 배열합니다. 원하는 파일명으로 저장하고 마무리합니다.

+ plus Pattern의 배경색은 패턴을 만들 때 함께 설정할 수도 있으나, 관리를 위해 배경을 따로 만드는 것을 더 권장합니다.

ESSENTIAL THEORY | Pattern Options Panel

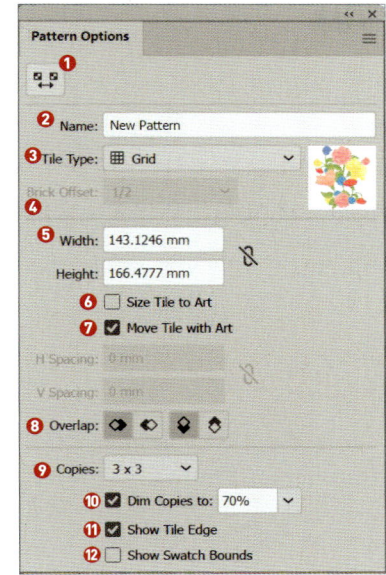

❶ **Pattern Tile Tool** : 패턴 타일의 엣지를 마우스로 직접 조절

❷ **Name** : 패턴 이름 지정
❸ **Tile Type** : 5가지의 반복되는 패턴 타입 선택(격자, 벽돌, 선형, 방사형, 랜덤)
❹ **Brick Offset** : 벽돌 타입 선택 시, 겹치는 부분의 거리를 분수로 조절

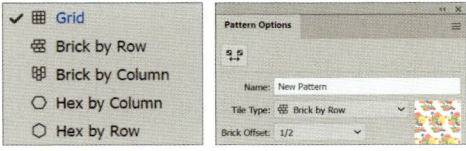

❺ **Width / Height** : 타일과 아트의 가로, 세로 크기 조절
❻ **Size Tile to Art** : 아트의 크기에 따라 타일 크기를 자동으로 조절

❼ **Move Tile with Art** : 타일과 아트의 크기 동시 조절(기본값)
❽ **Overlap** : 타일이 겹치는 경우 어떤 패턴이 위에 표시될지 선택
❾ **Copies** : 미리보기 영역에 표시되는 타일의 가로세로 개수를 설정
❿ **Dim Copies to** : 본 타일 외에 반복되는 주변 타일의 투명도를 결정
⓫ **Show Tile Edge** : 타일의 외곽 부분을 라인으로 표현
⓬ **Show Swatch Bounds** : 견본 패널로 등록 시 연결되는 외곽을 점선으로 표현

예제 파일	DS09 > S09_1_예제파일 > Style09_1_Scan_flower_result.ai
결과 파일	DS09 > S09_1_예제파일 > Style09_1_Scan_flower_design.ai

05 트레이스 파일로 모노톤 디자인하기

트레이스된 파일을 다시 열어 모노톤 색상으로 변환 후 디자인에 적용하여 심플하면서도 세련된 느낌을 연출할 수 있습니다.

1 [File]-[Open]으로 이전에 저장해 둔 'Style09_1_Scan_flower_result.ai' 파일을 엽니다. 안쪽 개체들의 색을 모두 흰색으로 바꿉니다.

2 Group Selection Tool로 원하는 개체를 2~3번 클릭하면 손쉽게 개체를 선택할 수 있습니다. 모두 면색을 검은색으로 바꿉니다.

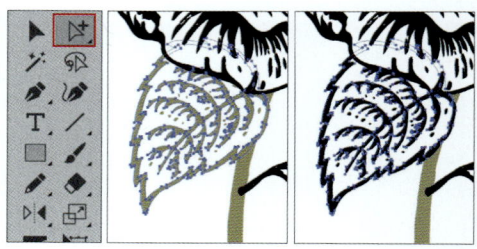

3 모두 모노톤으로 수정하고 각각 그룹으로 만듭니다. 만약 검은색이 마음에 들지 않으면 다른 색으로 작업해도 무방하나, 안쪽의 색은 흰색이어야 합니다.

+ plus 모노톤이란 흰색, 회색, 검은색 등 한 가지 색조로 표현하는 것을 말합니다.

4 꽃 개체들을 문서 바깥 영역에 두고, 122×160mm 의 사각형을 그린 뒤 모퉁이 라운드 값을 57mm로 입력합니다. 면색은 없이 선색을 5pt 두께로 지정합 니다.

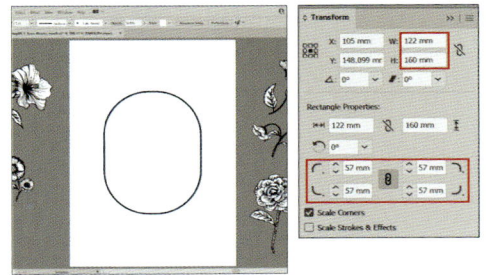

5 [Object]-[Path]-[Offset Path]를 클릭합니다. Offset의 값을 6mm로 입력하고 선 두께를 2pt로 얇게 만듭니다. 다시 원본을 선택한 뒤 Offset 값을 -15mm 입력하고 면색만 검은색으로 지정합니다.

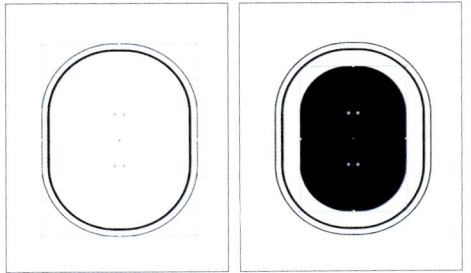

6 Type on a Path Tool(패스 상의 문자 도구)을 선택합 니다. 검은색 면이 있는 개체의 상단 윗부분을 클릭하 고 원하는 텍스트를 입력합니다.

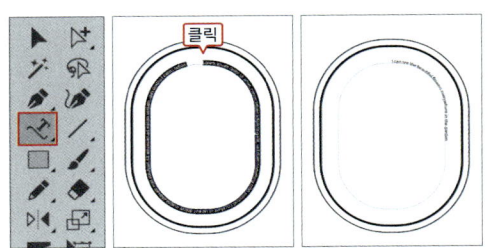

7 문자가 모자라거나 넘치면 문장을 늘리거나 줄이고, 또는 글씨 크기를 조절하여 해결합니다.

+ plus 예제에서는 'Garamond', Bold, 36pt로 작업하였습니다.

8 처음 만든 5pt 원 개체를 선택하고 [Object]-[Path]- [Offset Path]를 클릭합니다. Offset의 값을 -22mm 입력하고, 바로 [Offset Path]를 다시 실행하여 값을 -5mm 입력하고, 선 두께는 2pt로 지정합니다.

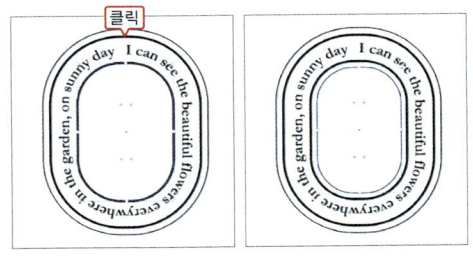

9   개체를 모두 선택하고 Ctrl + Shift + [로 맨 뒤로 배열
    합니다. 가장 안쪽의 라인만 남기고 나머지를 모두 선택
    하여 Ctrl + 2 를 눌러 모두 잠급니다.

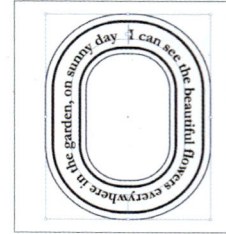 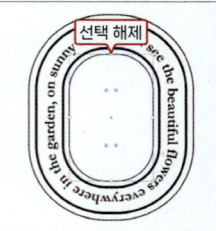

10 모노톤으로 작업해 둔 꽃들을 가져와 시각적인 균형을
    고려하여 배치합니다. 안쪽의 라인 개체를 선택하고
    Ctrl + Shift +] 를 눌러 맨 앞으로 배열합니다.

11 가장 상위로 올린 개체를 선색 없이 면색만 나오도록
    바꾸고 개체를 모두 선택합니다. Ctrl + 7 을 눌러
    클리핑 마스크를 적용합니다.

    + plus 이때 잠김 개체는 선택되지 않습니다.

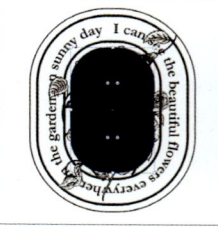 

12 빈 화면을 한 번 클릭한 뒤, Group Selection Tool로
    마스크 개체의 외곽 라인을 선택하고 선 두께를 2pt로
    지정합니다.

13 Ctrl + Alt + 2 를 눌러 개체들의 잠금을 풉니다.
    Ctrl + Shift + O 로 글씨를 윤곽선으로 만든 뒤
    마무리합니다.

Exercise

Design Style 09에서 학습한 이미지 트레이스와 패턴을 활용하여 새로운 이미지를 만들어봅니다.

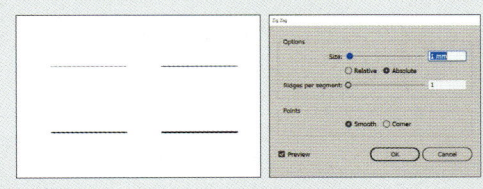

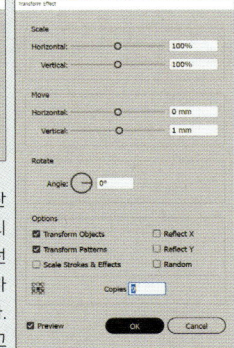

[File]-[Open]으로 'Style09_Exercise.ai' 파일을 엽니다. 2mm 단위로 격자가 만들어져 있으며, [Snap to Grid]가 활성화되어 있습니다. 작업 화면을 확대해 보면 라인이 4개 있습니다. 첫 번째 라인을 선택합니다. [Effect]-[Distort and Transform]-[Zigzag]를 선택하고 Size는 1mm, Segment 1, Smooth를 선택하고 OK를 누릅니다. 그다음 [Effect]-[Distort and Transform]-[Transform]을 누르고 Move의 Vertical에 1mm, Copies에 9를 입력하고 OK를 누릅니다. 나머지도 모두 똑같이 작업합니다.

각 곡선들 위에 18x6mm 사각형을 만듭니다. 사각형들은 모두 면색과 선색을 없음으로 바꾸고, Ctrl + Shift + [를 눌러 맨 뒤로 배열합니다. 한 덩어리씩 선택하여 각각 [Swatches] 패널로 드래그하여 등록합니다. [View]-[Snap to Grid]를 눌러 스냅을 해제합니다. Ctrl + " 를 눌러 그리드 보기도 해제합니다.

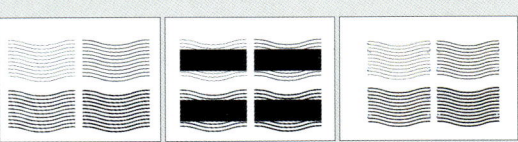

[File]-[Place]를 눌러 'portrait.png' 파일을 불러옵니다. 4개가 되도록 복사합니다. 첫 번째 이미지를 선택하고 [Window]-[Image Trace]를 눌러 패널을 엽니다. 모드를 Black and White로 설정하고, Threshold 값은 180, Paths가 75%, Noise는 10으로 설정합니다. Snap Curves to Lines를 해제하고 Ignore White를 체크합니다. 모두 같은 옵션으로 Threshold 값만 각각 180, 130, 90, 45로 설정하여 이미지를 모두 트레이싱합니다. 각각 면색에 [Swatches]에 등록해 둔 패턴을 순서대로 적용합니다.

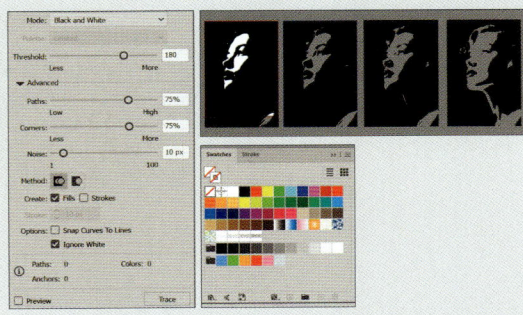

적용된 첫 번째 이미지를 선택하고, Rotate Tool을 더블클릭합니다. 옵션창에 25도를 입력하고, Transform Objects는 해제하고 Transform Patterns를 체크하고 OK를 누릅니다. 나머지 이미지들도 각각 -45도, -45도, 15도를 입력하고 옵션을 똑같이 적용합니다.

모든 이미지를 문서 중앙으로 겹쳐 정렬한 후, 196x266mm 사각형을 만들어 클리핑 마스크를 적용합니다. 다시 그 위에 196x266mm 그라디언트를 적용한 사각형을 배치하고 블렌드 모드를 Multiply로 설정하고 마무리합니다.

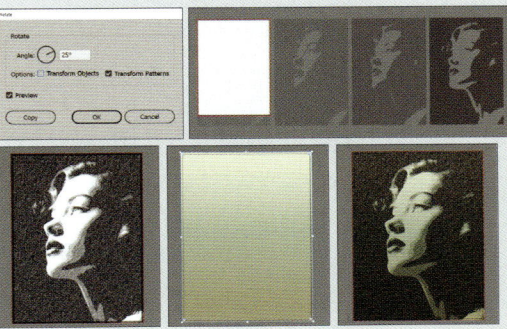

Design Style 10

Menu Design
매력적인 차 브랜드 메뉴 편집디자인

 Skill Point

텍스트와 마스크, 이미지 등을 활용하여 시각적으로 매력적인 차 브랜드 메뉴를 디자인해 봅니다. 특히 자연스러운 타이포는 메뉴의 가독성을 높이는 중요한 요소이므로 크기와 행간, 자간 등을 조절하여 메뉴의 분위기에 맞는 디자인을 구현해 봅니다.

 Keyword

\# Character \# Paragraph \# Tabs
\# Align \# Guide \# Stroke
\# Search Keyword : menu design, TWG design, fortnum & mason

Before you Design

타이포그래피
타이포그래피는 활자를 배열하는 예술과 기술을 의미합니다. 단순히 글자를 배열하는 기술을 넘어, 시각적 효과를 통해 메시지의 인지도를 높이고 효과적인 정보 전달을 가능하게 하는 중요한 디자인 요소로 자리 잡았습니다.

메뉴 디자인
메뉴 디자인은 고객에게 정보를 전달하고 선택을 유도하는 중요한 역할을 합니다. 메뉴 디자인에서 텍스트는 가장 중요한 디자인 요소 중 하나로, 가독성을 우선순위로 놓고 정보의 위계질서에 따라 섬세하게 조절하는 것이 중요합니다.

특징 및 표현법
- 레이아웃과 관련된 용어를 이해하고 고객의 시선 흐름을 고려하여 요소를 배치합니다.
- 행간, 자간, 시각 정렬 기법을 활용하여 가독성을 향상시킵니다.

Designer Gallery

< Menu Design >

> **예제 파일** DS10 > S10_1_예제파일 > Style10_1_menu_start.ai
> **결과 파일** DS10 > S10_1_예제파일 > Style10_1_menu_result.ai

01 레이아웃 만들기

시각 디자인에서 레이아웃이란 제한된 공간 안에 문자, 그림, 기호, 사진 등의 요소들을 효과적으로 배열하는 기술을 의미합니다. 좋은 레이아웃을 만들기 위해서는 정해진 판형에 디자인할 판면을 구성하고, 각 요소들을 배치한 후 정보들이 목적에 맞게 배열되어 있는지 확인합니다. 판형은 인쇄물 크기의 규격을 의미하며, 일반적인 보고서는 A4, 책은 출판 목적에 따라 다릅니다. 본 예제에서는 메뉴판을 A3 사이즈로 디자인해 보겠습니다. 우선 여백과 판면의 크기를 지정합니다.

> ✅ **용어 알아두기**
>
> 편집 디자인은 단순히 인쇄물 제작을 위한 기술이 아닌 모든 디자인의 기본입니다. 그리드는 수직과 수평으로 면을 분할하는 시스템으로 편집 디자인에서 중요한 역할을 합니다. 그리드를 사용하는 데 필요한 용어들을 이해하는 것이 좋습니다.
>
> - **도련** : 인쇄 후 잘려 나가는 여분의 공간
> - **판형** : 인쇄물의 크기를 나타내는 규격
> - **여백** : 판형의 가장자리와 판면 사이의 공간으로 판면의 바깥쪽을 의미. 쪽 번호, 색인 등을 배치
> - **판면** : 조판에 의해 형성되는 실제 내용이 배치되는 공간으로 레이아웃과 디자인의 핵심 요소. 글의 양과 레이아웃을 고려하여 구성

1 [File]-[Open]을 눌러 'Style10_1_menu_start.ai' 파일을 엽니다. 가로 방향의 A3 판형 문서가 나옵니다. 도련은 사방 3mm로 지정되어 있습니다.

> ➕ **plus** 도련은 인쇄물에서 잘려 나가는 바깥쪽을 의미합니다. 일러스트레이터에서는 문서 바깥쪽에 빨간색 라인으로 표현됩니다.

2. 180×237mm의 사각형을 면색 없이 선색으로만 만듭니다. Shift + F8 을 눌러 [Transform] 패널을 열고, 참조점을 좌측 상단으로 X는 15mm, Y는 45mm로 지정합니다.

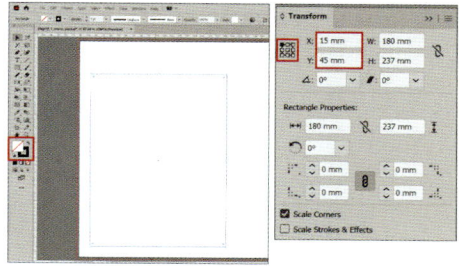

3. 180×20mm 사각형을 만들어 위에 맞물리도록 배치합니다. 변형 패널에서 X와 Y의 값이 각각 15mm, 25mm인지 확인합니다.

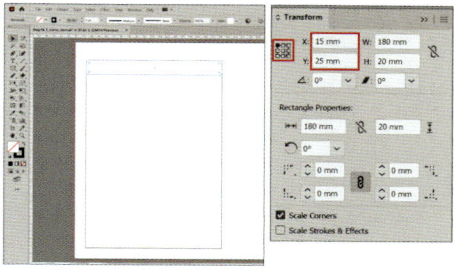

4. 임의의 라인을 5개 그립니다. 잘 보이도록 선을 빨간색으로 작업합니다. 첫 번째 라인과 마지막 라인을 그림과 같이 위치를 옮깁니다. 빨간 라인들만 선택한 후 [Align] 패널에서 세로 공간 분포를 누릅니다.

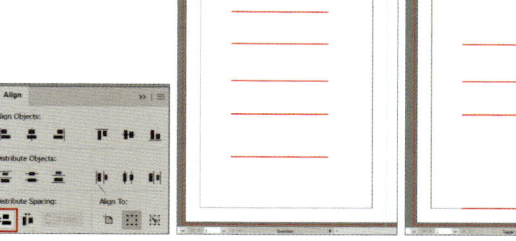

5. 첫 번째와 다섯 번째 라인은 삭제합니다. 나머지 라인의 가로 길이를 조절합니다.

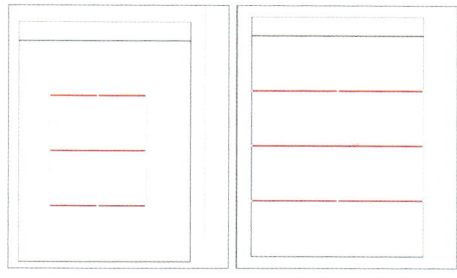

6. 개체를 모두 면색 없이 검은색 선으로 지정하고 오른쪽도 같은 간격으로 복사하여 위치를 맞춥니다.

Design Style 10 - Menu Design

7 개체를 모두 선택하고 [View]-[Guide]-[Make Guides] Ctrl + 5 를 누릅니다. 개체가 모두 가이드로 변환됩니다.

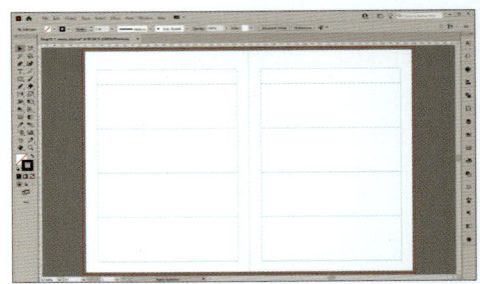

8 180mm인 라인을 그린 뒤 그림과 같은 위치에 배치합니다. Ctrl + F10 을 눌러 [Stroke] 패널을 열어 Arrowheads의 모양을 양쪽 모두 채워진 원으로 크기는 60%로 설정합니다.

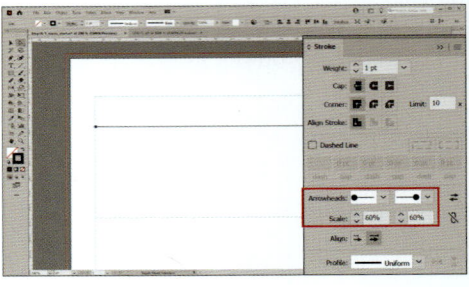

9 180mm인 라인을 그린 뒤 아래에 배치합니다. 선 두께를 0.5pt로, Cap 모양을 둥글게 처리하고 Dashed Line에 체크한 뒤 3pt를 입력합니다. 아래쪽에 2개를 복사해 배치합니다.

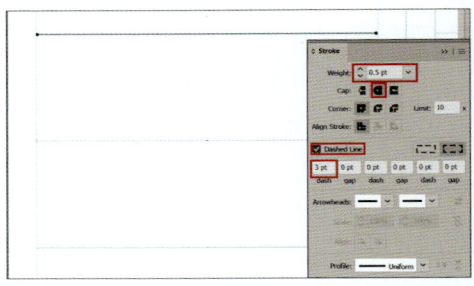

10 가장 아래에는 2pt 라인과 0.5pt 라인을 그림과 같이 배치합니다.

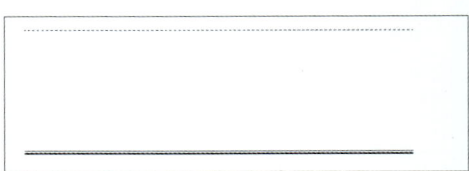

11 반대쪽에도 라인을 복사하여 배치합니다. 점선은 복사하지 않고 가장 위와 아래쪽만 복사합니다. Ctrl + ; 키로 가이드를 끄고 켜면서 작업합니다.

02 텍스트 작업하기

텍스트 작업 시 폰트의 크기와 종류는 전체적인 분위기를 결정하는 중요한 요소입니다. 따라서 다양한 폰트를 비교하고 목적에 가장 부합하는 서체를 선택해야 합니다. 글 양이 많을 경우 특이한 서체보다는 평범하고 가독성이 좋은 서체를 선택하는 것이 좋습니다.

✅ 무료 폰트 사이트 추천

디자이너를 위한 무료 폰트 사이트
디자인에서 그림과 이미지만큼 폰트 또한 중요한 역할을 합니다. 기본 제공되는 폰트 외에도 다양한 폰트를 다운로드하여 사용할 수 있는 사이트들을 소개합니다.

* 무료 폰트라도 라이선스를 꼼꼼하게 확인해야 합니다. 특히 상업적 용도로 사용할 경우에는 더욱 사용에 주의를 기울여야 합니다.

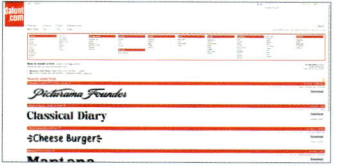

다폰트(https://dafont.com)
분위기별로 폰트가 잘 정리되어 있어 디자이너들에게 인기 있는 무료 영문 폰트 사이트입니다. 다만 모든 폰트가 무료인 것은 아니므로 우측에서 100% Free, Donationware 등을 확인해야 합니다.

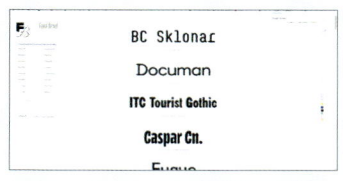

폰트브리프(https://fontbrief.com)
디자인 스타일을 설정하여 폰트를 직관적으로 검색할 수 있습니다. 왼쪽의 네비게이션을 활용할 수 있으며, 브랜딩 로고 제작에 적합한 현대적인 글꼴들이 모여있습니다.

폰트스쿼럴(https://fontsquirrel.com)
상업적 용도로 자유롭게 사용할 수 있는 폰트가 모여있습니다. 폰트의 스타일이나 사용 범위 등의 카테고리 구분이 명확하여 사용이 편리합니다.

구글 폰트(https://fonts.google.com)
구글에서 제공하는 폰트 사이트입니다. 영문과 한글 무료 폰트를 쉽게 찾을 수 있으며, 각 폰트마다 라이선스가 다릅니다. 'Open Font License'라고 적힌 폰트는 상업적 이용이 가능합니다.

눈누(https://noonnu.cc)
한글 무료 폰트의 링크를 공유하는 사이트입니다. 직접 다운로드 받는 것이 아닌 다운로드 사이트로 연결해 주는 것이 특징입니다. 미리보기 기능을 통해 원하는 폰트를 직접 써볼 수 있습니다.

1. Type Tool(문자 도구)로 클릭-드래그하여 텍스트 박스를 만들면 샘플 문자가 자동으로 채워집니다.

Design Style 10 - Menu Design 197

2 자료 폴더에 있는 '홍차메뉴4종.txt' 파일을 열고, 그중 가장 첫 번째 메뉴와 가격, 설명 글을 드래그하여 복사합니다. 일러스트레이터로 돌아와 텍스트 박스 안쪽에 붙여넣기 합니다.

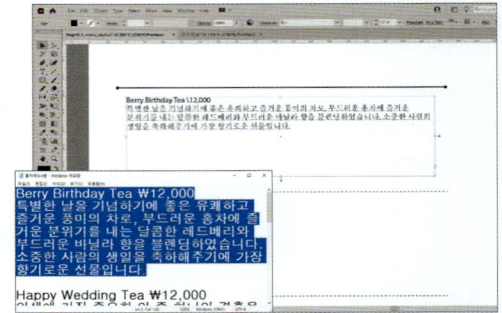

✓ 메모장의 폰트가 깨지는 경우

메모장 외계어?! 작성할 때는 정상이어도 다시 열면 깨져 있는 폰트

텍스트 파일을 열 때 인코딩 방식 바꾸기

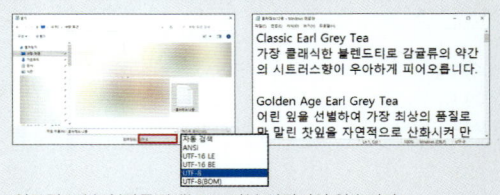

텍스트 파일에서 한글 문자가 깨지는 근본적인 원인은 문자를 해석하는 인코딩 방식의 차이 때문입니다.
컴퓨터는 문자를 숫자로 변환하여 저장(인코딩, Encoding)하고, 다시 읽을 때 변환된 숫자를 문자로 표현(디코딩, Decoding)합니다. 이 변환 과정에서 인코딩 방식이 일치하지 않으면 문자가 깨질 수 있습니다.
만약 우측 그림처럼 글씨가 깨져 나온다면 일단 문서를 닫고 다시 빈 메모장에서 [파일]-[열기]를 누릅니다.

해결 방법

- 문서를 닫고 다시 빈 메모장에서 [파일] - [열기] 선택
- 인코딩 영역에서 [자동 검색]을 [UTF-8]로 변경

인코딩 부분이 '자동검색'으로 기본 설정되어 있습니다.
이 부분을 클릭하여 'UTF-8'로 변경한 뒤 '열기'를 클릭합니다.

- **아스키코드(ASCII)** : 미국표준협회(ANSI)에서 만든 표준 코드
- **확장 아스키코드(Extended ASCII)** : 8bit로 확장된 아스키 코드
- **유니코드(Unicode)** : 전 세계 모든 문자를 동일하게 표현하기 위한 국제 표준 코드로 모든 문자를 2byte(16bit)로 표현(총 65,536개의 문자 표현 가능)
- **UTF-8(Unicode-Transformation-Format)** : 유니 코드 형태의 문자를 변환하기 위한 규격. 가변 길이 문자 인코딩 방식으로 영문은 1byte, 한글과 한자는 3byte로 가변적 저장하는 코드
- **EUC-KR (Extended Unix Code Page)** : 8bit 한글 완성형 코드로 아스키(ASCII)값은 그대로 1byte로 표현하고 한글은 2byte로 표현

3 Shift + F8 을 눌러 [Transform] 패널을 엽니다. 텍스트 박스의 크기를 170×45mm로 지정하고, 참조점을 좌측 상단으로 X는 20mm, Y는 52mm로 지정합니다.

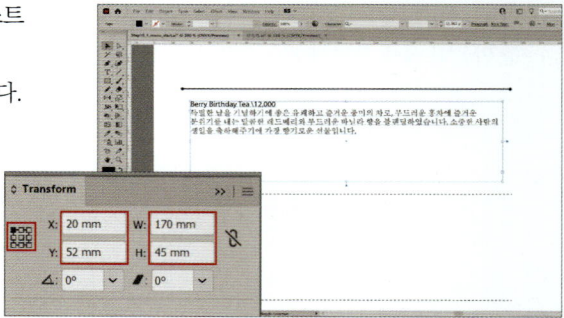

4 가장 윗줄을 클릭-드래그하여 블록으로 지정합니다.

   + plus 예제에서는 'Noto Serif KR', Semibold, 14pt, 가로폭 95%
   로 작업하였습니다.

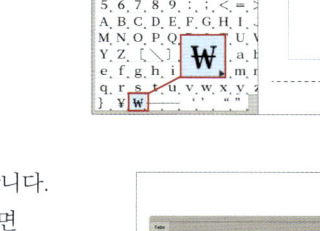

5 가격을 표시하는 기호를 삽입하기 위해 숫자 앞의 \
   기호를 블록으로 지정합니다. [Type]-[Glyph]를
   클릭하여 Show 목록에서 Full Widths를 선택하고
   ₩ 표시를 찾아 더블클릭합니다.

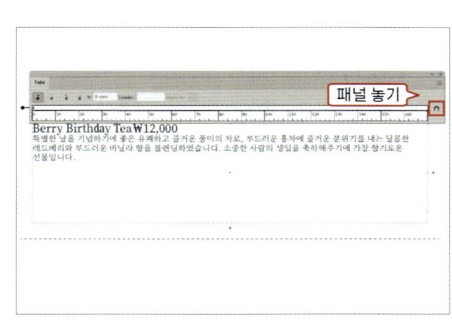

6 Selection Tool(선택 도구)로 텍스트 박스를 선택합니다.
   [Window]-[Type]-[Tabs] Ctrl + Shift + T 를 누르면
   텍스트 박스 위에 [Tabs] 패널이 뜹니다. 만약 패널을
   이동시켰다면 오른쪽 자석 버튼(텍스트 위에 패널 놓기)
   을 누르면 다시 텍스트 박스 위로 이동됩니다.

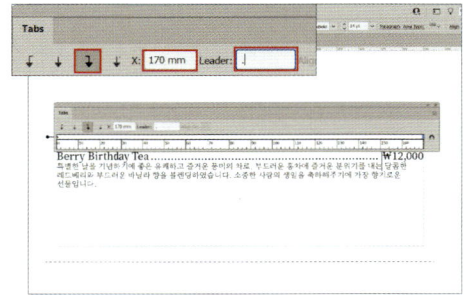

7 [Tabs] 패널에서 오른쪽 정렬을 선택하고 X값에 170mm,
   Leader 칸에 마침표(.)를 입력합니다. 마우스 커서를 '₩'
   앞쪽에 놓은 뒤 단축키 Tab 을 누릅니다. 글씨가 오른쪽
   170mm에 맞춰 정렬되고 중간에 마침표가 반복적으로
   채워집니다.

8 가독성을 위해 '특별한' 앞에 마우스 커서를 두고
    Enter 키를 눌러 한 칸 아래로 내립니다. 설명을 전체
   드래그하여 크기는 10pt, 행간은 15pt로 지정합니다.

    Tip
   지정한 폰트에 따라 크기와 자간, 행간 등은 모두 다를 수 있습니다.
   정해진 규칙은 없으니 가독성을 고려하여 자유롭게 작업합니다.

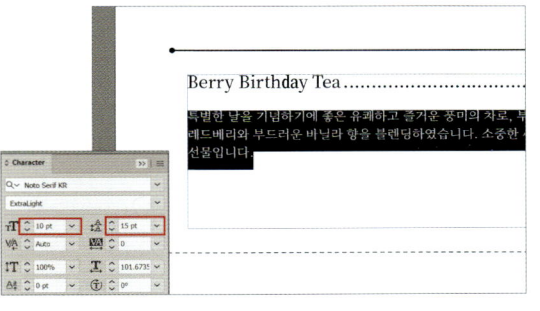

9 가독성을 고려하면서 적당한 곳에서 Enter 키로 글줄을 내려 3줄 정도로 맞추고 Selection Tool로 텍스트 박스의 높이를 조절합니다.

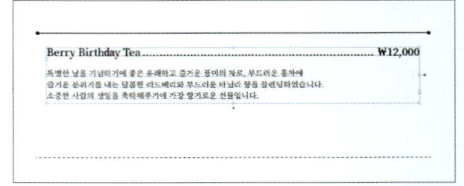

✅ 한글과 영문의 행간 조절

기본 중의 기본! 본문에서 한글과 영문의 행간 설정
본문 글씨가 여러 줄로 나뉘는 경우, 영문은 대소문자 혼합 사용으로 높낮이에 리듬감과 공간감이 잘 생깁니다. 반면, 대부분 네모꼴인 한글 폰트는 영어와 같은 행간을 사용하면 글씨가 더 크고 답답해 보입니다. 따라서 영문과 한글의 행간 조절은 달라야 합니다. 기본 행간은 글씨의 1.2배로 지정되어 있으나, 이는 영문 기준이며 한글은 1.4~1.8배로 조절하는 것이 좋습니다.

▲ 영문 10pt-행간 12pt   ▲ 한글 10pt-행간 12pt   ▲ 한글 10pt-행간 14pt   ▲ 한글 10pt-행간 16pt

10 다른 곳에도 같은 텍스트 박스를 복제한 뒤, 메모장에서 다른 내용도 복사하여 붙여넣기 합니다. 만약 가격 텍스트가 밀려 내려갔다면 Selection Tool로 박스를 선택한 뒤 Ctrl + Shift + T 를 눌러 X값을 169mm로 수정합니다.

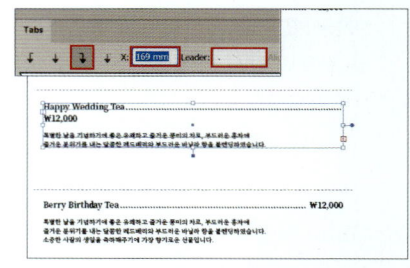

11 '홍차메뉴4종.txt' 텍스트 파일에서 내용을 복사하여 알맞은 곳에 각각 붙여넣기 합니다. 네 가지의 홍차 목록을 모두 완성합니다.

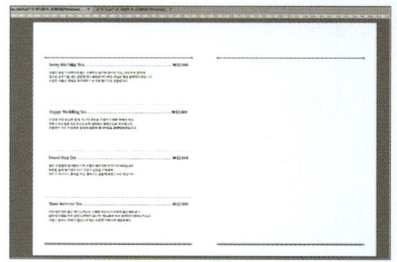

12 텍스트 박스 하나를 복사해 오른쪽 페이지에 붙여넣기 합니다. Selection Tool로 바운딩 박스를 조절하여 아래로 길게 넓혀줍니다.

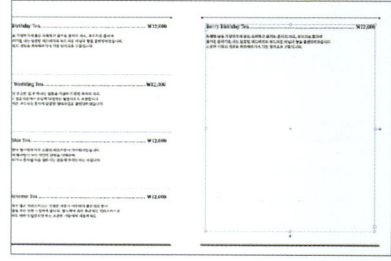

13 메뉴와 설명을 복사하여 아래쪽에 붙여넣기 합니다.
   Enter 키를 한 번 더 눌러 빈 줄을 한 칸씩 삽입하고
   다시 붙여넣기 합니다.

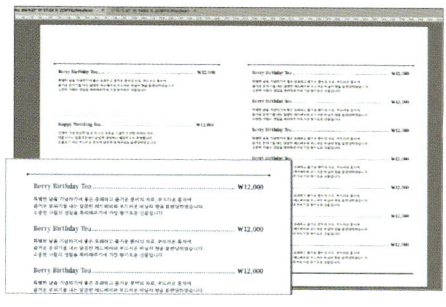

14 '홍차메뉴 12종.txt' 텍스트 파일에서 내용을 복사하여
   각각 알맞은 곳에 붙여넣기 합니다. 공간이 모자라면
   7~8개까지만 들어가도 무방합니다.

15 왼쪽 페이지로 돌아와 첫 번째 메뉴 아래 빈 공간에 새로운
   텍스트 박스를 만듭니다. 'Recommend'와 추천 목록을
   입력하고, 만든 텍스트 박스를 복사하여 'Tasting Note'
   목록을 만듭니다. 폰트 색은 원하는 색으로 지정합니다.

   + plus 예제에서는 'Blenda Script', 10pt, 'Noto Serif KR', 7p로 작업하
           였습니다.

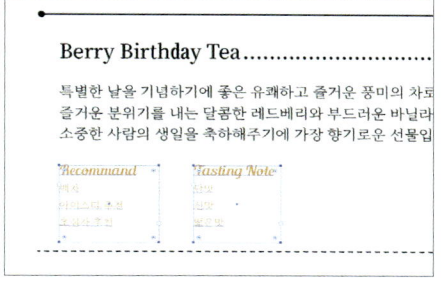

16 얇은 사각형 5개로 단계를 표현합니다. 모두 선으로만
   그린 후, 채우고 싶은 만큼의 개수를 같은 면색으로
   채워줍니다.

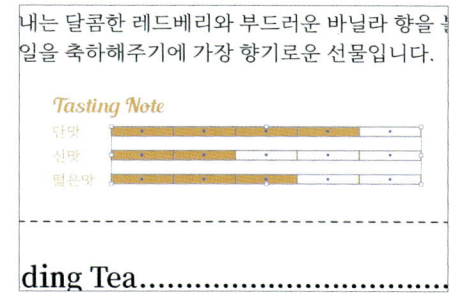

17 4가지 메뉴 모두 작업합니다. 오른쪽 페이지 아래쪽
   공간이 남으면 메뉴가 시작되는 곳마다 Enter 키를 눌러
   공간을 더 확보합니다.

03 사진 삽입하고 타이틀 입력하기

메뉴판, 인쇄물 디자인에서 사진 삽입은 시각적 매력을 높이고 정보 전달력을 향상시키는 중요한 역할을 합니다.

1   23×30mm의 타원을 그립니다. 메뉴 오른쪽에 배치한 후 아래쪽 목록에도 동일하게 3개를 더 복사합니다.

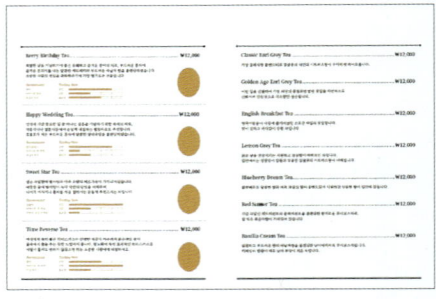

2   [File]-[Place]를 누릅니다. 'Photo1~4'를 모두 선택하고 옵션 목록에서 Link 옵션 체크를 해제합니다.

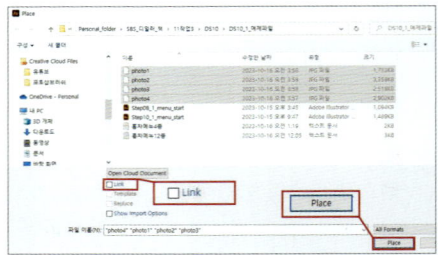

✅ 이미지 링크 해제하기

이미지를 불러올 때 링크 해제하기
[File]-[Place]로 이미지를 불러오기할 때 링크 옵션을 해제해야 합니다. 이미지에 X 표시가 있다면 문서에서 '컨트롤 패널'의 'Embed' 버튼을 눌러 제거해야 합니다. 이렇게 하지 않으면 추후 다른 컴퓨터로 옮겼을 때 X 표시만 뜨고 이미지가 나타나지 않습니다.

3   마우스 커서에 (1/4)라고 대기목록이 뜹니다. 작업 화면의 아무 곳이나 4번 클릭하면 순서대로 사진이 문서에 삽입됩니다.

4 첫 번째 사진을 Shift 키를 누른 채로 사이즈를 줄입니다.
   Ctrl + Shift + [로 사진을 가장 뒤로 보내고 원 뒤의
   적절한 곳에 배치합니다.

   Tip
   포토샵에서 정비례로 사이즈를 조절할 때 Shift 키를 누르지 않지만, 일러스트레이터에서 정비례로 사이즈를 조절하려면 Shift 키를 누르고 작업해야 합니다.

5 사진과 원을 함께 선택하고 Ctrl + 7 을 눌러 클리핑 마스크를 적용합니다. 최상위 개체 모양으로 마스크가 적용되고, 최상위 개체의 색은 사라집니다.

   Tip
   만약 마스크 안의 사진 사이즈나 위치를 수정하고 싶다면 Direct Selection Tool(직접 선택 도구)로 사진 이미지를 클릭하거나 Selection Tool(선택 도구)로 클리핑 마스크가 적용된 개체를 더블클릭합니다.

6 Direct Selection Tool로 사진을 클릭한 뒤 다시 Selection Tool로 클릭하면 바운딩 박스가 생깁니다. 이때 박스를 조절하여 원의 크기나 위치, 각도 등을 수정할 수 있습니다.

7 나머지 이미지도 같은 방법으로 작업합니다.

   + plus 사진의 어느 부분을 마스크로 적용할지 레이아웃을 고민하면서 작업합니다.

8 상단에 'Top 4 Best Seller Tea'를 입력합니다. 우측의 'Tea'만 블록으로 지정하고, [Window]-[Type]-[Open Type] 패널을 열어 Stylistic Alternates 버튼을 누릅니다.

   + plus 예제에서는 'Blenda Script' 폰트를 사용했습니다.

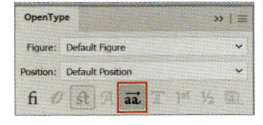

9 오른쪽에는 'Top 7 Recommanded Tea'를 입력하고 'Tea'만 블록으로 지정하여 동일한 효과를 적용합니다.

+ plus 여기까지의 과정이 'Style10_1_menu_course1.ai' 이름으로 저장되어 있습니다.

ESSENTIAL THEORY | Open Type Panel

오픈타입 패널의 다양한 기능

Open Type Font는 마이크로소프트와 Adobe에서 공동 개발한 폰트 형식입니다. '.otf' 확장자를 가지고 있으며 윈도우, 맥, 리눅스 등 다양한 운영체제에서 동일한 폰트를 사용할 수 있도록 개발되었습니다. 그래픽적인 기능이 추가되어 있어 디자이너 작업용, 그래픽 디자인 전용이라는 등의 말이 있으나 권장 범위일 뿐 사용 분야에 제한은 없습니다.

❶ 가독성을 위해 소문자 f와 i를 붙일 때 연결
❷ 흘림체에서 소문자가 끝날 때 다음 연결되는 곳까지 이어주기
❸ 소문자 st를 표현할 때 연결부호 넣기
❹ 대문자에 장식 넣기
❺ 표현방식이 다른 소문자 a,g 등을 다르게 표현
❻ 제목용으로 적합하게 수정된 폰트
❼ 선택 부분을 위 첨자로 작게 표현
❽ 분수를 좁게 표현

04 표지 아트보드 추가 및 작업

1 Artboard Tool(아트보드 도구)을 선택하고 상단의 Control 패널에서 + 버튼을 눌러 아트보드를 추가합니다. Rearrange All을 클릭하여 Layout 두 번째 버튼을 누르고, 간격은 15mm 입력합니다. 문서가 아래쪽으로 생성됩니다.

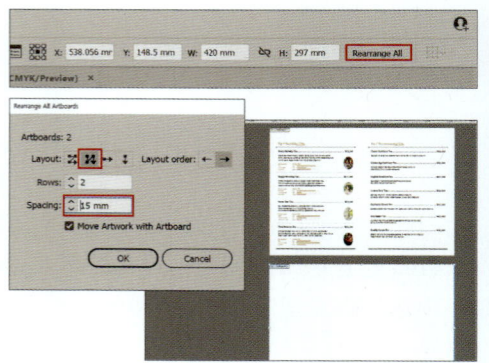

2   `Ctrl` + `;`을 눌러 가이드를 확인해 보면 아트보드 이동으로 기존 가이드가 맞지 않는 것을 확인할 수 있습니다. [View]-[Guides]-[Clear Guides]를 눌러 모든 가이드를 없앱니다.

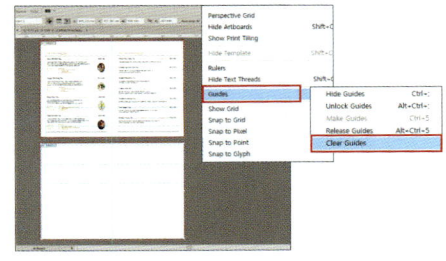

3   180×267mm의 사각형 2개를 여백 15mm 남기고 양쪽에 배치합니다.

4   개체를 모두 선택하고 [View]-[Guides]-[Make Guides] `Ctrl` + `5` 를 누릅니다. 개체가 모두 가이드로 변합니다.

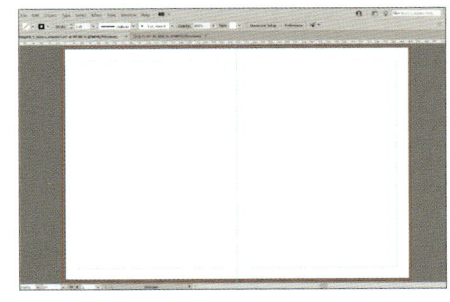

5   426×303mm의 사각형을 중앙에 배치합니다. 색상은 C0, M2, Y14, K2로 지정한 뒤, `Ctrl` + `2` 를 눌러 잠급니다. 가운데 정렬로 'MY GARDEN' 타이틀을 적고 표지인 오른쪽 중앙에 정렬합니다.

+ plus   예제에서는 'Edensor FREE', 150pt, 행간 160pt, 자간 300으로 작업하였습니다. (출처 : dafont.com)

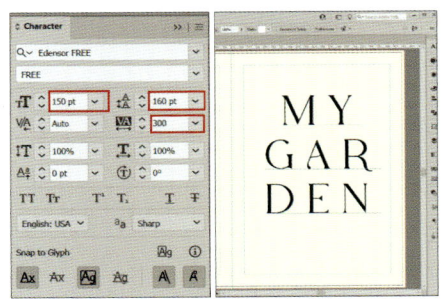

6   [File]-[Place]로 'teapot01.png' 파일을 불러옵니다. 크기를 조절하여 그림과 같이 배치한 후, Control 패널에서 [Embed] 버튼을 눌러 포함시킵니다.

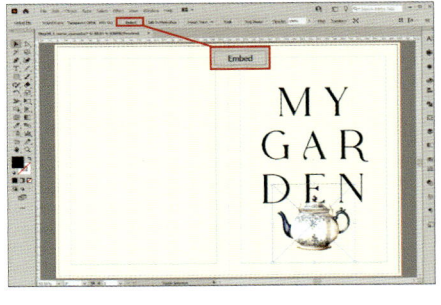

7 이미지 위의 X 표시가 없어진 것을 확인합니다. [File]-[Place]를 눌러 'flower01.png' 파일을 가져오기 한 후 [Embed] 버튼을 눌러 문서에 포함합니다. Ctrl + [를 두 번 눌러 뒤로 보냅니다.

8 'lemon02.png', 'berries03.png' 파일도 불러오기 하여 원하는 곳에 배치합니다. [Embed] 버튼을 눌러 문서에 포함합니다.

+ plus 자료 폴더에 있는 다른 이미지를 다양하게 배치하여 레이아웃을 자유롭게 만들어도 무방합니다.

05 마스크 작업하기

1 텍스트를 선택하고 Ctrl + Shift + O 를 눌러 윤곽선으로 만든 후 Ctrl + 8 로 하나의 개체로 결합합니다. 만약 색상이 투명해진다면 다시 검은색을 적용합니다.

2 윤곽선으로 만들어진 타이틀을 Ctrl + Shift + F10 을 눌러 [Transparency] 패널을 엽니다. Opacity 값을 50%로 설정합니다.

3   Pen Tool을 선택하고 면색을 검은색, 선색은 없음으로 지정합니다. 화면을 확대하여 글씨 위를 덮는 꽃 모양을 그립니다. 모든 꽃을 그리지 않고 글씨가 가려지기를 원하는 영역만 그려줍니다.

   + plus 이때 꽃 모양을 세밀하게 따라 그리지 않아도 됩니다.

4   다른 글씨 위쪽에도 Pen Tool로 검은색 면들을 그립니다. Pen Tool로 그린 개체들만 모두 선택하고 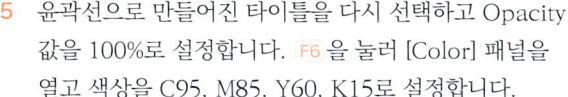 를 눌러 그룹으로 만듭니다.

5   윤곽선으로 만들어진 타이틀을 다시 선택하고 Opacity 값을 100%로 설정합니다. F6 을 눌러 [Color] 패널을 열고 색상을 C95, M85, Y60, K15로 설정합니다.

 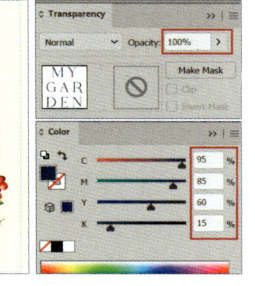

6   타이틀과 Pen Tool로 그린 검은색 개체 그룹을 함께 선택하고 [Transparency] 패널을 엽니다. Make Mask 버튼을 누른 뒤 활성화된 목록 중 Clip 체크를 해제합니다.

   + plus 여기까지의 과정이 'Style10_1_menu_course2.ai'으로 저장되어 있습니다.

 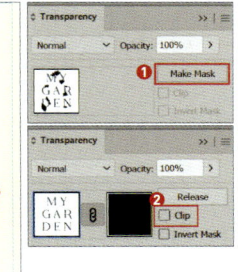

7   상위에 있는 검은색 그룹이 마스크로 적용되면서 타이틀 일부를 가립니다. 꽃 사이사이에 글씨가 자연스럽게 적용되어 보입니다.

 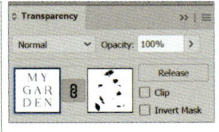

8 [File]-[Place]를 눌러 'berries01.png' 파일을 불러오기 합니다. 하단의 Link를 체크 해제하면 [Embed]를 누르지 않아도 이미지를 포함한 상태로 가져올 수 있습니다.

✅ **Link가 사용되는 경우와 아닌 경우**

일러스트레이터에서는 보통 쓰이지 않는 Link
이미지 위의 X 표시는 컴퓨터에 있는 이미지와 현재 사용하는 프로그램에서 보여지는 이미지가 'Link' 즉, 연결되어 있다는 의미입니다. 다른 컴퓨터에서 파일을 열면 해당 이미지가 없으므로 Link가 유실되는 결과가 나타나게 됩니다. 이러한 불편함 때문에 보통 일러스트레이터 프로그램에서는 많이 쓰이지 않는 기능입니다.

이미지의 양이 많은 페이지물에서는 Link 사용
이미지가 많은 페이지물 작업의 경우 일러스트레이터에서는 모든 사진을 Embed(포함)하면 과부하로 작업이 어려워질 수 있습니다. 이러한 경우에는 이미지를 모두 Link 방식으로 처리하여 문서에 포함하지 않고 다른 방식으로 파일을 내보내는 인디자인 프로그램을 사용하는 것이 효율적입니다.

9 자료 폴더에 있는 png 파일들을 다양하게 불러와 왼쪽 페이지에 배치하고 그룹으로 만듭니다. 안쪽에 텍스트를 입력할 공간을 남겨두고 조화롭게 배치합니다.

10 213×303mm 사각형을 만들어 페이지 왼쪽 끝에 정렬합니다. 이전 단계에서 그룹 지은 개체와 사각형을 함께 선택하고 Ctrl + 7 을 눌러 클리핑 마스크를 적용합니다.

11 마스크가 적용된 이미지를 확인합니다.

> **Tip**
> 만약, 이미 마스크에 포함된 개체를 이동하고 싶다면 마스크를 해제하지 않고 직접 선택 도구로 해당 이미지를 클릭-드래그하여 이동할 수 있으며, 크기를 조절하고 싶다면 직접 선택 도구로 먼저 선택한 뒤 전체 선택 도구로 바꾸면 바운딩 박스가 나타나 크기를 조절할 수 있습니다.

+ plus 여기까지의 과정이 'Style10_1_menu_course3.ai'으로 저장되어 있습니다.

06 세부 텍스트 작업 및 저장

1 오른쪽 표지 상단에 'Discover My Garden's Diverse Tea Menu'를 메인 색상과 같은 색으로 입력합니다. Ctrl + Alt + Shift + W 를 눌러 Envelope Distort의 Warp 옵션창을 불러옵니다. Style을 Arc로 선택하고 Bend 값을 20%로 설정한 뒤 OK를 누릅니다.

+ plus 예제에서는 'Noto Serif KR', Semibold, 18pt로 작업하였습니다.

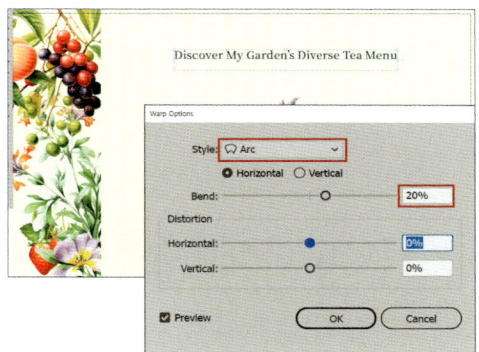

2 텍스트에 효과가 적용되어 아치형으로 변합니다. Line Segment Tool(선분 도구)로 짧은 라인을 그립니다. 큰 텍스트와 작은 텍스트에 적용된 C95, M85, Y60, K15 값을 선색으로 적용하고 2pt 두께로 설정합니다.

3   '표지문구.txt' 파일에서 텍스트를 복사하여 표지 뒷면의 빈 공간에 자유롭게 배치합니다.

   + plus 예제에서는 'Noto Serif KR', 'Edensor' 폰트를 사용했습니다.

4   Ctrl + A 로 전체 선택한 후, Ctrl + Shift + O 를 눌러 표지와 내지 모든 서체를 아웃라인 처리합니다. [File]-[Save As]를 눌러 다른 이름으로 저장합니다.

   Tip
   텍스트의 양이 많을 경우 수정 작업이 어렵기 때문에 서체를 아웃라인 하기 전과 후의 파일을 따로 보관하는 것을 권장합니다.

07 목업용 이미지 만들기

1   [File]-[Export]-[Save for Web(Legacy)]을 클릭하여 '웹용으로 저장'을 누릅니다. ① 파일 형식을 JPEG High로 설정한 뒤, ② 높이를 2250으로 입력하면 가로 값은 자동으로 변환됩니다. ③ Clip to Artboard 체크를 확인하고 Save 버튼을 누릅니다.

   저장 옵션창이 나타나면 파일 이름을 '표지'로 입력하고 저장 버튼을 누릅니다. 경고창이 뜨면 OK를 누릅니다.

   Tip
   Save for Web은 현재 선택하고 있는 아트보드를 기준으로 작업됩니다. 따라서 내지가 나온다면 Cancel을 누른 뒤 표지의 아트보드를 클릭하고 다시 한번 작업하면 됩니다.

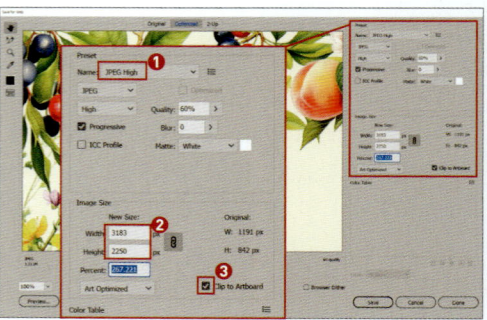

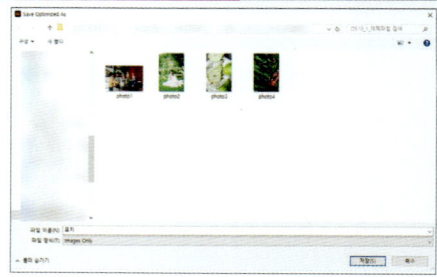

2 화면을 이동하여 메뉴를 작업한 빈 곳을 클릭하면 내지 아트보드가 선택됩니다. 이전과 같이 [File]-[Export]-[Save for Web]을 클릭합니다.

3 파일 형식을 JPEG High로 설정한 뒤, 높이를 2250으로 입력하면 가로 값은 자동으로 변환됩니다. Clip to Artboard 체크를 확인하고 Save 버튼을 누릅니다.

저장 옵션창이 나타나면 파일 이름을 '내지'로 입력하고 저장 버튼을 누릅니다. 경고창이 뜨면 OK를 누릅니다.

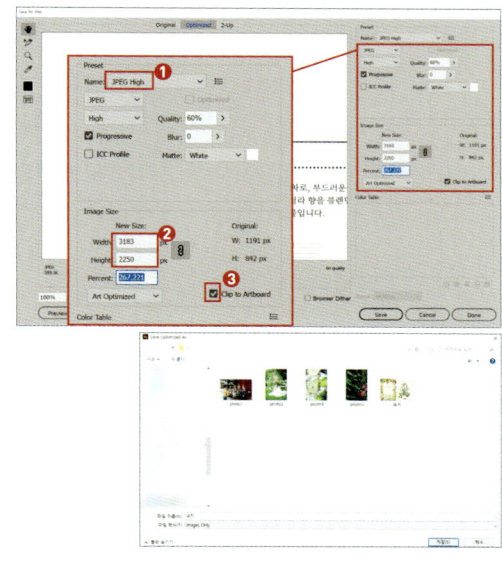

> 예제 파일   DS10 > S10_1_예제파일 > Mockup.psd
> 결과 파일   DS10 > S10_1_예제파일 > Mockup_result.psd

08 포토샵에서 목업하기

1 Photoshop(포토샵) 프로그램에서 [File]-[Open]으로 '표지.jpg' 파일을 엽니다. Ctrl + A 로 전체 선택하고 Ctrl + C 로 복사한 뒤 문서를 닫습니다. 다시 [File]-[Open]으로 'Mockup.psd' 파일을 엽니다.

2 '표지오른쪽' 레이어의 섬네일을 더블클릭하면 새로운 창이 열립니다. 새 창이 열리면 Ctrl + V 로 붙여넣기 한 뒤 이미지를 드래그하여 표지쪽이 보이도록 이동합니다. Ctrl + S 를 눌러 저장한 뒤 Ctrl + W 를 눌러 문서를 닫습니다.

3 '표지왼쪽' 레이어의 섬네일을 더블클릭하여 이전과 같은 방법으로 작업합니다. 작업이 모두 끝나면 Ctrl + S 를 눌러 최종 저장합니다.

Tip
만약 인터넷에 업로드하는 목적이라면 [File]-[Save As]를 눌러 형식을 jpg로 바꿔 다른 이름으로 저장해 사용합니다.

꼭 살펴보아야 할 WORKING-LEVEL

 메뉴판 디자인 시 고려 사항

① **타겟층 파악** : 메뉴를 보는 대상이 누구인지를 먼저 파악해야 합니다. 해당 고객층의 선호도, 연령대, 성별 등에 따라 디자인이 달라질 수 있습니다.

② **브랜드 이미지 반영** : 브랜드의 아이덴티티를 반영하여 메뉴판을 디자인합니다. 브랜드의 로고, 색상, 폰트 등을 일관된 분위기 느껴지도록 통일성 있게 사용해야 브랜드의 이해도를 높일 수 있습니다.

③ **명확한 정보 전달** : 메뉴의 이름, 가격 및 정보 등을 명확하게 표기해야 합니다. 고객이 메뉴를 선택하는 데 필요한 정보를 쉽게 찾을 수 있도록 시각적으로 잘 정리된 디자인과 가독성을 유지해야 합니다.

④ **시각적인 흥미 요소** : 사진이나 일러스트, 색상 등을 활용하여 시각적인 흥미를 유발해야 합니다.

기능 다시 한 번 익히기 | 예제파일 DS10 > S10_2_연습문제 > Style10_2_Exercise_start.ai   결과파일 DS10 > S10_2_연습문제 > Style10_2_Exercise_result.ai

Exercise

Design Style 10에서 학습한 효과들을 응용하여 텍스트와 마스크를 활용한 새로운 디자인을 만들어봅니다. 다양한 서체를 사용해 보면서 직접 어울리는 서체를 골라 적용해 보는 연습을 해봅니다.

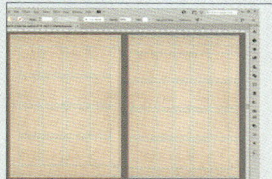
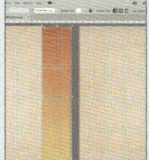

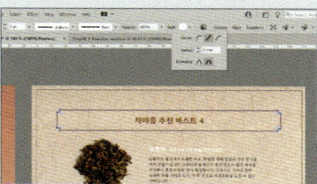

[File]-[Open]으로 'Style10_2_Exercise_start.ai' 파일을 엽니다. 배경에 종이 질감 사진이 배치되어 있고 모듈 그리드 가이드가 만들어져 있습니다. 왼쪽이 표지, 오른쪽이 내지 영역입니다. 가이드는 Ctrl + ; 단축키로 끄거나 켤 수 있습니다. 왼쪽 표지 부분에 그림과 같이 긴 사각형을 만들고 연한 노란색-연한 주황색 그라디언트를 적용한 뒤, 블렌드 모드를 Multiply로 적용하여 투과시킵니다. [File]-[Place]로 '티 일러스트.png' 파일을 불러와 그림과 같이 배치합니다.

오른쪽 내지 부분에 [File]-[Place]로 'tea01~04.jpg' 파일을 불러와 그림과 같이 배치합니다. 상단 모듈 그리드에 맞춰 사각형을 만들면 그 안쪽에 메인 텍스트를 입력합니다. Direct Selection Tool을 클릭하고 Control 패널에서 Corners 값을 2mm 입력하고 목록에서 Inverted Round를 선택합니다.

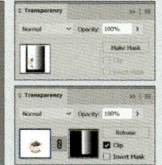

일러스트가 가려져야 하는 영역을 검은색 사각형으로 덮어줍니다. 부드럽고 자연스럽게 가리고 싶은 영역은 흰색-검은색 그라디언트를 적용하여 덮어줍니다. 여기서 흰색은 보여주고 검은색은 가려지는 역할을 합니다. 검은색 사각형과 그라디언트 사각형을 그룹으로 만들고 일러스트 사진 개체와 함께 선택한 뒤 [Transparency] 패널을 엽니다. Make Mask 버튼을 누르고 하단의 Clip 박스를 체크 해제합니다. 마스크가 잘 적용되었는지 확인하고, 상단에 '동양화.png' 파일을 불러와 같은 방법으로 작업합니다. 이때, Multiply 외에 다른 블렌드 모드를 적용해도 됩니다.

패스파인더와 [Offset Path] 등을 활용하여 상단 제목 부분의 박스를 추가로 꾸며주고, 본문 그리드 안에 구분선을 넣고 내용을 삽입해 내지를 완성합니다. Vertical Type Tool을 이용해 메뉴판 표지까지 완성하면 윤곽선 만들기 전과 후로 파일을 저장하고 마무리합니다. 예제와 똑같이 작업하기보다는 본인의 스타일대로 레이아웃을 구성해 보는 것을 추천합니다.

Design Style 11

Stippling Brush
스티플 브러쉬 만들기 및 거친 질감 표현하기

Skill Point

일반적인 단색의 이미지에 직접 만든 스티플 브러쉬로 독특한 질감을 부여하고 Draw Inside, Clipping Mask 기능을 활용하여 풍부한 표현을 연출해 봅니다.

Keyword

Scatter Brush # Stippling Brush
Draw Inside # Clipping Mask
Search Keyword : stipple brush, rough texture illustrator

Before you Design

스티플 브러쉬
스티플 브러쉬는 다양한 크기와 밀도의 점을 사용하여 거친 질감을 표현하는 데 유용한 브러쉬입니다. 이 브러쉬를 사용하여 돌, 나무, 캔버스, 흙 등 다양한 표면의 질감을 사실적으로 표현할 수 있습니다.

특징 및 표현법
- 일러스트레이터는 브러쉬, 심볼, 그래픽 스타일 모두 같은 '.ai' 확장자를 사용하기 때문에 헷갈리지 않도록 사용자가 잘 구분해야 합니다.
- 브러쉬 옵션을 조절하여 촘촘하고 듬성한 느낌부터 부드럽고 흐릿한 느낌까지 다양하게 표현해 봅니다.

포토샵과는 다른 방식의 브러쉬 관리
일러스트레이터는 포토샵과 달리 새 문서를 열 때 모든 패널이 기본으로 재정의됩니다. 브러쉬도 예외는 아니므로, 직접 등록한 브러쉬는 해당 문서에만 존재하고 다른 문서에는 적용되지 않습니다. 따라서, 브러쉬를 영구적으로 편리하게 사용하려면 브러쉬 파일로 등록해야 합니다.

Designer Gallery

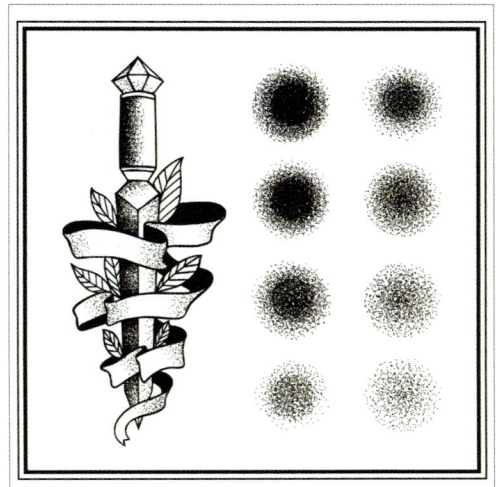

< Stippling Brush / 출처 : freepik.com >

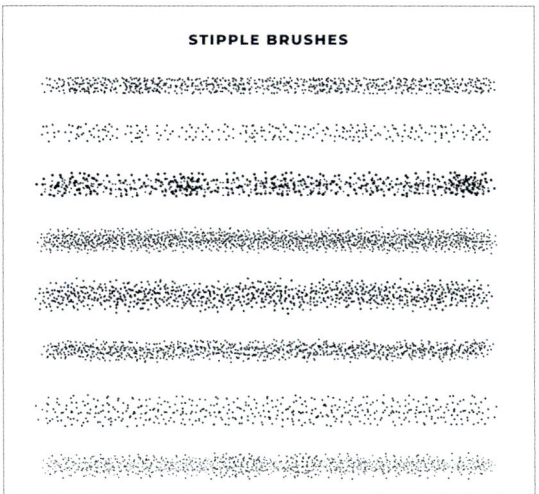

< Stippling Brush / 출처 : freepik.com >

| 예제 파일 | DS11 > S11_1_예제파일 > Style11_1_stipplebrush_start.ai |
| 결과 파일 | DS11 > S11_1_예제파일 > Style11_1_stipplebrush_result.ai |

01 스티플 브러쉬 쉽게 만들기

자료를 사용할 수도 있으나, 스티플 브러쉬는 기초에서 배운 내용을 잘 활용만 한다면 어렵지 않게 직접 만들 수 있습니다. 이를 통해 저작권에서 자유로우면서도 개성적인 나만의 거친 질감 브러쉬를 만들어 봅니다.

1. [File]-[Open]으로 'Style11_1_stipplebrush_start.ai' 파일을 엽니다. Blob Brush Tool(물방울 브러쉬 도구)을 선택하고 면색은 없음, 선색은 검은색으로 설정합니다.

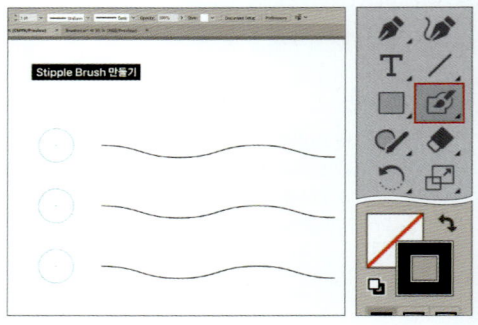

2. 단축키 [,] 로 브러쉬를 작거나 크게 만들 수 있습니다. 가장 작은 크기로 첫 번째 원 가이드 안에 브러쉬를 찍어 그림과 같이 만듭니다.

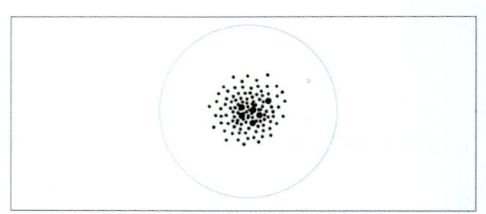

3. 모두 선택하여 Alt 키를 누른 채로 복사합니다. 여러 번 복사하여 안쪽은 복잡하고 바깥쪽은 상대적으로 듬성하게 만들어줍니다. 복사 후에는 외곽이 조금 더 자연스럽도록 브러쉬를 추가로 작업합니다.

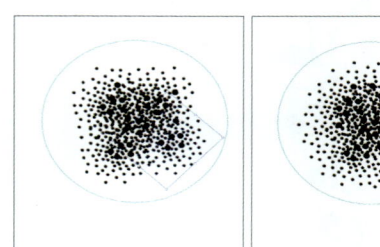

4   Wrinkle Tool(주름 도구)을 더블클릭하면 옵션창이
    나타납니다. Intensity 값을 5%로 줄이고, Horizontal과
    Vertical의 값을 100%로 입력합니다. 나머지는 기본
    설정으로 두고 OK를 누릅니다.

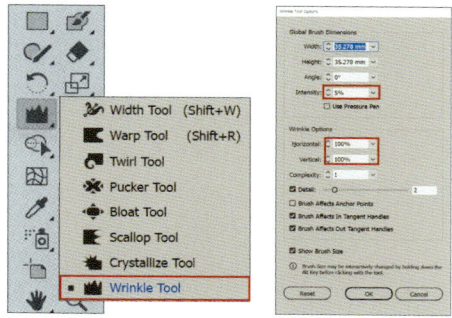

5   개체를 모두 선택하고 Wrinkle Tool로 클릭하면
    주름 효과가 적용되면서 찌그러진 모양으로 자연스럽
    게 변합니다. 원하는 만큼 클릭하여 모양을 만듭니다.

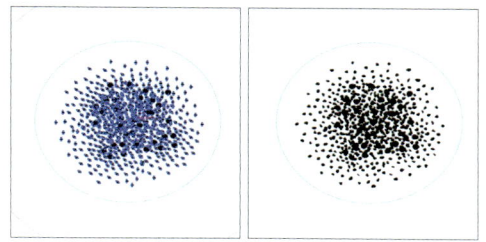

6   아래쪽 가이드 원에도 같은 방법으로 작업합니다.
    두 번째 원에는 브러쉬로 찍은 후 전체적으로 사이즈를
    줄여서 더 자잘한 느낌으로 만듭니다. 세 번째 원은
    가장 복잡하게 만듭니다. 각각 하나씩 패스파인더에서
    합치기를 누릅니다.

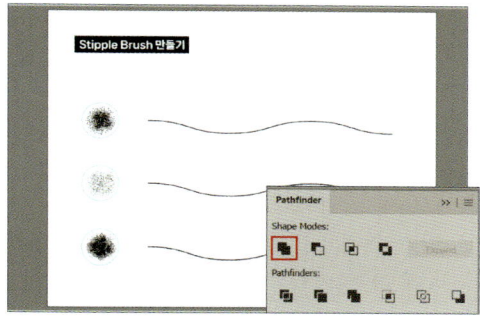

7   첫 번째 원 안에 있는 개체를 F5 를 눌러 [Brushes]
    패널 안으로 드래그합니다. Scatter Brush를 선택하고
    옵션창이 나타나면 OK를 누릅니다.

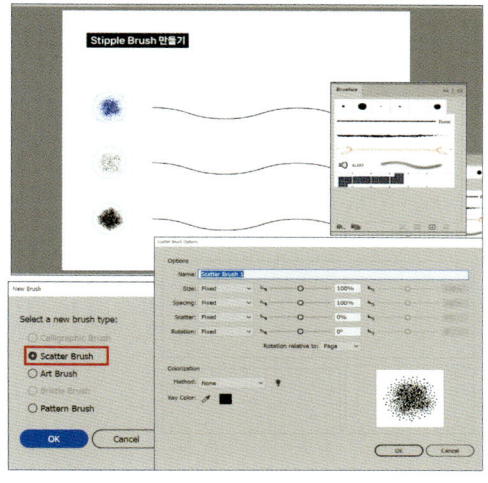

8 만들어진 곡선을 선택합니다. [Brushes] 패널에서 등록했던 Scatter Brush를 클릭하면 선에 브러쉬가 적용됩니다.

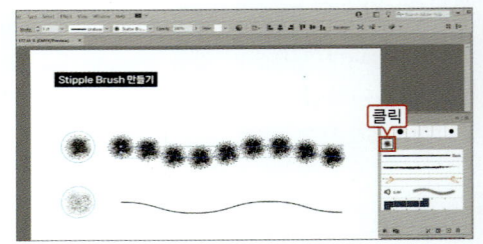

9 [Brush] 패널에 있는 Scatter Brush를 더블클릭합니다. 먼저 Preview를 체크합니다. 옵션창에서 Size, Spacing, Scatter, Rotation을 모두 Random으로 바꾸고, 값을 그림과 같이 수정합니다. Method는 Tints로 설정하고 OK를 누릅니다.

+ plus Size : 97~100% / Spacing : 46~55% /
Scatter : -3~4% / Rotation : -180~180%

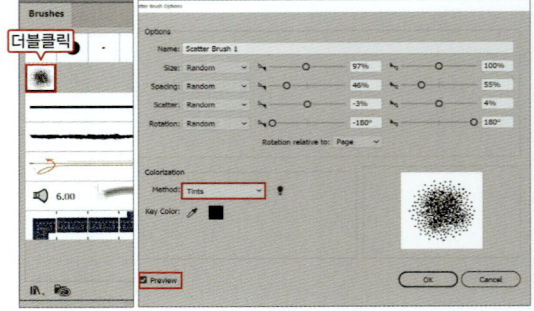

10 바뀐 옵션을 적용할 것인지 묻는 대화상자가 나타나면 'Apply to Strokes'를 클릭합니다.

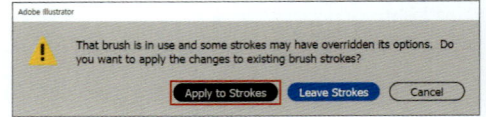

11 나머지 두 개체도 같은 방법으로 브러쉬로 등록합니다. 브러쉬의 옵션 값은 그림과 같이 지정합니다. 모두 작업하면 문서를 저장하고 마무리합니다.

+ plus Size : 100~100% / Spacing : 40~45% /
Scatter : -2~5% / Rotation : -180~180%

+ plus Size : 100~100% / Spacing : 45~60% /
Scatter : -5~6% / Rotation : -180~180%

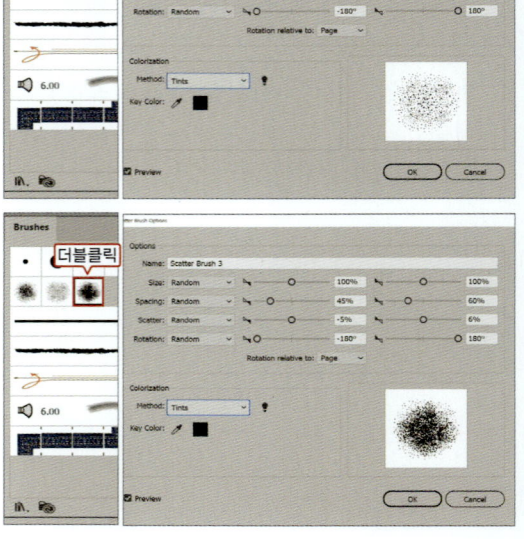

02 만든 브러쉬를 파일로 저장하기

포토샵 프로그램에서 브러쉬 파일 확장자는 '.abr' 파일로 저장됩니다. 하지만 일러스트레이터는 저장 파일이 대부분 '.ai' 파일이기 때문에 일반 파일과 헷갈리기 쉽습니다. 찾기 쉬운 폴더에 일러스트레이터 브러쉬 파일을 저장합니다.

1 이전 파일에서 작업을 이어갑니다. [Brushes] 패널에서 만들어둔 Scatter Brush 외에 나머지를 모두 휴지통 버튼을 눌러 삭제합니다.

   Tip
   Touch Calligraphic Brush와 Basic Brush는 각각 브러쉬 도구의 기본, 펜 도구와 연필 도구의 기본 설정이므로 삭제되지 않기 때문에 남겨둡니다.

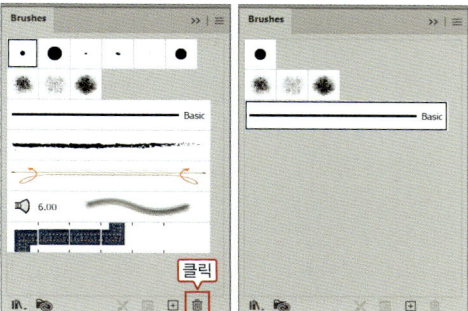

2 [Brushes] 패널의 보조 메뉴에서 Save Brush Library... 목록을 누릅니다. 원하는 위치에 브러쉬 파일을 저장합니다.

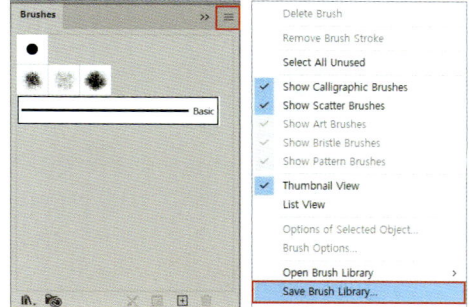

3 찾기 쉬운 위치를 지정하고 파일명에 '브러쉬파일-스티플3종'을 입력하고 저장을 누릅니다.

   Tip
   파일은 ai로 저장되기 때문에 파일명에 '브러쉬 파일' 등 알아보기 쉬운 이름으로 작성하는 것이 좋습니다. 또한 파일을 찾기 쉬운 곳에 저장하는 것을 권장합니다.

예제 파일 DS11 > S11_1_예제파일 > Style11_1_landscape_start.ai
결과 파일 DS11 > S11_1_예제파일 > Style11_1_landscape_result.ai

03 풍경 일러스트 만들기

1 [File]-[Open]으로 'Style11_1_landscape_start.ai' 파일을 엽니다.

2 F7 을 눌러 [Layers] 패널 가장 위에 '동산-앞' 레이어를 만듭니다. Pen Tool(펜 도구)을 활용하여 그림과 같이 유선형의 동산 모양을 여러 개 만듭니다.

3 다시 [Layers] 패널을 열고 'bg' 레이어 위에 '동산-뒤' 레이어를 만듭니다. 해당 레이어에도 Pen Tool로 곡선 개체를 만들어 유선형의 동산 모양을 더 만듭니다. '다리' 레이어의 눈을 끕니다.

4 폭포를 표현하기 위해 긴 사각형을 그립니다.
긴 사각형과 뒤쪽의 유선형 동산 개체를 선택하고
Shift + M 을 눌러 Shape Builder Tool(도형 구성 도구)로 바꾼 뒤 Alt 키로 불필요한 부분을 삭제합니다.

5 원과 사각형을 그리고 Shape Builder Tool로 일부는 합치고 일부는 삭제하여 그림과 같이 만듭니다.

+ plus 크기는 자유롭게 만듭니다.

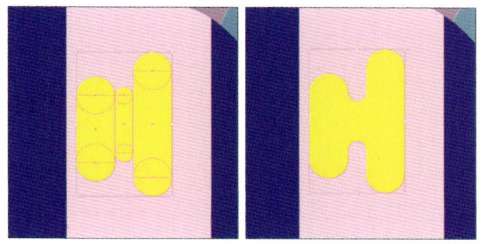

6 둥글린 사각형을 추가로 그려 자유롭게 배치합니다. Shape Builder Tool로 뒤쪽의 긴 개체와 함께 선택하여 Alt 키로 앞쪽 노란색 개체들을 삭제합니다.

7 폭포 아래쪽의 원들을 패스파인더로 합쳐 그림과 같이 만듭니다. 그 앞쪽에 더 밝은색으로 원들을 그려줍니다. 작은 원들을 주변에 그려 물이 튀는 느낌을 표현합니다.

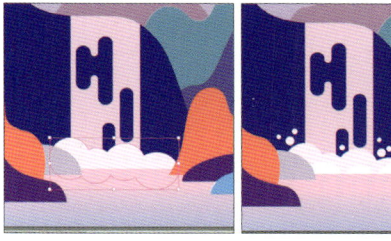

8 Pen Tool과 원 등을 활용하여 물의 하이라이트 부분을 그려줍니다. 면색을 흰색으로, Opacity 값을 50% 설정합니다.

9 동산 개체들을 그라디언트로 적용합니다. 경계 부분을 고려하여 색상의 범위를 자연스럽게 지정하고 오른쪽 개체들은 왼쪽 상단이 밝게, 왼쪽 개체들은 오른쪽 상단이 밝도록 작업합니다.

+ plus [Swatches] 폴더에 있는 그라디언트들을 사용하거나 원하는 색으로 수정하여 사용합니다.

10 F5 를 눌러 [Brushes] 패널을 열고 상단의 보조 메뉴를 클릭합니다. Open Brush Library 목록에서 Other Library...를 클릭합니다. '스티플브러쉬3종.ai' 파일을 가져옵니다.

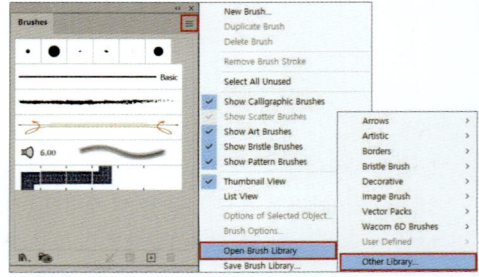

11 브러쉬의 추가적인 패널이 나타납니다. 원하는 브러쉬를 한 번씩 클릭하면 [Brushes] 본 패널에 추가됩니다.

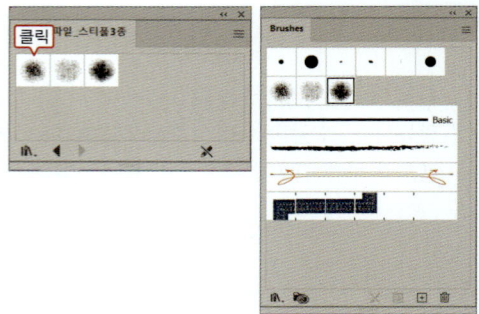

04 스티플 브러쉬 적용하기

Draw Inside 기능은 개체가 많고 복잡한 경우 효율적으로 브러쉬를 적용할 수 있는 유용한 기능입니다.

1 폭포가 떨어지는 뒤쪽의 동산 개체를 선택합니다.
도구 패널에서 Draw Inside(내부 그리기)를 누릅니다.
선택한 개체 모서리 부분에 점선이 생기는 것을 확인합니다.

2 Paint Brush Tool(페인트브러쉬 도구)을 선택합니다.
면색은 없음, 선색은 더 밝은 파란색으로 설정합니다.
[Brushes] 패널에서 추가한 2번째 브러쉬를 선택합니다. 동산 부분의 경계를 드래그하여 개체 안을 그려줍니다.

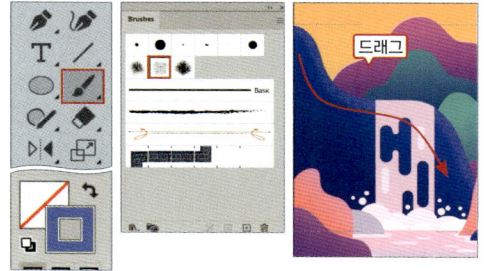

3 선 두께를 2pt로 수정하고 같은 곳에 드래그하여 중첩으로 칠해줍니다. 모두 칠하면 선색을 더 어두운 색으로 설정합니다.

4 선 두께를 3pt로 수정하고 3번째 등록된 브러쉬를 선택합니다. 아래쪽 부분을 드래그하여 어두워 보이게 표현합니다. 더 짙은 파란색으로 바꾸고 중첩으로 표현해도 무방합니다.

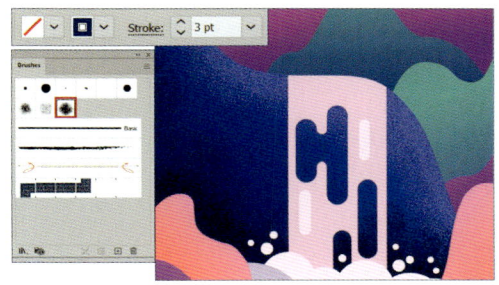

5 이번에는 선색을 연한 노란색으로 지정합니다. 선 두께는 1pt로 바꾸고, Opacity 값을 50%로 낮춥니다. [Brushes] 패널에서 첫 번째 등록된 브러쉬를 선택합니다. 개체의 하이라이트 부분을 드래그하여 그려줍니다.

6 작업이 모두 완료되면 도구 패널에서 다시 Draw Normal(표준 그리기)을 클릭하여 Inside 모드를 해제합니다. 다시 폭포 개체를 선택하고 도구 패널에서 Draw Inside를 클릭합니다.

Tip
Inside로 작업한 개체를 Draw Normal로 바꾸면 다시 인사이드 모드로 돌아갈 수 없습니다. 1회용 작업이라고 생각하고 Normal을 클릭할 때 주의합니다.

7 면색 없이 선색을 설정합니다. 이전과 같은 방법으로 상단에는 하이라이트에 어울리는 색으로, 하단에는 점차 어두운 색으로 그립니다. 브러쉬를 어울리는 스타일로 바꿔가며 작업합니다. 선의 Opacity 값도 조절하며 중첩으로 칠합니다.

8 Draw Inside는 복잡한 개체나 그룹 개체는 작업이 불가능하며 단일 개체에만 적용이 가능합니다. 물이 튀는 부분을 한 번에 적용하려면 Ctrl + 8 을 눌러 컴파운드 패스로 결합합니다. 개체가 앞으로 나오면 Ctrl + [을 여러 번 눌러 뒤로 보냅니다.

9 Draw Inside를 클릭하고 이전과 같은 방법으로 질감과 음영을 표현합니다.

10 다른 모든 개체도 Draw Inside로 작업합니다.

> **Tip**
> 표준 그리기 모드를 클릭하면 다시 내부 그리기 모드로 돌아갈 수 없으니 유의합니다.

05 메인 개체 그리기

1. F7 을 눌러 [Layers] 패널을 엽니다. '다리' 레이어의 눈을 켜고 다른 레이어는 모두 잠가둡니다. 다리의 색을 원하는 면색으로 지정합니다.

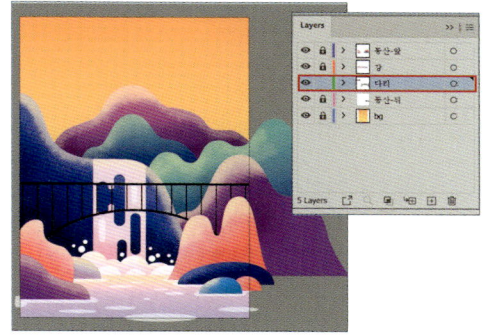

2. 다리 위에 기차를 그립니다. 사각형과 원, Pen Tool 등을 활용하여 작업합니다. [Pathfinder] 패널에서 Unite로 합치기를 합니다.

   + plus 완성 파일에서 가지고와 사용해도 됩니다.

3. 합쳐진 기차 개체 위에 새로운 사각형 여러 개로 창문을 그립니다. 밝은 노란색과 어두운 보라색 등을 활용하여 불이 꺼지거나 켜진 느낌을 표현합니다. 작업을 마치면 기차를 모두 그룹으로 만듭니다.

4   Pen Tool로 그림과 같이 연기 개체를 그립니다. 그라
    디언트를 적용하고 왼쪽과 오른쪽 모두 흰색으로 지정
    하고 자연스럽게 보이도록 오른쪽 색상은 투명하게
    설정합니다.

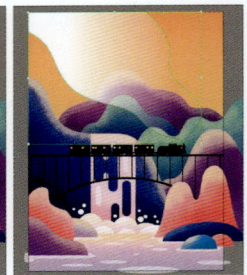

5   [Gradient] 패널에서 각도를 113도로 입력합니다.
    왼쪽 색상점은 Opacity 값을 50%로, 오른쪽 색상점은
    Location을 80%로 설정합니다.

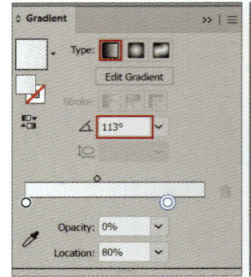

06 레이어 합치고 제목 쓰기

마스크 작업이 편하도록 레이어를 합치고 제목을 작성해 보겠습니다.

1   [Layers] 패널을 열어 모든 레이어의 잠금을 풉니다.
    모든 레이어를 선택하고 상단의 보조 메뉴를 눌러
    Merge Selected를 클릭합니다. 모든 레이어가
    하나로 합쳐집니다.

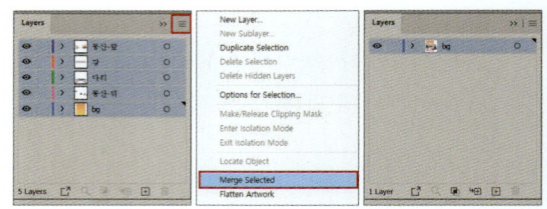

2   196×268mm 사각형을 문서 중앙으로 정렬한 뒤
    모든 개체를 선택합니다. Ctrl + 7 로 클리핑 마스
    크를 적용합니다.

3   상단에 제목을 입력합니다. 두껍고 시각적으로 눈에
    잘 띄는 서체로 작업합니다.

    + plus 예제에서는 'Akaposse', 자간을 50으로 입력하여 글자 사이
    간격을 약간 넓게 작업했습니다. (출처 : dafont.com)

 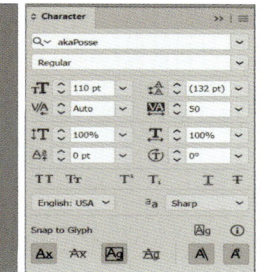

4   Ctrl + Shift + O 를 눌러 서체를 아웃라인 처리한 후,
    Ctrl + 8 로 하나의 개체로 결합합니다. 면색을 연한
    분홍색으로 지정합니다.

    Tip
    결합할 때, 만약 개체가 투명해진다면 이를 무시하고 다시 면색에 색을
    적용하도록 합니다.

 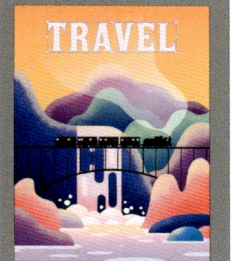

5   도구 패널에서 Draw Inside 버튼을 누릅니다. 개체
    주위에 점선이 생긴 것을 확인합니다.

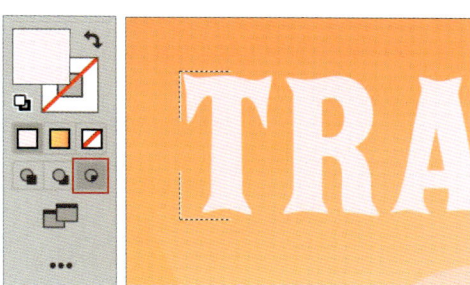

6   이전과 같은 방법으로 개체 안에 거친 질감 브러쉬를
    중첩으로 칠합니다. 작업을 마치고 Draw Normal
    버튼을 누릅니다.

7   'Style_11_1_leaves.ai' 파일을 엽니다. 나뭇잎들을
    가져와 원하는 위치에 배치하고 색을 적용합니다.
    일부 개체에 [Effect]-[Blur]-[Gaussian Blur]로 값을
    10으로 적용합니다.

8   196×268mm 사각형을 문서 중앙으로 정렬한 뒤, 모든 개체를 선택합니다. `Ctrl`+`7`을 눌러 클리핑 마스크를 적용합니다.

9   저장 후 작업을 마무리합니다.

꼭 살펴보아야 할
WORKING -LEVEL

✓ **일러스트레이터에서 브러쉬의 제작과 관리**

일러스트레이터는 포토샵과 마찬가지로 브러쉬, 스와치, 심볼, 그래픽 스타일, 어피어런스 등을 '.ai' 파일로 만들어 저장하고 불러와 사용할 수 있습니다. 포토샵과 달리 모든 파일 확장자가 '.ai'로 통일되어 있으므로 파일 이름에 '브러쉬 파일', '그래픽 파일' 등 이름을 명시하여 헷갈리지 않도록 하는 것이 좋습니다.

기능 다시 한 번 익히기 | 예제파일 📁 DS11 > S11_2_연습문제 > Style11_2_Exercise.ai | 결과파일 📁 DS11 > S11_2_연습문제 > Style11_2_Exercise_Result.ai

Exercise

Design Style 11에서 학습한 효과들을 응용하여 새로운 디자인을 만들어봅니다.

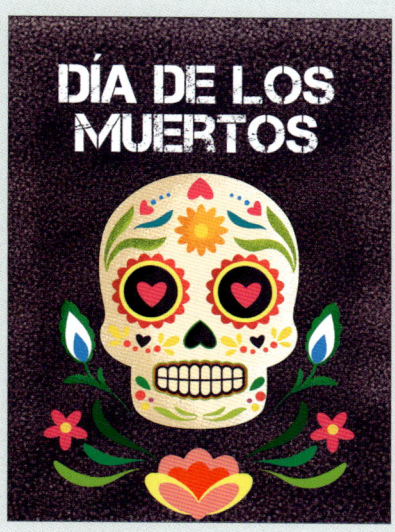

[File]-[Open]에서 'Style11_2_Exercise.ai' 파일을 엽니다. 죽은 자들의 날 포스터가 작업되어 있습니다. [Brushes] 패널의 보조 메뉴에서 Open Brush Library...를 눌러 Other Library를 클릭하여 '브러쉬파일_스캐터9종.ai'를 가져와 본 패널에 등록합니다. 해골 이미지를 더블클릭하여 분리 모드로 들어갑니다. 도구 패널의 하단에서 Draw Inside를 누른 후 분리된 이미지 안쪽에 브러쉬를 가로질러 그려주면 자동 마스크가 적용되어 빠져나가지 않고 안쪽에 브러쉬를 적용할 수 있습니다. 선색을 자유롭게 설정하고, 마음에 드는 브러쉬를 사용해 작업합니다. 브러쉬와 두께, 색상은 계속 수정하여 작업합니다.

선의 두께를 조절하여 조금 더 굵직한 느낌의 스티플 브러쉬를 적용하고, 라인을 더 많이 그려 더욱 촘촘하게 표현합니다. 반대쪽에는 밝은 색상으로 빛과 그림자처럼 음영을 표현합니다. 빈 화면을 더블클릭하거나 상단의 화살표로 나가기 버튼을 누르면 원래 순서의 이미지로 돌아옵니다. 브러쉬가 해골 배경 개체의 마스크로 적용된 것을 확인할 수 있습니다.

이제 다른 개체들도 이어서 작업합니다. 원하는 개체를 선택하고 더블클릭하여 분리 모드로 들어간 뒤 Draw Inside 버튼을 누릅니다. 이제 원하는 브러쉬와 선색으로 해당 개체 위를 자유롭게 그려줍니다. 나머지 개체들도 같은 방법으로 원하는 곳에 자유롭게 질감을 표현합니다. Draw Inside 옵션을 적극적으로 활용합니다. 단, 한 번 작업하면 다시 재작업은 어렵다는 점을 기억합니다. 마지막으로 배경 개체에도 동일하게 작업하고 마무리합니다.

 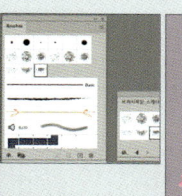 

`Design Style 12`

ArtNouveau Design
아트 브러쉬와 다양한 기능을 활용한 아르누보 스타일

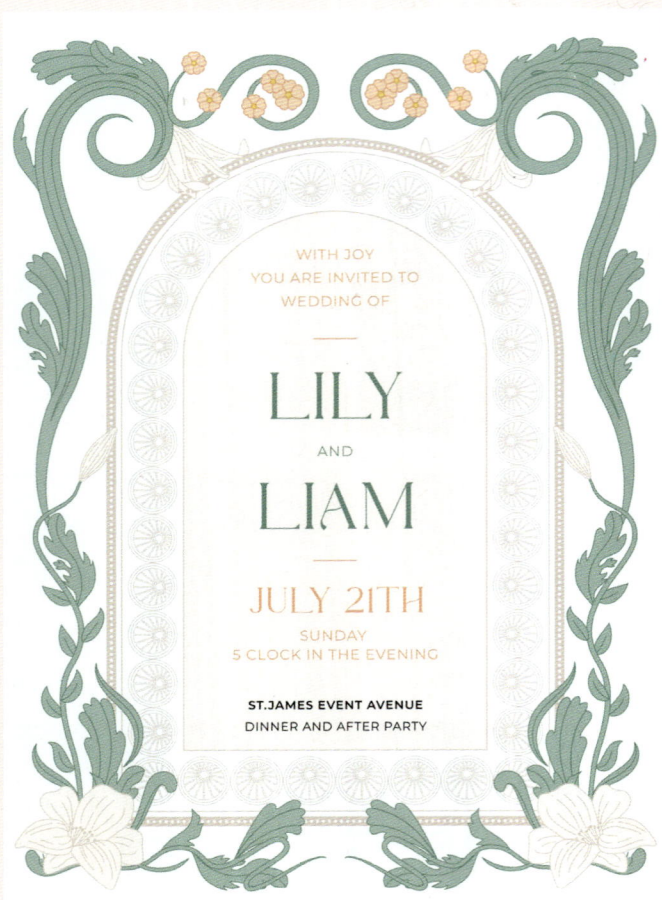

Skill Point

알폰스 무하로 대표되는 아르누보 스타일의 디자인을 브러쉬로 만들어봅니다. 주로 아트 브러쉬와 패턴 브러쉬를 활용하여 만듭니다.

Keyword

\# Art Brush # Patten Brush
\# Stroke # Pen Tool # Width
\# Mirror
\# Search Keyword : artnouveau, art deco style design

Before you Design

아르누보 디자인
아르누보는 프랑스어로 "새로운 예술"이라는 뜻이며, 19세기 말부터 20세기 초까지 유럽 전역에서 유행한 예술 사조입니다. 회화, 조각, 건축, 공예 등 다양한 분야에 영향을 미쳤으며, 과거의 역사주의에서 탈피하여 자연의 아름다움을 표현했습니다. 대표적인 아르누보 예술가로는 알폰스 무하, 에밀 갈레, 빅토르 오르타, 앙리 반 데 벨데 등이 있습니다.

아트 브러쉬와 패턴 브러쉬
아트 브러쉬와 패턴 브러쉬는 일러스트레이터에서 유려한 곡선과 부드러운 나뭇잎을 표현하기에 가장 적합한 도구입니다. 여기에 Width 도구를 함께 활용하면 유려한 Seamless Design을 표현할 수 있습니다.

특징 및 표현법
- 꽃, 잎, 줄기 등 자연에서 영감을 받은 모티브를 활용하여 아르누보 디자인을 표현합니다.
- 예술과 장식의 조화, 화려하고 섬세한 패턴으로 정교한 장인 정신을 보여주는 표현 방식입니다.

Designer Gallery

< ArtNouveau Woman Drawing >

< ArtNouveau Design >

| 예제 파일 | DS12 > S12_1_예제파일 > Style12_1_Artbrush_start.ai |
| 결과 파일 | DS12 > S12_1_예제파일 > Style12_1_Artbrush_result.ai |

01 브러쉬용 개체 만들기

아르누보(Art Nouveau)는 불어로 '새로운 예술'이라는 뜻으로 19세기 말에서 20세기 초에 유럽에서 성행한 예술 사조를 의미합니다. 꾸미기와 장식에 중점을 두기 때문에 곡선적이고 매끄러운 선들과 식물 등 자연적인 요소들이 많습니다. 이러한 장식들을 아트 브러쉬 및 패턴 브러쉬로 만들어봅니다.

1. [File]-[Open]으로 'Style12_1_Artbrush_start.ai' 파일을 엽니다. Pen Tool(펜 도구)을 선택하고 면색은 흰색, 선색은 검은색으로 설정합니다. 선 두께는 0.75pt, Cap과 Corner는 둥글게, Center로 정렬합니다.

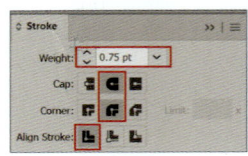
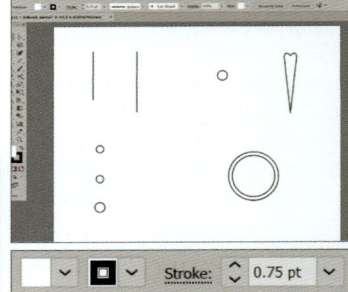

2. 첫 번째 라인의 가장 윗점을 Pen Tool로 클릭합니다. 연결시켜서 그림과 같이 나뭇잎 모양의 절반을 완성합니다.

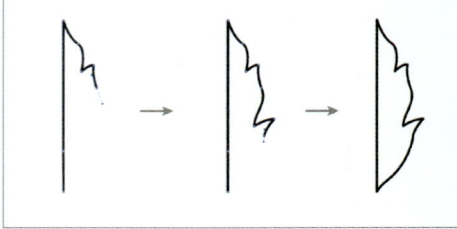

3. 두 번째 라인의 가장 윗점을 Pen Tool로 클릭합니다. 연결시켜서 그림과 같이 나뭇잎 모양의 절반을 완성합니다.

+ plus Stroke 옵션은 이전과 동일합니다.

4 3번 과정에서 만든 개체를 Alt 키를 누른 채로 드래그하여 오른쪽으로 복제합니다. Reflect Tool(반사 도구)로 그림과 같이 반전 및 복사합니다.

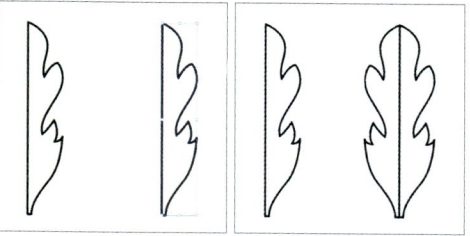

5 Direct Selection Tool(직접 선택 도구)로 왼쪽 개체의 점 일부를 삭제합니다. 삭제된 곳부터 다시 이어서 그림과 같이 완성합니다.

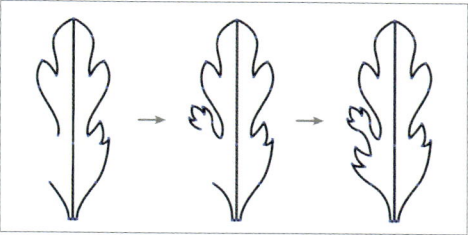

6 상단에 있는 원을 선택하여 길쭉하게 늘립니다. Anchor Point Tool(고정점 도구)로 위아래를 뾰족하게 만들고, 가운데 점 두 개를 선택하여 약간 아래로 내립니다. 가운데 직선 라인을 만들어 나뭇잎으로 표현합니다.

+ plus Shift + C 키를 누르면 바로 고정점 도구로 변경할 수 있습니다.

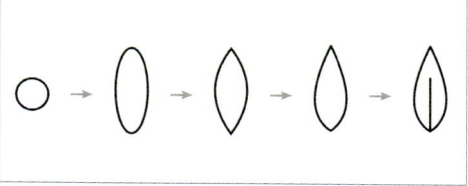

7 하단의 첫 번째 원의 가로 길이를 30mm 정도로 늘립니다. Anchor Point Tool로 양옆을 클릭하여 뾰족하게 만듭니다.

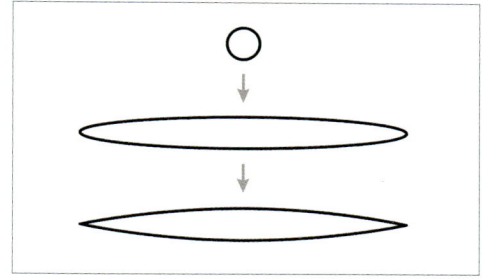

8 아래에 있는 원도 동일하게 작업한 뒤, 마지막에 가로로 긴 라인을 추가합니다. 면색 없이 선색만 적용합니다.

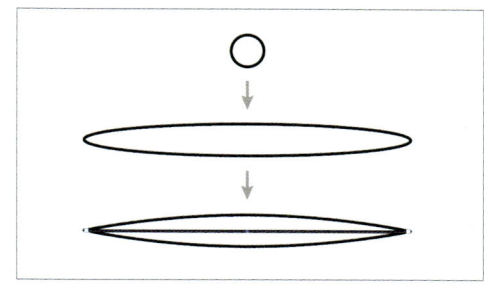

9 마지막 원은 Direct Selection Tool로 오른쪽 점만 드래그하여 길게 늘입니다. Anchor Point Tool로 오른쪽 끝점을 뾰족하게 만듭니다. Pen Tool로 그림과 같이 라인을 그려줍니다. 면색 없이 선색만 적용합니다.

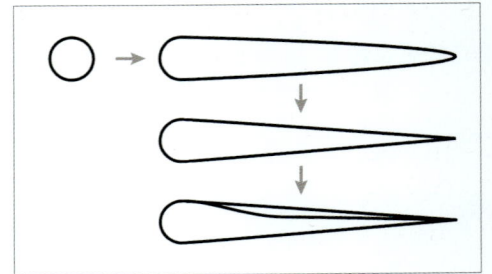

10 우측 상단에 개체가 있습니다. Pen Tool로 그 옆에 그림과 같이 막힌 개체를 그려줍니다. `Ctrl` + `Shift` + `[` 를 눌러 맨 뒤로 보내고 반대쪽도 대칭으로 복사합니다.

+ plus 열린 패스로 작업 시 추후 확장에 어려움이 있을 수 있으므로 막힌 패스로 작업합니다.

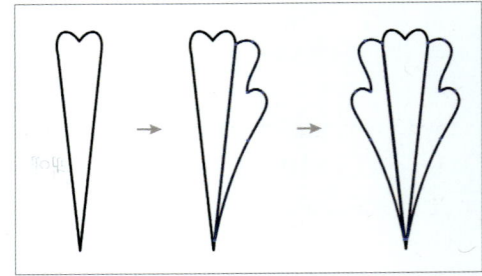

11 두 원이 중첩되어 있는 개체에 15mm 원과 4mm 원을 추가로 그립니다. 4mm 원만 아래쪽으로 이동합니다.

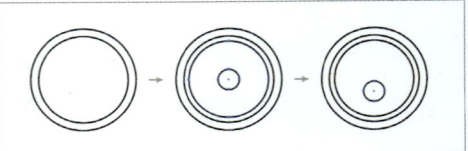

12 0.5×30mm의 얇고 긴 사각형을 작은 원의 중심에 맞춥니다. Rotate Tool(회전 도구)로 제자리에서 20도씩 회전 및 복사합니다. 핑크색 개체들과 15mm원, 4mm 원을 함께 선택하여 패스파인더에서 Minus Front를 누릅니다.

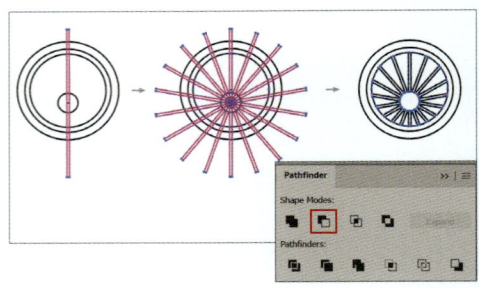

13 안쪽에 3mm 원을 추가하고, 바깥쪽 가장 큰 원은 19mm로 줄입니다. 모두 선택하고 선의 Cap과 Corner는 둥글게 처리합니다.

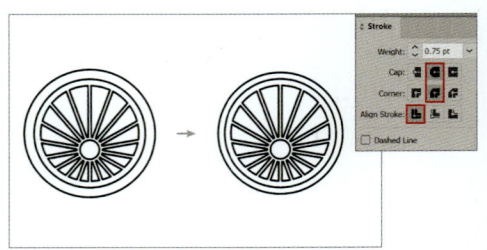

02 아트 브러쉬, 패턴 브러쉬 등록하기

1. 처음 만든 브러쉬를 선택합니다. F5 를 눌러 [Brushes] 패널을 열고 하단의 + 버튼을 눌러 새로운 브러쉬를 등록합니다. Art Brush를 선택하고 OK를 누릅니다.

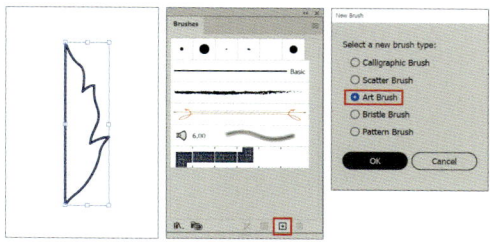

2. Scale Option을 두 번째 Stretch to Fit Stroke Length를 선택합니다. Direction을 아래에서 위 방향, Method는 Tints를 선택합니다. Key Color는 스포이드를 누르고 안쪽 화면에서 검은색을 클릭하고 OK를 누릅니다.

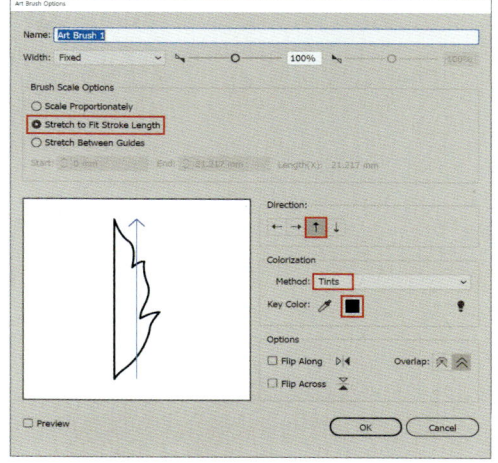

3. 상단에 있는 나머지 개체 모두 Art Brush로 등록합니다. 옵션은 모두 동일하게 적용합니다.

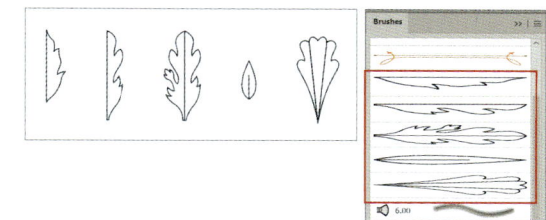

4. 하단 첫 번째 개체를 선택합니다. [Brushes] 패널에서 + 버튼을 눌러 새로운 브러쉬를 등록합니다. Art Brush를 선택하고 OK를 누릅니다.

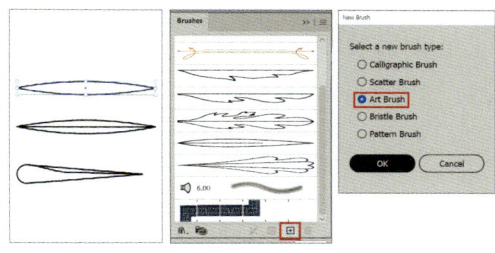

5   Scale Option을 두 번째 Stretch to Fit Stroke Length를 선택합니다. Direction을 왼쪽에서 오른쪽 방향, Method는 Tints를 선택합니다. Key Color는 스포이드를 누르고 안쪽 화면에서 검은색을 클릭하고 OK를 누릅니다.

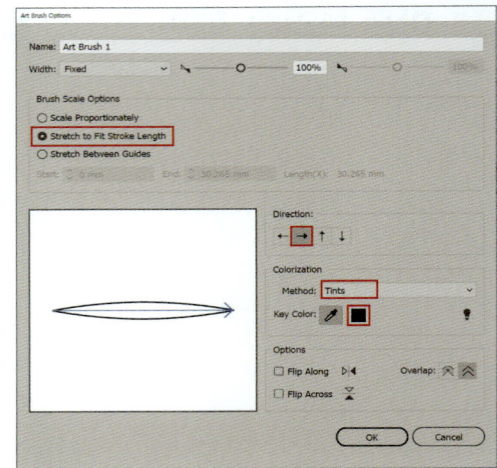

6   하단의 나머지 두 개체도 Art Brush로 등록합니다. 옵션은 이전과 동일합니다.

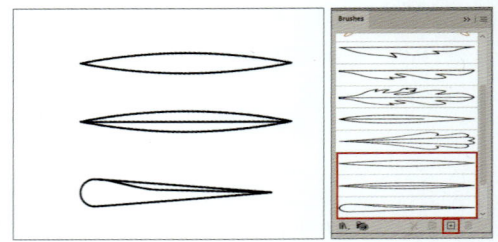

7   마지막 개체를 선택합니다. [Brushes] 패널에서 ➕ 버튼을 눌러 새로운 브러쉬를 등록합니다. Pattern Brush를 선택하고 OK를 누릅니다.

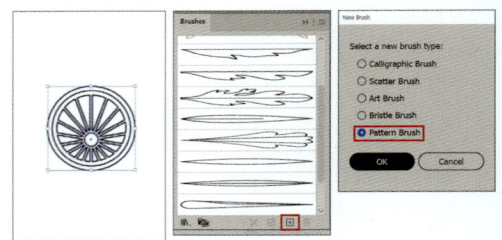

8   첫 번째 타일은 Auto-Sliced로 기본 설정되는 타일을 선택합니다. Method는 Tints, Key Color는 검은색 인지 확인하고 OK를 누릅니다.

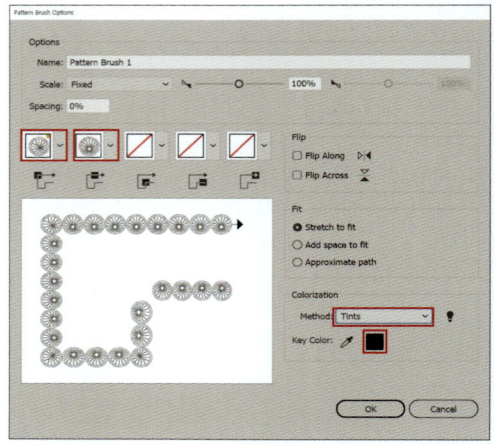

03 만든 브러쉬를 파일로 저장하기

일러스트레이터는 브러쉬, 심볼, 그라디언트, 스와치 등의 저장 파일 대부분 '.ai' 파일이기 때문에 일반 파일과 헷갈리기 쉽습니다. 찾기 쉬운 폴더에 일러스트레이터 브러쉬 파일을 저장합니다.

1 이전 파일에서 작업을 이어갑니다. [Brushes] 패널에서 만들어둔 아트 브러쉬와 패턴 브러쉬 외에 나머지를 모두 선택하고 휴지통 버튼을 눌러 삭제합니다.

> **Tip**
> Touch Calligraphic Brush와 Basic Brush는 각각 브러쉬 도구의 기본, 펜 도구와 연필 도구의 기본 설정이므로 삭제되지 않기 때문에 남겨둡니다.

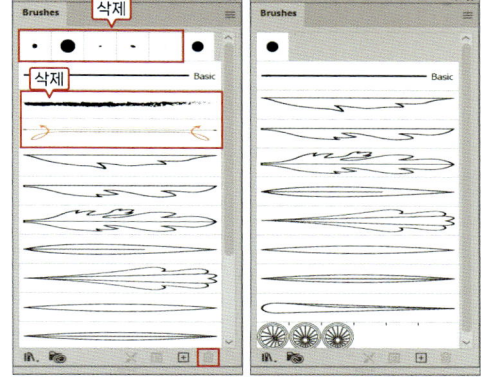

2 [Brushes] 패널의 보조 메뉴에서 Save Brush Library... 목록을 누릅니다. 원하는 위치에 브러쉬 파일을 저장합니다.

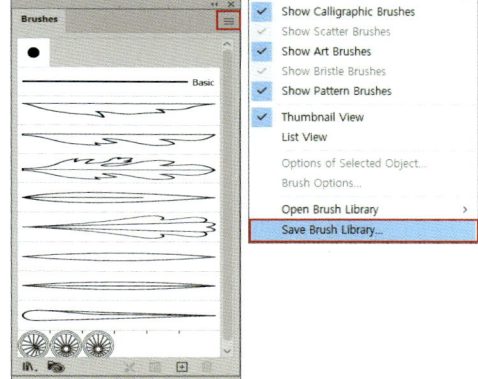

3 찾기 쉬운 위치를 지정하고, 파일명에 '브러쉬파일_아르누보'를 입력하고 저장합니다.

> **Tip**
> 파일은 ai로 저장되기 때문에 파일명에 '브러쉬 파일' 등의 이름으로 작성해두어야 바로 알아볼 수 있습니다. 또한 파일을 찾기 쉬운 곳에 저장하는 것을 권장합니다.

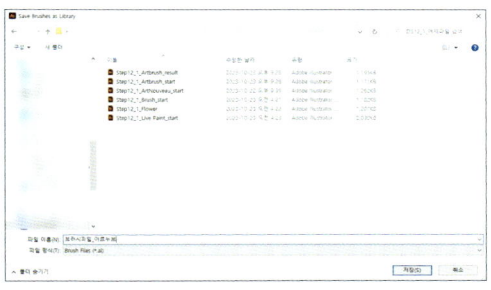

| 예제 파일 | DS12 > S12_1_예제파일 > Style12_1_ArtNouveau_start.ai |
| 결과 파일 | DS12 > S12_1_예제파일 > Style12_1_ArtNouveau_result.ai |

04 아르누보 디자인하기

1. [File]-[Open]으로 'Style12_1_ArtNouveau_start.ai' 파일을 엽니다.

2. F5 를 눌러 [Brushes] 패널을 열고 보조 메뉴를 클릭합니다. Open Brush Library 목록에서 Other Library...를 선택합니다. 이전 단계에서 저장해 둔 '브러쉬파일_아르누보.ai' 파일을 가져옵니다.

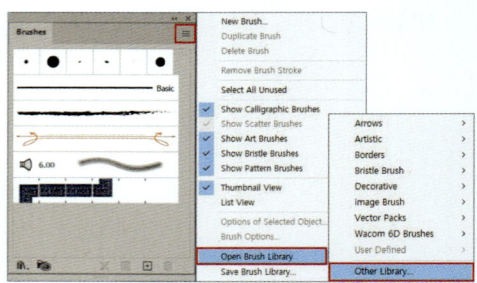

3. 브러쉬의 보조 패널 안에 있는 모든 브러쉬를 각각 클릭합니다. [Brushes] 본 패널에 자동으로 추가됩니다.

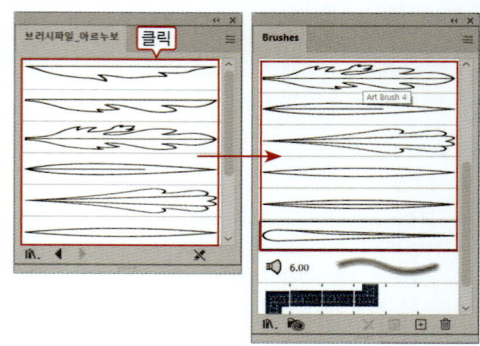

4   첫 번째와 세 번째 라인을 선택합니다. [Brushes] 패널에 등록한 아트 브러쉬 중 세 번째 브러쉬를 선택합니다.

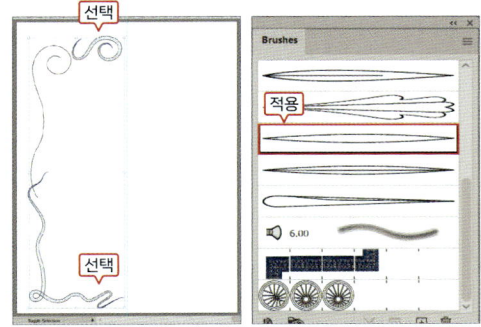

5   Scissors Tool(가위 도구)을 선택합니다. 화면의 왼쪽 하단 부분을 확대합니다. 둥글게 연결되는 라인의 가운데 지점을 클릭하여 패스를 끊어줍니다.

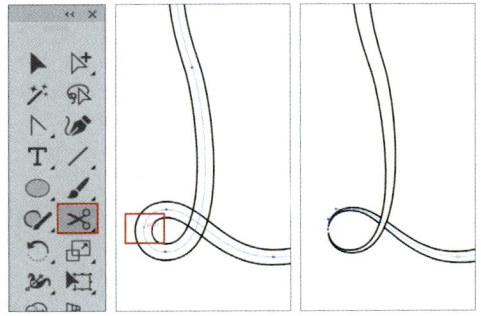

6   두 번째 라인을 선택한 뒤, Ctrl + F10 을 눌러 [Stroke] 패널을 엽니다. 선 두께를 20pt, Width Profile 1 모양을 선택합니다. 양 끝은 뾰족하고 가운데가 두꺼운 라인으로 변합니다.

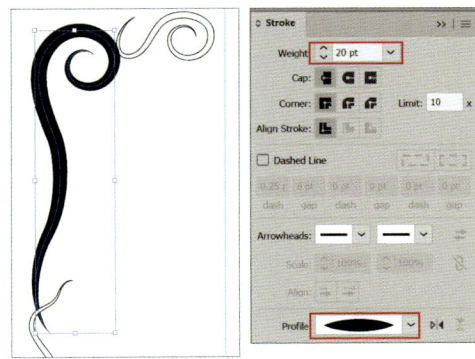

7   [Object]-[Expand Appearance]로 효과를 확장합니다. 흰색 면과 검은색 선을 바꿔준 뒤 두께를 0.75pt로 설정합니다.

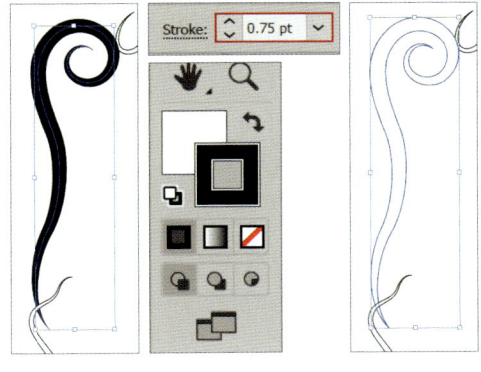

8   [Object]-[Path]-[Offset Path]를 실행합니다.
    Offset 값을 -2.2mm로 입력하고 OK를 누릅니다.

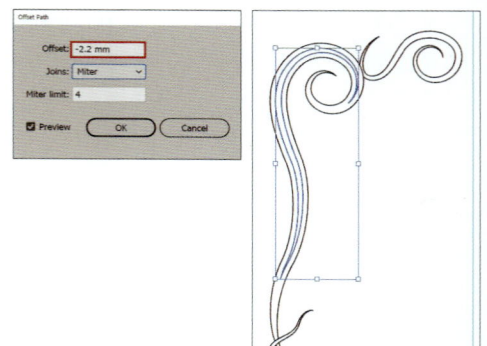

9   Paint Brush Tool을 선택하고 [Brushes] 패널에서
    나뭇잎 모양의 브러쉬들을 선택하여 그림과 같이
    여러 가지 곡률로 브러쉬를 만듭니다.

    Tip
    만약 곡선이 매끄럽게 나오지 않는다면 브러쉬 도구
    를 더블클릭하여 옵션창에서 Fidelity를 Smooth
    쪽으로 조정합니다.

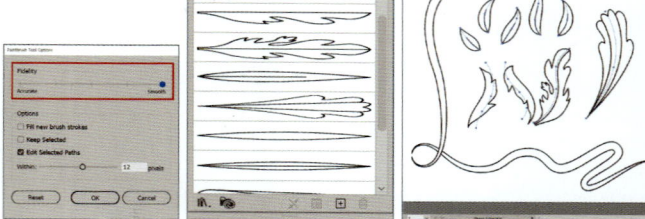

10 Width Tool(폭 도구)을 선택합니다. 줄기로 표현한
    부분이 좀 더 얇아지도록 굵기를 조절합니다.

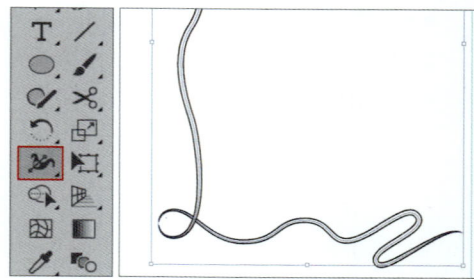

11 만들어둔 나뭇잎 개체들을 활용하여 그림과 같이
    배치합니다. 앞뒤 순서와 각도를 자유롭게 수정하되
    시각적인 균형을 고려하여 작업합니다.

    Tip
    새로운 브러쉬를 겹쳐 그릴 때, 기존 개체의 뒤쪽으로 그려지
    는 것이 작업하기 수월할 수 있습니다. 이때는 Draw Normal
    이 아닌 Draw Behind를 사용하면 편합니다. 작업 후에는
    다시 Draw Normal로 바꿔줍니다.

    + plus 여기까지의 과정이 'Style12_1_ArtNouveau_
            course1.ai'으로 저장되어 있습니다.

05 거울 모드 활용하기

1. [Object]-[Repeat]-[Mirror]를 클릭합니다. 오른쪽에 기준선이 생기고 대칭으로 복사본이 보입니다. 화면을 축소하면 3개의 점이 보입니다. 화면을 확대하여 2번째 점을 정가운데 가이드라인에 맞춥니다.

   + plus Mirror 기능의 사용이 어려운 경우, 도구 패널의 Reflect Tool을 활용하여 가로 반전 및 복사로 작업해도 무방합니다.

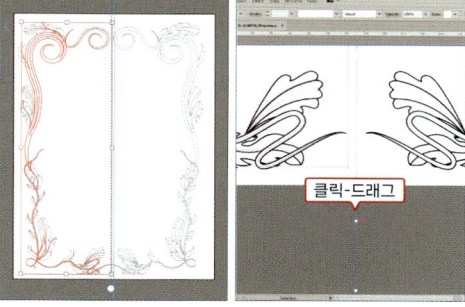

2. 아직 작업하지 않은 다른 브러쉬들로 줄기 부분을 보완합니다. 너무 두꺼운 부분은 Width Tool로 조절합니다. Mirror 모드로 반대쪽에는 자동으로 추가됩니다. 작업을 마치면 나가기 버튼을 2번 누릅니다.

   Tip
   선 두께를 조절할 때는 [Stroke] 패널에서 조절하지 않고 Width Tool로 조절해줍니다.

3. 왼쪽 개체를 모두 선택합니다. [Object]-[Expand]에서 OK를 누릅니다. Ungroup을 두 번 적용하고 다시 Release Clipping Mask를 적용합니다. [Swatches] 패널에서 선을 녹색으로 지정합니다. 사각형 개체에 선이 적용되면 사각형을 삭제합니다.

   + plus 여기까지의 과정이 'Style12_1_ArtNouveau_course2.ai'으로 저장되어 있습니다.

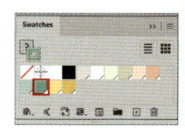

4. Direct Selection Tool로 가운데 라인이 있는 큰 줄기의 뒤쪽 개체를 선택합니다. [Select]-[Same]-[Fill & Stroke]로 개체가 선택되면 면색을 연한 녹색으로 지정합니다.

   + plus 여기까지의 과정이 'Style12_1_ArtNouveau_course3.ai'으로 저장되어 있습니다.

5 [File]-[Open]으로 'Style12_1_Flower.ai' 파일을 엽니다. 꽃들을 복사하여 작업 화면으로 돌아와 화면 왼쪽에 배치합니다. 꽃들을 선택하고 [Object]-[Repeat]-[Mirror]를 적용해 이전과 같은 방법으로 작업합니다.

6 Ctrl + A 로 전체 선택한 뒤 [Object]-[Expand Appearance]를 눌러 Width 효과를 확장합니다. 다시 [Object]-[Expand]를 눌러 Mirror 효과를 확장합니다. 옵션창이 뜨면 OK를 누릅니다.

+ plus 만약 Expand를 적용했을 때, Stroke 옵션이 뜨지 않는다면 다시 한 번 [Object]-[Expand]를 실행합니다.

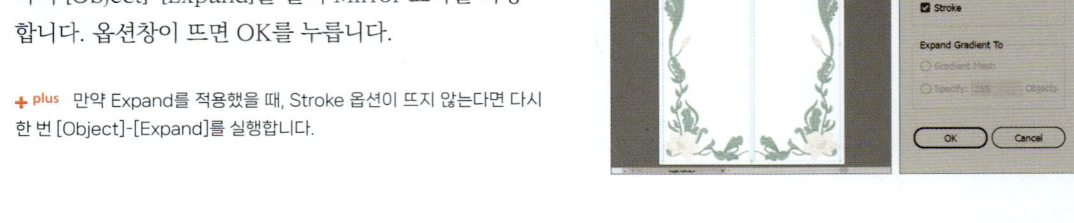

7 마우스 오른쪽 버튼을 클릭하여 Ungroup을 누릅니다. 그룹이 두 개이기 때문에 한 번 더 Ungroup을 실행하고, 다시 오른쪽 버튼을 눌러 Release Clipping Mask로 마스크를 해제합니다.

8 개체 외곽 쪽을 클릭해 보면 마스크가 풀리면서 생긴 선색과 면색이 없는 투명한 사각형이 있습니다. 이 두 개의 사각형을 찾아 삭제합니다.

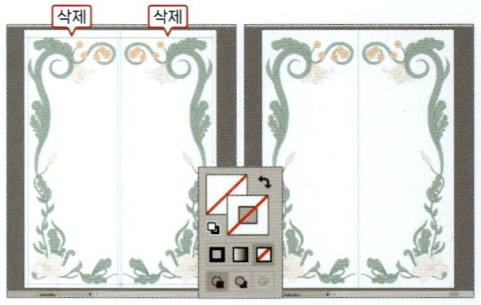

9 F7 을 눌러 [Layers] 패널을 엽니다. 작업 중인 현재 레이어를 잠그고, 새로운 레이어를 만들어 아래로 이동합니다.

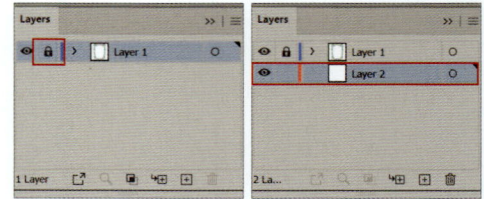

10 130mm의 정원과 130×138mm의 사각형을 그림과 같이 배치합니다. [Swatches] 패널에서 원하는 색을 적용합니다.

11 Ctrl + Shift + F9 를 눌러 [Pathfinder] 패널을 열고 Unite를 누릅니다.

12 [Object]-[Path]-[Offset Path]를 연속으로 3번 작업합니다. 첫 번째는 -3mm, 두 번째는 -9mm, 세 번째도 -9mm를 입력합니다. 이렇게 총 4개의 아치형 개체를 만듭니다.

13 두 번째로 작은 아치형 개체를 선택합니다. F5 를 눌러 [Brushes] 패널을 열고 마지막에 등록한 패턴 브러쉬를 선택합니다. 원하는 색상을 적용하고 Stroke 두께를 0.75pt로 설정합니다.

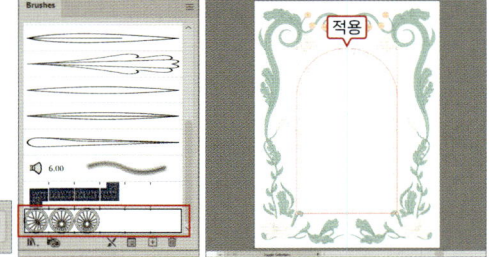

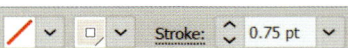

Design Style 12 - Art Nouveau Design

14 가장 큰 아치형 개체를 선택한 후, 선 두께를 8pt로 설정합니다. Ctrl + C , Ctrl + F 로 제자리에 붙여 넣기 한 후, 선색을 흰색으로 바꾸고 두께를 2.5pt로 설정합니다.

15 Ctrl + F10 을 눌러 [Stroke] 패널을 엽니다. Cap 모양을 둥글게, Dashed Line 옵션을 체크합니다. dash를 0pt, gap에 5pt를 입력하여 물방울무늬 점선으로 만듭니다.

16 가장 작은 아치형 개체에 원하는 색상으로 면색을 적용하고 웨딩 청첩장에 어울리는 문구를 쓰고 마무리합니다.

+ plus 예제에는 'Monsterrat', 'Edensor FREE' 폰트를 사용했습니다.
(출처 : Google/dafont.com)

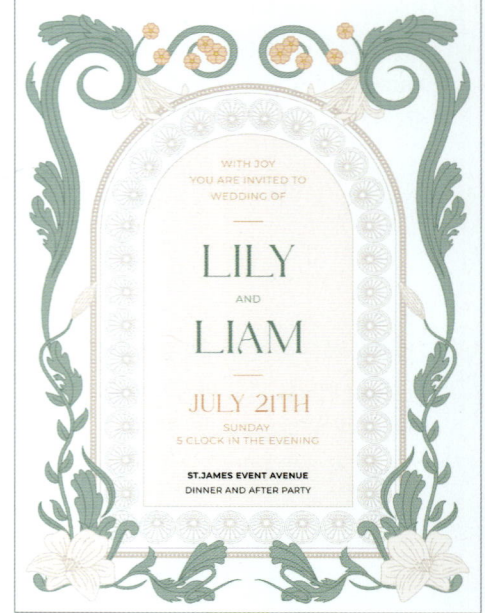

| 기능 다시 한 번 익히기 | 예제파일 DS12 > S12_2_연습문제 > Style12_2_Exercise.ai | 결과파일 DS12 > S12_2_연습문제 > Style12_2_Result.ai |

Exercise

Design Style 12에서 만든 브러쉬와 제공되는 이미지를 활용하여 또 다른 스타일의 아르누보 디자인을 만들어봅니다.

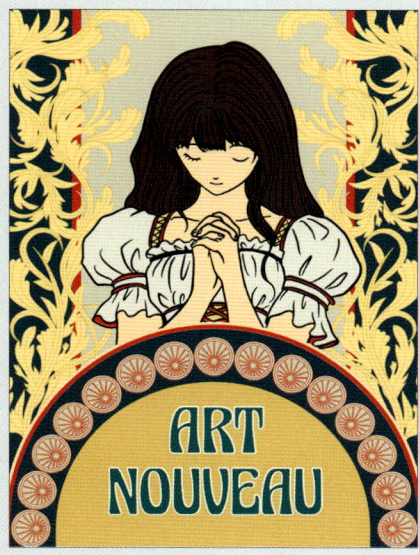

[File]-[Open]으로 'Style12_2_Exercise.ai' 파일을 엽니다. 여성 이미지가 있습니다. 아래 196mm의 반원과 196x12mm의 사각형을 이용해 형태를 만들고 합쳐줍니다. [Object]-[Offset Path]를 -7mm로 적용한 뒤, 위쪽 곡선만 남기고 아래쪽 직선은 삭제합니다. 그리고 하단으로 위치를 옮깁니다. [Brushes] 패널을 열고 보조 메뉴에서 Open Brush Library로 '브러쉬 파일_아루누보.ai'를 가져옵니다. 곡선 라인을 선택하고 가장 마지막의 패턴 브러쉬를 적용합니다.

브러쉬가 적용되면 [Object]-[Expand]를 눌러 확장합니다. 면색과 선색을 [Swatches] 패널에서 원하는 색으로 지정합니다. 안쪽에 반원 개체를 만들어 다른 면색으로 덮어준 뒤 텍스트를 입력합니다. 어울리는 서체로 작업하는 것을 권장하며 예제에서는 'Excalibur Nouveau', Medium 폰트로 크기는 80pt, 행간은 87pt 정도, 밝은색의 Stroke를 사용했습니다. (폰트출처 : dafont.com) 새로운 레이어를 만들어 가장 밑으로 이동하고 사각형을 그려 어울리는 색상으로 배경을 만듭니다.

새로운 레이어를 추가하고 나머지 레이어는 모두 잠급니다. 그림과 같이 빈 공간에 브러쉬 작업을 합니다. 반대쪽은 반전 및 복사하거나 [Object]-[Repeat]-[Mirror] 기능을 사용합니다. 모든 작업이 끝나면 [Object]-[Expand]로 효과를 확장합니다. 작업한 브러쉬에 어울리는 면색과 선색을 적용하고 작업을 마무리합니다.

Design Style 13

Futuristic Design
테크니컬 브러쉬와 빛 표현을 활용한 포스터

Skill Point

직접 테크니컬 브러쉬를 제작하여 파일로 저장합니다. 기계적인 배경, 사진, 블렌드 모드를 활용한 빛 표현으로 미래적인 느낌을 연출합니다.

Keyword

Pattern Brush # Technical Brush
Blend Mode # HUD # Futuristic
Search Keyword : HUD elements, futuristic design, artificial intelligence

Before you Design

Technology Design

Technology Design은 과거부터 많은 디자이너들이 추구해 온 스타일이며, 최근 인공지능(GPT, 이미지 생성 인공지능 등)의 발전으로 다시 주목받고 있습니다. 스크린 UI 디자인은 전용 프로그램 사용이 증가하여 일러스트레이터에서 UI를 직접 작업하는 경우는 줄어들었지만, 시각적으로 화려한 효과를 위해 포토샵이나 일러스트레이터와 같은 그래픽 도구도 여전히 유용하게 사용됩니다.

특징 및 표현법

- 패턴 브러쉬를 사용하여 반복되는 모양을 만들어 미래적인 느낌을 연출할 수 있습니다.
- Sci-Fi 느낌의 폰트를 사용합니다.
- 스크린 디바이스에서 사용되는 디자인은 빛 표현이 중요하므로 RGB 모드에서 작업합니다.

HUD Design

HUD 디자인은 Head Up Display의 약자로, 홀로그램 등을 사용하여 머리 앞에 띄우는 스크린 이미지를 의미합니다. 자동차, 기계 등에 주로 사용되는 디자인 스타일입니다.

Designer Gallery

<Car UI Design>

<HUD Screen>

예제 파일 DS13 > S13_1_예제파일 > Style13_1_Tech_elements_start.ai
결과 파일 DS13 > S13_1_예제파일 > Style13_1_Tech_elements_result.ai

01 테크 느낌의 브러쉬 만들기

Technical 느낌을 표현하는 데 가장 많이 쓰이고 유용한 브러쉬는 반복적인 패턴을 표현해주는 패턴 브러쉬입니다. 패턴 브러쉬를 등록하여 HUD의 기본이 되는 Technical 느낌을 낼 수 있습니다.

1 [File]-[Open]으로 'Style13_1_Tech_elements_start.ai' 파일을 엽니다. 좌측 상단 개체부터 작업합니다.

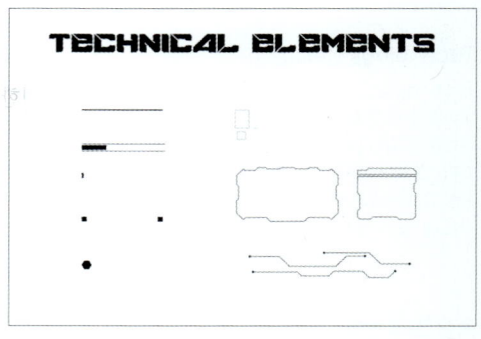

2 검은색 면으로 된 사각형을 그림과 유사하게 라인 위에 배치합니다. Direct Selection Tool(직접 선택 도구)로 상단 점을 각각 선택하여 키보드 화살표를 이용해 양쪽을 대칭 사다리꼴로 만듭니다.

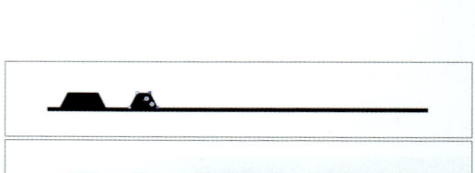

3 사본을 만들고 오른쪽 점 2개만 왼쪽으로 이동하여 길이를 짧게 만듭니다. 같은 방법으로 길이와 간격을 조절하여 그림과 유사하게 만듭니다.

4 과정 3에서 만든 개체를 모두 선택하고 F5 를 눌러 [Brushes] 패널을 엽니다. ➕ 버튼을 눌러 새로운 브러쉬를 등록합니다. Pattern Brush를 선택하고 OK를 누릅니다.

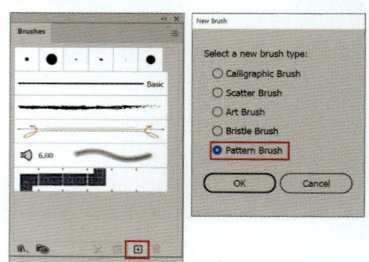

5 이름에 'Tech-01'로 입력합니다. 첫 번째 타일은 없음으로 바꾸고 Method를 Tints를 선택하고 OK를 누릅니다.

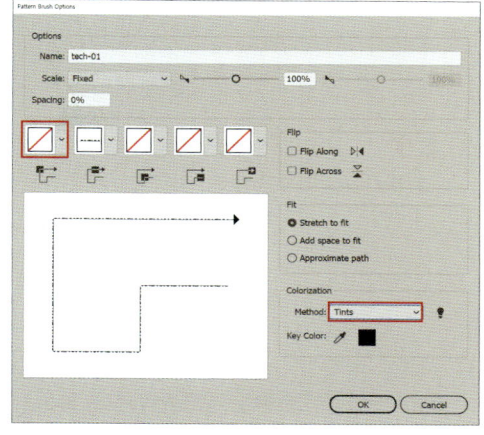

6 가로 폭이 넓은 검은색 사각형 개체를 선택합니다. Selection Tool(선택 도구)을 더블클릭하여 옵션창에 Horizontal 17mm, Vertical 0mm를 입력한 후 OK를 누릅니다. Ctrl + D 를 눌러 반복합니다. 만든 개체를 모두 선택하고 과정 4~5를 반복하여 'Tech-02' 패턴 브러쉬로 등록합니다.

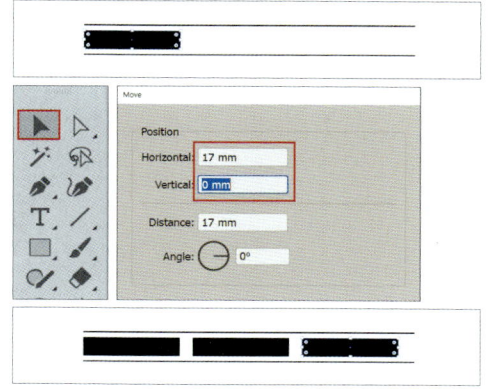

7 작고 얇은 검은색 사각형을 선택합니다. 개체를 복사 및 이동하고, 가로 폭을 조절하여 바코드처럼 불규칙하게 만듭니다. 모두 선택하고 과정 4~5를 반복하여 'Tech-03' 패턴 브러쉬로 등록합니다.

8 아래쪽에 있는 검은색 사각형 2개 중 오른쪽에 있는 개체를 선택하고 Opacity 값을 0%로 설정합니다.

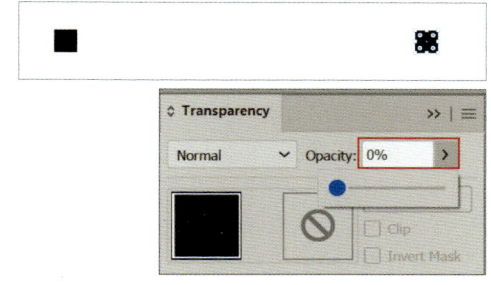

9 두 사각형을 모두 선택하고, Blend Tool(혼합 도구)을 더블클릭합니다. Smooth Color를 선택하고 OK를 누릅니다. `Ctrl` + `Alt` + `B` 로 블렌드를 적용합니다.

   Tip
   변화하는 색을 브러쉬로 등록하고 싶다면 그라디언트의 변화는 브러쉬에 적용되지 않기 때문에 투명도를 활용하여 Blend로 작업해야 합니다.

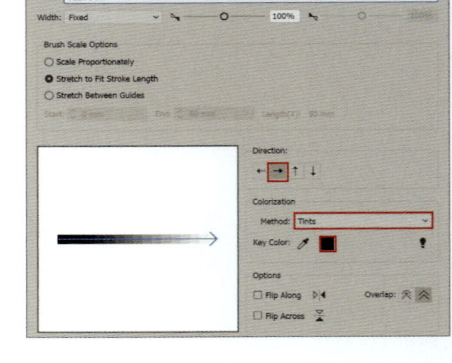

10 개체를 모두 선택 후 Art Brush로 등록합니다. 'Tech-04'로 입력하고 방향은 오른쪽, Method는 Tints로 설정하고 Key Color가 검은색인지 확인하고 OK를 누릅니다.

11 육각형 개체를 선택합니다. `Alt` 키를 누른 채로 오른쪽으로 이동하여 복사본을 만듭니다. 두 개체를 선택하고 패스파인더나 Shape Builder Tool 등을 활용하여 그림과 같이 만듭니다.

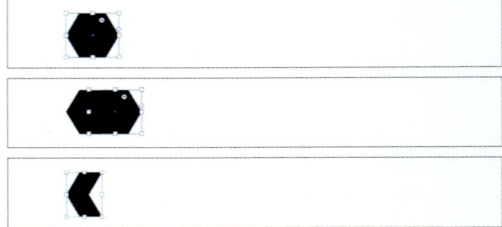

12 `Alt` 키를 누른 채로 복사하되 끝나는 지점이 스마트 가이드에 맞도록 그림과 같이 복사합니다. `Ctrl` + `D` 로 여러 개 반복합니다. 만든 개체를 모두 선택하고 과정 4~5를 반복하여 'Tech-05' 패턴 브러쉬로 저장합니다.

   + plus 여기까지의 과정이 'Style13_1_Tech_elements_course.ai'으로 저장되어 있습니다.

13 얇은 라인의 사각형을 복사하여 그림과 같이 만듭니다. 만든 개체를 모두 선택하고 과정 4~5를 반복하여 'Tech-06' 패턴 브러쉬로 저장합니다.

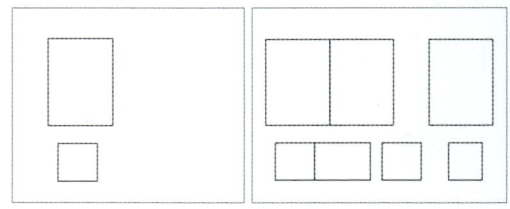

14 직선과 사선으로 막힌 개체들을 확대합니다. Pen Tool을 선택하고 45도 사선과 수직, 수평 등을 활용하여 주변에 검은색 면으로 막힌 개체들을 추가해 그려줍니다.

+ plus 똑같이 따라 하지 않아도 되며 원하는 대로 자유롭게 만들어봅니다.

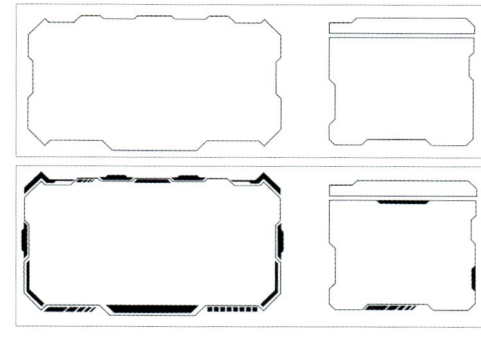

15 자연스럽게 흐려지는 부분은 모두 검은색으로 작업하되 Opacity의 값을 점차 낮게 설정합니다. 원하는 부분에 작업합니다.

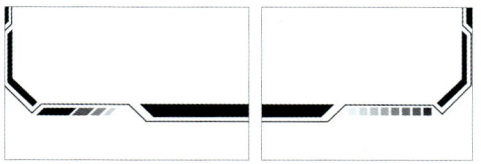

16 개체를 각각 그룹으로 만듭니다. 브러쉬로 등록하지 않습니다.

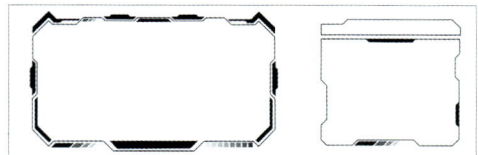

17 가장 마지막 부분을 확대합니다. Pen Tool, 도형, 블렌드 등 지금까지 작업했던 기능들을 활용하여 복잡한 디자인을 만듭니다. 만든 개체를 모두 선택하고 과정 4~5를 반복하여 'Tech-07' 패턴 브러쉬로 저장합니다.

+ plus 예제와 똑같이 만들지 않아도 되니 자유롭게 디자인합니다.

Tip
흐려지는 개체는 Opacity나 블렌드로 작업하는 것이 가장 자연스럽습니다.

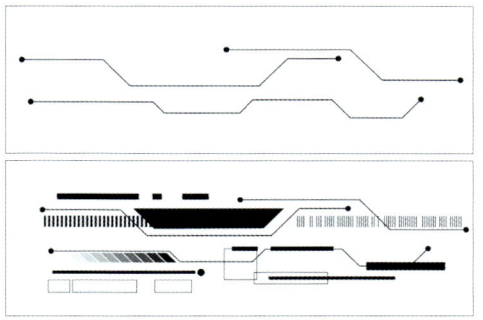

브러쉬 등록 시 유의사항

브러쉬로 등록할 수 없는 유형의 작업들
일러스트레이터에서는 3D 효과, 복잡한 클리핑 마스크, 블렌드 모드, 그라디언트 등이 적용된 개체는 브러쉬로 변환 시 제한이 있을 수 있습니다.

브러쉬로 등록할 수 있는 작업들
면과 선, 투명도, 블렌드 효과를 적용한 개체를 브러쉬로 등록할 수 있습니다. 패턴 브러쉬는 다양한 색상 효과도 등록 가능하며, 다른 브러쉬도 컬러를 적용할 수 있지만 검은색 농도로 등록하면 관리하기 편리합니다.

예제 파일　　DS13 > S13_1_예제파일 > Style13_1_Tech_elements_result.ai
결과 파일　　DS13 > S13_1_예제파일 > Brush_테크7종.ai

02 브러쉬 파일로 저장하기

1. F5 를 눌러 [Brushes] 패널을 열고 이전에 만든 브러쉬 외에 나머지를 모두 선택하여 삭제합니다.

   Tip
   기본 브러쉬 2가지는 휴지통 버튼을 눌러도 삭제되지 않습니다.

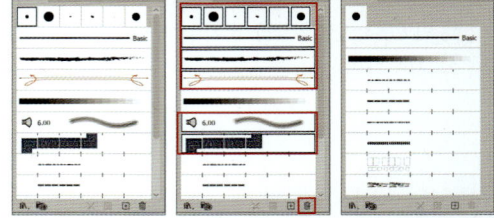

2. 우측 상단의 보조 메뉴에서 Save Brush Library… 목록을 누릅니다. 원하는 위치에 브러쉬 파일을 저장합니다.

   Tip
   기본 브러쉬 2가지는 저장해도 등록되지 않습니다.

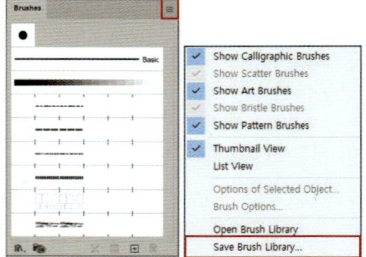

3. 파일 이름을 'Brush_테크7종'으로 입력하고 저장합니다.

   Tip
   파일은 기본으로 설정된 폴더보다는 찾기 쉬운 폴더나 바탕 화면에 저장한 뒤, 관리할 폴더를 따로 만드는 것을 권장합니다.

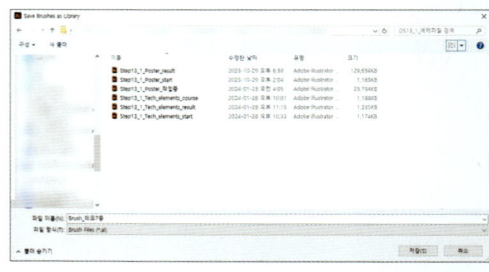

예제 파일   DS13 > S13_1_예제파일 > Style13_1_Futuristic_Poster_Start.ai
결과 파일   DS13 > S13_1_예제파일 > Style13_1_Futuristic_Poster_Result.ai

03 그라디언트 메쉬로 배경 작업하기

1 [File]-[Open]으로 'Style13_1_Futuristic_Poster_Start.ai' 파일을 엽니다. 사각형 개체를 선택하고 Mesh Tool(망 도구)을 선택합니다.

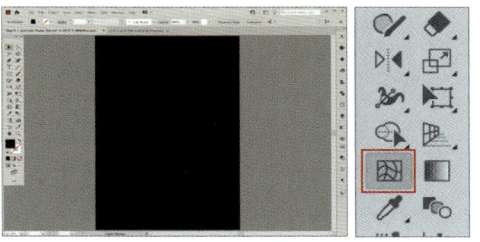

2 Mesh Tool로 사각형 안쪽을 임의로 클릭합니다. 그물망처럼 나눠지며 점들이 생성됩니다. 그림과 같이 두 번 더 클릭합니다.

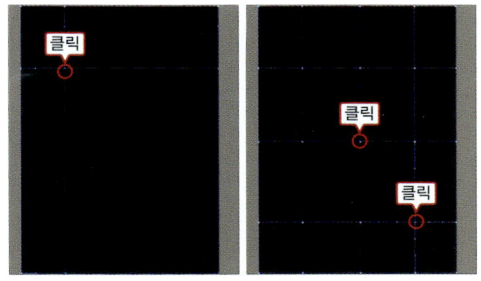

3 두 번째 줄 전체를 Direct Selection Tool로 선택합니다. Color Picker창을 더블클릭하여 색상 코드에 #0a1b33을 입력합니다. 정 가운데 점을 선택하고 #1d324f를 입력합니다. 가운데 양옆은 #17243d를 입력합니다.

4 밑에서 두 번째 줄, 두 번째 색상은 #130326으로 진한 보라 계열의 색으로 입력합니다. 그다음 색은 #101828, 그다음 색은 #141e36을 입력합니다. 가운데 줄의 양 끝 2개의 색은 #13182f를 입력합니다.

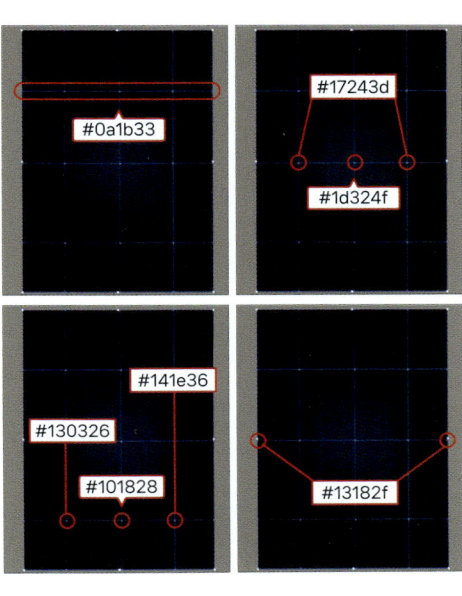

Design Style 13 - Futuristic Design   253

04 포스터 배경 디자인하기

1 F7 을 눌러 [Layers] 패널을 엽니다. '배경1' 레이어는 잠그고 '배경2' 레이어를 선택합니다. Line Segment Tool(선분 도구)을 선택하여 흰색으로 세로 라인들을 그립니다. 선 두께는 1~3pt로 다양하게 작업합니다.

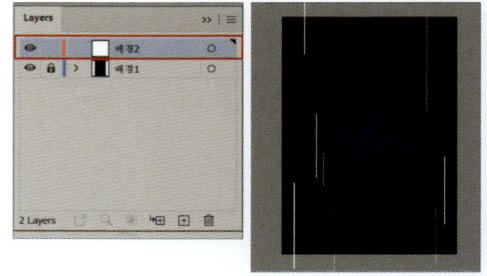

2 F5 를 눌러 [Brushes] 패널을 엽니다. 보조 메뉴의 Open Brush Library 목록에서 Other Library...를 클릭합니다. 이전 과정에서 작업해 둔 'Brush_테크7종.ai' 파일을 불러옵니다.

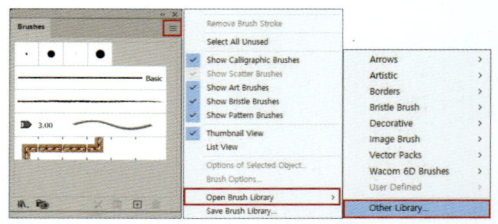

3 보조 패널에서 브러쉬를 각각 클릭하면 [Brushes] 본 패널에 자동 추가됩니다.

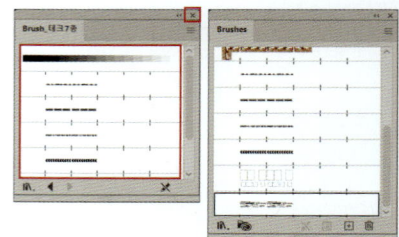

4 작업한 라인에 불러온 브러쉬를 적용합니다. 가운데는 비워두고 외곽 위주로 작업합니다. 10~30% 사이로 Opacity 값을 자유롭게 설정합니다.

+ plus 예제와 똑같이 만들지 않아도 되므로 자유롭게 디자인합니다.

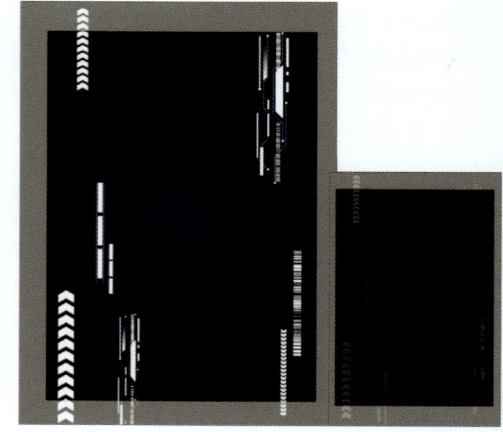

5 이번에는 다양한 크기와 두께로 원을 그립니다. 톱니 바퀴 모양의 브러쉬와 그 외 브러쉬를 원 개체에 적용합니다.

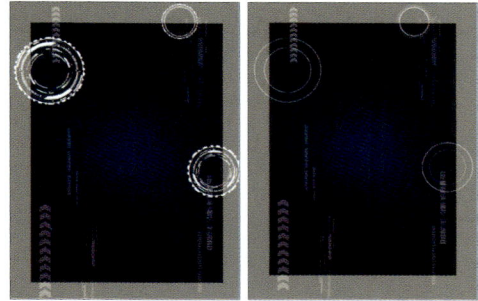

6 원 개체도 20~50% 사이로 Opacity 값을 적용합니다. 작업을 마치면 가장 상위에 1500×2100px 문서 크기의 사각형을 만들어 중앙 정렬합니다.

7 Ctrl + A 로 모든 개체를 선택하고 Ctrl + 7 을 눌러 클리핑 마스크를 적용합니다.

8 이전에 작업해 둔 'Style13_1_Tech_elements_result.ai' 파일을 엽니다. 브러쉬로 등록하지 않은 사각형 개체 하나를 복사합니다. 다시 작업 화면으로 돌아와 '배경2' 레이어를 잠그고 '배경3' 레이어를 만든 뒤, 복사한 개체를 붙여넣기 하고 면색을 흰색으로 지정합니다. 회전하고 크기를 조절합니다.

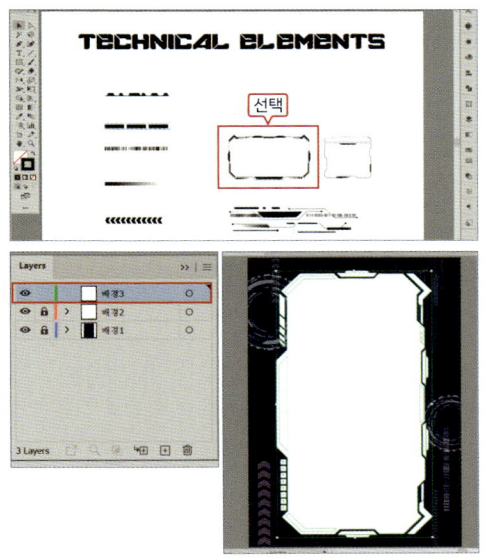

9 가장 큰 면적의 개체 하나만 선택하고, 면색 없이 선색만 적용합니다. 선 두께는 3pt로 설정합니다.

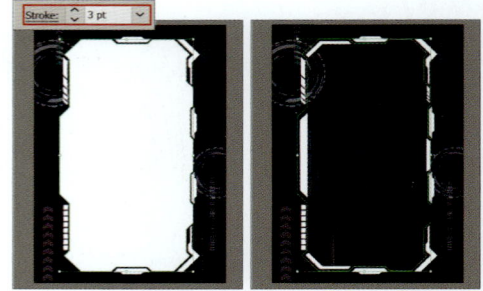

10 Direct Selection Tool로 오른쪽 절반의 점들을 선택하여 이동합니다. 반대쪽도 같은 방법으로 작업하여 양옆의 남는 공간을 균형 있게 맞춥니다. 일부 디자인을 자유롭게 수정해도 무방합니다.

+ plus 여기까지의 과정이 'Style13_1_Futuristic_Poster_course1.ai'으로 저장되어 있습니다.

11 작업을 마치면 색상을 #4b92f9로 통일합니다. 'ANDROID'를 입력하고 반복하여 적용합니다. 가장 상위 텍스트는 면색, 하단 텍스트는 면색 없이 선색으로만 적용합니다. 두께는 각각 3pt, 1.7pt, 1pt입니다. Ctrl + Shift + O 를 눌러 모두 윤곽선으로 만듭니다.

+ plus 예제에는 'Impact2.0' 폰트를 사용했습니다.

12 선으로 된 개체를 모두 선택하고, Ctrl + F10 을 눌러 [Stroke] 패널을 엽니다. Align Stroke에서 Inside로 정렬합니다. 글씨 개체를 모두 그룹으로 만듭니다.

+ plus 여기까지의 과정이 'Style13_1_Futuristic_Poster_course2.ai'으로 저장되어 있습니다.

13 [File]-[Open]으로 'Style13_1_robot.ai' 파일을 엽니다. 사진 개체와 검은색 실루엣 개체를 선택하여 복사합니다.

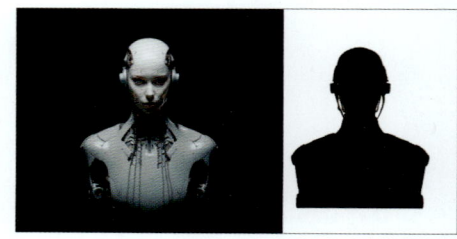

14 다시 작업 화면으로 돌아와 붙여넣기 합니다. 검은색 실루엣 개체는 글씨 위에 배치합니다. 사진 개체는 작업 화면 바깥쪽에 잠시 옮겨둡니다.

+ plus 실루엣 개체와 사진 개체는 크기가 맞춰 작업되었으므로 크기를 변경하지 않습니다. 만약 크기를 수정하고 싶다면 두 개체를 함께 조절합니다.

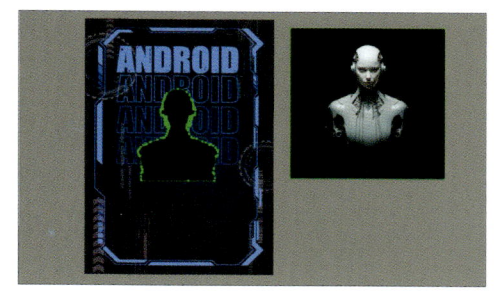

15 글씨 개체와 검은색 실루엣 개체를 함께 선택합니다. Ctrl + Shift + F10 을 눌러 [Transparency] 패널을 엽니다. [Make Mask] 버튼을 클릭한 뒤, Clip 체크를 해제합니다. 검은색 실루엣이 글씨를 가리게 됩니다.

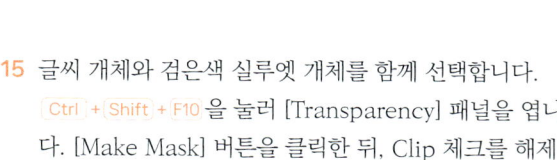
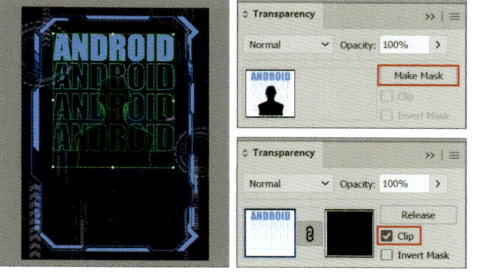

16 사진 개체를 선택한 뒤 [Transparency] 패널에서 블렌드 모드를 Screen으로 설정하고, 사진 개체를 이동시켜 글씨가 가려져 있는 부분에 로봇이 보이도록 위치를 맞춰줍니다.

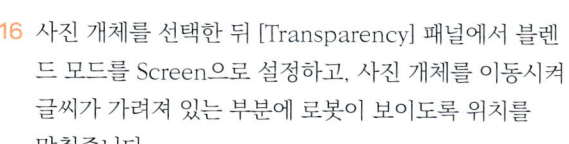
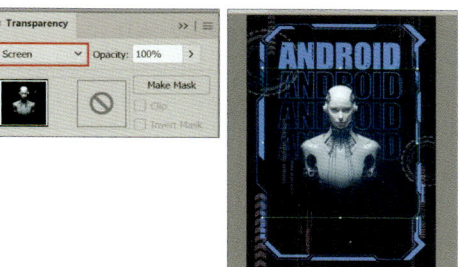

05 빛 표현하기

1 F7 을 눌러 [Layers] 패널을 엽니다. '배경3' 레이어는 잠그고 '빛장식' 레이어를 새로 만듭니다. 작업 화면 바깥쪽에 작은 원 2개를 그립니다.

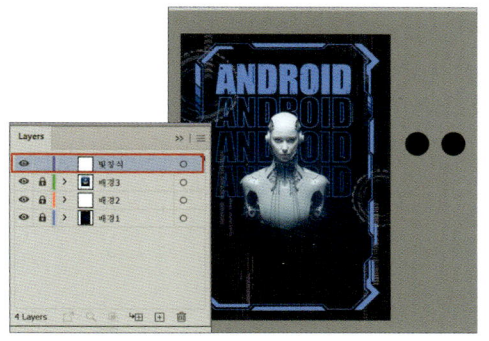

2 원 하나를 선택하고 Ctrl + F9 를 눌러 [Gradient] 패널을 엽니다. 왼쪽 색을 #757575, 오른쪽 색을 #000000으로 만들고, 오른쪽 색의 위치를 85%로 설정합니다.

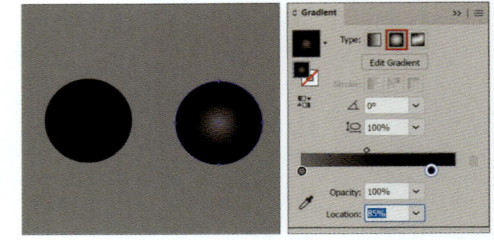

3 다른 원을 선택합니다. [Gradient] 패널에서 왼쪽 색을 #d7d7d7, 오른쪽 색을 #000000으로 만들고, 오른쪽 색의 위치를 85%로 설정합니다.

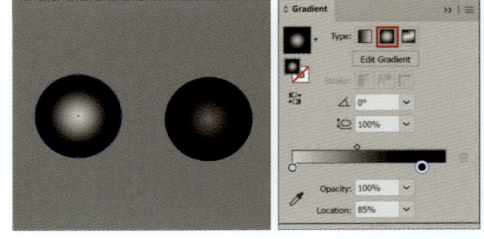

4 두 개체를 모두 선택하고 Ctrl + Shift + F10 을 눌러 [Transparency] 패널을 엽니다. 블렌드 모드를 Color Dodge로 바꿉니다.

+ plus 여기까지의 과정이 'Style13_1_Futuristic_Poster_course3.ai'으로 저장되어 있습니다.

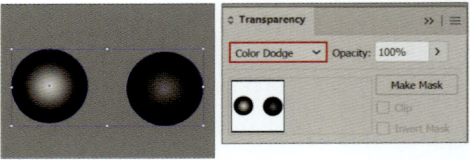

5 원을 길쭉하게 늘리고 다양한 크기로 여러 개를 복사하여 그림과 유사하게 만듭니다. 그룹을 지은 뒤 사진 이미지 위로 배치합니다.

+ plus Color Dodge로 인해 어두울수록 투명해지고, 밝은 영역은 아래 겹친 색을 기반으로 채도와 명도가 올라갑니다.

6 임의의 크기로 새로운 원을 그립니다. 왼쪽 색은 #00ffff, 오른쪽 색은 #000000으로 만들고 각도를 -15도, 크기는 112%로 지정합니다. 오른쪽 색의 위치는 88%로 지정합니다. 설정 후에는 [Transparency] 패널에서 블렌드 모드를 Color Dodge로 바꿉니다.

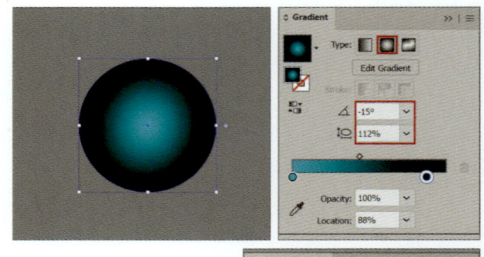

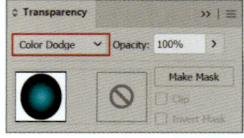

7   약간 길쭉한 타원으로 만든 뒤 다양한 크기로 여러 개를 복사합니다. 의도적으로 메인 이미지가 들어가는 가운데 부분은 비워둡니다. 모두 작업하면 그룹으로 만들고 인물 사진 위로 배치합니다.

> **Tip**
> 그룹으로 만든 후에 원의 위치를 변경하고 싶다면 그룹 선택 도구로 이동하면 편리합니다.

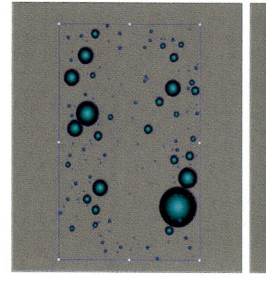 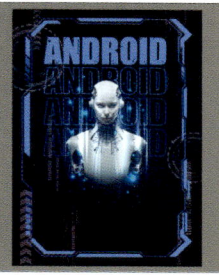

06 메인 정보 입력하기

1   [Layers] 패널에서 '빛장식' 레이어를 잠그고, '정보' 레이어를 새롭게 만듭니다. Pen Tool로 그림과 유사한 도형을 그리고 면색을 검은색으로 설정합니다.

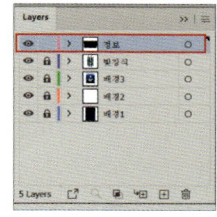 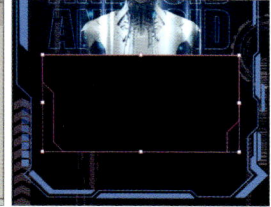

2   [Transparency] 패널을 열고 Opacity 값을 60%로 지정합니다. Ctrl + C , Ctrl + F 를 눌러 제자리에 붙여넣기한 후 면색은 없음, 선색은 #4b92f9로 지정합니다.

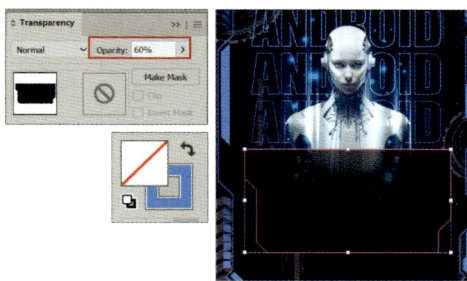

3   복사한 개체는 [Transparency] 패널에서 Opacity 값을 100%로 바꿉니다. Ctrl + F10 을 눌러 [Stroke] 패널을 열고 선 두께를 3pt로 설정합니다.

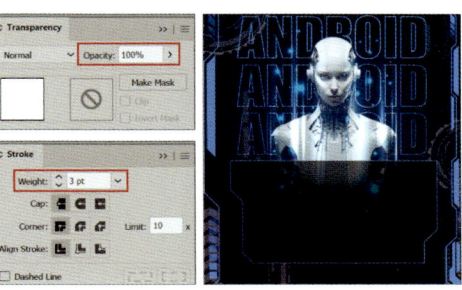

4   Type Tool(문자 도구)을 선택하고 텍스트 박스를
    만듭니다. '행사포스터내용.txt' 파일에서 내용을 복사
    한 뒤, 박스 안에 붙여넣기 하고 면색을 #4b92f9로
    지정합니다. Ctrl + T 를 눌러 [Character] 패널에서
    어울리는 서체로 작업하고 Control 패널에서 가운데
    정렬 버튼을 누릅니다.

    + plus 예제에는 'Myriad Pro-Regular', 30pt로 작업하였습니다.

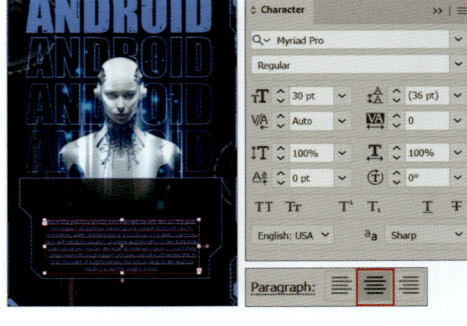

5   바로 위에 'WORLD AI FORUM'을 입력합니다.
    면색을 흰색으로 지정하고 Control 패널에서 가운데
    정렬 버튼을 누릅니다.

    + plus 예제에는 'Impact2.0', 130pt로 작업하였습니다.

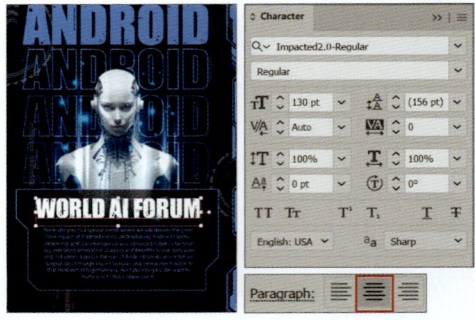

6   Pen Tool로 그림과 유사한 도형 2개를 그립니다.
    면색은 검은색, 선색은 #4b92f9로 지정합니다.
    [Transparency] 패널에서 Opacity 값을 80%로
    설정합니다.

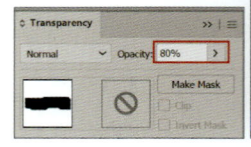
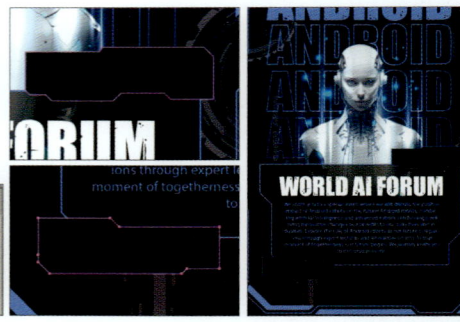

7   각각 'NYT CENTER', '10.28-11.02'로 가상의
    장소와 날짜를 입력하고 Control 패널에서 가운데
    정렬 버튼을 누릅니다.

    + plus 예제에는 'Impact2.0', 80pt로 작업하였습니다.

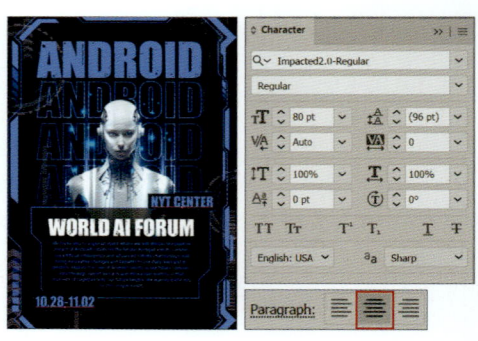

8 Pen Tool로 주변을 꾸며주는 개체를 추가로 그립니다.
   색상은 기존 파란색과 같은 #4b92f9로 지정합니다.
   면색과 선색을 자유롭게 바꿔가며 원하는 디자인으로
   작업해 봅니다.

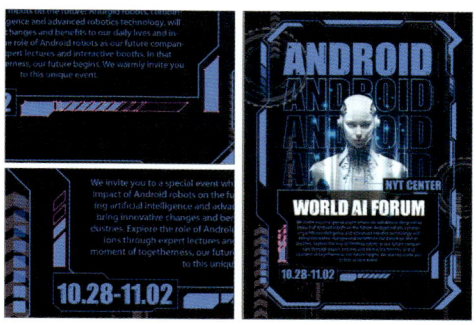

9 우측 하단에는 가상의 주관사 및 후원사를 입력합니다.

   + plus 작은 폰트는 'Myriad Pro' 35pt, Regular와 Semibold를 혼용하
   였고, 큰 폰트는 'BIGMACCA', Regular, 68pt로 작업하였습니다.

10 [File]-[Save As]를 눌러 다른 이름으로 저장합니다.
   파일명은 자유롭게 작성하고 저장합니다.

   Tip
   서체는 아웃라인 처리할 경우 수정이 어렵습니다. 윤곽선으로 만들기
   전에 저장하고, 필요하면 윤곽선 처리한 파일은 따로 저장하여 관리하
   는 것이 좋습니다.

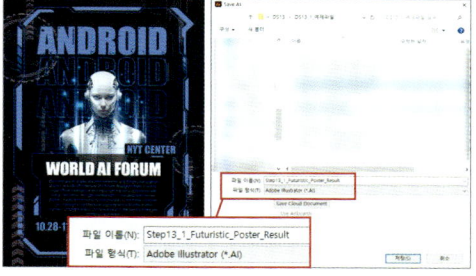

07 이미지로 저장하기

1 [File]-[Export]-[Save for Web (Legacy)]을 클릭합
   니다.

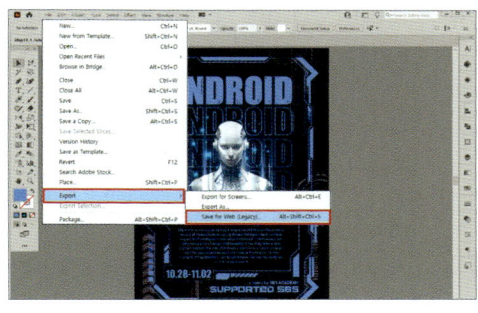

2   옵션창이 나타납니다. ① 형식에서 JPEG ② Quality 목록에서 Maximum을 선택합니다. ③ Image Size 에서 원하는 가로와 세로의 크기를 정합니다. ④ Clip to Artboard를 체크하고 Save를 눌러 저장합니다.

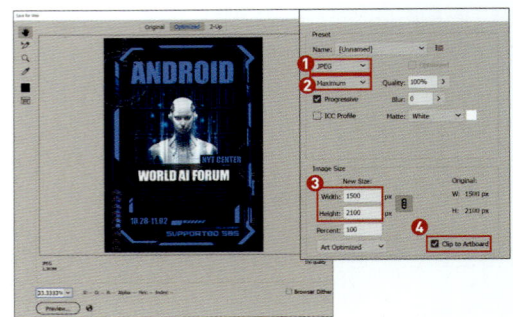

3   파일 이름을 입력하고 형식(Images Only)을 확인한 후 저장을 누릅니다. 만약 경고창이 뜨면 OK를 누릅 니다.

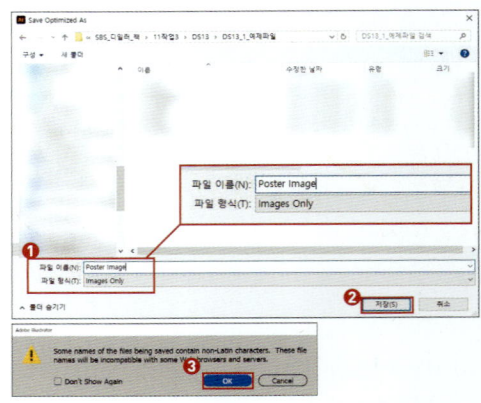

ESSENTIAL THEORY | Save for Web

Save for Web 이란?
Save for Web은 웹 브라우저에서 별도의 프로그램 없이 바로 볼 수 있도록 비트맵(픽셀) 이미지를 저장하는 기능입니다.(예 : Internet Explorer, Chrome, Firefox, Naver Whale, 카카오톡 채팅창 등)
JPG/PNG 등의 파일은 블로그나 채팅창에 바로 업로드하여 웹 브라우저에서 직접 볼 수 있으나 PSD/AI 파일은 웹 브라우저에서 직접 볼 수 없고, 전용 프로그램이 있어야 합니다.

① 형식 선택 : JPG(JPEG), PNG-8, PNG-24, GIF 등 형식 선택
  - JPG(JPEG) : 가장 대중적인 이미지 형식
  - PNG : 배경을 투명하게 처리
  - GIF : 애니메이션 가능, 퀄리티 낮음
② Quality : Low~Maximum까지 5단계
  - High : 용량 절약
  - Maximum : 고해상도 작업
③ Blur : 이미지에 흐림 효과 적용
④ Matte : 배경색 설정(기본값은 흰색)
⑤ Image Size : 이미지의 가로/세로 크기 설정
⑥ Clip to Artboard : 아트보드 크기에 맞춰 이미지 잘라서 보여줌

기능 다시 한 번 익히기 | 예제파일 DS13 > S13_2_연습문제 > Style13_2_exercise_start.ai | 결과파일 DS13 > S13_2_연습문제 > Style13_2_exercise_result.ai

Exercise

Design Style 13에서 학습한 효과들을 응용하여 새로운 디자인을 만들어봅니다.

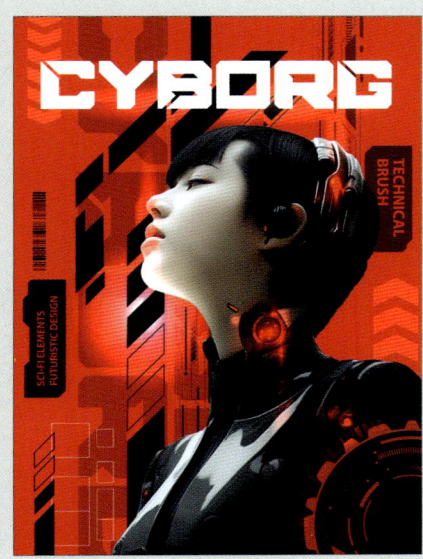

[File]-[Open]으로 'Style13_2_exercise_start.ai' 파일을 엽니다. 다양한 두께와 길이, 방향으로 라인을 그립니다. Design Style 13에서 작업한 '브러쉬_테크7종.ai' 파일을 불러와 브러쉬를 적용합니다. 작업을 마치면 196x266mm 크기의 사각형을 중앙으로 정렬한 뒤 전체 선택하고 Ctrl + 7 을 눌러 클리핑 마스크를 적용합니다.

'펜툴'이라는 레이어를 만들고 검은색 면과 선을 활용하여 45도 각도의 사선, 수직, 수평 등으로 작업하여 그림과 유사한 느낌으로 만들어줍니다. 새로운 레이어를 만들고 Pen Tool로 그림과 유사하게 도형을 그려줍니다. 그 안에 'TECHNICAL BRUSH', 'SCI-FI ELEMENTS', 'FUTURISTIC DESIGN' 등을 입력합니다. 이번에는 이미지를 배치할 새로운 레이어를 만든 후 [File]-[Place]로 'Cyborg_girl.png' 파일을 불러옵니다. 이미지에 X 표시가 나타나면 [Embed]를 누릅니다.

새로운 레이어를 추가하고 원을 그려 다양하게 브러쉬를 적용합니다. 빛을 표현할 레이어에는 Design Style 13에서 작업한 그라디언트 원들을 활용해 색을 바꿔 적용합니다. 모두 블렌드 모드를 Color Dodge로 바꾼 뒤 Opacity 값을 원하는 만큼 조절합니다. 마지막으로 타이틀을 작업할 레이어를 만들고 'CYBORG'를 입력합니다. 색상은 흰색으로 어울리는 서체와 크기를 지정하고 작업을 마무리합니다.

Design Style 14
Blend Illustration
블렌드 도구를 활용한 일러스트

Skill Point

블렌드는 서로 색이나 형태가 다른 두 개 이상의 개체를 이어주는 기능입니다. 선, 곡률, 선 두께, 색, 투명도 등을 조절하여 배경과 어우러지는 자연스러운 표현을 만들 수 있습니다.

Keyword

Blend # Freeform Gradient
Transparency # Width Profile
Search Keyword : linocut design, adobe illustrator blend linocut

Before you Design

블렌드 도구
일러스트레이터에서 블렌드 도구는 두 개의 개체를 자연스럽게 변화시키는 기능으로, 다양한 응용이 가능하여 인기 있는 기능입니다. 이번 예제에서는 블렌드 도구를 활용한 라인아트 작업 방법을 소개합니다. 라인아트 작업은 펜 툴을 사용하여 곡선을 만드는 것부터 시작합니다. 처음부터 마음에 드는 곡선을 만들기 위해 조절하며 작업하는 것을 권장합니다.

라인 밑 작업
디지털 드로잉에 익숙하지 않다면 밑그림을 활용하여 곡선을 예쁘게 그려보세요. 이번 예제에서는 밑그림 파일을 제공하여 라인 밑 작업을 쉽게 따라할 수 있도록 도와드립니다.

특징 및 표현법
- 라인아트는 곡률에 따라 자연스럽게 표현됩니다. 점의 개수와 핸들의 길이를 조절하여 원하는 곡선을 만들어보세요.
- 곡선의 두께, 투명도, 색상 등을 배경에 어울리도록 조절하여 더욱 자연스러운 표현을 만들 수 있습니다.

Designer Gallery

< Blend : Line Artwork / 그래픽 디자이너 조연지 >

< Blend : Replace Spine and Roughen >

예제 파일 DS14 > S14_1_예제파일 > Style14_1_Blend_start.ai
결과 파일 DS14 > S14_1_예제파일 > Style14_1_Blend_result.ai

01 블렌드를 활용하여 라이노컷 작업하기

블렌드 도구를 사용하여 다양한 디자인 효과를 만들 수 있습니다. 그중 라인을 판화처럼 만드는 Linocut Design을 진행해 보겠습니다.

1 [File]-[Open]으로 'Style14_1_blend_start.ai' 파일을 엽니다. 물고기 스케치 그림이 준비되어 있습니다.

2 면색 없이 선색만 검은색으로 설정합니다. 화면을 확대하고 Pen Tool(펜 도구)을 선택합니다. 블렌드를 만들기 위해 라인을 2개 그립니다. Ctrl + F10 을 눌러 [Stroke] 패널을 열고 Width Profile을 첫 번째 모양으로 바꿉니다.

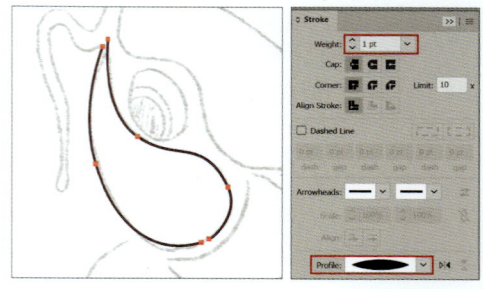

3 두 개체를 모두 선택하고 블렌드 실행 명령인 Ctrl + Alt + B 를 누릅니다. 기본 블렌드가 적용되며 가운데 라인이 추가로 생성됩니다.

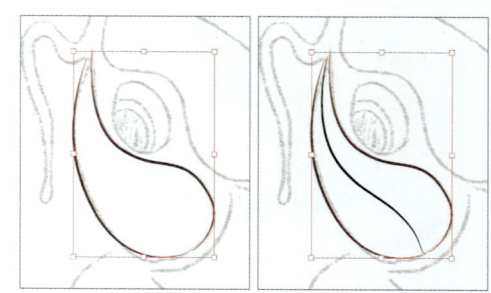

4 개체가 선택된 상태에서 Blend Tool(혼합 도구)을 더블 클릭합니다. Spacing을 Specified Steps로 8을 입력하고 OK를 누릅니다.

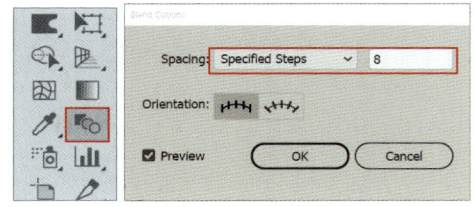

+ plus 블렌드를 미리 만들고 수정하는 이유는 미리보기를 편하게 보기 위해서입니다. 수치가 마음에 들지 않는다면 바꿔도 무방합니다.

5 블렌드가 적용된 것을 확인합니다. Width Tool(폭 도구)로 조금 더 두껍게 만들고 싶은 부분을 드래그하여 두께를 조절합니다.

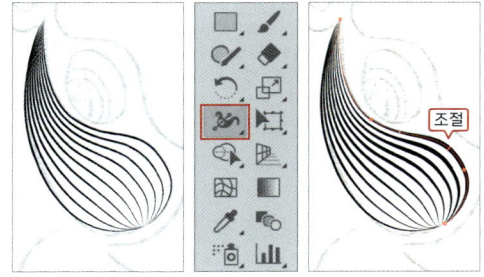

6 스케치를 따라 2개의 라인을 그립니다. 이전과 동일하게 Width Profile 1로 설정합니다.

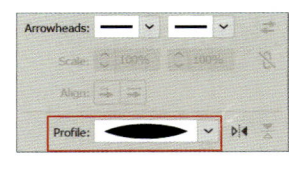

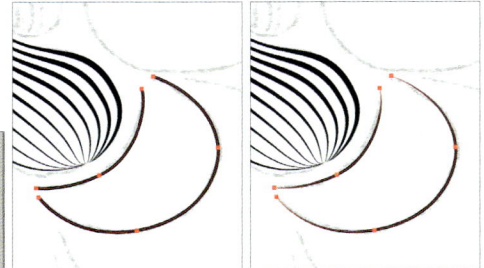

7 Ctrl + Alt + B 를 눌러 적용한 뒤 Blend Tool을 더블 클릭합니다. 이전과 동일하게 Steps로 6을 입력하고 OK를 누릅니다.

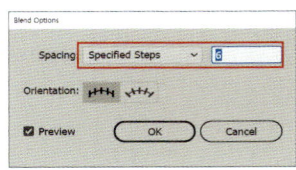

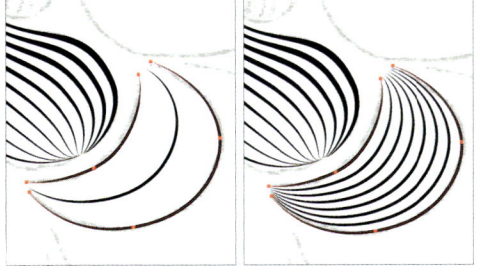

8 Width Tool로 아래쪽 라인이 조금 더 두꺼워지도록 드래그하여 조절합니다. 수정을 원하는 부분이 있다면 Direct Selection Tool(직접 선택 도구)로 점을 이동하거나 핸들을 조절하여 자연스럽게 만들어줍니다.

Design Style 14 - Blend Illustration

9   물고기 머리 부분에 왼쪽부터 순서대로 라인을 3개 그립니다. 선 두께를 2pt, Width Profile 1로 설정합니다.

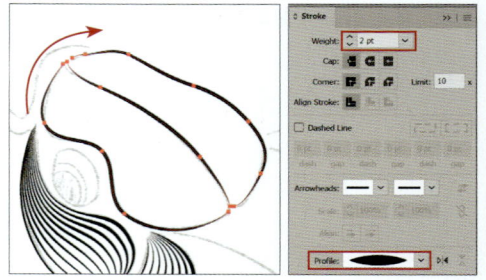

10 3개 라인을 모두 선택하고 Ctrl + Alt + B 를 누릅니다. Blend Tool을 더블클릭하여 Steps로 8을 입력하고 OK를 누릅니다.

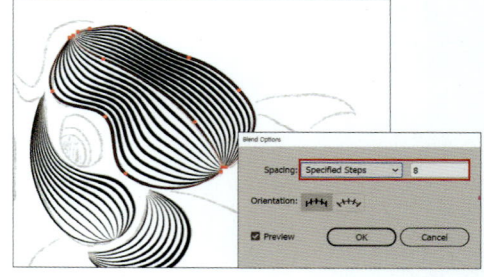

02 물고기 몸통 부분 블렌드 만들고 조절하기

1   Pen Tool로 몸통 부분에 라인을 3개 그립니다. 모두 선택하고 Ctrl + Alt + B 를 누릅니다. Blend Tool을 더블클릭하여 Steps로 10을 입력하고 OK를 누릅니다.

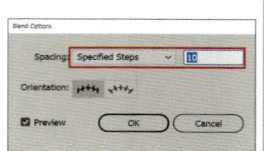 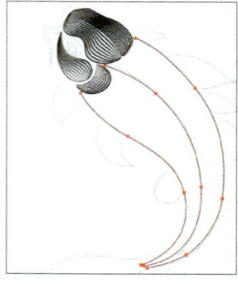 

2   Width Tool로 라인의 두께를 조절합니다. 위쪽은 두껍게, 아래쪽은 얇아지도록 섬세하게 작업합니다.

+ plus 다듬어야 할 부분이 있다면 점의 위치와 핸들을 조절하여 자연스럽게 만들어줍니다.

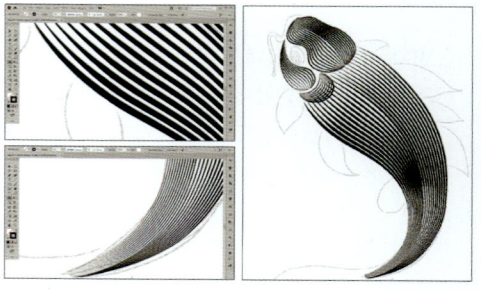

3 끝부분의 점 3개를 같은 위치로 이동합니다.

   Tip
   처음부터 같은 위치에 그리면 선이 연결되어 블렌드가 만들어지지 않기 때문에 떨어지게 그린 뒤 나중에 위치를 옮깁니다.

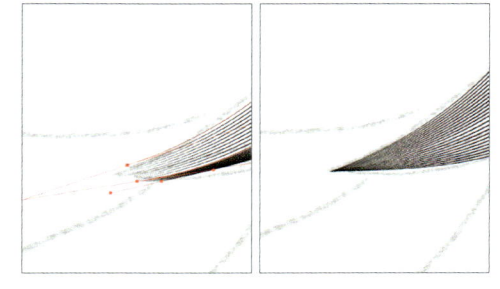

4 몸통 개체를 선택합니다. [Object]-[Blend]-[Expand]로 확장합니다.

   Tip
   Expand Appearance는 선까지 모두 확장합니다. 따라서 블렌드 작업을 할 때에는 Expand를 적용해야 선인 상태가 유지됩니다.

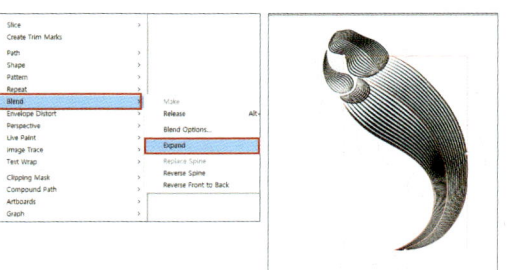

5 Direct Selection Tool로 겹치는 부분의 점을 하나씩 이동하여 모양을 다듬어줍니다.

03 물고기 배경 베이스 만들기

물고기의 머리-몸통 부분과 지느러미가 겹치는 부분이 지저분하게 만들어질 수 있으므로 베이스 개체를 만들어 보겠습니다.

1 `Ctrl` + `A` 로 전체 선택한 후 `Ctrl` + `2` 를 눌러 개체를 잠급니다. Pen Tool로 머리와 몸통 부분을 둘러싸듯이 외곽을 그려줍니다.

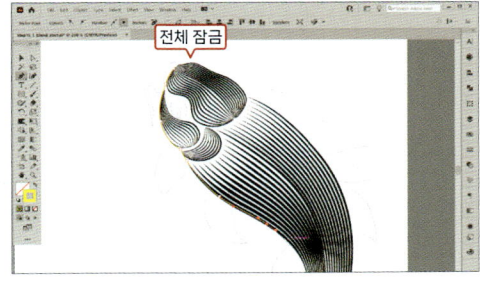

2 시작점으로 돌아와 막힌 개체로 만들고 면색을 지정합니다. `Ctrl`+`Shift`+`[`를 눌러 맨 뒤로 배열합니다.

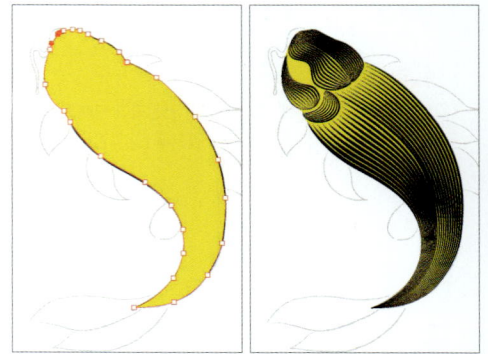

3 `F7`을 눌러 [Layers] 패널을 엽니다. 작업하던 Layer 2를 잠그고, 새로운 레이어를 만듭니다. Layer 2의 눈을 끕니다.

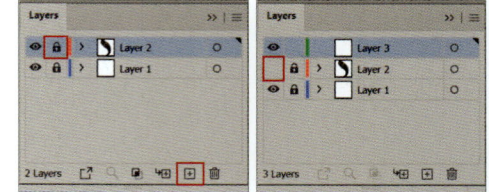

4 완만한 곡선으로 지느러미를 모두 그립니다. 꼬리지느러미는 한 개만 그립니다.

+ plus 펜 도구로 곡선을 유려하게 만들 수 있어야 합니다.

5 `Ctrl`+`A`로 전체 선택한 후 `Ctrl`+`C`로 복사하고 바로 `Ctrl`+`2`로 모든 개체를 잠급니다. `Ctrl`+`F`로 제자리에 붙여넣기 한 뒤 면색 없이 선색을 검은색으로 지정합니다.

04 지느러미 블렌드로 표현하기

1. Scissors Tool(가위 도구)로 지느러미 위와 아래의 뾰족한 점 두 곳을 클릭하여 패스를 끊습니다.

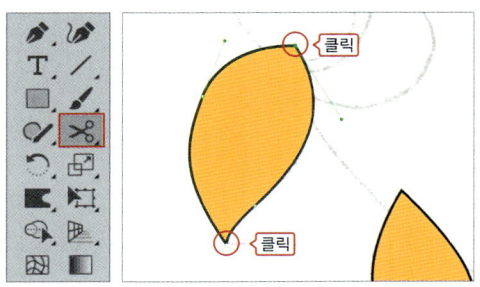

2. [Stroke] 패널에서 Width Profile 1로 설정하고 Ctrl + Alt + B 로 블렌드를 적용합니다.

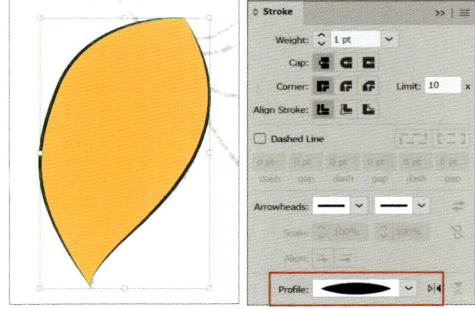

3. Blend Tool을 더블클릭하여 Steps로 18을 입력하고 OK를 누릅니다.

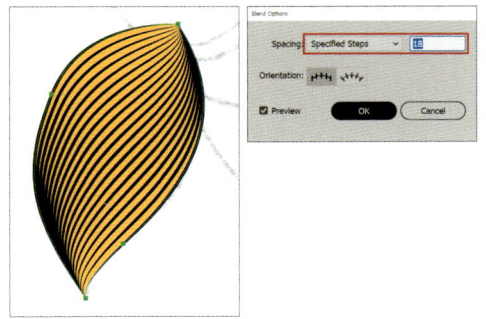

4. 나머지 지느러미도 모두 같은 방법으로 작업합니다. 크기에 따라 블렌드의 개수를 다르게 하거나, Width Tool로 선 두께를 임의로 조절합니다. Ctrl + Alt + 2 로 잠긴 개체를 해제합니다.

5   꼬리 쪽 개체를 모두 선택하고 복사합니다. Reflect Tool(반사 도구)을 더블클릭하여 Horizontal을 선택하고 OK를 누릅니다.

6   `Ctrl`+`Shift`+`[`로 맨 뒤로 배열합니다. 스케치를 무시하고 그림과 같이 배치합니다. [Layers] 패널에서 Layer 2를 가장 위로 이동하고 잠금을 해제합니다.

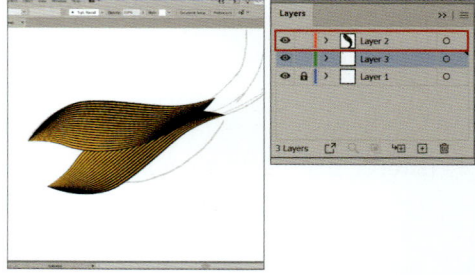

05 눈과 수염 표현하기

1   Layer 2와 Layer 3의 눈을 끄고, 새로운 레이어를 만들어 가장 위로 이동합니다. 눈 개체의 가장 큰 외곽을 막힌 개체로 만들고 면색에 기본 그라디언트를 적용합니다.

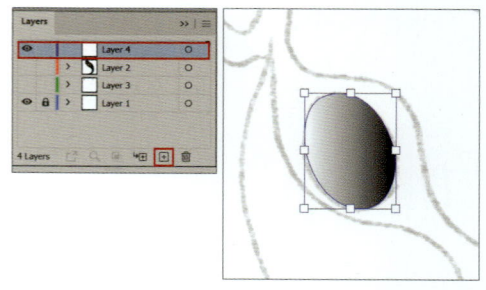

2   Gradient Tool(그라디언트 도구)을 클릭하고 원의 왼쪽 색상점을 K20, 오른쪽 색상점을 K5로 입력합니다.

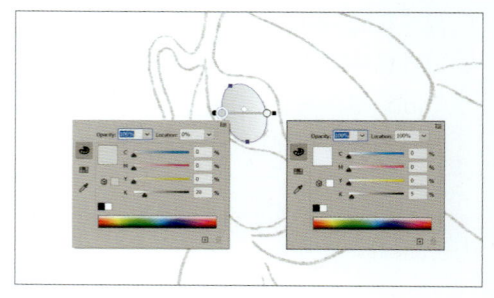

3   개체에 검은색 선을 적용합니다. Width Tool로 일부는 두껍게 일부는 얇게 조절합니다.

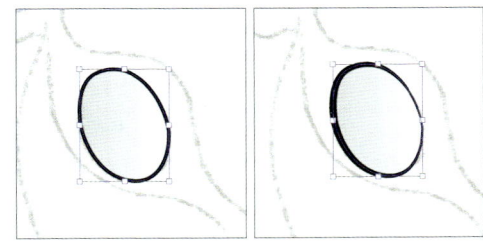

4   타원을 회전시켜 눈 위에 올립니다. 안쪽은 진한 갈색, 바깥쪽은 연한 갈색으로 방사형 그라디언트를 적용하고 눈 모양에 맞게 간격을 조절합니다.

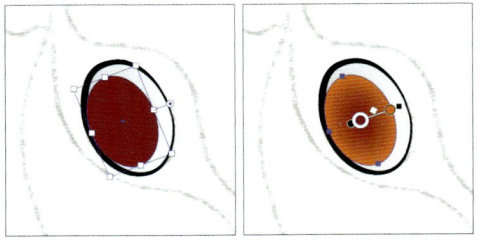

5   검은색 타원을 눈 안쪽에 배치하고, 그 위에 작은 흰색 타원을 그려 눈의 반짝거리는 부분을 표현합니다.

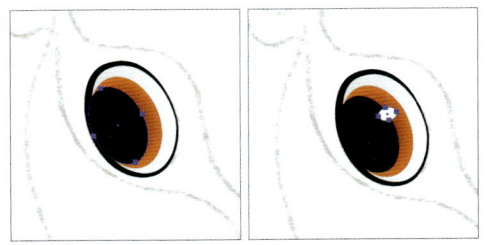

6   하나의 라인으로 수염 부분을 그립니다. 두께는 3pt, Cap 모양은 둥글게 처리합니다.

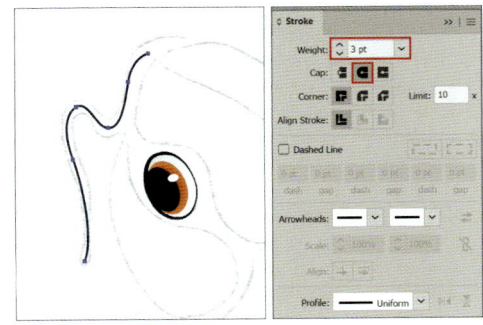

7   Width Tool로 선 두께를 조절하여 그림과 유사하게 만들고 [Object]-[Expand Appearance]를 눌러 면으로 확장합니다.

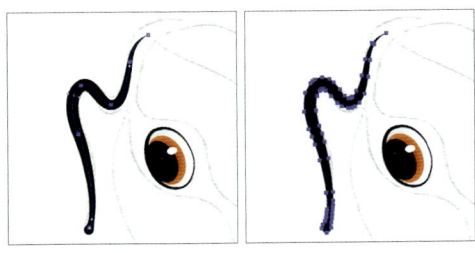

06 색상 표현하기

1. [Layers] 패널을 엽니다. 'Layer 1'을 삭제하고 경고 창이 뜨면 Yes를 누릅니다. 'Layer 2'를 선택하고 `Ctrl` + `Alt` + `2` 를 눌러 잠긴 개체를 해제합니다.

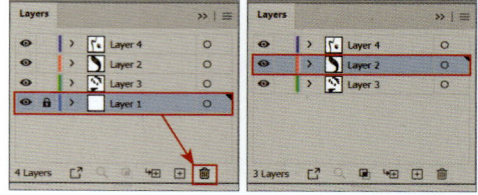

2. Selection Tool(선택 도구)로 몸통의 노란색 개체를 더블클릭합니다. 해당 개체만 작업할 수 있는 Isolation 모드로 바뀝니다. 개체를 선택하고 `Ctrl` + `F9` 를 눌러 [Gradient] 패널을 열고 Freeform Gradient를 선택합니다.

   + plus 여기까지의 과정이 'Style14_1_blend_start_course1.ai'으로 저장되어 있습니다.

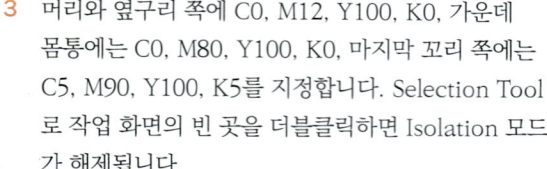

3. 머리와 옆구리 쪽에 C0, M12, Y100, K0, 가운데 몸통에는 C0, M80, Y100, K0, 마지막 꼬리 쪽에는 C5, M90, Y100, K5를 지정합니다. Selection Tool 로 작업 화면의 빈 곳을 더블클릭하면 Isolation 모드 가 해제됩니다.

4. 지느러미 부분을 확대하여 아래쪽 면 개체를 더블클릭 합니다. 선형 그라디언트를 선택하고 양쪽 색상은 C0, M90, Y100, K0, 오른쪽은 Opacity를 0%로 지정합니 다. 그라디언트를 직접 드래그하여 방향을 설정합니다. 작업을 마치면 그라디언트를 [Swatches] 패널에 저장 합니다.

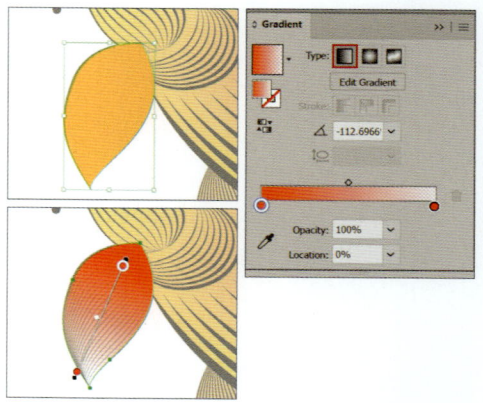

✅ 그라디언트 패널에서 바로 등록하기

그라디언트 패널에서 바로 스와치에 등록하기
① 그라디언트 패널 타일 섬네일의 목록 열기를 누릅니다.
② 목록 하단의 "Add to Swatches" 아이콘을 클릭합니다.
③ Swatches 패널에 등록되었는지 확인합니다. (폴더에 저장되지 않고 상단 목록에 추가)

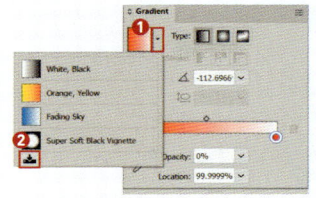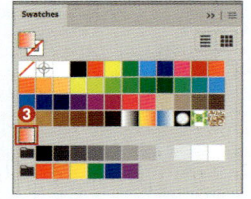

5. 다른 지느러미 부분도 동일하게 작업합니다. 양쪽 색상은 C0, M100, Y70, K0이며 오른쪽은 투명하게 처리합니다. 그라디언트 방향을 직접 설정하고 [Swatches] 패널에 저장합니다.

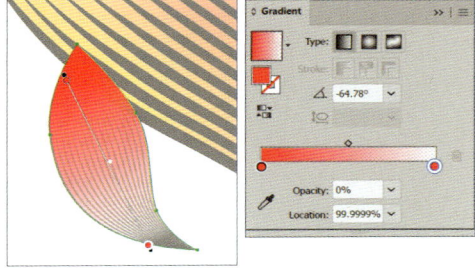

6. 다른 지느러미 부분도 동일하게 작업합니다. 양쪽 색상은 C20, M100, Y60, K0이며 오른쪽은 투명하게 처리합니다. 그라디언트 방향을 직접 설정하고 [Swatches] 패널에 저장합니다.

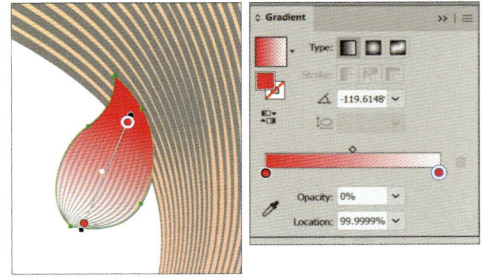

7. 반대쪽 지느러미도 저장했던 그라디언트들을 이용해 비슷하게 작업합니다. 꼬리지느러미를 확대하고 안쪽 면 개체를 더블클릭합니다.

8 왼쪽은 C67, M0, Y34, K0, 가운데는 C90, M100, Y20, K30, 마지막은 C0, M100, Y100, K0으로 지정합니다. 그라디언트 방향을 직접 설정하고 [Swatches] 패널에 저장합니다.

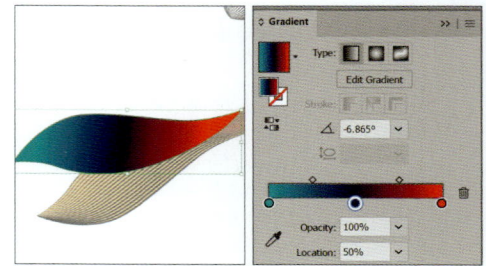

9 남은 꼬리지느러미도 그라디언트를 적용합니다. 가운데 적용된 남색은 삭제하고 왼쪽을 투명하게 처리합니다.

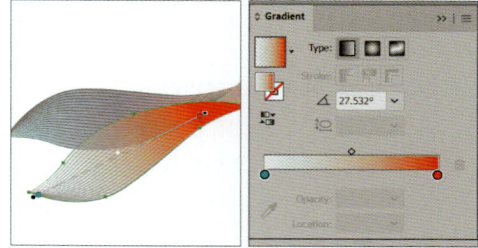

10 Ctrl + A 로 모든 개체를 선택한 뒤 [Object]-[Blend]-[Expand]를 눌러 모든 블렌드 개체를 선으로 활성화합니다. 다시 [Object]-[Expand Appearance]를 눌러 면 개체로 확장합니다.

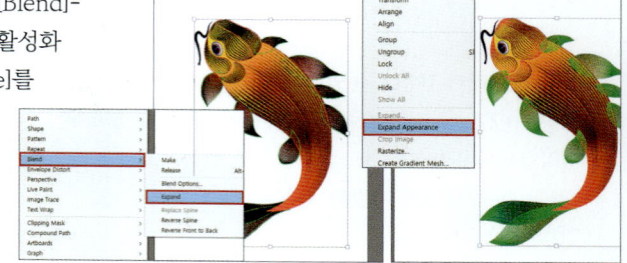

11 검은 개체 부분을 선택하면 한 덩어리씩 그룹으로 되어 있습니다. Ctrl + 8 을 눌러 하나의 개체로 결합합니다. 개체가 투명해지면 견본 패널에 등록해 둔 그라디언트를 적용하고 방향을 직접 설정합니다.

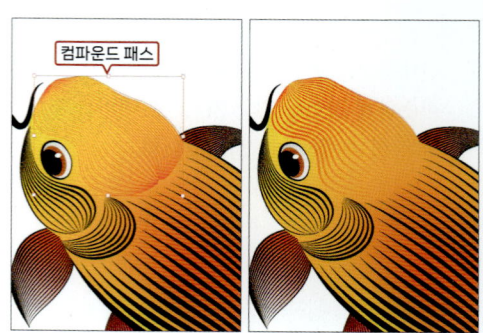

12 나머지도 동일하게 작업합니다. 먼저 컴파운드 패스로 결합하고 개체의 면색에 그라디언트나 단색을 적용합니다.

13 몸통의 검은색 개체를 선택하고 Ctrl + 8 을 누릅니다. 그라디언트 첫 번째 색상점은 C0, M90, Y100, K0, 두 번째 색상점은 C90, M100, Y20, K30, 세 번째 색상점은 C0, M100, Y100, K0으로 지정하고 각도나 위치 등도 조정합니다.

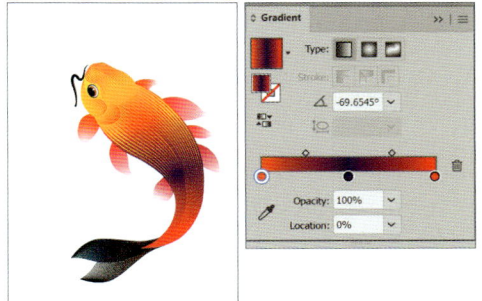

14 꼬리지느러미도 동일하게 작업합니다. 양쪽 색상은 C90, M100, Y20, K30이며 한쪽은 투명하게 처리합니다.

15 물고기의 수염은 C0, M12, Y100, K0으로 지정합니다.

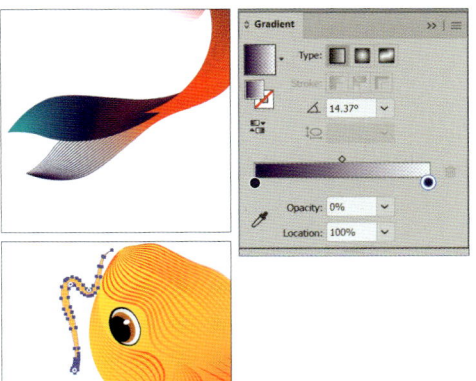

07 그림자와 물 질감 표현하기

1 [Layers] 패널을 열고 가장 하단에 새로운 레이어를 추가합니다. 문서 사이즈와 같은 크기의 사각형을 그린 뒤 면색을 임의로 설정합니다.

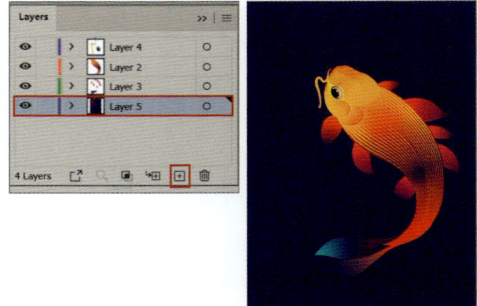

2 [Gradient] 패널에서 Freeform Gradient를 선택합니다. 색상점을 5개를 만듭니다. 가운데와 왼쪽 아래는 C90, M100, Y20, K30의 메인 색상을 사용합니다. 그 외의 색은 각각 C65, M100, Y35, K27과 C100, M80, Y34, K24와 C100, M100, Y30, K45를 지정합니다.

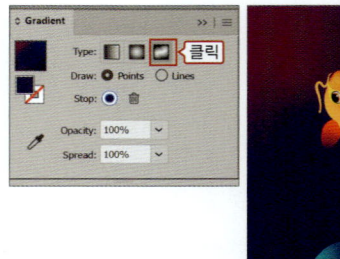

3 'Layer 2'를 선택하고 잉어의 몸통 중 아래쪽 그라디언트 개체를 선택합니다. 복사 후 F7 을 눌러 [Layers] 패널을 엽니다. 밑에서 두 번째 위치에 새로운 레이어를 만듭니다.

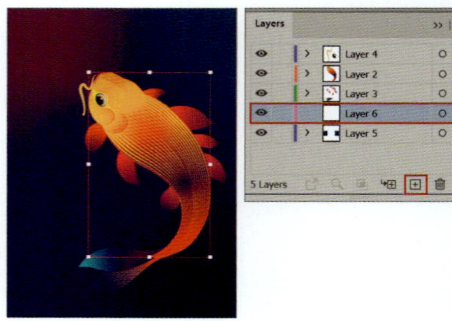

+ plus 여기까지의 과정이 'Style14_1_blend_start_course2.ai'으로 저장되어 있습니다.

4 'Layer 6'을 선택하고 붙여넣기 합니다. 마우스 오른쪽 버튼을 눌러 Release Clipping Mask를 누르고 이미지에 X 표시가 뜬 개체만 삭제합니다.

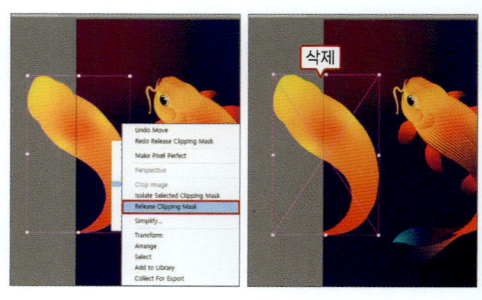

5   삭제했던 위치에 색이 없는 투명한 개체를 선택하고
     면색을 검은색으로 설정합니다.

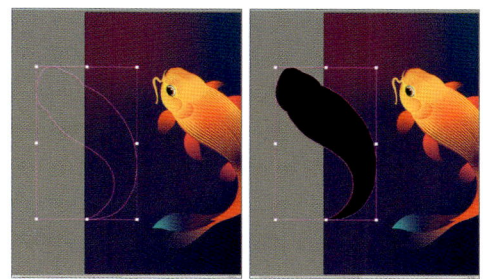

6   'Layer 3'을 선택하고 지느러미 그라디언트 개체들을
     모두 선택합니다. 이때, 블렌드로 만든 복잡한 개체가
     아닌 아래쪽 개체를 선택해야 합니다. 복사한 뒤
     'Layer 6'을 선택하고 붙여넣기 합니다. 그룹으로
     만들고 지느러미 개체를 몸통으로 이동합니다.

7   몸통과 지느러미를 모두 선택하고 패스파인더에서
     모든 개체를 합칩니다. 면색은 검은색이며 [Effect]-
     [Blur]-[Gaussian Blur]를 클릭하고 10을 입력합니다.
     Ctrl + Shift + F10 을 눌러 [Transparency] 패널을
     열고 블렌드 모드를 Multiply, Opacity 값을 30%로
     설정합니다.

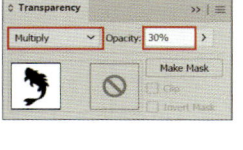

8   [Layers] 패널을 열어 가장 위에 빈 레이어를 만들고
     나머지는 모두 잠급니다. Pen Tool로 흰색, 선 두께
     는 5pt로 설정하고 그림과 같이 곡선을 그립니다.

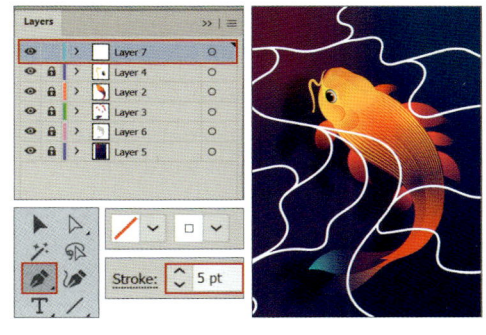

9 Width Tool로 선 두께를 조절합니다. 일부는 굵고 일부는 얇게 만들어 자연스럽게 변화하는 물결을 표현합니다.

> **Tip**
> Width Tool을 사용할 때 `Alt` 키를 누른 채로 선 두께를 조절하면 양쪽의 두께를 다르게 조절할 수 있습니다.

10 모든 개체를 선택하고 [Object]- [Expand Appearance]로 확장합니다. 패스파인더 패널에서 Unite를 누르면 모두 합쳐진 면이 됩니다.

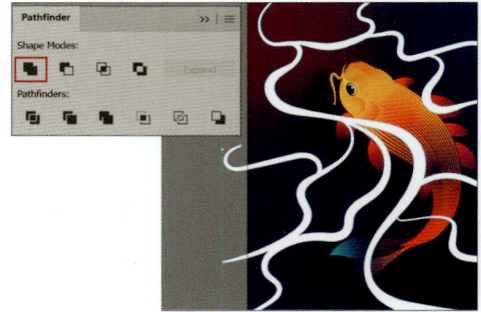

11 [Object]-[Path]-[Simplify]를 실행합니다. 화면에 조절창이 나타나면 슬라이더를 왼쪽으로 조절하여 점의 개수와 복잡도를 줄입니다.

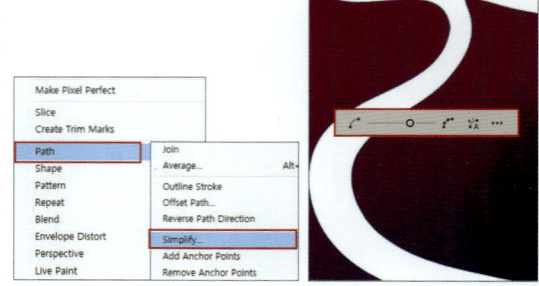

12 뾰족한 부분을 찾아 확대하고, Direct Selection Tool로 핸들을 조절하거나 Smooth Tool(매끄럽게 도구) 등을 활용하여 둥근 모양으로 만듭니다.

> **+ plus** 여기까지의 과정이 'Style14_1_blend_start_course3.ai'으로 저장되어 있습니다.

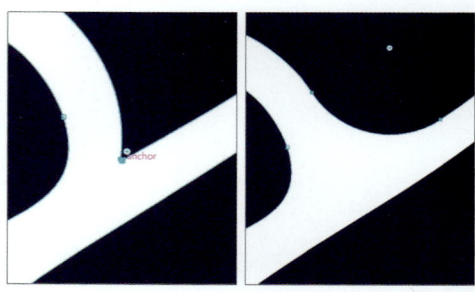

13 합쳐진 개체를 Ctrl + 8 을 눌러 결합합니다. [Gradient] 패널에서 흰색 색상 점을 6개로 만듭니다. 2번째, 4번째, 6번째 Opacity 값은 0%, 각도는 90도로 입력합니다. 위치는 랜덤으로 설정합니다.

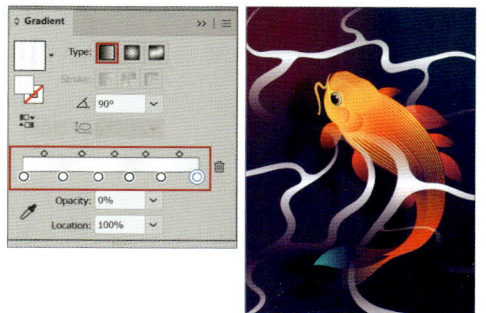

14 [Effect]-[Blur]-[Gaussian Blur]를 실행하고 값을 15px 입력하고 OK를 누릅니다. [Transparency] 패널을 열고 Opacity 값을 40%로 입력합니다.

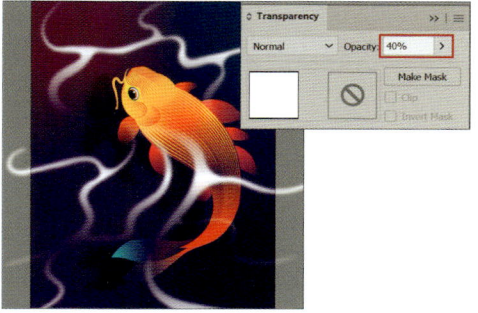

15 [Object]-[Path]-[Offset Path]를 실행하고 값을 -2mm 입력한 뒤 OK를 누릅니다.

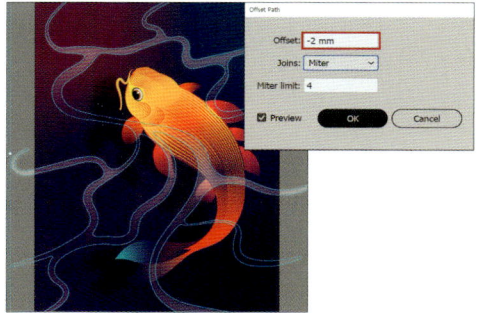

16 다시 [Offset Path]를 실행하고 값을 -1.5mm 입력한 뒤 OK를 누릅니다. 안쪽으로 점점 작아지면서 중첩되는 효과를 만듭니다.

Tip
만약 흰색이 너무 강하게 표현된다면 Opacity 값을 원하는 만큼 낮춰줍니다.

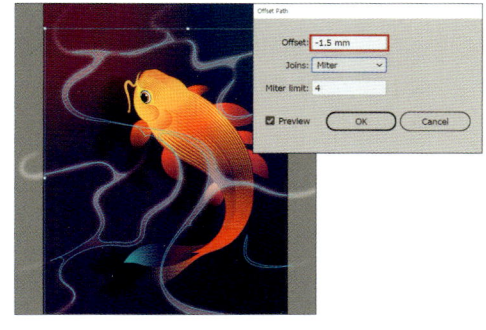

17 210×280mm 사각형을 만들어 전체 선택한 뒤 Ctrl + 7 를 눌러 클리핑 마스크를 적용합니다.

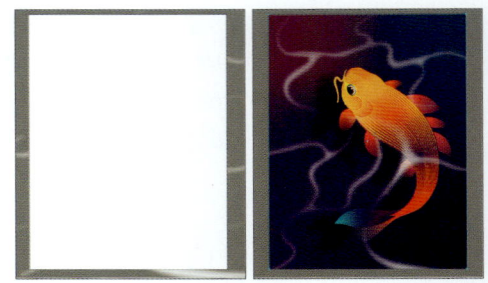

08 그라디언트 메쉬로 물방울 만들기

1 물고기 입 주변에 흰색 정원을 그립니다. Mesh Tool(망 도구)을 선택하고 중앙을 클릭하여 메쉬를 만듭니다.

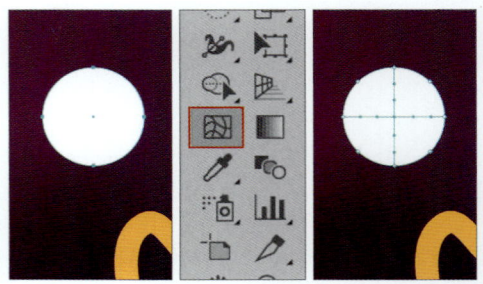

2 바로 [Transparency] 패널을 열고 Opacity 값을 30%로 지정하여 해당 점의 투명도를 낮춥니다.

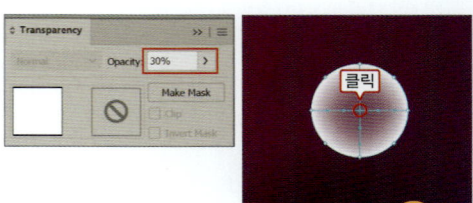

3 Mesh Tool로 위쪽에 점을 추가하고 Opacity 값을 0%로 지정하여 해당 점을 투명하게 만듭니다.

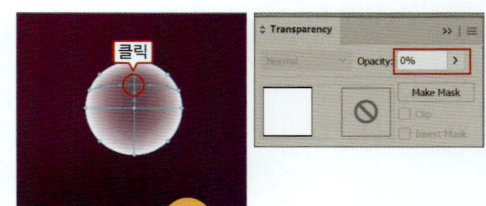

4   만든 개체를 다양한 크기와 각도로 여러 개 복사합니다. 투명도 값을 40~80%로 다양하게 적용하여 기포를 자연스럽게 표현해 줍니다.

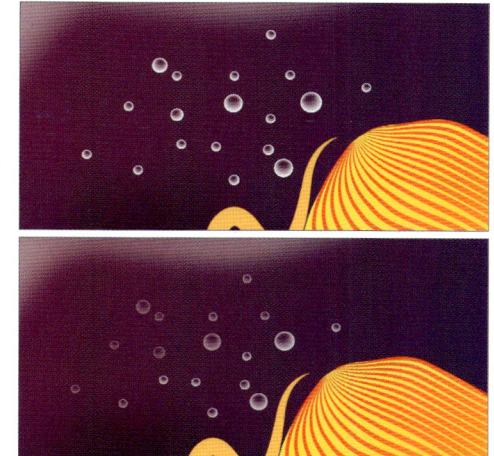

5   전체적으로 개체의 배치와 블렌드, 색상, 그라디언트 등 어색한 부분이 없는지 확인하고 작업을 마무리합니다.

예제 파일　　DS14 > S14_1_예제파일 > Style14_1_Blend2_start.ai
결과 파일　　DS14 > S14_1_예제파일 > Style14_1_Blend2_result.ai

09 Replace Spine 활용하기

블렌드 명령 중 이미 만들어진 블렌드 개체를 다른 Path에 옮길 수 있는 Replace Spine(곡선 바꾸기) 명령을 활용합니다.

1. [File]-[Open]으로 'Style14_1_blend2_start.ai' 파일을 엽니다. 블렌드를 만들 개체와 라인이 있습니다.

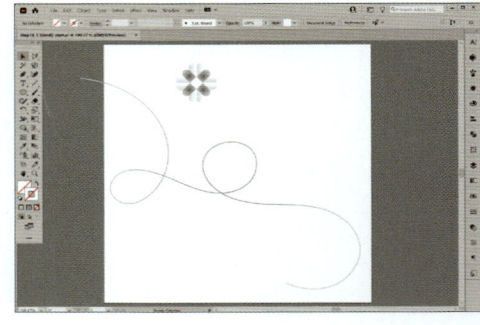

2. 블렌드를 적용할 개체를 선택하고 오른쪽으로 복사합니다. 두 개체를 선택하고 Ctrl + Alt + B 를 누르면 기본 블렌드가 적용됩니다.

   + plus　기본 블렌드는 Smooth Color 옵션이지만, 그라디언트가 적용된 개체는 Smooth Color가 단색처럼 부드럽게 적용되지 않습니다.

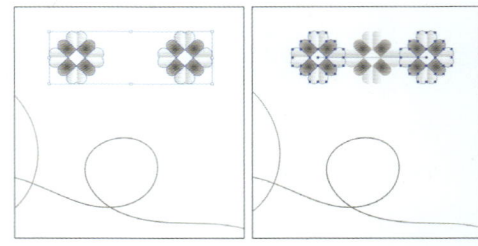

3. 개체를 선택하고 Blend Tool을 더블클릭합니다. Spacing 목록에서 Specified Distance를 선택하고 값을 0.5mm 입력한 뒤 OK를 누릅니다. 블렌드 옵션이 바뀝니다.

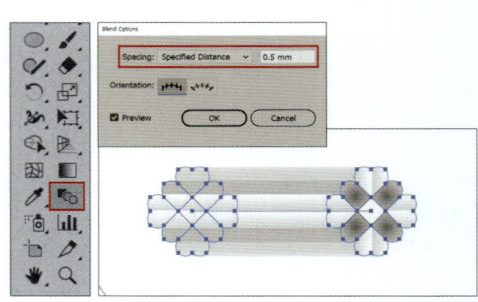

4 미리 그려둔 패스와 블렌드 개체를 함께 선택합니다.
   [Object]-[Blend]-[Replace Spine]을 클릭하면 블렌
   드가 패스로 옮겨집니다.

   + plus 블렌드를 미리 만들고 수정하는 이유는 편하게 보기 위해서입니다.
   수치가 마음에 들지 않는다면 바꿔도 무방합니다.

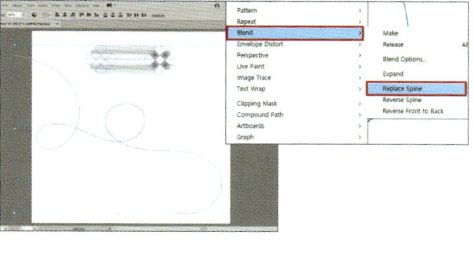

5 Group Selection Tool(그룹 선택 도구)로 블렌드
   개체를 두 번 클릭하면 그룹 개체가 모두 선택됩니다.
   이때 Ctrl 키를 누르면 바운딩 박스가 나타납니다.
   Alt + Shift 까지 누르고 드래그하여 정비율로 크기를
   작게 줄입니다.

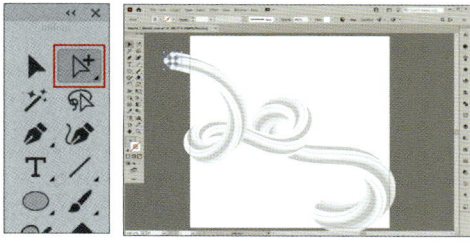

6 다시 개체 전체를 선택하고 [Effect]-[Distort &
   Transform]-[Roughen]을 클릭합니다. Size를 12%,
   Detail을 100으로 설정하고 OK를 누릅니다.

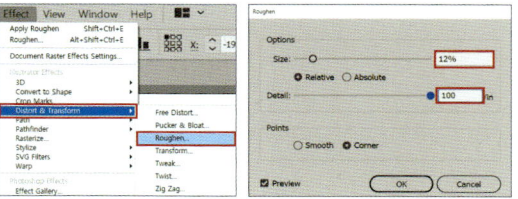

7 문서 크기와 동일한 150×150mm 사각형을 만듭니다.
   전체 선택하고 Ctrl + 7 을 눌러 클리핑 마스크를 적용
   합니다. 어울리는 그라디언트 배경과 텍스트를 추가하여
   작업을 마무리합니다.

✓ Effect 효과 수정하기

Effect 수정
만약 Effect 명령으로 실행한 효과가 마음에 들지 않는다면, Appearance 패널에서 수정할 수 있습니다.
개체를 선택하고 Appearance 패널을 열면 Blend 효과 목록이 보입니다. 이름을 더블클릭하여 수정이 가
능합니다.

Blend 해제
블렌드 효과는 Object 효과로, Appearance 패널에는 등록되지 않습니다. (Appearance 패널에는
Effect 효과만 등록 가능합니다.) 블렌드 효과를 해제하려면 메뉴에서 [Object]-[Blend]-[Release]
를 클릭합니다. 예시와 같은 블렌드는 확장하면 점이 너무 많아져 과부하가 걸릴 수 있으므로, [Object]-
[Expand] 명령은 되도록 실행하지 않는 것이 일반적입니다.

기능 다시 한 번 익히기 | 예제파일 📁 DS14 > S14_2_연습문제 > Style14_2_exercise1_start.ai | 결과파일 📁 DS14 > S14_2_연습문제 > Style14_2_exercise1_result.ai

Exercise

Design Style 14에서 학습한 블렌드 효과를 응용하여 새로운 디자인을 만들어봅니다.

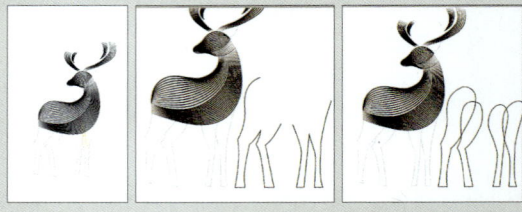

다리 4개는 따로 만들어야 각각 블렌드를 적용할 수 있습니다. 사본 개체를 가져와 다리 쪽만 패스를 남깁니다. 다리를 각각 만들기 위해 Scissors Tool이나 Pen Tool 등을 사용하여 점을 끊고 이어서 막힌 도형으로 작업합니다. (이때, 다리 개체를 사본으로 만들어둡니다.)

[File]-[Open]으로 'Style14_2_exercise1_start.ai' 파일을 열면 사슴 개체의 외곽이 그려져 있습니다. 먼저 2개의 사본을 만들어 작업 화면 바깥쪽으로 이동시킵니다. 작업 영역에 있는 사슴 개체에 블렌드를 적용하기 위해 가로지르는 라인들을 추가로 그립니다. 모두 선택하고 패스파인더 Divide 기능으로 모두 분리합니다.

다리 개체를 각각 2개의 라인으로 바꾼 다음 원하는 두께와 단계로 블렌드를 적용합니다. 어색한 부분은 없는지 확인하고 작업한 레이어는 잠시 잠가둡니다. 그 아래 새로운 레이어를 만들어 복사해 둔 몸통과 다리 개체에 그라디언트 색상을 적용합니다. 그라디언트의 색상, 투명도, 위치 등을 설정하고 효과 패널에서 블렌드 라인도 흰색으로 만든 뒤 투명도를 적용하여 자연스럽게 표현합니다.

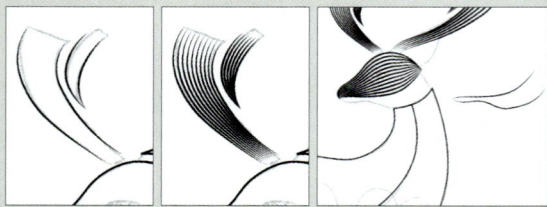

블렌드를 만드려면 적용할 라인 2개가 필요합니다. Scissors Tool이나 Pen Tool 등을 다양하게 활용하여 라인 2개로 개체를 만들어줍니다. Width Profile을 1번으로 양 끝을 뾰족한 모양으로 바꾸고 원하는 설정값으로 블렌드를 적용합니다. 얼굴이나 몸통 부분처럼 겹치는 부분은 작업할 때 불편할 수 있습니다. 잠시 옆으로 옮겨 작업하거나, 임시로 잠그는 방법 등을 활용합니다.

가장 하단에 배경으로 작업할 새로운 레이어를 만들고 나머지는 모두 잠급니다. 원하는 색으로 메쉬를 만들고 자연스러운 표현을 위해 점들을 이동합니다. 새로운 원을 그려 작업한 메쉬와 어울리는 색으로 그라디언트를 적용하고 작업을 마무리합니다.

| 기능 다시 한 번 익히기 | 예제파일 📁 DS14 > S14_2_연습문제 > Style14_2_exercise2_start.ai | 결과파일 📁 DS14 > S14_2_연습문제 > Style14_2_exercise2_result.ai |

Exercise

Design Style 14에서 학습한 효과들을 응용하여 새로운 블렌드 디자인을 만들어봅니다.

[File]-[Open]으로 'Style14_2_exercise2_start.ai' 파일을 엽니다. [Layers] 패널에서 Layer 2를 선택합니다. Pen Tool로 그림과 같이 물결 모양을 만듭니다. 색상은 레드-블루로 지정하고 그라디언트의 방향을 조절합니다. 빈 공간에 다른 물결 모양을 막은 도형으로 추가로 만들어줍니다. 모두 만들었으면 Layer 2는 임시로 잠그고 Layer 1을 선택합니다.

Layer 1에서 글씨 개체들을 선택하고, 빨간색 면과 파란색 선, 흰색 선 등을 다양하게 조합하여 레이아웃을 만듭니다. 비슷하게 작업하지 않고 원하는 디자인으로 작업해도 무방합니다. 영문 'D, S, G'는 검은색 면으로 된 사본을 만들어 아래쪽에 적당한 거리로 배치합니다. 영문 'E ,N'은 Selection Tool을 더블클릭하여 옵션창에 각도를 30도, 거리를 임의로 입력한 뒤 Copy를 눌러 뒤로 보냅니다.

영문 'I'의 경우 각도를 -30도, 거리를 임의로 입력하고 Copy를 눌러 뒤로 보냅니다. 이제 각각 블렌드를 적용합니다. 블렌드의 값은 Distance, 1.5mm로 설정합니다. 이제 검은색 개체를 이동하여 원하는 위치로 옮기고 색상도 원하는 대로 수정합니다. 완성하면 문서 크기와 동일한 사각형을 만들어 클리핑 마스크를 적용합니다. 텍스트를 추가하고 작업을 마무리합니다.

 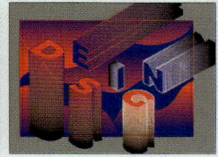 

Design Style 15

Gradient Mesh
그라디언트 메쉬 기능으로 정교한 캐릭터 그리기

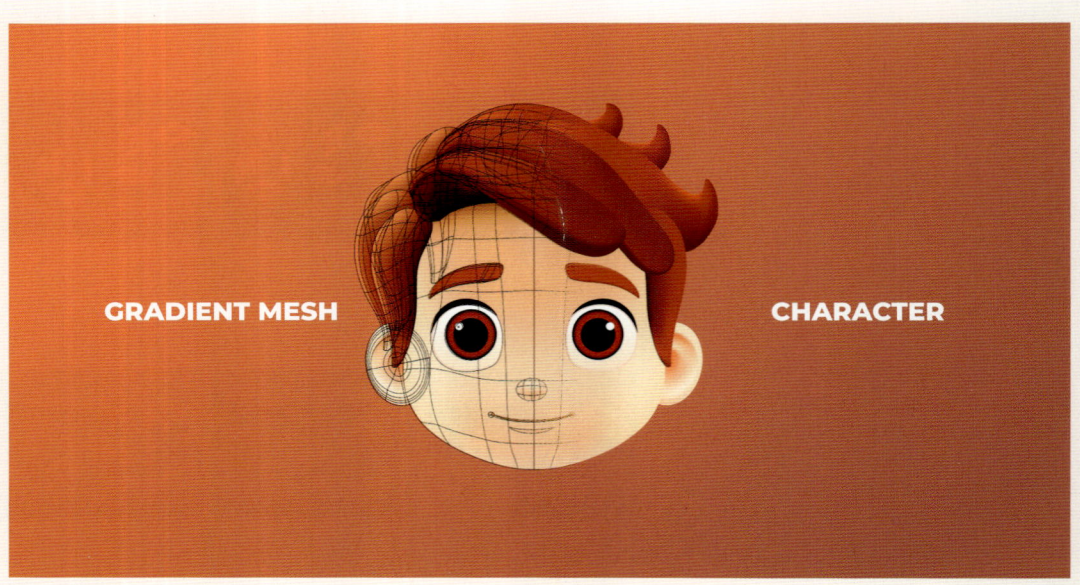

 Skill Point

그라디언트 메쉬를 활용하여 캐릭터를 그립니다. 메쉬는 점 간격과 핸들 길이에 영향이 크므로 펜 툴 사용 시 이를 유념하며 그려야 합니다.

 Keyword

\# Pen Tool \# Gradient Mesh
\# Gradient \# Expand \# Lasso Tool
\# Search Keyword : mesh character, illustrator gradient mesh drawing

Before you Design

그라디언트 메쉬
부드러운 색상 변화는 그라디언트나 블렌드로 가능하지만, 메쉬는 자연스럽게 색 변화를 주고 색상 혼합을 표현하는 데 유리합니다. 따라서 리얼하고 입체적인 표현을 위해 널리 활용됩니다. 점의 위치와 색상 조절을 통해 캐릭터에 메쉬를 적용하여 원하는 형태와 색 변화를 연습해 봅니다.

특징 및 표현법
- 메쉬를 적용하기 전에 개체의 점 간격이 너무 몰려 있지 않은지, 특정 점에 핸들이 너무 길지 않은지 확인합니다.
- 색상이 부자연스럽게 느껴질 경우 스포이드 도구를 활용하여 주변 색상을 참고합니다.

2D로 3D 느낌 만들기
2D로 작업된 평면 캐릭터에 메쉬를 적용하면 3D 느낌을 낼 수 있습니다. 물론 실제 3D 모델링이 적용되는 것은 아니지만, 2D 이미지에 입체감을 더하고 깊이감을 표현하는 데 효과적인 기법입니다.

Designer Gallery

< Gradient Mesh Coffee >

< 3D Icon : Paper file >

예제 파일   DS15 > S15_1_예제파일 > Style15_1_Water_start.ai
결과 파일   DS15 > S15_1_예제파일 > Style15_1_Water_result.ai

01 물방울로 메쉬 기본기 다지기

본격적인 캐릭터 작업 전에, 비교적 단순한 형태인 물방울 개체를 만들어 보면서 메쉬의 기본을 연습해 봅니다.

1. [File]-[Open]을 눌러 'Style15_1_Water_start.ai' 파일을 엽니다. 왼쪽 개체를 선택하고 원형 그라디언트를 적용합니다. [Object]-[Expand Appearance]를 적용하고, 다시 [Object]-[Expand]를 누릅니다.

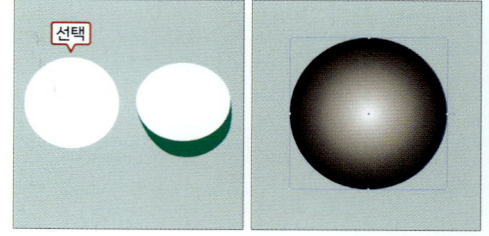

2. [Expand] 창이 뜨면 Gradient Mesh를 선택하고 OK를 누릅니다. 마우스 오른쪽 버튼을 눌러 Ungroup으로 그룹을 해제하고, 다시 Release Clipping Mask로 클리핑 마스크를 해제합니다.

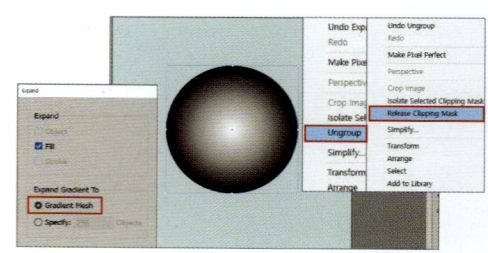

3. 개체의 안쪽에 투명한 원을 찾아 삭제합니다. 크기를 줄이고 Mesh Tool(망 도구)로 안을 클릭하여 그림과 같은 모양으로 만듭니다.

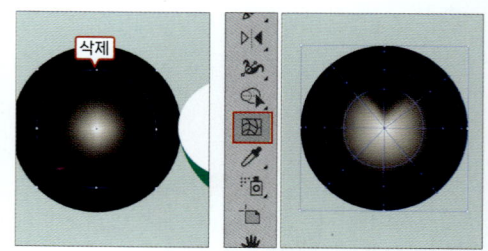

4   면색을 흰색으로 먼저 지정합니다. Lasso Tool(올가미 도구)로 가장 외곽의 점들만 선택하고 #79aeaf, 안쪽은 #a7cecd로 설정합니다. 더 안쪽은 흰색과 #c0dcdb 등을 활용하고, 나머지 안쪽은 모두 Opacity 값을 0%로 설정하여 투명하게 만듭니다.

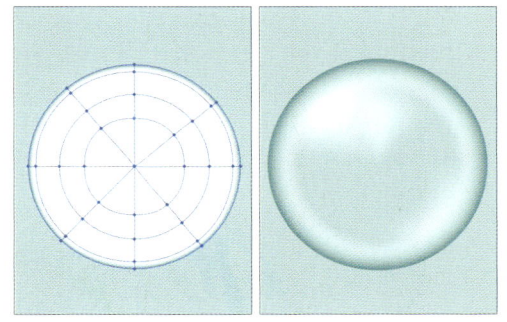

Tip
예제와 똑같이 만들고 마무리하기보다는 스포이드 등을 활용하여 자유롭게 변경해 보면서 감을 익히는 것이 중요합니다.

ESSENTIAL THEORY — Radial Gradient Mesh

3시 방향에서 끊겨 보이는 메쉬

방사형으로 만들어진 그라디언트 메쉬는 오른쪽 3시 방향에서 시작하여 다시 돌아와 맞물리기 때문에 3시 방향에는 두 개의 점이 겹쳐 있습니다. 색을 변경하기 위해 직접 선택 도구로 점을 한 개만 선택하면 아래쪽 점이 선택되지 않아 어색할 수 있습니다. 따라서, 직접 선택 도구보다는 올가미 도구로 드래그하여 겹쳐 있는 아래쪽 점까지 모두 선택하는 것이 자연스럽습니다.

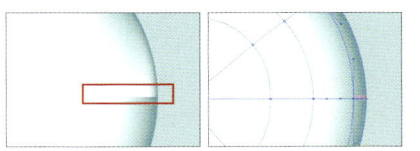

5   개체를 전체 선택하고 Ctrl + Shift + F10 을 눌러 [Transparency] 패널을 열고 Opacity 값을 70%로 낮춥니다.

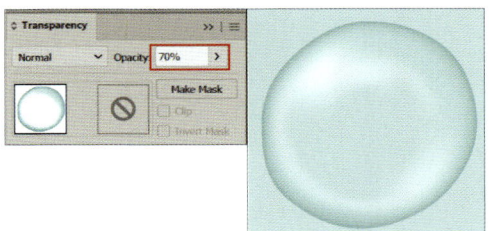

6   오른쪽 흰색 원을 선택하고 Mesh Tool로 그림과 유사한 메쉬를 만듭니다. 면색을 #85a1a4로 지정합니다. 외곽은 어둡고 안쪽으로 자연스럽게 밝아지는 색들을 지정합니다.

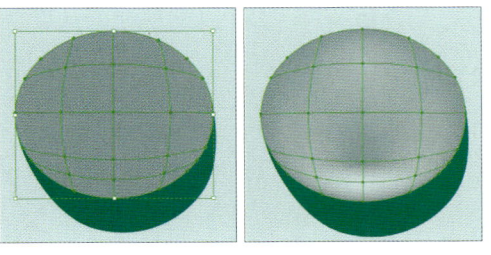

7   전체 선택한 뒤 Ctrl + C , Ctrl + F 로 제자리에 붙여 넣기 합니다. 복제된 메쉬는 그림과 같이 바깥쪽은 흰색, 안쪽은 검은색으로 만듭니다. 아래와 위쪽 개체를 함께 선택하고 [Transparency] 패널에서 'Make Mask'를 누르고 'Clip' 체크 박스를 해제합니다.

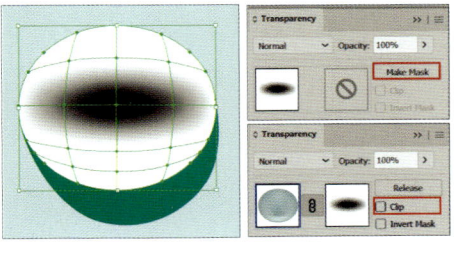

Design Style 15 - Gradient Mesh

8   다시 한 번 Ctrl+F 를 눌러 그라디언트를 붙여넣기 한 뒤, 그림과 같이 검은색, 회색, 흰색으로 만듭니다. 아래쪽 개체와 함께 선택하고 'Make Mask'를 누릅니다.

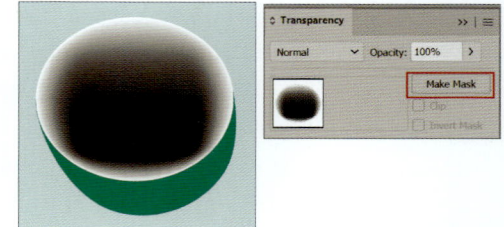

9   검은색-흰색 그라디언트를 그림과 같이 만들어 2개를 겹치고, 두 개체 모두 블렌드 모드를 Screen으로 설정합니다.

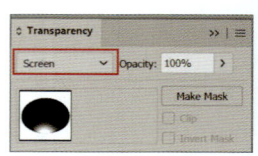

10 검은색 원을 만들고 Mesh Tool로 가운데 점을 찍고 #808080으로 색을 지정한 뒤, 그 위에 점을 하나 더 찍고 흰색으로 지정합니다. 원을 납작하게 만든 뒤 블렌드 모드를 Screen, Opacity 값을 70%로 지정합니다.

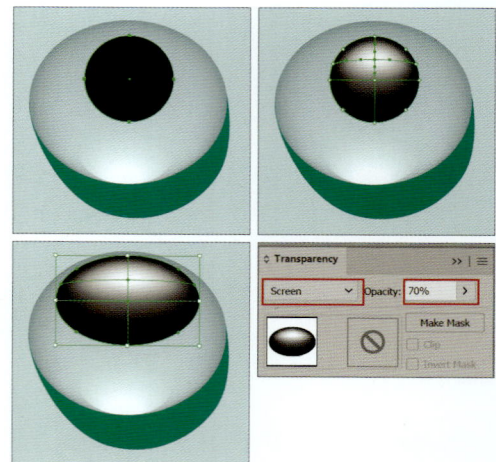

11 [Layers] 패널을 열어 모든 레이어를 잠그고 '그림자' 레이어를 선택합니다. 개체를 선택하고 색을 #85a1a4로 지정합니다.

+ plus 메쉬는 한 번 진행되면 패스파인더 작업이 불가능합니다. 따라서 그림자 개체는 미리 만들어 놓는 것이 좋습니다.

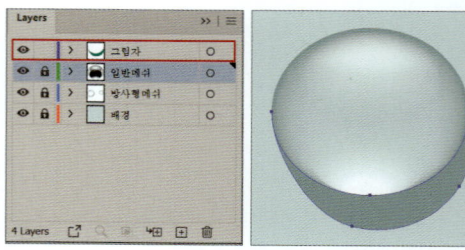

12 그림자 개체 안쪽에 Mesh Tool로 그림과 유사한 메쉬를 만듭니다. Lasso Tool(올가미 도구)로 외곽의 점들을 선택하고 면색을 모두 흰색으로 지정합니다.

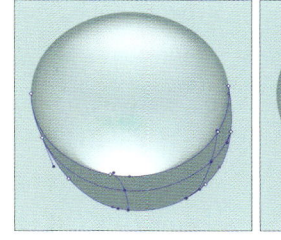

13 그림자 개체 안쪽의 점 2개에 #c1d1d1로 지정합니다. 모두 선택하고 블렌드 모드를 Multiply, Opacity 값을 60%로 지정합니다.

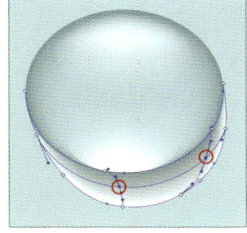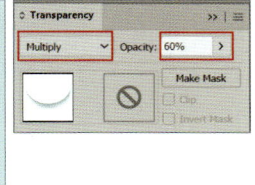

14 두 종류의 느낌이 다른 그라디언트 메쉬 작업이 완료 되었습니다.

+ plus 같은 물방울 표현이라도 메쉬를 어떻게 적용하느냐에 따라 결과 물이 달라집니다.

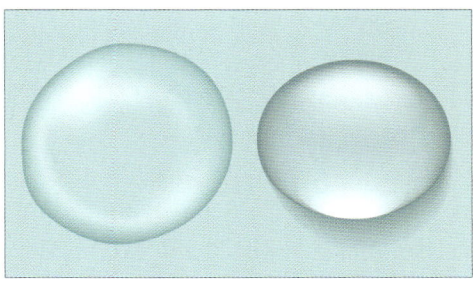

15 텍스트 위에 물방울을 배치합니다. 다양한 형태를 만들고 싶다면 Ctrl + Alt + Shift + W 를 눌러 Envelope Distort(Warp)를 활용합니다.

예제 파일 DS15 > S15_1_예제파일 > Style15_1_Mesh_start.ai
결과 파일 DS15 > S15_1_예제파일 > Style15_1_Mesh_result.ai

02 캐릭터 얼굴 표현하기

개체의 기본 형태를 만들고 메쉬 작업을 시작합니다. 처음 개체를 그릴 때, 핸들의 길이가 너무 길지 않도록 주의합니다.

1 [File]-[Open]으로 'Style15_1_Mesh_start.ai' 파일을 엽니다. 대지 영역에 있는 그라디언트 개체는 머리카락이나 피부색 등을 표현할 때 사용할 그라디언트입니다.

2 Pen Tool(펜 도구)로 얼굴의 절반만 그립니다. 막힌 도형으로 그린 후 면색을 #fdcfad로 지정합니다.

> **Tip**
> 망 도구는 핸들 길이의 영향을 받기 때문에 처음 얼굴을 그릴 때, 핸들을 너무 길게 펼쳐서 만들지 않고 각 점마다 핸들의 길이가 비슷하도록 작업하는 것이 좋습니다.

3 F7을 눌러 [Layers] 패널을 엽니다. Layer 2를 '작업'으로 바꾸고, Sketch 레이어 아래로 이동합니다.

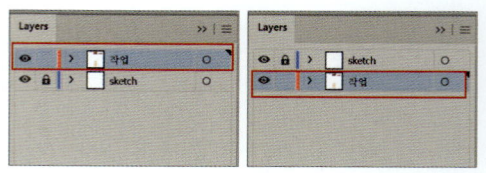

4 개체를 선택하고 Mesh Tool로 볼 왼쪽 부분, 입 아래쪽 부분을 클릭하여 메쉬를 추가합니다.

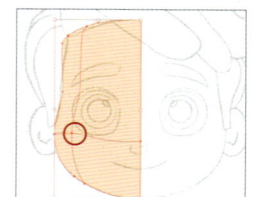 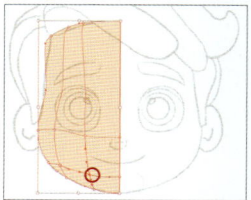

5   이마 가운데 부분과 눈썹 아래쪽도 클릭하여 추가합니다. 그림과 유사하게 메쉬를 만들면 [Layers] 패널을 열어 'Sketch' 레이어의 눈을 끕니다.

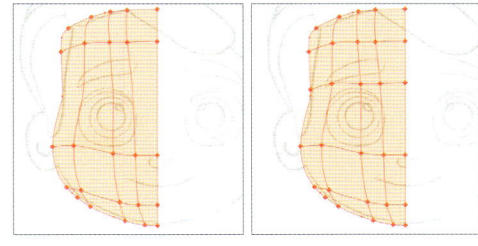

6   Lasso Tool로 가장 위쪽의 점 5개를 선택합니다. 면색을 #925133으로 지정하여 어둡게 만듭니다. 두 번째 표시된 점들은 #f6ab7c로, 세 번째 표시된 점 하나는 #f6b48b로 설정합니다.

    + plus 예제와 똑같이 만들지 않아도 되므로 자유롭게 디자인합니다.

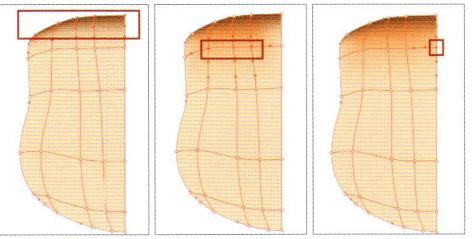

7   첫 번째 표시된 점들의 색을 #ecad83, 두 번째 표시된 점의 색을 #ffbd8e, 마지막 표시된 점은 #ffdaaf로 지정합니다.

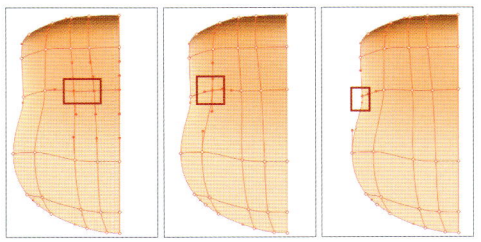

8   첫 번째 표시된 점들의 색을 #f9e2c7, 두 번째 표시된 점의 색을 #ffdeb2, 마지막 표시된 점은 #ffbe92로 지정합니다.

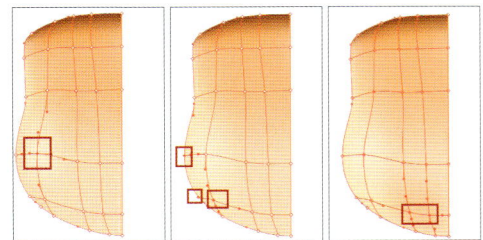

9   첫 번째 표시된 점의 색을 #fec299로 지정합니다. 개체를 전부 선택하고 Reflect Tool(반사 도구)로 복제합니다.

    + plus 만약 어색하게 느껴지는 부위의 색상이 있다면 해당 점을 선택하고 스포이드 도구로 주변 색을 추출하여 자연스럽게 변경합니다.

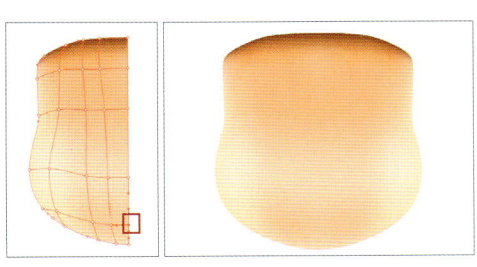

Design Style 15 - Gradient Mesh   295

03 방사형 메쉬로 귀 만들기

1. 12mm 정원을 그리고 방사형 그라디언트를 적용합니다. 왼쪽 색상점은 #fd7b4d, 오른쪽 색상점은 #fce2c2를 지정합니다.

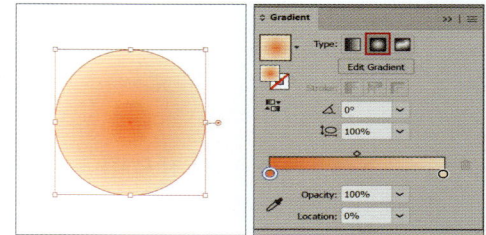

2. [Object]-[Expand]를 눌러 Gradient Mesh를 선택하고 OK를 누른 후 바로 그룹을 해제합니다.

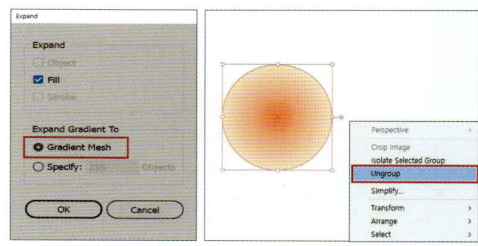

3. 다시 Ungroup을 눌러 그룹을 해제하고 Release Clipping Mask로 클리핑 마스크를 해제합니다.

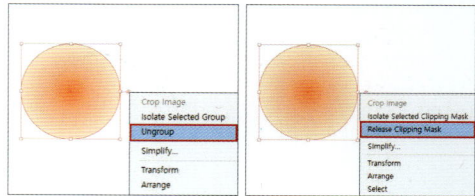

4. 방사형 메쉬 개체가 만들어집니다. 개체의 안쪽에 투명한 원을 찾아 삭제합니다.

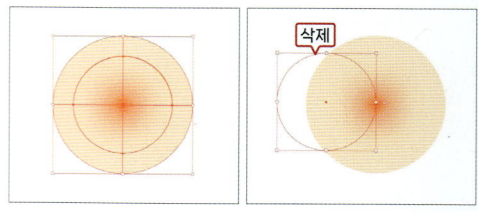

5. 그림과 같이 귀 모양을 만들어 배치합니다. 화면을 확대하여 Mesh Tool로 외곽 쪽에 점을 추가합니다.

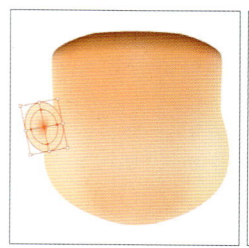
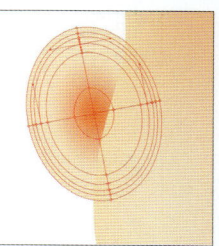

6 귀 모양에 어울리도록 점들을 이동시켜 그림과 비슷하게 만듭니다. 어두워지는 부분의 색을 #fb8656으로 지정합니다. 주변 색은 Eyedropper Tool(스포이드 도구) 등을 활용하여 더 어둡거나 밝게 만들어줍니다.

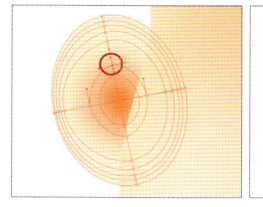 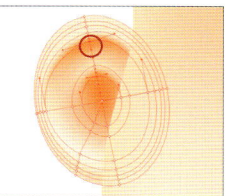

7 [Layers] 패널에서 'Sketch' 레이어의 눈을 켭니다. 귀의 위치를 맞추고 반대편은 반전 및 복사합니다. 귀 개체 2개, 얼굴 개체 2개를 각각 그룹으로 만들어 관리합니다. 모든 개체를 선택하고 Ctrl + 2 를 눌러 임시로 잠급니다.

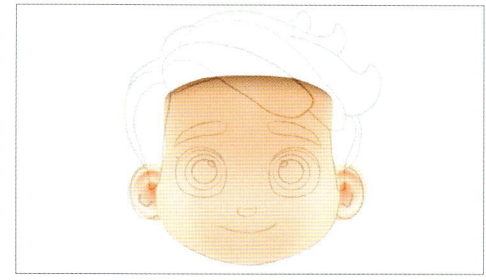

ESSENTIAL THEORY — Radial Gradient Mesh

그라디언트 메쉬 도구로 개체에 점을 찍으면, 일반적인 그물 형식의 메쉬가 만들어집니다. 만약 중심에서 바깥쪽으로 퍼지는 방사형의 그라디언트를 만들려면 일반적인 방법이 아닌 원형 그라디언트 개체를 Expand로 확장해야 합니다. 확장 시 나타나는 옵션창에서 Gradient Mesh를 선택합니다. 이렇게 만들어진 방사형 메쉬는 CD, 레코드 레이블, 접시 등 원형 모양의 개체에 주로 사용됩니다.

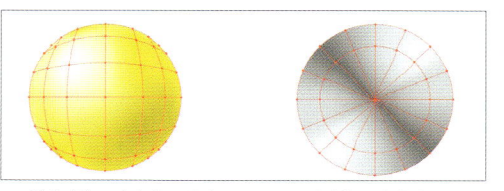

▲ 일반적인 그라디언트 메쉬   ▲ 방사형 그라디언트 메쉬

04 눈과 눈썹 표현하기

1 Pen Tool로 눈썹과 눈의 외곽을 그립니다. 눈썹은 #b14c36, 눈은 흰색으로 면색을 지정합니다. 아이라인을 표현할 부분에 검은색 선으로 라인을 그립니다.

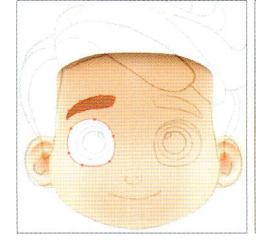 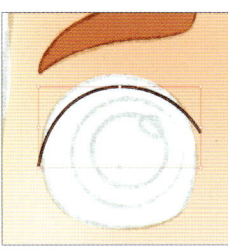

2 라인과 눈을 선택하여 패스파인더의 Divide를 누릅니다. 그룹을 해제하고 아이라인은 검은색, 눈은 흰색으로 설정합니다.

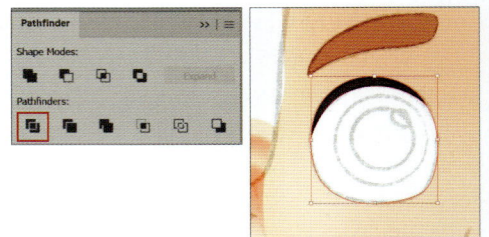

3 스케치의 크기에 맞춰 눈 안에 원을 그리고 방사형 그라디언트를 적용합니다. 첫 번째 색은 #f16144, 두 번째 색은 #a02f1f, 위치 85%, 세 번째 색은 #000000, 위치는 100%로 설정합니다. [Layers] 패널에서 'Sketch' 레이어의 눈을 끕니다.

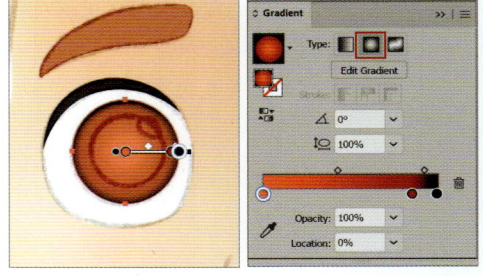

4 안쪽에 검은색 원과 흰색 원으로 눈동자를 표현합니다.

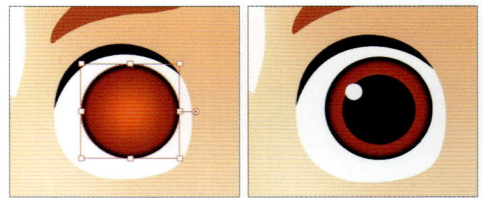

5 흰색 눈 개체를 선택하고 선형 그라디언트를 90도로 적용합니다. 왼쪽 색은 #fcdec4, 오른쪽은 흰색으로 지정합니다. 선색은 #fccec0, Inside로 정렬합니다.

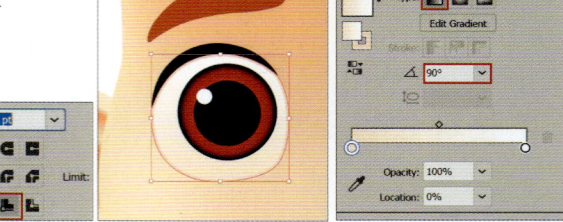

6 그림과 유사하게 Mesh Tool로 눈썹 위쪽에 얇게 3줄, 아래쪽에 얇게 3줄로 메쉬를 만듭니다.

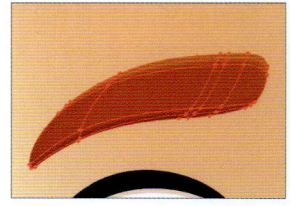

7 위쪽 2줄은 원래 눈썹 색보다 약간 밝은 #bc694b, 눈썹 아래쪽 2줄은 약간 어두운 갈색인 #8e371c로 지정합니다.

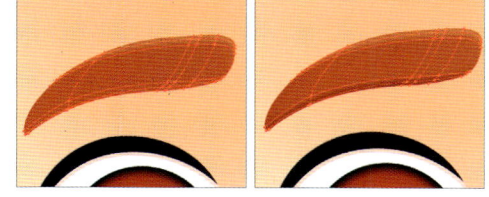

8 눈과 눈썹을 선택하고 얼굴 가운데를 기준으로 반전 및 복사합니다. 그룹으로 만듭니다.

05 코와 입 표현하기

1 F7 을 눌러 'Sketch' 레이어의 눈을 잠시 켜고, 코를 그리기 위해 8×6mm 원을 #fdcdaa 면색으로 지정합니다. 'Sketch' 레이어의 눈을 끄고 Mesh Tool로 그림과 같이 점을 찍어 메쉬를 만듭니다.

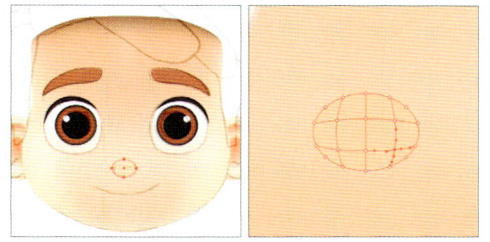

2 첫 번째 표시된 점들의 색은 #fbd5b8, 두 번째 표시된 점의 색은 #f9dec7로 지정합니다.

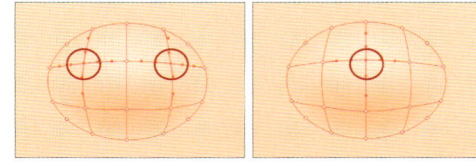

3 첫 번째 표시된 점들의 색은 #eeb792, 두 번째 표시된 점의 색은 #eaae86으로 지정합니다.

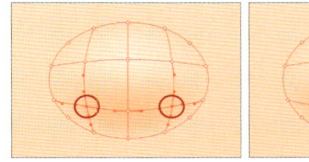

4   'Sketch' 레이어의 눈을 켜고, 입을 그리기 위해 7 × 10mm 원을 1.5pt 두께로 만든 후 [Object]-[Path]-[Outline Stroke]로 선을 면으로 확장합니다.

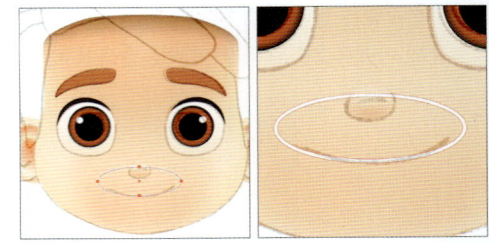

5   추가로 입의 가장자리를 표현할 작은 원을 약간 회전시켜 그림과 같이 배치하고, 가운데를 기준으로 반전 및 복사합니다.

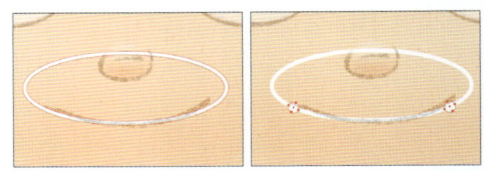

6   개체 3개를 모두 선택하고 Shape Builder Tool(도형 구성 도구)로 불필요한 부분은 삭제하고 나머지는 합칩니다. 면색을 #fec7a1로 지정합니다.

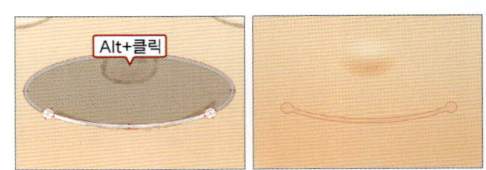

7   Mesh Tool로 개체의 정중앙 살짝 아랫부분을 클릭하여 메쉬를 만듭니다. 원 안쪽에도 각각 하나씩 추가합니다. 안쪽의 색상만 #db976a로 지정합니다.

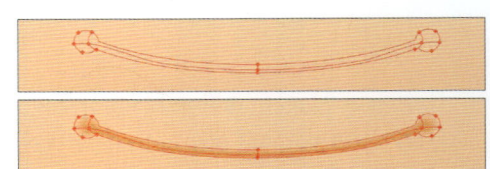

8   큰 원과 작은 원을 그림과 같이 배치한 후, 패스파인더나 Shape Builder Tool을 활용하여 가장 아랫부분만 남깁니다.

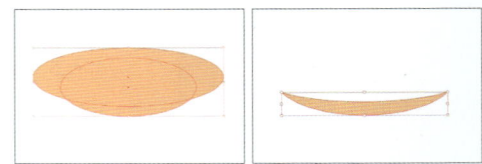

9   입술 아래쪽에 그림자처럼 보이도록 표현합니다. 면색은 #f9ba8f로 지정합니다. [Layers] 패널에서 'Sketch' 레이어의 눈을 켭니다.

06 머리카락 표현하기

1. 가장 앞쪽의 앞머리 부분을 스케치 라인을 따라 두 개체로 그립니다. 앞에 있는 큰 개체의 색은 #b14c36, 작은 개체의 색은 #490f0a로 지정합니다. 작업 후 작은 개체는 Ctrl + 2 를 눌러 임시로 잠급니다. 'Sketch' 레이어의 눈을 끕니다.

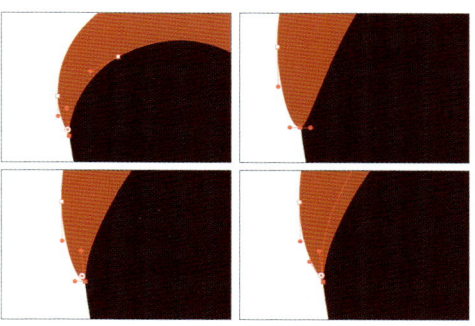

2. 왼쪽 끝의 뾰족한 부분의 점을 선택하고 Anchor Point Tool(고정점 도구)로 핸들을 조절하여 자연스럽게 만들어줍니다.

   > **Tip**
   > 핸들이 한쪽만 있을 때보다 양쪽으로 있을 때 메쉬가 더 정리된 모양으로 생성됩니다.

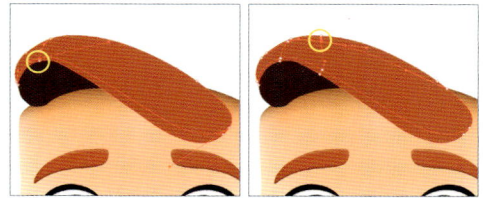

3. Mesh Tool로 그림과 같이 왼쪽 아랫부분과 윗부분을 클릭하여 메쉬를 만듭니다.

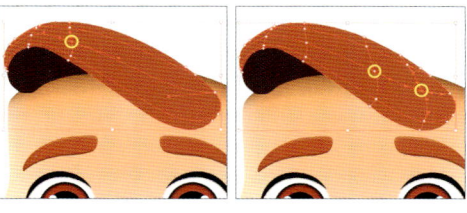

4. 안쪽 부분에도 점을 추가합니다.

   > **Tip**
   > 메쉬는 점을 찍을 때 주변 점의 핸들 영향을 다르게 받기 때문에 어떤 순서로 점을 찍었는지에 따라서도 모양이 달라질 수 있습니다. 따라서 여러 번 반복 작업을 통해 어떤 순서가 가장 좋은 방법일지 고민하며 작업해야 합니다.

5. 첫 번째 표시된 점들의 색은 #732412, 두 번째 표시된 점들의 색은 #5b1a0e로 지정합니다.

6   첫 번째 표시된 점들의 색은 #833221, 두 번째 표시된
    점들은 색은 #923a28로 지정합니다.

    + plus 스포이드 도구로 주변을 클릭하여 어색하지 않게 다듬는 것도
    좋습니다.

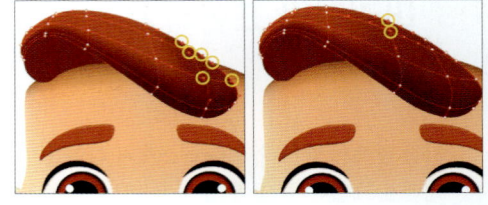

7   두께감을 표현하기 위해 메쉬를 추가합니다. 일부를
    선택하여 조금 더 밝은 색상을 적용합니다.

8   앞부분의 큰 개체는 잠그고, 안쪽 개체는 잠금을 해제
    합니다. 안쪽에 음영이 지는 머리카락 부분도 그림과
    유사하게 메쉬를 만듭니다. Lasso Tool로 원하는 점을
    클릭하고 Eyedropper Tool로 주변의 색상을 복사해
    작업합니다.

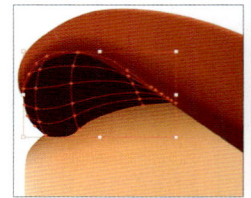 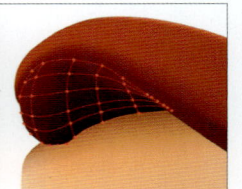

9   `Ctrl` + `Alt` + `2` 로 잠긴 개체를 해제하고 큰 머리카락
    개체를 복사해 `Ctrl` + `[` 로 뒤로 보냅니다. 얼굴과
    귀 개체는 함께 선택하여 `Ctrl` + `Shift` + `[` 로 맨 뒤로
    배열합니다.

10 'Sketch' 레이어 눈을 켭니다. 복사한 머리카락을
    스케치 위치에 배치합니다. Warp Tool(변형 도구)을
    더블클릭하고 Intensity 값을 10%, Simplify 체크를
    해제한 뒤 OK를 누릅니다.

 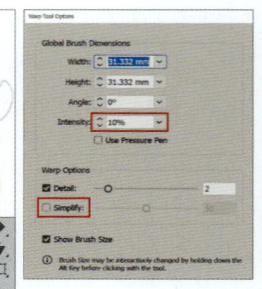

11 머리 개체를 클릭-드래그하여 스케치 라인과 비슷하게 왜곡합니다.

> **Tip**
> Warp~Wrinkle 도구의 브러쉬 사이즈는 Alt + Shift 키를 누른 채로 대각선 방향으로 드래그하여 키우고, 줄일 수 있습니다.

12 옆 부분의 머리 개체를 그립니다. 'Sketch' 레이어의 눈을 끄고 면색은 #b14c36으로 지정합니다.

13 개체에 점을 찍어 그림과 유사하게 만듭니다. Lasso Tool로 오른쪽 외곽 부분의 점을 모두 선택하고, 면색을 #44120e 어두운 갈색으로 지정합니다.

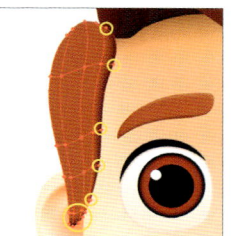

14 왼쪽은 밝고 오른쪽은 어둡게 연결되도록 색상을 지정합니다.

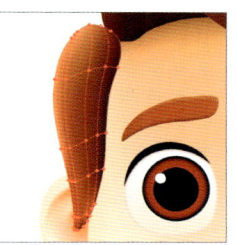

15 Warp Tool로 형태를 다듬고 반대쪽은 반전 및 복사 합니다.

16 개체를 복사하여 Ctrl + Shift + [를 눌러 가장 뒤로 보냅니다. 'Sketch' 레이어의 눈을 켜고 이전과 같은 방법으로 Warp Tool로 드래그하여 형태를 맞춥니다.

17 동일한 방법으로 뒤쪽 머리 개체를 계속 복사하고 형태를 맞추는 작업을 반복합니다.

18 뒤쪽 머리 개체 일부는 그림과 유사하게 메쉬를 만듭니다.

19 Lasso Tool로 일부 점들을 선택하여 색을 바꿉니다. 주변 색상을 Eyedropper Tool로 추출하여 자연스럽게 색이 연결되도록 작업합니다. 맨 뒤로 보내고 복사본을 만들어 Warp Tool로 형태를 다듬습니다.

20 완성하고 자연스럽지 못한 부분들은 색상을 조절합니다. 작업이 마무리되면 맨 뒤로 사각형을 그려 어울리는 그라디언트를 적용하고 마무리합니다.

기능 다시 한 번 익히기 | 예제파일 DS15 > S15_2_연습문제 > Style15_2_Exercise.ai | 결과파일 DS15 > S15_2_연습문제 > Style15_2_Exercise_Result.ai

Exercise

Design Style 15에서 배운 망 도구로 러버덕을 만들어봅니다.

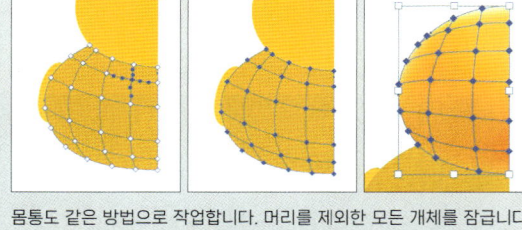

몸통도 같은 방법으로 작업합니다. 머리를 제외한 모든 개체를 잠급니다. 머리 개체의 입체감을 고려하여 색상을 적용합니다. 선택할 때는 Lasso Tool, 핸들을 조절할 때는 Direct Selection Tool로 작업합니다. 색상을 선택할 때 어려움이 있다면 예제 파일 안의 참고 이미지를 활용합니다.

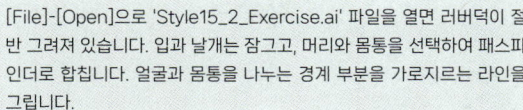

[File]-[Open]으로 'Style15_2_Exercise.ai' 파일을 열면 러버덕이 절반 그려져 있습니다. 입과 날개는 잠그고, 머리와 몸통을 선택하여 패스파인더로 합칩니다. 얼굴과 몸통을 나누는 경계 부분을 가로지르는 라인을 그립니다.

머리를 완성하면 몸통을 제외한 나머지 개체를 모두 잠급니다. 그림자를 표현하기 위해 목 근처 부분에는 메쉬를 더 추가하여 작업합니다. 반사광, 튀어나오는 부분 등을 고려하여 세심하게 작업합니다. 작업이 끝나면 러버덕의 부리를 맨 위로 배열하고 나머지 개체는 모두 잠급니다.

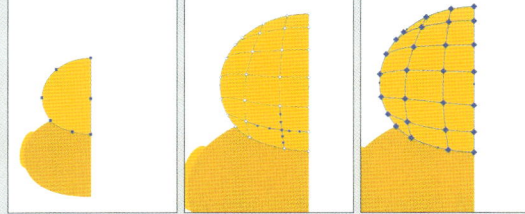

모두 선택하여 패스파인더 Divide로 분리하고 그룹을 해제합니다. 몸통은 잠그고 머리 개체만 선택한 후 Mesh Tool로 비슷한 간격으로 클릭해 그림과 유사한 메쉬를 만듭니다. 라인이 어색한 부분은 핸들을 조절하거나 점을 이동하여 부드러운 곡선 모양이 되도록 다듬어줍니다.

부리 개체에 메쉬를 만들고 색을 적용합니다. 가운데 디테일 부분은 나중에 추가로 작업합니다. 자연스럽게 색상을 표현하는 것이 처음에는 어려울 수 있습니다. 참고 이미지를 가져와 Eyedropper Tool로 추출하여 색상을 적용해도 좋습니다. 작업이 끝나면 맨 뒤에 배경과 앞쪽에 물을 표현해주는 메쉬도 추가로 만들고 작업을 마무리합니다.

Design Style 16

Retro Text

어피어런스 기능으로
빛나는 레트로 텍스트 표현하기

 **Skill Point**

레트로 느낌을 강조하기 위해 대비되는 네온 색상을 활용합니다. 또한 서체 윤곽선 대신 Appearance 패널에서 효과를 중첩하여 더욱 풍부하게 표현합니다.

 Keyword

\# Appearance \# Gradient
\# Offset Path \# Graphic Style
\# Search Keyword : 80s Retro text,
80s Arcade retro effects

Before you Design

80s 레트로 이미지

80년대를 대표하는 디자인 스타일 중 하나인 Bitness 스타일은 컴퓨터 그래픽과 디지털 요소를 활용하여 현대적이고 과학적인 느낌을 표현합니다. 화려한 네온 컬러와 대조적인 색상 조합은 시대를 상징하는 특징입니다. 또한 삼각형, 원, 줄무늬 등의 패턴과 그래픽 요소는 레트로 분위기와 80년대 특유의 감성을 전달합니다. 이러한 특징들은 과거 시대를 회상하고 재현하는 데 사용됩니다.

Appearance 패널

일반적인 텍스트에는 그라디언트나 비트맵 효과를 적용하기 어렵습니다. 이를 위해 텍스트를 윤곽선화 하는 방법이 있지만, Appearance 패널을 사용하면 텍스트를 유지하면서 원하는 효과를 적용할 수 있습니다.

특징 및 표현법

- 디지털 느낌의 폰트를 활용하여 현대적이고 과학적인 느낌을 표현합니다.
- 네온 컬러, 블렌드 모드, 빛나는 효과를 사용하여 네온사인의 화려한 느낌을 표현합니다.

Designer Gallery

< 80s Retro Image >

< Retro Text Effects >

| 예제 파일 | DS16 > S16_1_예제파일 > 없음 |
| 결과 파일 | DS16 > S16_1_예제파일 > Style16_1_Retro_result.ai |

01 새 문서를 열고 배경 라인 작업하기

시점이 적용된 격자 배경을 만들고, 어피어런스를 통해 포토샵처럼 레이어 쌓듯이 작업해 봅니다.

1 [File]-[New]로 새 문서를 엽니다. 파일명을 입력하고 단위는 Pixels, 크기는 2000×1500으로 지정합니다. Advanced Options을 열고 RGB Color, Screen(72ppi)을 확인한 후 문서를 생성합니다.

> **plus** 본 교재에 수록된 16의 본문 내용은 자료 폴더 안에 PDF 파일로 제공됩니다. 학습에 도움이 되도록 참고하시기 바랍니다.

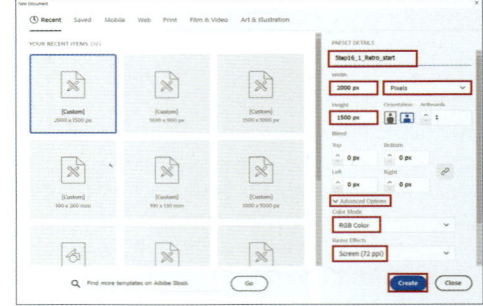

2 2000×1500px 사각형을 그립니다. 왼쪽 색은 #413c3c, 오른쪽 색은 #000416으로 방사형 그라디언트를 적용합니다. 비율을 75%로 입력합니다.

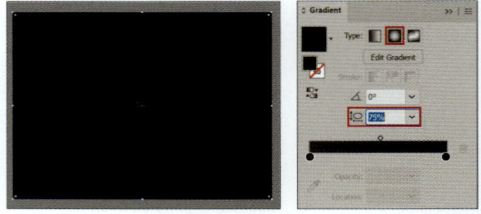

3 F7을 눌러 [Layers] 패널을 엽니다. 기존 레이어를 '배경'으로 수정하고 잠급니다. '라인' 레이어를 만들고 Rectangular Grid Tool(사각형 격자 도구)을 선택하고 빈 화면을 클릭합니다. 가로세로 크기를 2000×500, 가로줄의 개수는 7, 세로줄의 개수는 18을 입력하고 OK를 누릅니다.

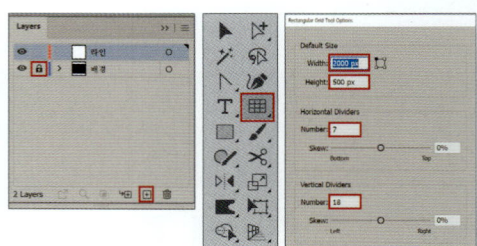

4   하단에 개체를 배치한 후 면색 없이 선색은 흰색으로 2pt 설정합니다.

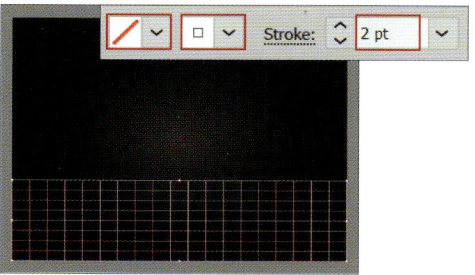

5   Free Transform Tool(자유 변형 도구)을 선택합니다. 개체의 우측 모서리 하단에 마우스를 두고 커서가 바뀌면 클릭한 상태에서 Ctrl + Alt + Shift 를 누른 채로 드래그합니다. 그림과 같이 시점이 적용되면 원하는 만큼 드래그합니다.

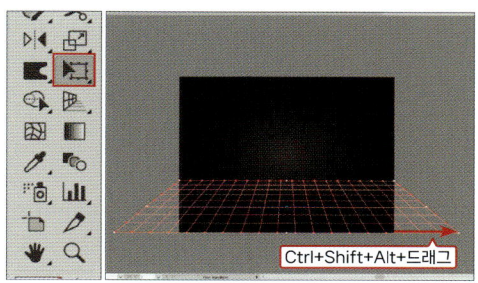

6   [Object]-[Path]-[Outline Stroke]로 선을 면으로 확장하고 [Pathfinder] 패널을 열어 합치기를 누릅니다.

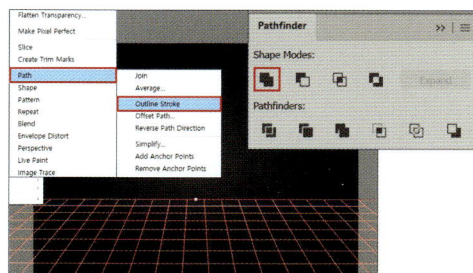

7   개체가 선택된 상태로 Shift + F6 을 눌러 [Appearance] 패널을 엽니다. 'Fill'이 선택되어 있는지 확인합니다. 하단의 Add New Fill 버튼을 누르면 두 번째 'Fill'이 생성됩니다. 아래쪽 'Fill'을 선택합니다. F6 을 눌러 [Color] 패널을 열고 #ff00c4로 지정합니다.

> **Tip**
> 컬러는 도구 패널의 Color Picker창이나 패널에서 입력해도 됩니다. 다만, Appearance 패널에서 색상을 적용하려면 원하는 면이나 선이 선택되어 있는지 가장 먼저 확인합니다.

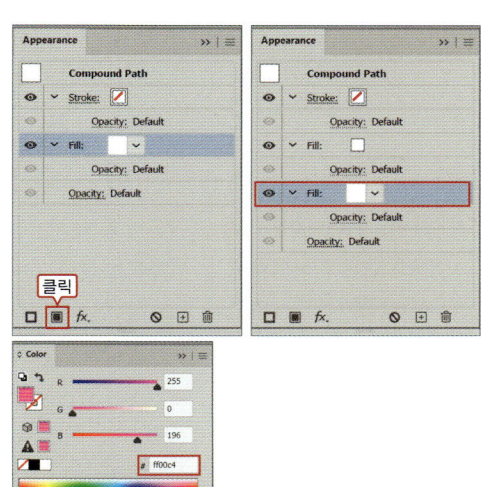

8 색상이 바뀐 것을 확인합니다. 해당 'Fill'이 선택된 상태에서 [fx]-[Path]-[Offset Path]를 클릭합니다. 옵션창에 2px을 입력하고 OK를 누릅니다.

+ plus Appearance에서 효과를 적용하려면 먼저 적용할 개체가 선택되어 있어야 합니다. 그다음 패널 안에서 적용하려는 면이나 선을 선택하고 작업을 진행해야 원하는 곳에 정확히 적용할 수 있습니다.

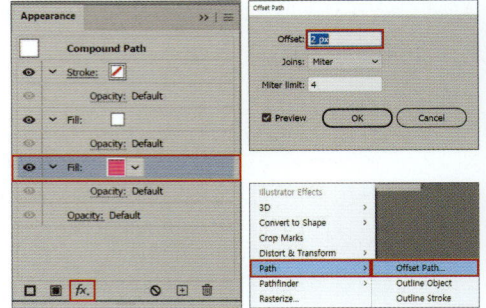

9 해당 'Fill'의 속성을 열면 Offset Path와 Opacity를 확인할 수 있습니다. Opacity를 클릭하여 값을 50%로 설정합니다.

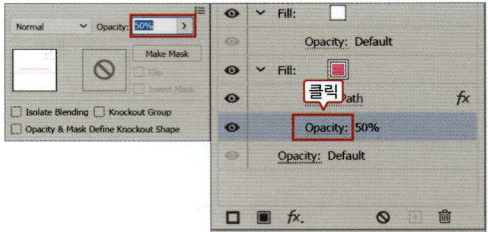

10 하단의 Add New Fill 버튼을 누르면 선택된 면 위로 새로운 면이 만들어집니다. 드래그하여 위치를 바꿉니다. 밑으로 이동한 'Fill'은 Offset Path 값을 6px, Opacity 값을 10%로 설정합니다.

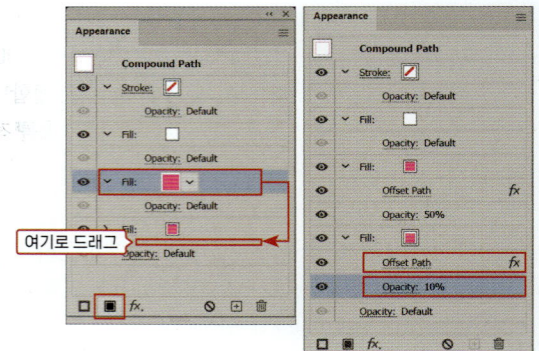

11 2000×1500px 사각형을 만들어 문서 가운데로 정렬합니다. 전체 선택하고 Ctrl + 7 을 눌러 클리핑 마스크를 적용합니다.

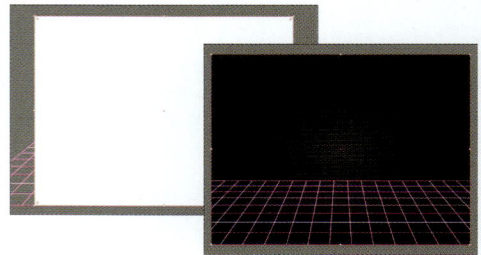

02 빛 작업하기-1

1. [Layers] 패널에서 '라인-빛' 레이어를 만들어 가운데로 이동하고 나머지는 모두 잠급니다. 적당한 크기로 원을 그리고 방사형 그라디언트를 적용합니다.

   + plus 그라디언트 색 정보
   1번 색 : #FFFFFF (위치 0%) , 2번 색 : #ff00c4 (위치 12%)
   3번 색 : #020a01 (위치 72%), 4번 색 : #000000 (위치 100%)

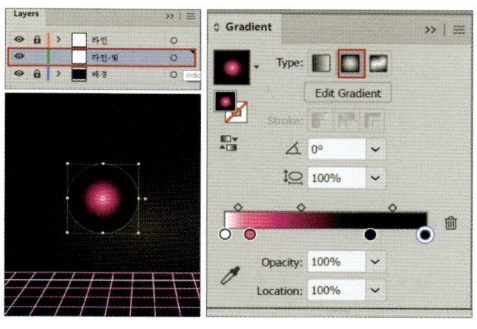

2. 원 개체를 가로로 늘려 얇고 길쭉한 형태로 만들고 그림과 같은 위치에 배치합니다. Ctrl + Shift + F10 을 눌러 [Transparency] 패널을 열고 블렌드 모드를 Screen으로 지정합니다.

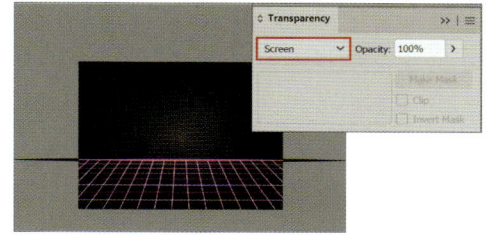

3. 개체를 여러 개 복사하여 그림처럼 배치합니다. 2000×1500px 사각형을 만들어 문서 가운데로 정렬합니다. 전체 선택하고 Ctrl + 7 을 눌러 클리핑 마스크를 적용합니다.

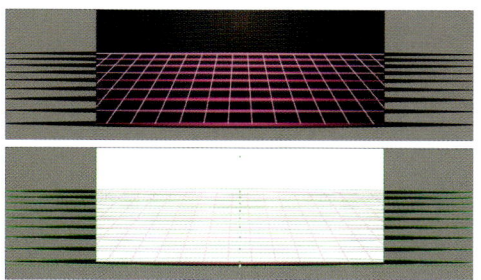

4. 마스크가 잘 적용되었는지 확인합니다. 문서 바깥쪽에는 개체가 보이지 않아야 합니다.

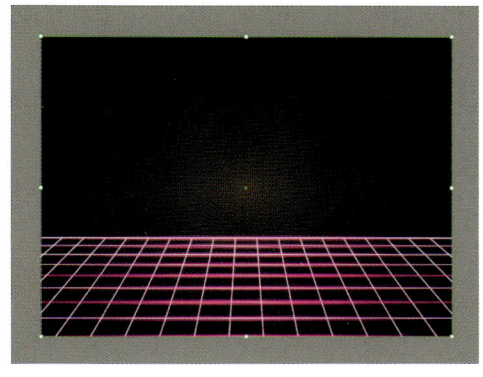

5   이전과 동일한 방사형 그라디언트를 작업하고 납작하게
    만들어 그림과 같이 세로로 배치합니다. 블렌드 모드는
    Screen으로 적용합니다.

    + plus   이전에 작업해 둔 방사형 그라디언트를 복사해 사용해도 됩니다.

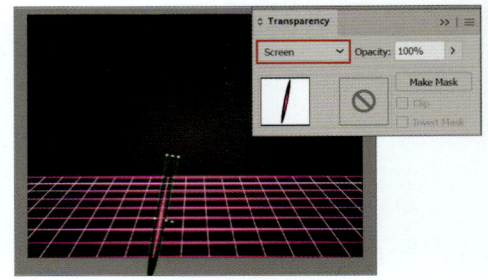

6   크기와 각도를 다르게 적용하여 그림처럼 부분적으로
    배치합니다. 2000×500px 사각형을 만들어 하단에
    배치하고, 부분적으로 작업한 방사형 그라디언트를
    함께 선택하여 Ctrl + 7 을 눌러 클리핑 마스크를
    적용합니다.

    + plus   과정 4에서 작업했던 개체가 함께 선택되지 않도록 주의합니다.

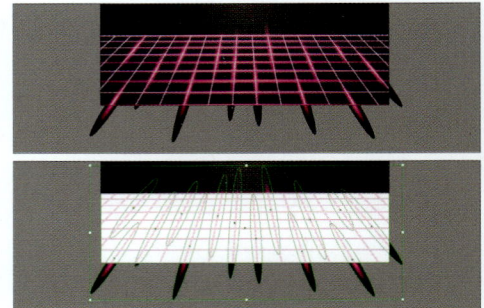

7   마스크 적용 후 세로 방향에서 빛 효과가 잘 나타나는지
    확인합니다.

    Tip
    강조하고 싶은 부분이 있다면 부분적으로 Opacity 값을 조절하거나, 크
    기를 다르게 사용하는 등 다양한 방법을 시도할 수 있습니다.

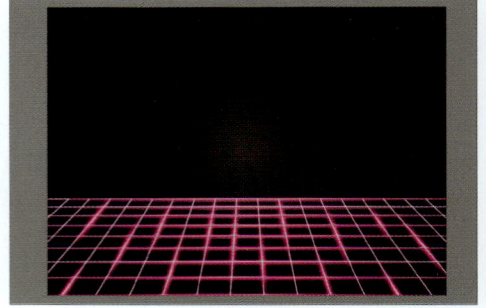

03 빛 작업하기-2

1   [Layers] 패널을 열고 '배경-빛' 레이어를 새로 만듭니다.
    '배경' 레이어 위로 이동하고 나머지 레이어는 모두 잠급
    니다. 크기가 다른 원을 2개 그립니다.

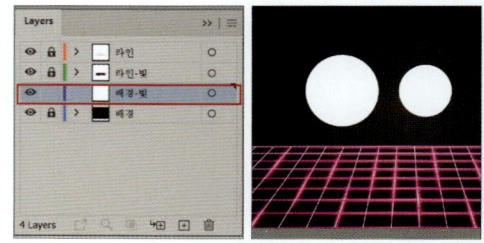

2 큰 원을 선택하고 방사형 그라디언트를 적용합니다.

+ plus 그라디언트 색 정보
1번 색 : #FFFFFF (위치 0%), 2번 색 : #7e00ff (위치 12%)
3번 색 : #020a01 (위치 72%), 4번 색 : #000000 (위치 100%)

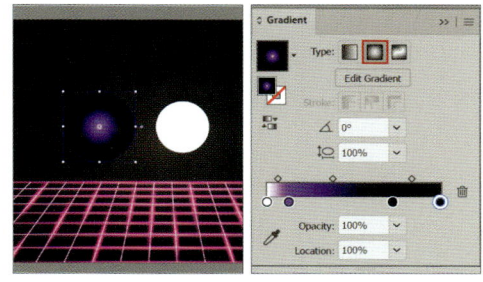

3 작은 원을 선택하고 방사형 그라디언트를 적용합니다.

+ plus 그라디언트 색 정보
1번 색 : #FFFFFF (위치 0%), 2번 색 : #000000 (위치 100%)
그라디언트 슬라이더 (위치 30%)

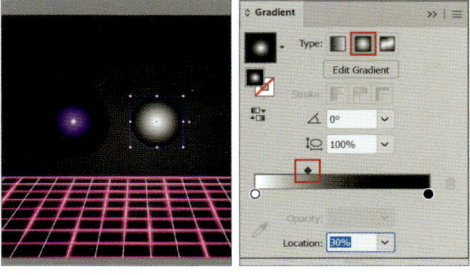

4 두 원을 겹치고 가로로 크게 만들어 그림과 유사하게 배치합니다.

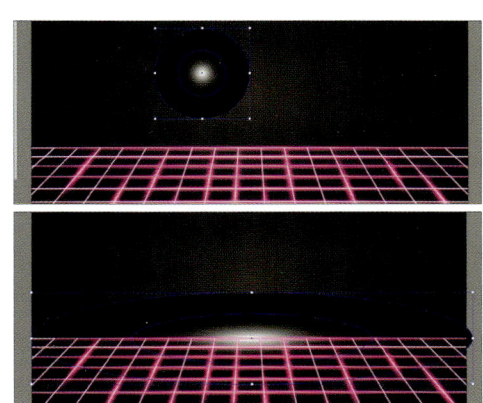

5 [Transparency] 패널을 열고 두 개의 원 모두 블렌드 모드를 Screen으로 적용합니다. 하단의 큰 원을 복사합니다.

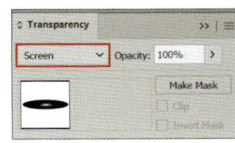
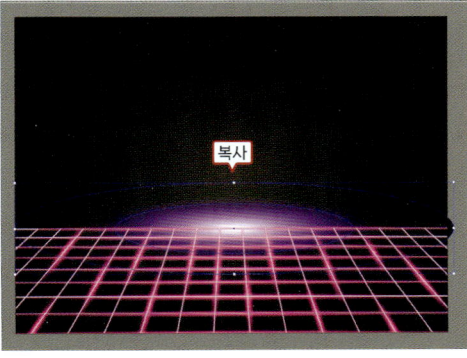

6 붙여넣기 한 후 더욱 납작한 형태로 만들고 그림처럼 작업 화면을 벗어나도록 가로로 크게 배치합니다.

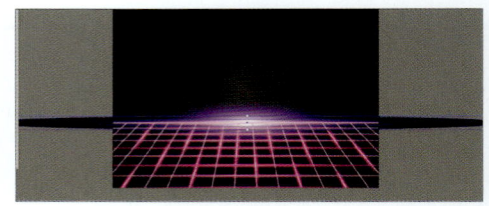

7 2000×1500px 크기의 사각형을 만들고 나머지 레이어는 모두 잠급니다. Ctrl + 7 을 눌러 클리핑 마스크를 적용합니다.

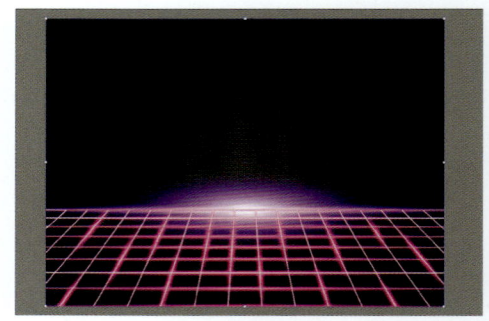

04 트로피컬 개체 작업하기

1 [Layers] 패널을 열고 가장 상위에 '트로피컬' 레이어를 만듭니다. 나머지 레이어는 모두 잠급니다. [File]-[Open]으로 'Style_16_1_elements.ai' 파일을 엽니다.

2 나뭇잎 개체들을 복사하여 화면 상단 부분에 겹치지 않도록 배치합니다. [Transparency] 패널을 열고 모든 개체의 블렌드 모드를 Multiply로 설정합니다.

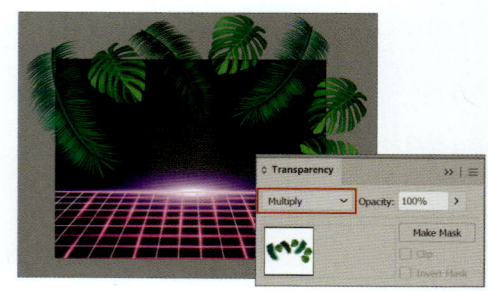

3   Multiply를 적용하면 배경에 어둡게 투과되면서 그림자처럼 나뭇잎들이 어두워집니다. 2000×1500px 사각형을 만들고 전체 선택하여 Ctrl + 7 을 눌러 클리핑 마스크를 적용합니다. '트로피컬2' 레이어를 만들고 나머지 레이어는 모두 잠급니다.

+ plus   여기까지의 과정이 'Style16_1_Retro_course1.ai'으로 저장되어 있습니다.

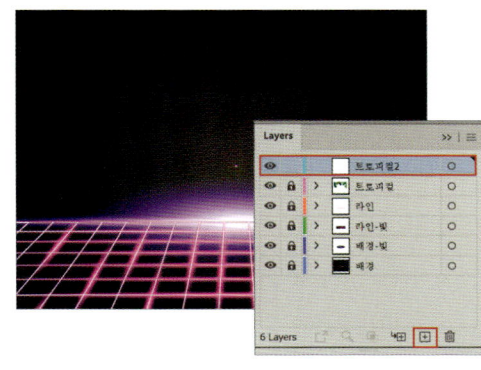

4   정원을 그리고 검은색-흰색 방사형 그라디언트를 적용합니다.

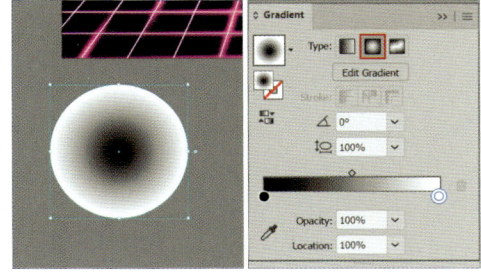

5   'Style16_1_elements.ai' 파일에서 나뭇잎 개체를 복사해 원 위에 배치합니다. 다시 뒤쪽의 원 개체를 선택하고 블렌드 모드를 Multiply로 설정한 후 그룹으로 만듭니다.

6   같은 방법으로 다른 나뭇잎을 복사해와 다양한 크기로 작업합니다. 완성하면 각각 그룹으로 만듭니다.

+ plus   Multiply는 흰색을 투명하게 처리합니다. 따라서 검은색만 남겨지기 때문에 그림자 효과처럼 적용할 수 있습니다.

7   크기와 각도 등을 변경하여 그림과 유사하게 조합하고 왼쪽 하단에 배치합니다.

+ plus   조합했을 때의 레이아웃을 고려하여 자유롭게 디자인해도 됩니다.

8   네 모서리 부분에 나뭇잎과 꽃 등을 조합하여 레이아웃을 배치합니다.

9   2000×1500px 사각형을 만들어 문서 가운데로 정렬합니다. 전체 선택하고 Ctrl + 7 을 눌러 클리핑 마스크를 적용합니다.

05 전체적인 컬러 작업하기

1   [Layers] 패널을 열어 가장 위에 '컬러' 레이어를 만듭니다. 나머지 레이어는 모두 잠급니다. 2000× 1500px 사각형을 만들고 가운데 정렬합니다.

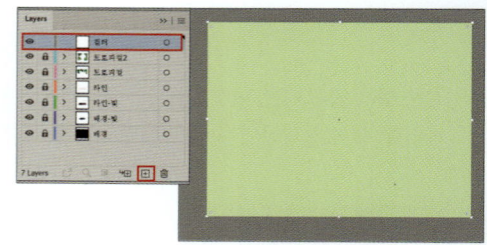

2   선형 그라디언트를 130도로 적용합니다. [Transparency] 패널을 열어 블렌드 모드를 Color 로 지정합니다.

+ plus   그라디언트 색 정보
1번 색 : #dd00fe (위치 0%)
2번 색 : #ff00ff (위치 25%)
3번 색 : #0000ff (위치 75%)
4번 색 : #0000ff (위치 100%)

3 적당한 크기로 원을 그리고 방사형 그라디언트를 적용합니다.

   + plus 그라디언트 색 정보
   1번 색 : #ffffff (위치 0%)
   2번 색 : #000000 (위치 100%)
   그라디언트 슬라이더 (위치 35%)

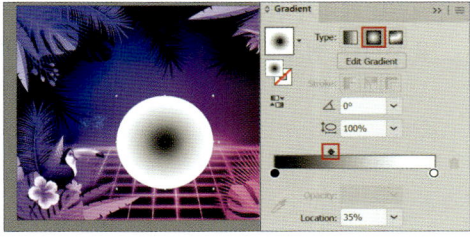

4 그림과 같이 큰 타원 형태로 만들어 배경 개체와 함께 선택합니다. [Transparency] 패널을 열고, 'Make Mask' 버튼을 누른 뒤 'Clip' 체크 박스를 해제합니다.

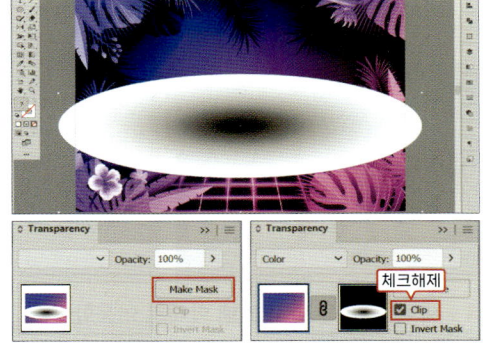

5 화면에서 강한 빛이 마스크로 잘 가려졌는지 확인합니다.

   + plus 여기까지의 과정이 'Style16_1_Retro_course2.ai'으로 저장되어 있습니다.

06 텍스트 작업하기

1 [Layers] 패널을 열어 가장 위에 '텍스트' 레이어를 만듭니다. 나머지 레이어를 모두 잠급니다. 텍스트 레이어를 선택한 후 흰색으로 'RETRO'를 입력합니다.

   + plus 예제에는 'Black Han Sans', 300pt로 작업하였습니다.

12 Alt 키를 누른 채로 그라디언트가 적용된 Fill을 드래 그하여 아래로 복사합니다. Offset Path를 클릭하고 값을 30px로 입력하고 OK를 누릅니다.

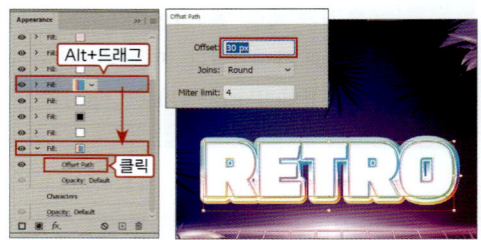

13 새로운 면을 흰색으로 지정하고 하단으로 이동합니다. [fx]-[Path]-[Offset Path]를 클릭합니다. 값을 40px 입력하고 OK를 누릅니다. Opacity를 클릭하여 블렌드 모드를 Overlay로 바꿉니다.

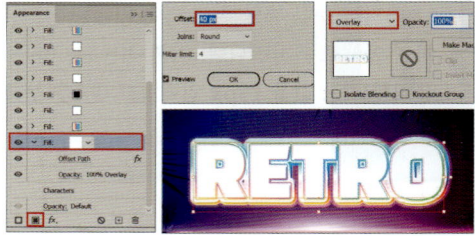

14 면을 새로 만들고 하단으로 배치합니다. 선형 그라디 언트를 선택하고, 각도는 90도 입력합니다.

+ plus 그라디언트 색 정보
1번 색 : #f72585 (위치 0%), 2번 색 : #b5179e (위치 18%)
3번 색 : #7209b7 (위치 35%), 4번 색 : #790be3 (위치 52%)
5번 색 : #4361ee (위치 70%), 6번 색 : #4895ef (위치 85%)
7번 색 : #4cc9f0 (위치 100%)

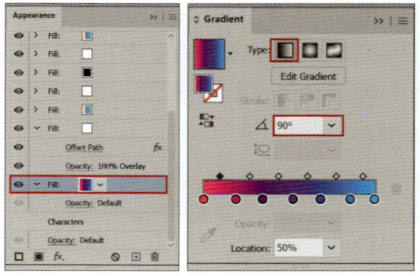

15 [fx]-[Path]-[Offset Path]를 클릭합니다. 값을 40px 입력하고 OK를 누릅니다.

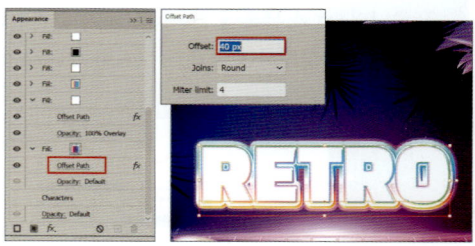

16 [fx]-[Distort & Transform]-[Transform]을 클릭합 니다. Scale의 가로 값을 99.5%, 세로 이동 값을 2px, Copies 값을 12 입력한 뒤 OK를 누릅니다.

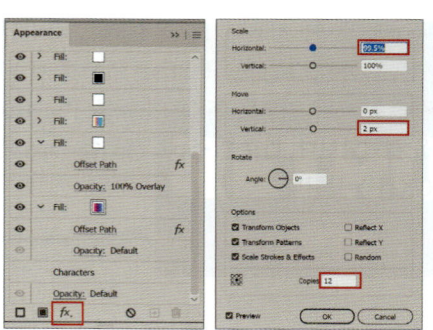

17 가로의 값이 0.5%씩 점차 작아지면서 하단으로 2px씩 이동되어 12개가 복사되기 때문에 입체감을 줍니다.

18 맨 아래 새로운 면을 만들고 #ff00ff으로 지정합니다. [fx]-[Path]-[Offset Path]를 클릭하고 값을 60px, Joins를 Round로 설정하여 외곽을 부드럽게 만듭니다. Opacity를 클릭하여 30%로 설정합니다.

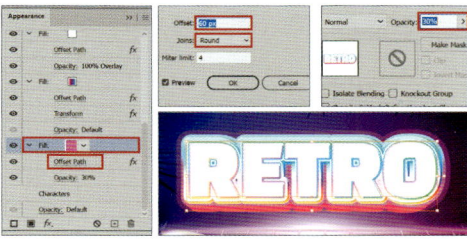

19 [fx]-[Blur]-[Gaussian Blur]를 클릭합니다. 값을 30px 입력하고 OK를 누릅니다.

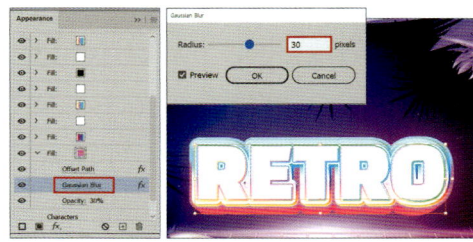

✅ 픽셀 효과가 끊겨 보일 때

픽셀 효과 끊김 해결 방법
일러스트레이터는 픽셀 효과를 벡터와 함께 사용할 수 있는 'Photoshop Effects'를 제공합니다. 이때, 자동으로 픽셀이 생성되면서 일정 범위 이상 넘어갈 때 끊겨 보이는 현상이 발생합니다. 이러한 끊김 현상을 해결하려면 메뉴에서 [Effect] - [Document Raster Effects Settings...]을 선택하여 크기를 넓혀줍니다. (최대 720px 설정 가능)
위 방법으로 해결되지 않으면 Appearance 패널로 들어가 해당 명령을 다시 실행합니다.

 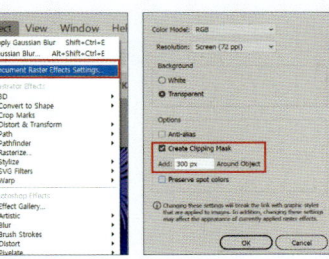 

▲ 가우시안 블러 외곽이 끊겨져 보이는 현상 ▲ 범위를 넓혀 끊겨져 보이는 현상을 해결

20 [Appearance] 패널에서 면과 선을 아무것도 선택하지 않습니다. [fx]-[Warp]-[Arc]를 클릭합니다. Bend 값을 15% 입력한 후 OK를 누릅니다.

+ plus 단, 글씨 개체는 선택되어 있어야 합니다.

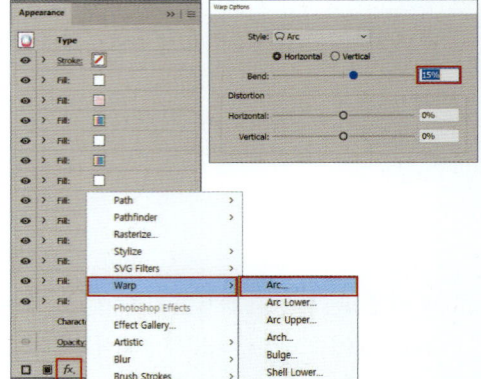

21 목록의 가장 위에 'Warp:Arc'라고 뜨면서 'RETRO'에 효과가 적용됩니다.

Tip
면이나 선을 따로 선택하지 않은 상태로 효과를 주면 모든 면과 선에 전체적으로 효과가 적용됩니다.

✓ 텍스트 색상이 이상하게 보일 때

효과가 들어간 텍스트는 마우스 커서의 위치에 반응
Appearance에서 효과를 적용한 텍스트를 선택했을 때, 마우스 커서가 텍스트 위에 있으면 텍스트가 레이어의 패스 가이드 색으로 채워져 보입니다. 개체를 선택하되 마우스는 바깥쪽으로 이동합니다.

07 그래픽 스타일로 등록하기

그래픽 스타일은 Appearance 속성을 저장하여 다른 개체에 쉽게 적용할 수 있도록 하는 기능입니다. 이는 시간을 절약하고 디자인의 일관성을 유지하는 데 매우 유용합니다.

1 Shift + F5 를 눌러 [Graphic Styles] 패널을 엽니다. 등록할 개체를 선택하고 해당 패널의 + 버튼을 누르거나 패널 안으로 드래그합니다.

+ plus 여기까지의 과정이 'Style16_1_Retro_course3.ai'으로 저장되어 있습니다.

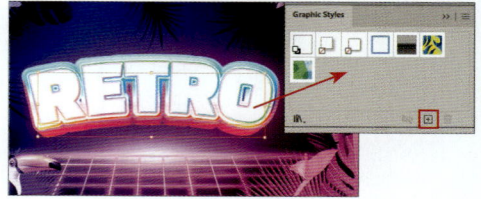

2 기본 폰트로 테스트용 'TEXT'를 입력하고 등록한 그래픽 스타일을 클릭하면 자동으로 Appearance가 적용되는 것을 확인할 수 있습니다.

+ plus 해당 작업은 테스트이므로 작업 후 삭제합니다.

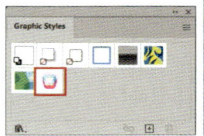  

ESSENTIAL THEORY Graphic Styles

그래픽 스타일에 등록하는 이유
그래픽 스타일은 Appearance에 등록된 효과를 저장하고 관리하는 기능으로 포토샵의 레이어 스타일과 유사합니다. 포토샵은 '레이어'에 적용되는 '스타일'이며, 일러스트레이터에서는 '그래픽 오브젝트'에 적용되는 '스타일'이라는 의미입니다. 문서 저장 후 다른 버전이나 환경에서 파일을 열었을 때 효과가 자동으로 깨지거나, 어피어런스가 유지되지 못하는 경우가 있습니다. 하지만 그래픽 스타일로 보존하면 이러한 문제 없이 바로 새로운 개체에 해당 어피어런스를 적용할 수 있습니다.

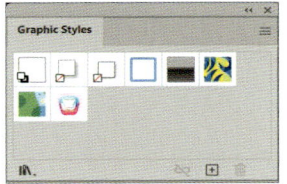

레이어 패널에서 어피어런스 확인하고 활용하기
레이어 패널에서 해당 레이어를 열면 각 개체 오른쪽 끝에 효과 표시 원이 있습니다. 이 원은 현재 개체에 효과가 적용되었는지 여부를 나타냅니다.

 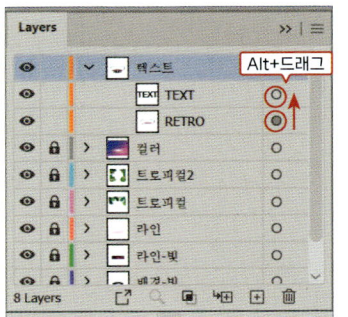 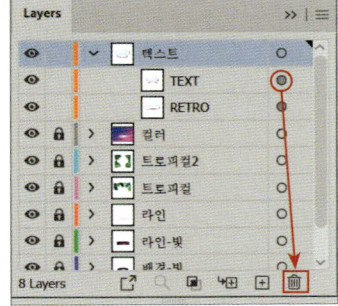

▲ 회색 원은 효과가 적용된 개체를 나타내고, 투명한 원은 효과가 적용되지 않은 개체를 나타냅니다.

▲ 회색 원을 Alt 키를 누른 채 드래그하여 투명한 원 위에 놓으면 효과를 복제할 수 있습니다.

▲ 회색 원을 클릭-드래그하여 휴지통에 끌어 놓으면 효과만 삭제됩니다.

08 그 외 요소 추가하기

1. 임의의 텍스트를 적고 원하는 폰트로 지정한 뒤, [Appearance] 패널을 열어 하단의 Add New Fill 버튼을 누릅니다. 만들어진 Fill을 선택하고 연두색을 지정합니다.

   + plus 예제에서는 'Andala Script', Regular, 크기는 190pt를 사용했습니다.

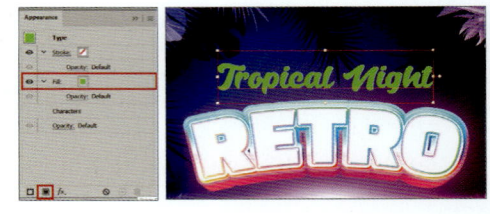

2. 하단에 새로운 Fill을 추가하고 노란색을 지정합니다. [fx]-[Path]-[Offset Path]를 클릭하고 값을 10px 입력한 뒤 OK를 누릅니다.

3. 하단에 새로운 Fill을 추가하고 검은색으로 지정합니다. [fx]-[Path]-[Offset Path]를 클릭하고 값을 10px 입력한 뒤 OK를 누릅니다. [fx]-[Blur]-[Gaussian Blur]를 클릭하고 값을 15px 입력하고 OK를 누릅니다. 블렌드 모드는 Overlay로 설정합니다.

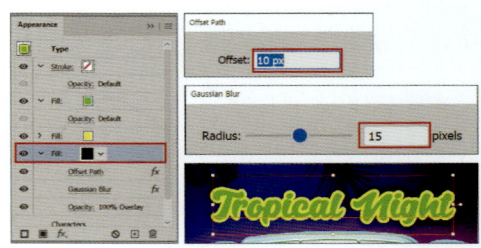

4. 처음 만들었던 연두색 Fill을 다시 선택합니다. [fx]-[Stylize]-[Inner Glow]를 클릭합니다. 검은색 Overlay로 블렌드 모드를 설정하고, Opacity 값은 75%, Blur 값은 5px 입력합니다. Edge 옵션을 선택하고 OK를 누릅니다.

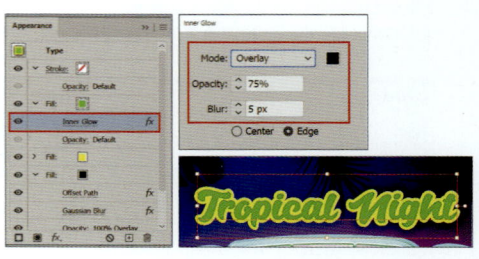

5. [Appearance] 패널에서 면과 선을 아무것도 선택하지 않습니다. [fx]-[Warp]-[Squeeze]를 클릭합니다. Bend 값은 15%, Vertical에 8%를 입력하고 OK를 누릅니다.

   + plus 단, 글씨 개체는 선택되어 있어야 합니다.

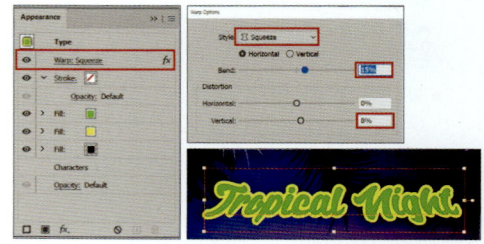

6   [Appearance] 패널에서 다시 한 번 [fx]-[Warp]-[Arc]를 클릭합니다. 효과를 중복 사용할 것인지 묻는 대화상자가 나타나면 'Apply New Effect'를 클릭합니다.

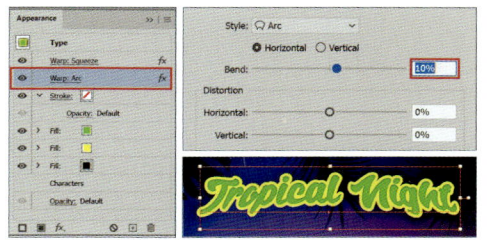

7   Bend 값을 10% 입력한 뒤 OK를 누릅니다. 효과가 적용됩니다.

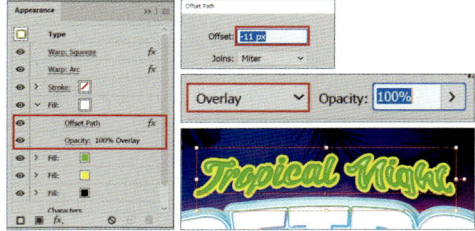

8   연두색 Fill 위에 새로운 Fill을 만들고 흰색으로 지정합니다. [fx]-[Path]-[Offset Path]를 클릭합니다. -11px을 입력하고 OK를 누릅니다. Opacity를 클릭하여 블렌드 모드를 Overlay로 바꿉니다.

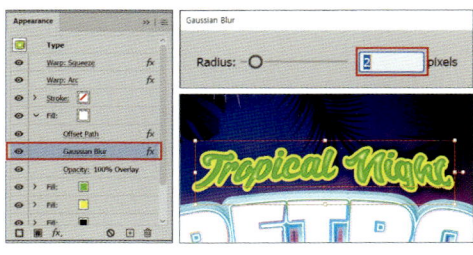

9   다시 한 번 흰색 Fill을 클릭합니다. [fx]-[Blur]-[Gaussian Blur]를 클릭합니다. 값을 2px 입력하고 OK를 누릅니다.

> **Tip**
> 같은 Fill에 중복으로 효과를 적용할 때는 반드시 해당 Fill을 재선택해야 합니다. 그렇지 않으면 모든 Fill과 Stroke에 효과가 적용됩니다.

10 다시 흰색 Fill을 클릭합니다. [fx]-[Distort & Transform]-[Transform]을 클릭합니다. 가로와 세로의 값을 각각 -3px 입력하고 OK를 누릅니다.

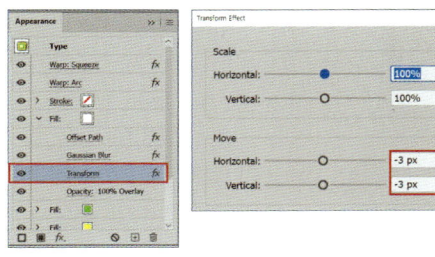

Design Style 16 - Retro Text   325

11 하단에 새로운 문구를 입력하고 [Appearance] 패널을 엽니다. 새로운 Fill을 추가하고 흰색으로 지정합니다.

+ plus   여기까지의 과정이 'Style16_1_Retro_course4.ai'으로 저장되어 있습니다.

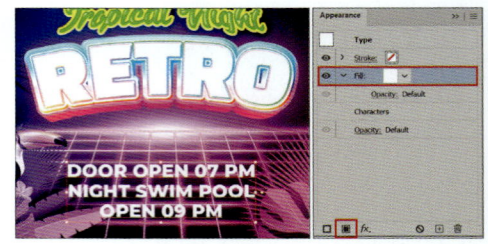

12 흰색 Fill 아래에 새로운 Fill을 만들고 검은색으로 지정합니다. [fx]-[Path]-[Offset Path]를 클릭하고 값을 5px 입력하고 OK를 누릅니다. 다시 한 번 Fill을 클릭하고 [fx]-[Blur]-[Gaussian Blur]를 클릭한 뒤 값을 10px 입력합니다. Opacity 값을 50%로 설정합니다.

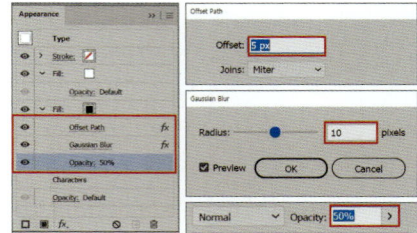

13 작업을 저장하고 마무리합니다.

WORKING-LEVEL 꼭 살펴보아야 할

✓ Appearance와 Graphic Style 패널을 사용하는 이유

① **서체 보존** : 일반적인 서체는 아웃라인 처리 없이는 그라디언트나 효과 적용이 불가능합니다. 어피어런스 패널을 사용하면 서체를 아웃라인 처리하지 않고 보존할 수 있습니다.

② **간편한 수정** : 일반적인 효과는 수정이 어려워 재작업이 필요하지만, 어피어런스 패널에 등록된 효과는 간단히 수정할 수 있습니다.

③ **그래픽 스타일 저장** : 사용자 정의 스타일을 등록하여 나중에 다시 사용할 수 있습니다. 이는 버전 간 호환 문제로 인해 자동으로 아웃라인 처리되거나 확장되는 문제를 해결합니다.

이와 같은 이유로 작업의 효율성, 간결성, 일관성을 크게 향상시키기 때문에 일러스트레이터를 사용하는 디자이너에게 필수적입니다.

기능 다시 한 번 익히기 | 예제파일 DS16 > S16_2_연습문제 > Style16_2_exercise_start.ai | 결과파일 DS16 > S16_2_연습문제 > Style16_2_exercise_result.ai

Exercise

Design Style 16에서 학습한 효과들을 응용하여 새로운 디자인을 만들어봅니다. Appearance에 등록된 각 Fill에 대한 상세한 정보는 완성 파일을 참고합니다.

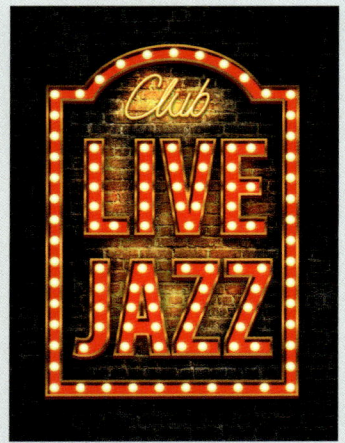

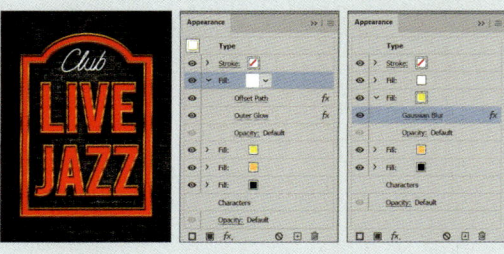

'Club'을 제외한 나머지 텍스트에 모두 같은 그래픽 스타일을 적용하고 'Club' 텍스트를 선택합니다. [Appearance] 패널을 열고 흰색 면을 Offset Path로 작게 만들고 Outer Glow로 번지는 효과를 적용합니다. 하단에 노란색 면을 #fcee21 색으로 지정하고 Gaussian Blur를 2px 적용하여 약간 번지는 듯한 느낌을 표현합니다.

 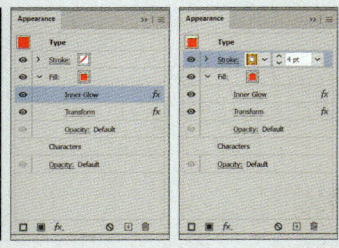

[File]-[Open]으로 'Style16_2_exercise_start.ai' 파일을 엽니다. 'LIVE' 단어를 선택하고 [Appearance] 패널을 엽니다. 면색을 #e10a00으로 지정합니다. Inner Glow를 검은색 Soft Light로 설정하고, 약간 오른쪽 아래로 이동시킵니다. 두께는 4pt, [Swatches] 패널의 그라디언트를 적용합니다.

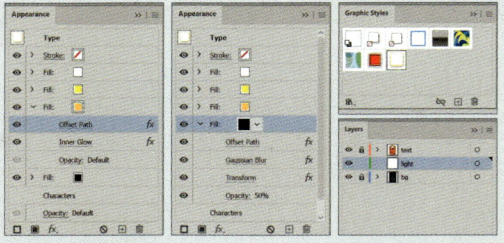

하단에 오렌지색 면을 만듭니다. 색은 #fbb03b로 지정합니다. Offset Path로 약간 크게 만들고, Inner Glow 효과로 외곽을 어둡게 만듭니다. 다시 하단에 검은색 면을 만들고 Offset Path로 크게 만든 뒤 Gaussian Blur로 번지게 하여 그림자 효과를 만듭니다. 그래픽 스타일로 등록합니다.

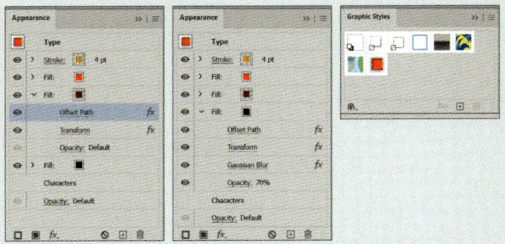

하단에 더 어두운 색상의 면을 만듭니다. 색상은 #950000으로 지정합니다. Offset Path를 적용하여 약간 더 크게 만든 면을 다시 오른쪽 아래로 이동시켜 그림자 효과를 줍니다. 가장 하단에 검은색 면을 만들고 Offset Path로 약간 크게 만든 뒤 아래쪽으로 이동합니다. Gaussian Blur와 Opacity 30%로 번지는 그림자 효과를 만듭니다. [Graphic Styles] 패널에 개체를 드래그하여 등록합니다.

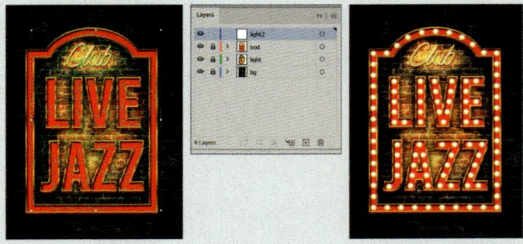

[Layers] 패널에서 Light를 선택하고, 'Style16_2_exercise_light.ai' 파일을 열어 자료를 복사해와 그림과 유사하게 배치합니다. 가장 상단에 새로운 레이어를 만들고, 자료에서 작은 원을 가져와 조명처럼 배치하고 작업을 마무리합니다.

Design Style 17

Isometric Book Store 1

아이소메트릭 각도를 활용한 건물 및 디테일 요소 그리기 -1

Skill Point

아이소메트릭 그리드를 활용하여 건물을 그린 후, 원형으로 만든 응용 요소와 기타 세부적인 요소들을 추가합니다.

Keyword

Isometric Grid # Transparency
Isometric Map # Pattern
Search Keyword : isometric, isometric building, isometric illust

Before you Design

아이소메트릭
아이소메트릭 디자인은 3차원 공간을 30도 각도로 투영하여 2차원 평면에 표현하는 기법입니다. 3차원적 공간을 효과적으로 표현할 수 있으며 조립도, 건축 도면, 게임 그래픽 등 다양한 분야에서 활용됩니다. 직각이 아닌 30도 각도로 그려지기 때문에 물체의 형태와 구조를 간결하게 보여줍니다. 아이소메트릭만의 독특한 매력을 가지고 있어 디자인 활용도가 높습니다.

아이소메트릭 그리드 만들기
아이소메트릭 그리드를 만들기 위해서는 30도 각도로 그려진 그리드를 사용해야 합니다. 아이소메트릭 그리드를 직접 만들고 그 위에 드로잉 작업을 진행해 보세요.

특징 및 표현법
- 아이소메트릭 그리드의 각도를 유지하며 어긋나지 않게 개체를 그려야 합니다.
- 그리드 레이어는 개체와 따로 레이어를 분류하여 관리하면 편집 및 수정이 용이합니다.

Designer Gallery

< Isometric Flower Shop >

< Isometric Abstract Tiger >

예제 파일　📁 DS17 > S17_1_예제파일 > 없음
결과 파일　📁 DS17 > S17_1_예제파일 > Style17_1_Isometric_result.ai

01 아이소메트릭 그리드 만들기

아이소메트릭 그리드는 '아이소메트릭 맵'이나 '아이소메트릭 가이드'라고도 부릅니다.

1 [File]-[New]로 새 문서를 엽니다. 단위를 pixel로 설정하고 가로와 세로를 1000px로 입력한 후 문서를 생성합니다.

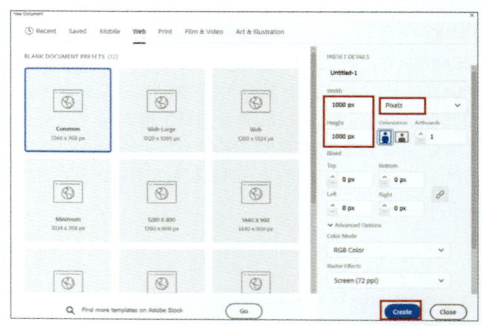

2 면색 없이 선색만 설정한 뒤 Line Segment Tool(선분 도구)을 선택하고 빈 화면을 클릭합니다. 길이를 1500px, 각도를 90도로 설정하고 OK를 누릅니다. 화면 임의의 공간에 둡니다.

 plus　본 교재에 수록된 17과 18의 본문 내용은 자료 폴더 안에 PDF 파일로 제공됩니다. 학습에 도움이 되도록 참고하시기 바랍니다.

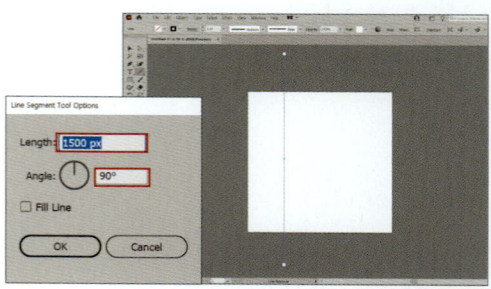

3 라인이 선택된 상태에서 [Effect]-[Distort & Transform]-[Transform]을 클릭합니다. 옵션창에 Horizontal 값을 14px, Copies에 100을 입력하고 OK를 누릅니다. 총 101개가 됩니다.

Tip
가로의 간격 값은 크게 중요하지 않습니다. 홀수여야 정렬하기 편하므로 최종 개수가 홀수가 되도록 Copies 값을 설정합니다.

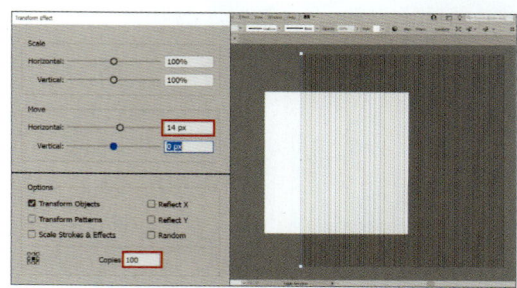

4   [Object]-[Expand Appearance]를 누릅니다.
    Shift + F7 을 눌러 [Align] 패널을 열고 문서를 기준
    으로 중앙 정렬합니다.

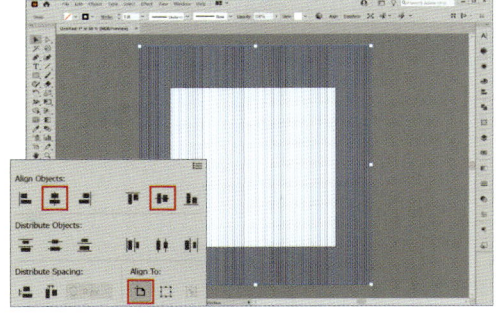

5   개체가 선택된 상태에서 Rotate Tool(회전 도구)을
    더블클릭합니다. 60도를 입력하고 Copy를 누릅니다.

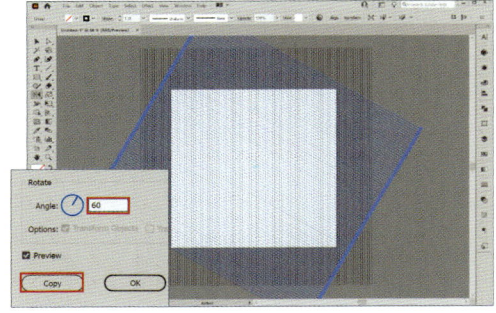

6   회전된 개체가 선택된 상태에서 Reflect Tool(반사 도
    구)을 더블클릭합니다. Vertical을 선택하고 Copy를
    누릅니다.

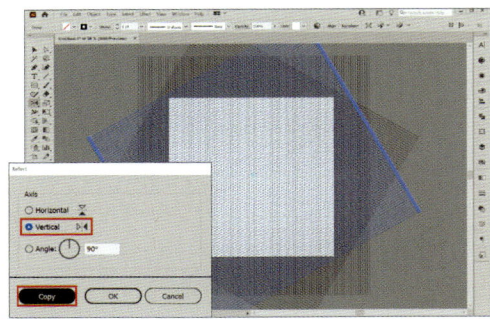

7   모든 개체를 선택하고 Ctrl + F10 을 눌러 [Stroke]
    패널에서 두께를 0.25pt로 설정합니다. [Swatches]
    패널을 열고 파란색을 선택합니다.

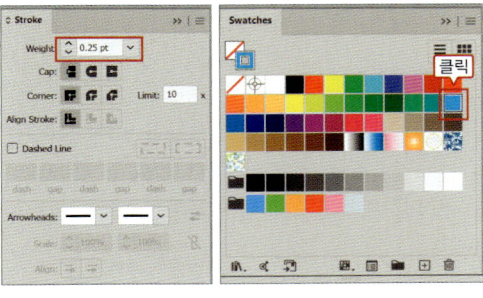

8 1000px인 정사각형을 만들고 문서 가운데로 정렬합니다. Ctrl + A 를 눌러 개체를 모두 선택한 뒤 Ctrl + 7 을 눌러 클리핑 마스크를 적용합니다. 아이소메트릭 그리드 작업이 완료되었습니다.

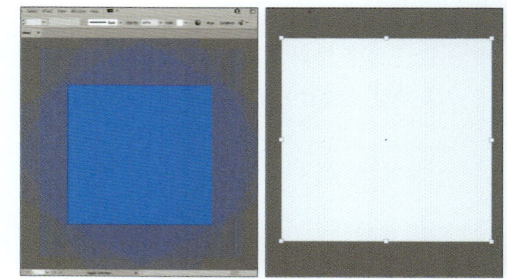

02 그리드 위에 건물 윗부분 그리기

1 F7 을 눌러 [Layers] 패널을 엽니다. 기존 레이어는 '아이소메트릭'으로 수정하고 잠급니다. '건물' 레이어를 새롭게 만듭니다. Pen Tool(펜 도구)을 선택하고 넓은 면 22칸, 좁은 면 18칸, 폭은 2칸으로 그림과 같이 막힌 도형을 그립니다.

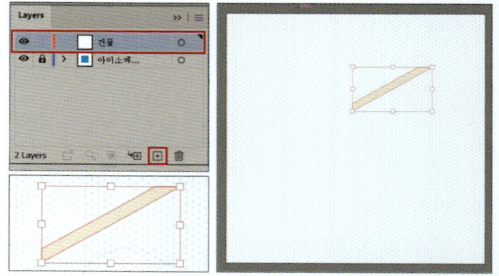

2 기존 개체를 반전시켜 반대쪽으로 이동하고 복사 및 180도 회전하여 그림과 같이 배치합니다. 나머지 부분도 이어서 그립니다. 색상은 각각 #e8caaa, #d3b798입니다.

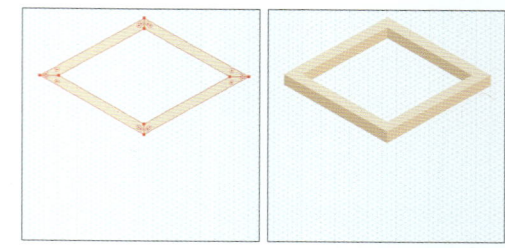

3 건물 윗부분과 벽면을 그립니다. 색상은 각각 #e59a7c, #ba7965입니다. Direct Selection Tool (직접 선택 도구)로 벽면 오른쪽 점 2개만 선택합니다.

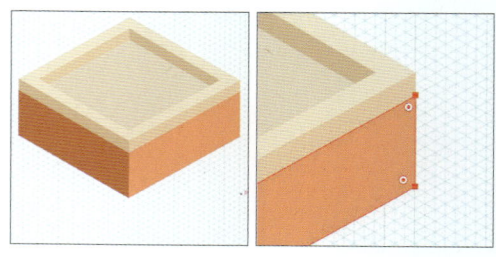

4 Direct Selection Tool을 더블클릭합니다. 옵션창에 각도를 30도, 거리를 -7px로 입력한 뒤 OK를 누릅니다. 사선 방향으로 점 2개가 이동됩니다.

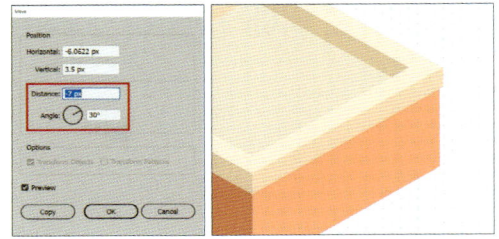

5 반대쪽 점 2개도 Direct Selection Tool로 선택하고 옵션창에 각도를 -30도, 거리를 7px로 입력합니다. 반대쪽 사선 방향으로 점 2개가 이동됩니다.

6 건물 중간에 튀어나온 벽을 그리고 윗면을 이어서 작업합니다.

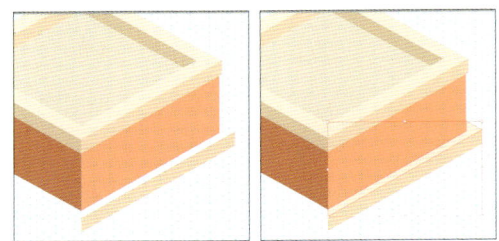

7 반대쪽도 동일하게 작업합니다. 건물 옥상이 만들어집니다.

✅ 점의 정렬 맞추기

마지막 선택된 점이 기준이 되는 점의 정렬
다중 선택한 개체 중 마지막으로 선택한 점을 기준으로 정렬할 수 있습니다.
3개의 점을 모이게 하고 싶을 때, 다중선택 시 기준이 되는 위치의 점을 가장 마지막에 선택합니다. 그리고 가로 정렬 중 하나, 세로 정렬 중 하나를 누르면 마지막 선택한 점으로 다른 점들이 모입니다.

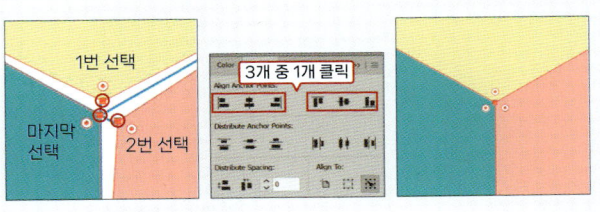

03 그리드 위에 건물 아랫부분 그리기

1. 건물 양쪽 끝에 3x14칸의 긴 벽면을 그립니다. 그 앞쪽으로 1x15칸의 갈색 나무 기둥을 그립니다. 색상은 #9f6d58, #7f4f3e입니다.

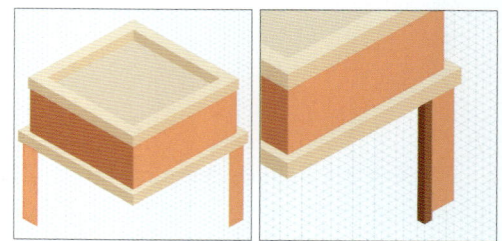

2. 6x14칸의 창문을 그리고, 색상은 #744a52로 지정합니다. 나무 기둥을 왼쪽 벽면에 3개 배치하고, 오른쪽 창문은 7×14칸의 크기로 작업합니다.

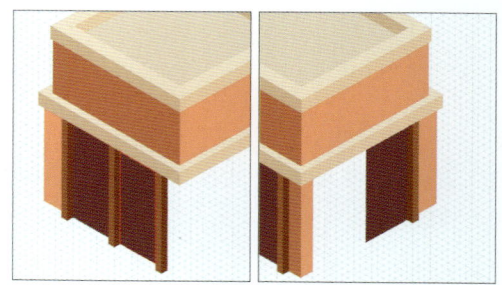

3. 건물 가운데 부분에는 2×14칸의 기둥을 그립니다. 한쪽을 완성하면 반대쪽은 복사 및 반전하여 사용합니다. 건물 아랫부분의 턱을 그림과 유사하게 그려줍니다.

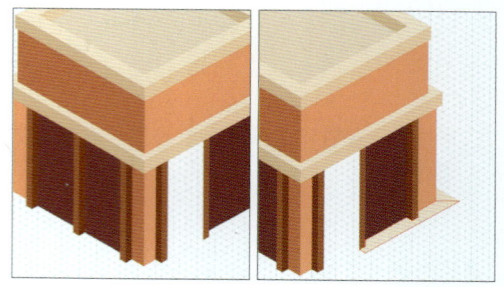

4. 반대쪽도 같은 방법으로 건물 아랫부분의 턱을 그립니다. 문과 아래의 계단도 그림과 유사하게 그려줍니다.

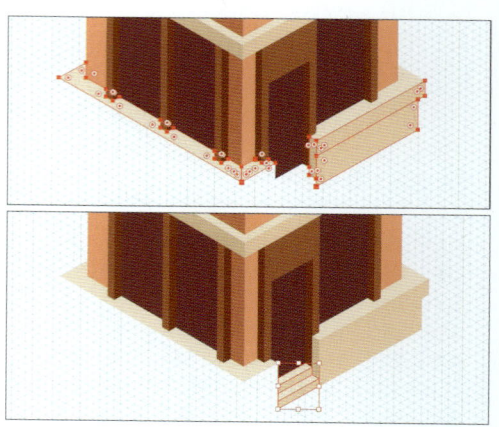

5 나머지도 이어서 작업합니다. 왼쪽 면이 더 어두운 것을 고려하여 색상을 지정합니다.

+ plus 여기까지의 과정이 'Style17_1_course1.ai'으로 저장되어 있습니다.

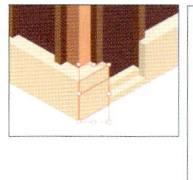
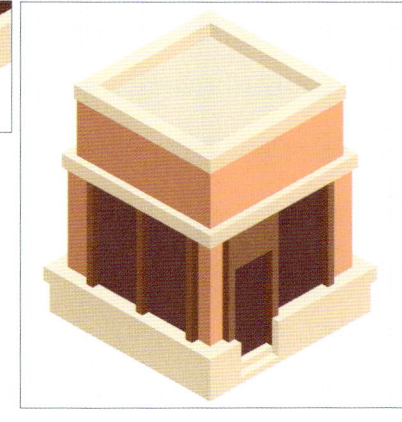

04 작은 그림자들 표현하기

1 [Layers] 패널을 열어 '아이소메트릭' 레이어를 위로 이동합니다. Ctrl + K 를 눌러 환경설정을 엽니다. 이동 간격을 조절하기 위해 Keyboard Increment의 값을 1px로 설정하고 OK를 누릅니다.

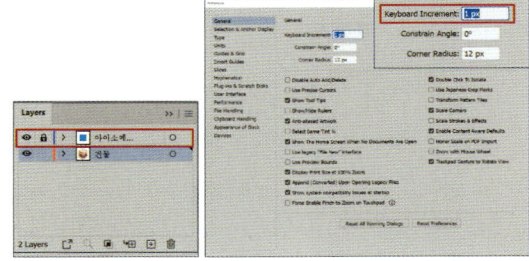

2 옥상의 아랫부분에 세로 길이 1칸으로 검은색 면을 그립니다. 아래쪽 점 2개만 선택하고 위쪽 키보드 화살표를 8~10번 정도 눌러 높이를 짧게 만듭니다.

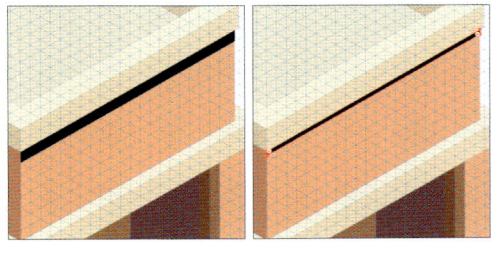

3 Ctrl + Shift + F10 을 눌러 [Transparency] 패널을 엽니다. 블렌드 모드를 Soft Light, Opacity 값을 50%로 설정합니다. 반대쪽도 반전시켜 똑같이 작업합니다.

+ plus 검은색 개체는 블렌드 모드 Overlay, Soft Light 2가지로 어둡게 만들 수 있습니다.

4 나무 기둥 부분에도 그림과 같이 1칸으로 그림자를 만들고 아래쪽 점 2개만 선택하고 아래쪽 키보드 화살표를 8~10번 정도 누릅니다. 우측 상단 점은 아래로 이동시켜 그림과 같이 위치를 맞춥니다.

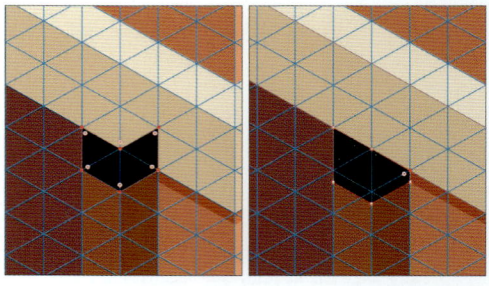

5 [Transparency] 패널에서 블렌드 모드를 Soft Light, Opacity 값을 50%로 설정합니다.

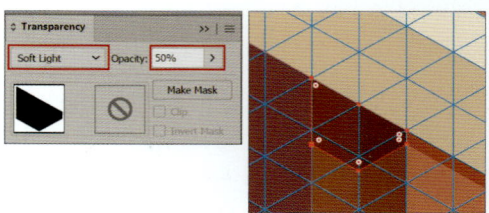

6 나머지도 모두 같은 방법으로 작업하여 상단에서 아랫부분으로 짧은 그림자를 표현합니다. [Layers] 패널에서 아이소메트릭 레이어의 눈을 끄고 어색한 부분이나 잘못 만든 부분은 없는지 확인합니다.

+ plus 여기까지의 과정이 'Style17_1_course2.ai'으로 저장되어 있습니다.

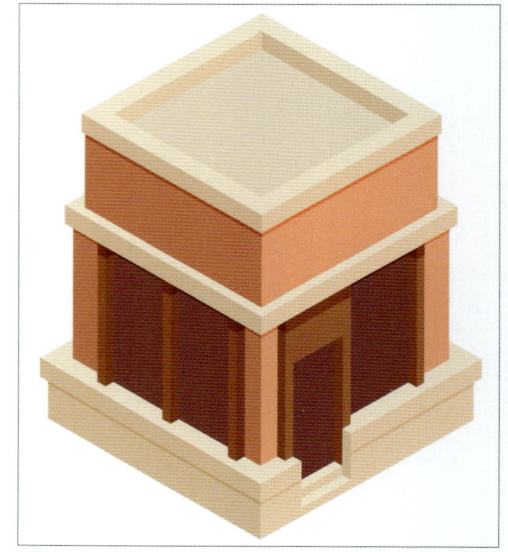

05 창문과 문의 반사광 만들기

1. 모퉁이를 둥글린 흰색 사각형을 다양한 크기와 간격으로 60도 회전하여 창문 위치에 배치합니다. Shape Builder Tool(도형 구성 도구)로 창문과 흰색 개체를 같이 선택한 뒤, 창문 바깥쪽은 Alt 키로 불필요한 부분을 정리합니다.

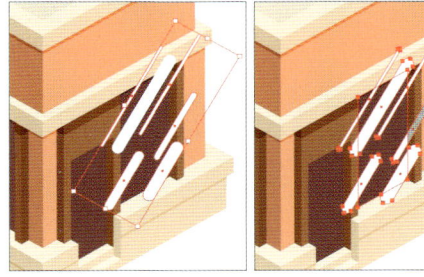

2. 흰색 개체들만 선택하고 [Transparency] 패널에서 Opacity 값을 5%로 낮춥니다.

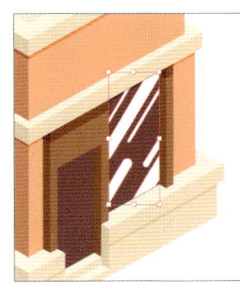 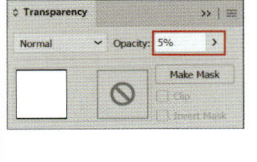

3. 동일한 방법으로 작업합니다.

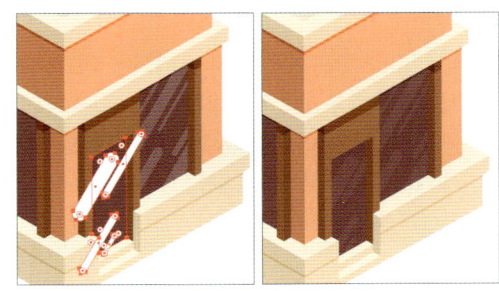

4. 반대쪽 창문도 동일하게 작업합니다. 다른 각도로 작업해도 무방합니다.

   + plus 예제에서는 이전과 같은 60도로 작업했습니다.

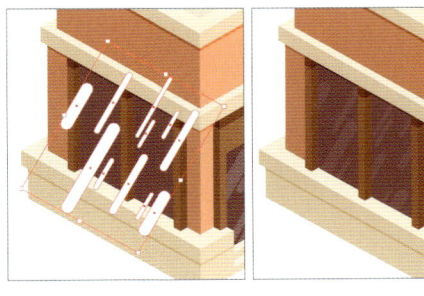

06 벽돌 패턴 만들기

1. Artboard Tool(아트보드 도구)을 선택하고 작업 중인 문서 크기와 비슷한 크기로 아트보드를 새로 만듭니다.

    + plus Shift+O 단축키로 바로 아트보드 도구를 실행할 수 있습니다.

2. 30x14px 사각형을 그리고 #ce9580으로 지정합니다. [Effect]-[Distort & Transform]-[Transform]을 클릭하고 옵션창에 Horizontal 값을 32px, Copies를 4로 입력한 뒤 OK를 누릅니다.

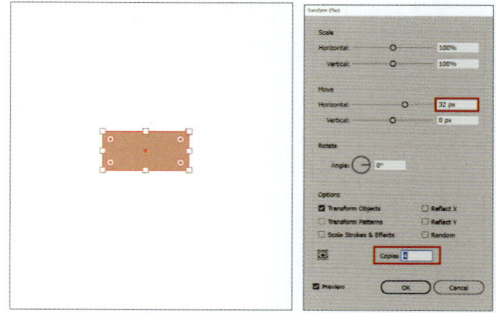

3. 다시 [Effect]-[Distort & Transform]-[Transform]을 적용하면 효과를 중복 사용할 것인지 묻는 대화상자가 나타납니다. 'Apply New Effect'를 클릭합니다. Horizontal과 Vertical 값은 16px, Copies를 5로 입력한 뒤 OK를 누릅니다.

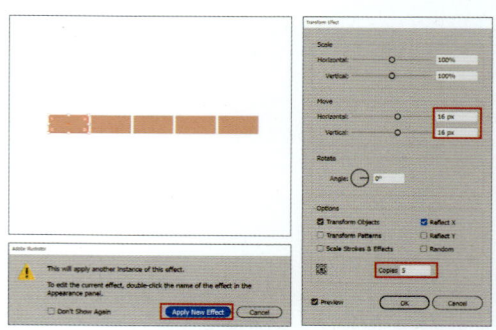

4. [Object]-[Expand Appearance]로 효과를 확장합니다. #edb0a2, #dd927c로 일부 개체의 색을 바꿉니다.

5 [Object]-[Pattern]-[Make]를 누릅니다. 경고창이 뜨면 OK를 누릅니다. 옵션창에 가로는 160px, 세로는 96px을 입력하고 상단의 'Done'을 누릅니다. [Swatches] 패널에 패턴 타일이 추가됩니다.

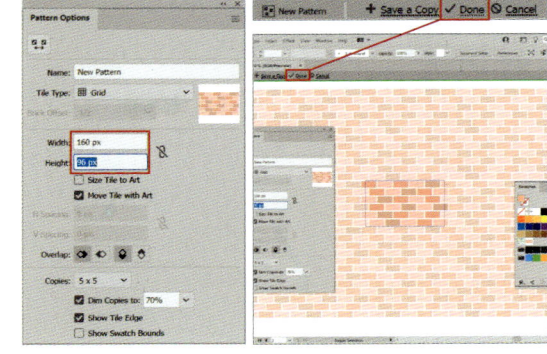

6 오른쪽 벽 윗부분을 선택하고 Ctrl + C , Ctrl + F 를 눌러 제자리에 붙여넣기 합니다. [Swatches] 패널을 열고 등록된 패턴을 적용합니다.

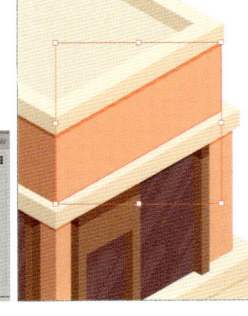
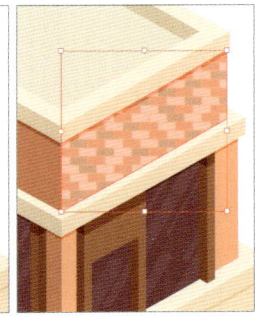

7 Shear Tool(기울이기 도구)을 더블클릭합니다. Vertical을 선택하고 각도를 -30도, Transform Patterns 옵션을 체크하고 OK를 누릅니다.

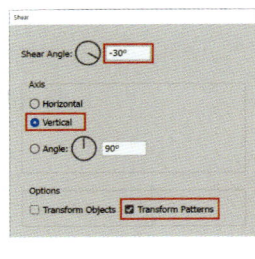

8 왼쪽 벽 윗부분을 선택하고 Ctrl + C , Ctrl + F 로 제자리에 붙여넣기 합니다. [Swatches] 패널을 열고 등록된 패턴을 적용합니다.

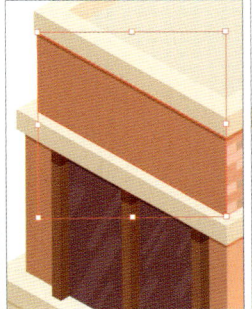

9 Shear Tool을 더블클릭합니다. Vertical을 선택하고 각도를 30도, Transform Patterns 옵션을 체크하고 OK를 누릅니다.

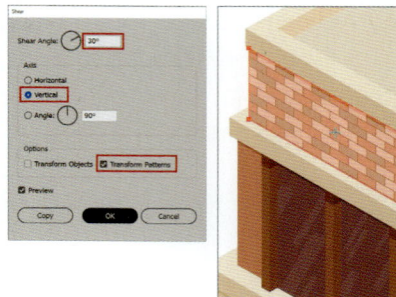

10 벽돌 패턴이 적용된 두 개체를 모두 선택하고 [Transparency] 패널을 열어 Opacity 값을 40%로 입력합니다.

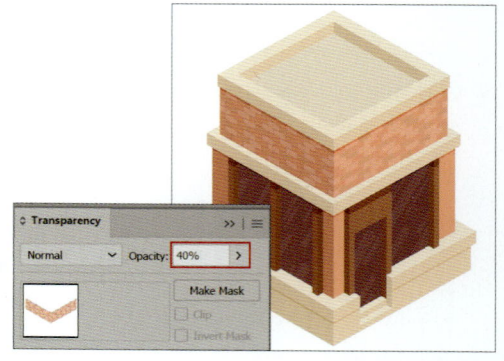

11 왼쪽 벽 아랫부분을 선택하고 Ctrl + C , Ctrl + F 로 제자리에 붙여넣기 합니다. Eyedropper Tool(스포이드 도구)로 위쪽 벽돌 개체를 클릭하면 해당 벽돌의 옵션을 복사해 옵니다.

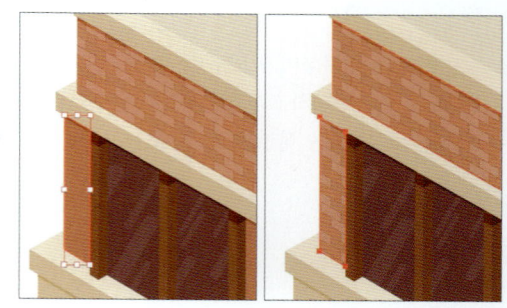

12 나머지 붉은 벽들도 Ctrl + C , Ctrl + F 로 제자리에 붙여넣기 한 후 해당되는 벽돌 패턴을 Eyedropper Tool로 추출합니다.

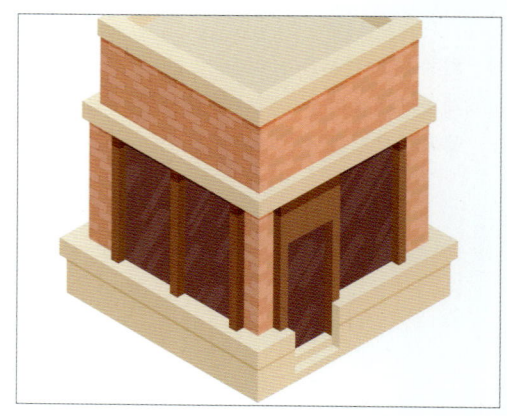

07 계단 만들기

1. 40px 정사각형 10개를 그림과 같이 배치하고 그 위에 Pen Tool로 직각 삼각형을 만들어 겹쳐줍니다.

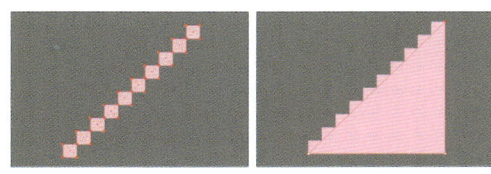

2. 개체를 모두 선택하고 [Pathfinder] 패널에서 합치기를 누릅니다.

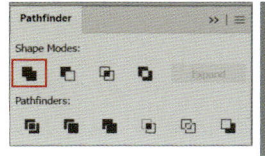 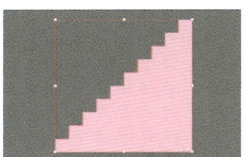

3. [Effect]-[3D]-[Extrude & Bevel]을 클릭합니다. Position에서 Isometric Right를 선택하고, Depth 값을 140px 입력한 뒤 OK를 누릅니다. [Object]-[Expand Appearance]를 눌러 효과를 확장합니다.

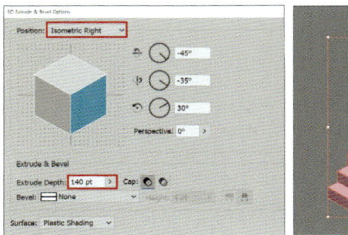 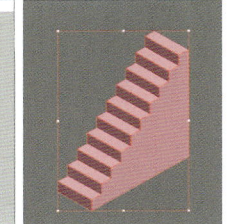

    + plus CC 2022 이상의 버전을 사용한다면 [Effect]-[3D & Materials]-[3D(Classic)]-[Extrude & Bevel(Classic)]을 선택합니다.

4. 건물 왼쪽 뒤로 배치한 후 크기를 조절합니다. Direct Selection Tool로 개체 하나만 선택한 뒤 [Select]-[Same]-[Fill Color]로 색상을 바꿉니다.

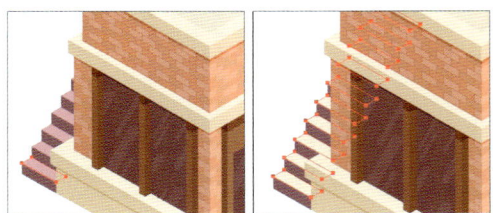

5. 나머지 다른 색도 같은 방법으로 작업하여 원하는 색으로 바꿉니다.

    + plus 예제에서는 건물의 아이보리색 부분과 같은 색으로 지정하였습니다.

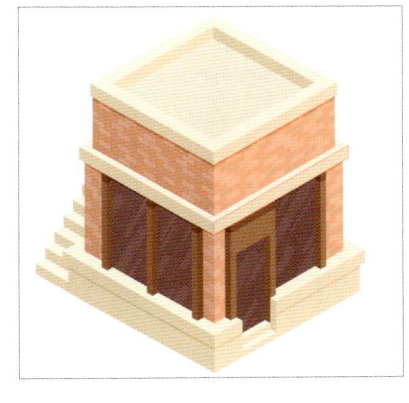

08 옥상 개체 작업하기

1 [Layers] 패널에서 '옥상' 레이어를 추가로 만들고 아이소메트릭 레이어 아래로 이동합니다. 그림과 같이 육면체를 그리고 색상은 옥상에 사용된 색과 동일한 색을 사용합니다.

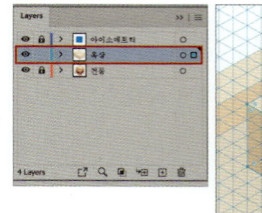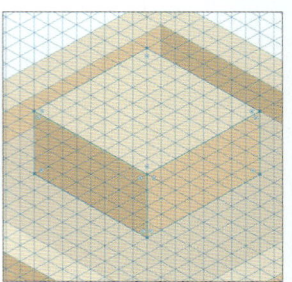

2 육면체 상단에 그림과 같이 누워있는 사각형을 그리고 #c6a083으로 지정합니다. [Effect]-[Stylize]-[Round Corners]를 클릭하고 값을 50px 입력합니다. [Object]-[Expand Appearance]로 개체를 확장합니다.

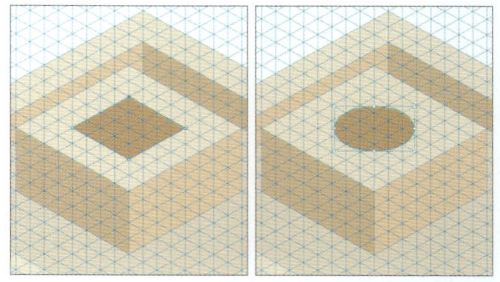

3 확장된 개체를 선택하고 Ctrl + C , Ctrl + F 로 제자리에 붙여넣기 합니다. Alt + Shift 키를 누른 채로 크기를 줄입니다. 면색을 #f7ddba로 지정하고 같은 작업을 반복한 뒤 면색을 #fceede로 지정합니다. 크기는 임의로 작업합니다.

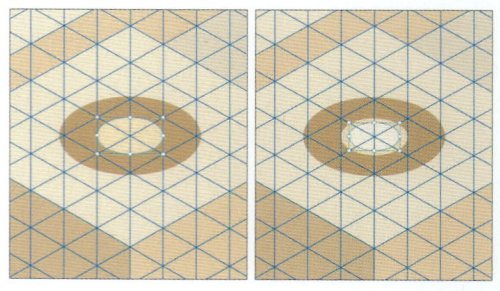

4 임의의 위치에 그림과 같이 누워있는 사각형 한 개와 왼쪽을 향해 있는 사각형 한 개를 그립니다. 색은 #51360b로 지정합니다. [Effect]-[Stylize]-[Round Corners]에서 값을 20px 입력합니다. [Object]-[Expand Appearance]로 개체를 확장합니다.

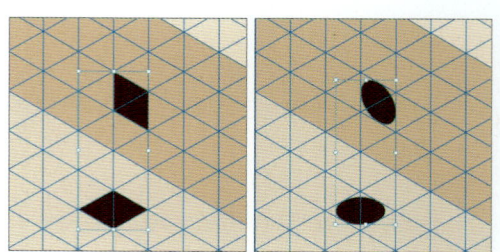

5　Pen Tool로 그림과 같이 꺾인 직선을 그립니다. [Stroke] 패널에서 선 두께는 4pt, Cap과 Corner를 둥글게 처리합니다. 점의 길이와 곡률 등을 조절하여 그림과 유사하게 만듭니다.

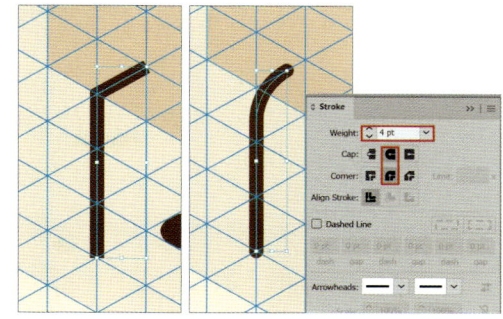

6　원 2개는 사이즈를 줄여 선 위치에 각각 배치합니다. 선 개체를 선택하고 [Object]-[Path]-[Outline Stroke]로 선을 면으로 확장합니다. 3개를 그룹으로 만들고 하나를 복사해 옆으로 배치합니다.

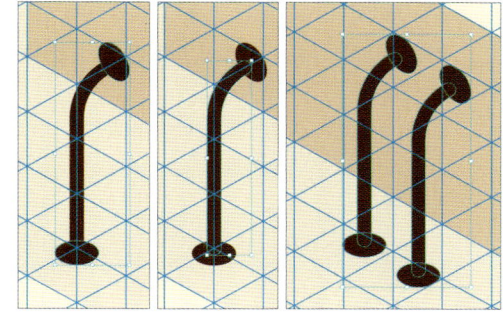

7　Shift 키를 누른 채로 원하는 만큼 사이즈를 조절하여 배치합니다.

> **Tip**
> 아이소메트릭 개체의 사이즈를 조절할 때에는 반드시 Shift 키를 누른 채로 작업해야 합니다. 비율만 잘 유지된다면 꼭 가이드에 맞추지 않아도 같은 각도를 유지하기 때문에 문제 되지 않습니다.

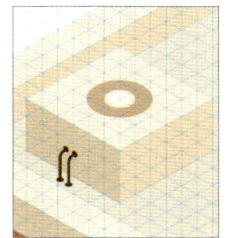 

09 큰 그림자 작업하기

1　[Layers] 패널에서 '그림자' 레이어를 추가로 만들고 '아이소매트릭' 레이어 아래로 이동합니다. Pen Tool로 그림과 같이 검은색 면을 그립니다. 이때 각도에 유의하여 작업합니다.

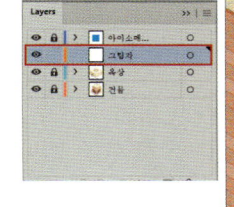 

2 건물 오른쪽 벽면에 그림자가 생기는 곳 모두 추가로 작업합니다.

+ plus 물체가 빛을 가려서 생기는 어두운 부분이 어디일지 고민하면서 작업하도록 합니다.

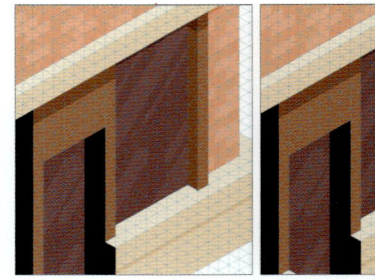

3 건물 왼쪽 벽면에도 나무가 튀어나온 부분을 고려하여 그림자가 생기는 부분을 모두 검은색 면으로 그립니다. 이어서 같은 방법으로 건물 아랫부분에도 큰 그림자를 만들어줍니다.

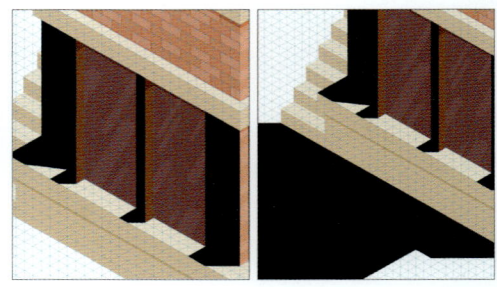

4 건물 위쪽의 왼쪽 벽면과 옥상에도 왼쪽 방향으로 그림자 부분을 계산하여 작업합니다.

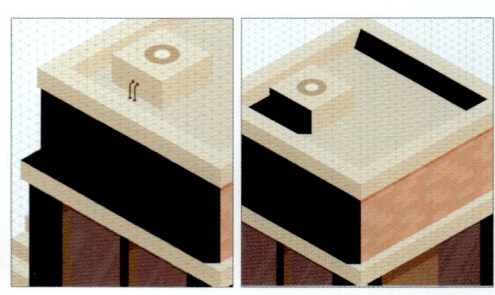

5 검은색 면으로 만든 모든 개체들을 선택합니다. [Transparency] 패널을 열고 Opacity 값을 30%로 설정합니다.

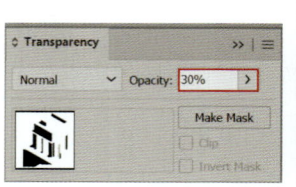
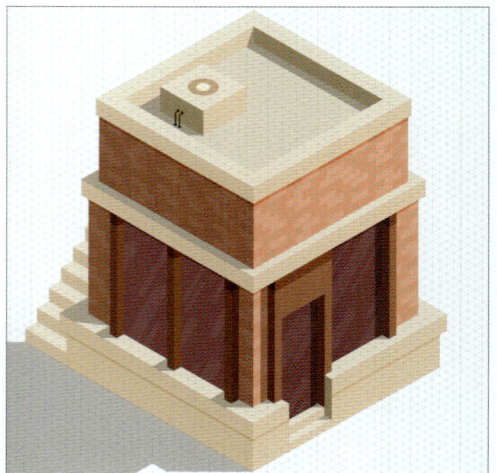

Design Style 18

Isometric Book Store 2
아이소메트릭 각도를 활용한 건물 및 디테일 요소 그리기 -2

Skill Point

건물에 차양막과 창문, 간판 등 세부적인 사항을 추가하고 주변에 꽃과 나무와 같은 자연물 등 다양한 요소를 추가로 작업합니다.

Keyword

Isometric Grid # Transparency
Isometric Map # Pattern
Search Keyword : isometric, isometric building, isometric illust

| 예제 파일 | DS18 > S18_1_예제파일 > Style17_1_Isometric_result.ai |
| 결과 파일 | DS18 > S18_1_예제파일 > Style18_1_Isometric_result.ai |

01 3D를 활용하여 건물 간판 만들기

1. 이전의 마지막 단계에서 이어서 작업합니다. F7 을 눌러 [Layers] 패널을 열고, '그림자' 레이어 위에 '간판' 레이어를 만들고 'BOOKS'를 입력합니다. 작업에 방해가 될 수 있으므로 그림자 레이어의 눈을 끕니다.

   + plus 예제에는 'Montserrat(Bold)' 폰트를 사용했습니다. (출처 : google.com)

2. 'BOOKS'를 선택하고 [Effect]-[3D]-[Bevel & Emboss]를 실행합니다. Position 목록에서 Isometric Right, Extrude Depth 값을 7을 입력하고, Surface 목록에서 No Shading을 선택한 뒤 OK를 누릅니다.

   + plus 높은 버전의 사용자는 3D 메뉴의 3D(Classic)에서 해당 명령을 찾아 실행합니다.

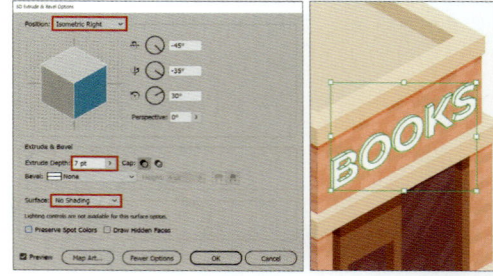

3. Group Selection Tool로 입체가 적용된 부분만 선택하여 #d3c5bc 색상을 적용합니다.

4. 'BOOKS'를 모두 선택하고 [Effect]-[Stylize]-[Drop Shadow]를 클릭합니다. 모드는 Multiply, Opacity 값 25%, X는 0, Y는 4, Blur 값은 0으로 설정합니다. 색상은 #912929 입니다.

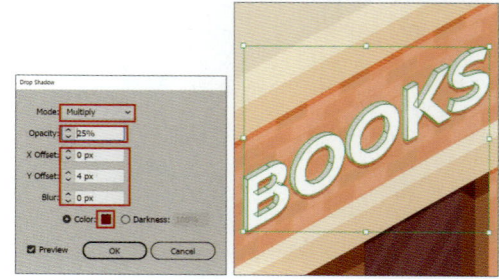

02 아이소메트릭에서 원 그리기, 차양막 만들기

햇빛을 막기 위한 차양막을 작업합니다. 꺾이는 부분을 곡선이 아닌 직선으로 표현합니다.

1. '차양막' 레이어를 만듭니다. '건물'과 '간판' 레이어는 눈을 끄고 '차양막' 레이어에서 가로세로 2칸의 왼쪽을 바라보는 사각형을 그립니다. 색상은 #f2e6b1입니다.

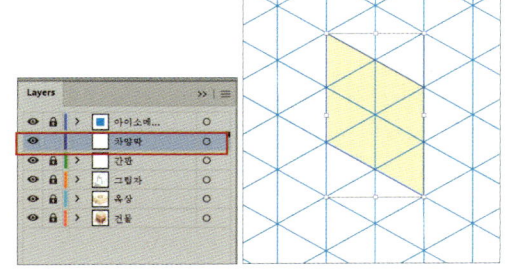

2. [Effect]-[Stylize]-[Round Corners]에서 20px을 입력한 뒤 OK를 누릅니다. 모양이 둥글게 변하면 [Object]-[Expand Appearance]로 확장합니다.

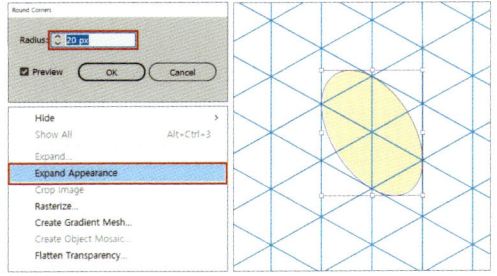

3. Direct Selection Tool을 선택하고 원의 가장 윗점을 Delete 키를 눌러 삭제합니다. 다시 Pen Tool을 선택하고 열린 패스를 막아줍니다.

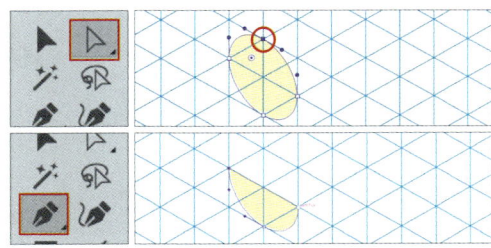

4. Pen Tool로 반원 위에 한 칸짜리 사각형을 그리고 Direct Selection Tool로 상단의 점 2개를 아래로 내려 길이를 짧게 만듭니다.

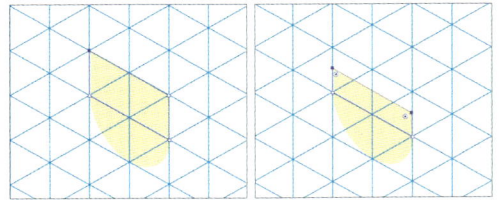

5   Pen Tool로 그 위에 사선으로 된 사각형을 그립니다. 그림과 같이 각도를 조금씩 바꿔가며 사각형을 2개 더 그립니다. 색상은 #f4eac1, #f9f1cf로 점차 밝아집니다.

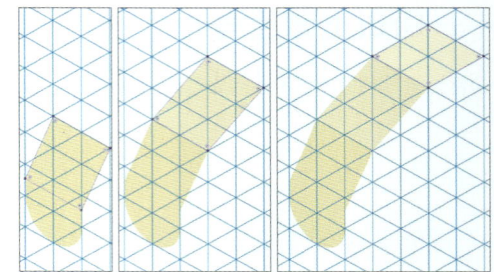

6   개체를 모두 선택하고 옆으로 복사합니다. 어두운색부터 #eb9c5c, #eda36b, #f2ad77로 색상을 변경합니다.

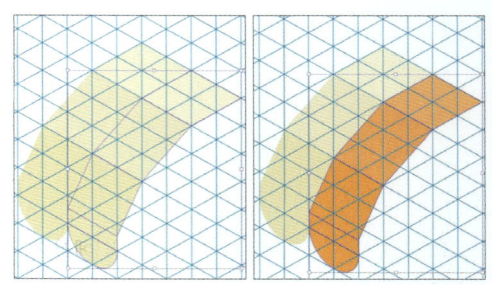

7   모든 개체를 선택하고 원하는 만큼 복사합니다. 마지막 오렌지색의 옆면은 Pen Tool로 연결하여 그려줍니다. 색상은 #e29256입니다. 마치면 모두 그룹으로 만듭니다.

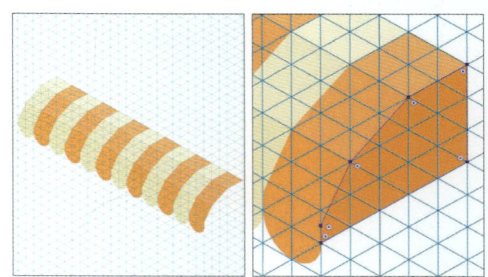

8   개체를 반전시켜 문 옆에 배치합니다. 창에 맞춰 개수나 크기를 조절합니다.

ESSENTIAL THEORY — Corner Widget & Round Corners

아이소메트릭에서 원형 개체 만들기

기울기가 적용된 아이소메트릭 각도에서 Corner Widget을 이용하여 둥글리면 정원이 됩니다. 만약, 기울기를 유지하며 둥글게 만들고 싶다면 메뉴에서 [Effect]-[Stylize]-[Round Corners] 명령을 실행하여 임계점을 넘어가도록 값을 입력합니다. 이어서 [Object]-[Expand Appearance] 명령으로 확장하면 점을 편집할 수 있습니다.

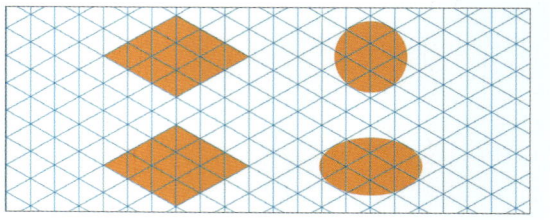

03 작은 창문 만들고 등간격 정렬하기

작은 창문은 먼저 크게 작업한 후에 사이즈를 줄여야 합니다. 아이소메트릭 그리드에 따라 창문을 배치하고 등간격으로 정렬하는 방법을 알아봅니다.

1. '창문' 레이어를 새로 만듭니다. '아이소메트릭' 레이어와 '창문' 레이어만 제외하고 모두 눈을 끕니다. 가로 세로 20칸씩 왼쪽을 바라보는 사각형을 그립니다.

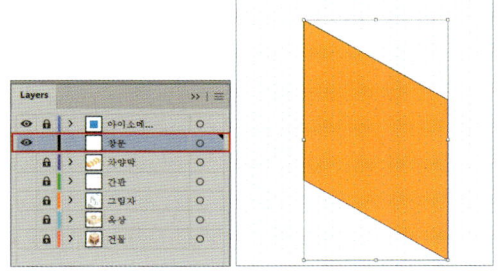

2. [Effect]-[Stylize]-[Round Corners]에서 값을 200px을 입력한 뒤 OK를 누릅니다. 모양이 둥글게 변하면 [Object]-[Expand Appearance]로 확장합니다.

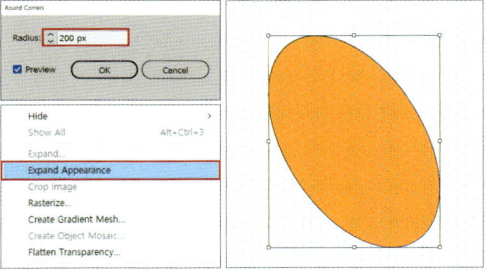

3. Pen Tool로 원의 절반 부분 아래에 사각형을 그립니다. 크기는 가로 20칸, 세로 30칸으로 작업합니다. 원과 함께 선택하여 [Pathfinder] 패널에서 합치기를 누르고 색상은 #744a52로 바꿉니다.

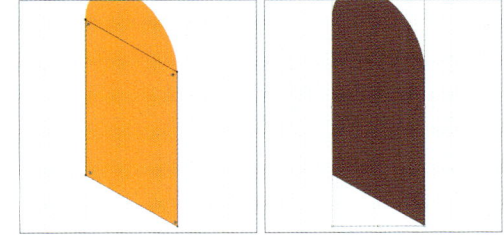

4. [Object]-[Path]-[Offset Path]로 값을 14px을 입력하고 OK를 누릅니다. 색상은 #f2e6b1입니다.

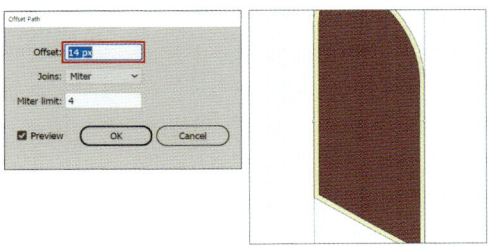

5 밝은색 개체를 선택하고 Ctrl + C , Ctrl + B 를
눌러 제자리 뒤에 붙여넣기 합니다. 색상은 #e2d59f
입니다. 복사된 개체를 오른쪽으로 14px 옮깁니다.
점을 추가 및 이동하여 그림과 같이 만듭니다. 전체
선택 후 패스파인더에서 Trim을 누르고 그룹을
해제합니다.

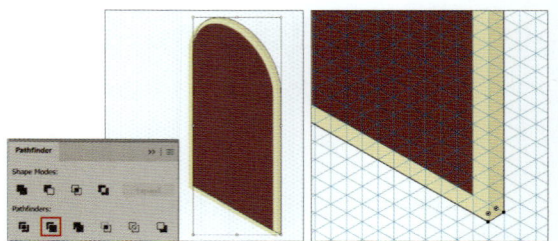

6 중앙을 가로지르는 한 칸짜리 긴 사각형과 바로 옆에
어두운색으로 사각형을 그립니다. 어두운 사각형 아랫
부분은 점을 이동하여 그림과 같이 만듭니다. 안쪽 틀
개체이므로 외곽 틀 개체를 선택하여 Ctrl + Shift +]
를 눌러 맨 위로 배치합니다.

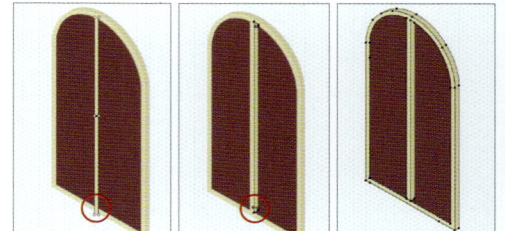

7 어두운색 개체를 선택하고 Selection Tool을 더블클
릭합니다. 옵션창에 Horizontal 14px, Vertical 0을
입력하고 Copy를 누릅니다.

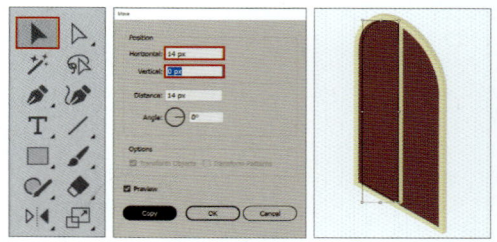

8 복사된 개체의 아랫부분의 점을 이동하여 그림과 같이
만듭니다. 어두운색 개체와 복사된 개체 2개를 선택하
고, Trim을 누른 뒤 그룹을 해제합니다. 밝은색 개체를
선택하고 Ctrl + Shift +] 를 눌러 맨 위로 배치합니다.

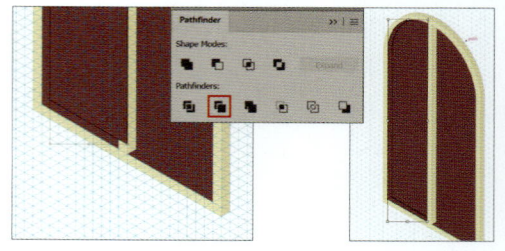

9 분리된 개체를 #d8ca93 어두운색으로 바꿉니다.
아래쪽은 다시 밝아져야 합니다. 패스파인더 등으로
개체를 분리하고 밝아지는 부분은 #f7edc6 색으로
지정합니다. 오른쪽 부분은 Pen Tool로 그립니다.

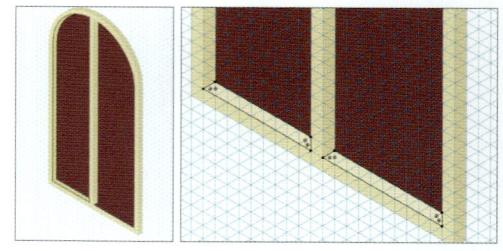

10 중간에 사각형을 그리고 윗부분에 입체감을 위해 밝은 색으로 사각형을 추가로 그립니다. 복사한 후 점을 이동하여 위치를 맞춘 후 작업이 끝나면 그룹으로 만듭니다.

+ plus 여기까지의 과정이 'Style18_1_Isometric_course1.ai'으로 저장되어 있습니다.

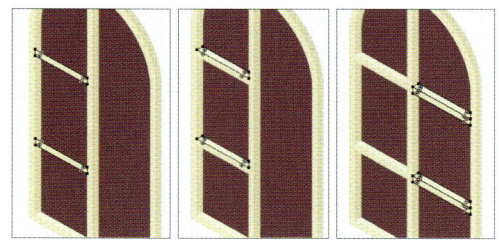

11 모든 레이어의 눈을 켭니다. Shift 키를 누른 채로 창문의 사이즈를 줄여 그림과 같이 배치합니다. 창문을 선택하고 Selection Tool을 더블클릭합니다. Angle 값을 150도, Distance를 -260px 입력한 뒤 Copy를 누릅니다.

 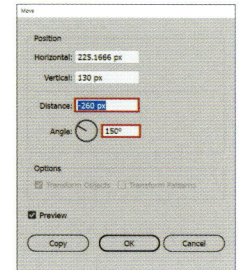

12 창문 2개를 선택하고 Blend Tool을 더블클릭합니다. Specified Steps로 설정하고 3을 입력한 뒤 OK를 누릅니다. Ctrl + Alt + B 를 눌러 블렌드를 적용합니다.

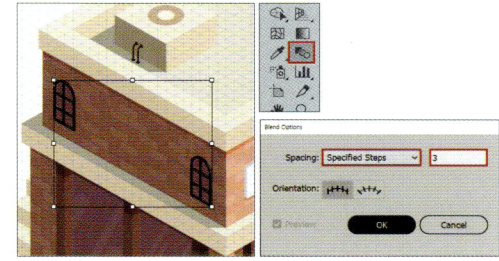

13 블렌드가 적용된 개체를 선택하고 [Object]-[Expand]를 눌러 확장합니다.

Tip
아이소메트릭은 각도가 기울어져 있기 때문에 수직 수평에 비해 등간격으로 정렬하는 작업이 까다롭습니다. 이때 블렌드를 활용하면 보다 쉽게 등간격 정렬을 할 수 있습니다.

04 조명 만들기

조명을 만들어봅니다. 수직 각도뿐 아니라 원과 사선도 같이 있음에 유의하며 작업합니다.

1. '조명' 레이어를 새로 만듭니다. '아이소메트릭' 레이어와 '조명' 레이어만 제외하고 모두 눈을 끕니다. Pen Tool로 가로세로 9칸의 사각형을 그립니다. 색상은 #623e49 입니다.

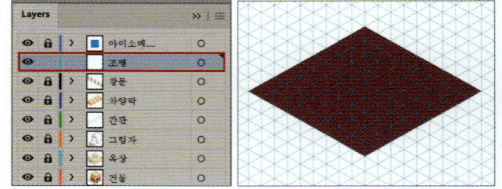

2. 아래에 얇은 사각형을 양쪽으로 각각 하나씩 그립니다. 색상은 왼쪽 #3b1927, 오른쪽 #4e303a 입니다.

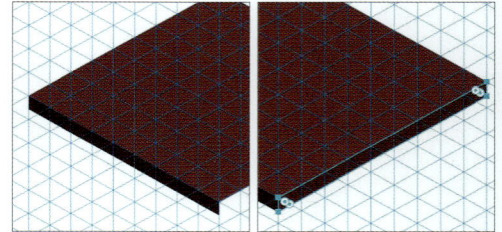

3. Pen Tool로 위에 사각형을 작게 그리고, 아래 사선으로 연결되는 사각형 2개를 그림과 같이 추가로 그립니다. 색은 이전에 사용했던 색과 같습니다.

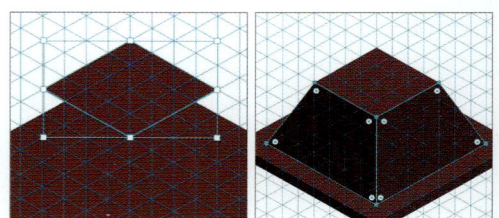

4. 가장 어두운색으로 왼쪽을 바라보는 긴 사각형을 그립니다. Direct Selection Tool로 왼쪽 점 2개만 선택하고 Selection Tool을 더블클릭합니다. 옵션창에 -30도, Distance를 8px 입력한 뒤 OK를 누릅니다. 얇은 사각형이 만들어집니다.

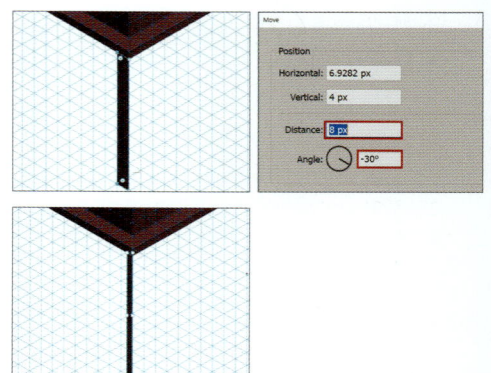

5 같은 방법으로 사선으로 1칸짜리 긴 사각형을 그립니다. 이전과 같은 방법으로 점을 2개만 이동시켜 얇은 사각형으로 만듭니다.

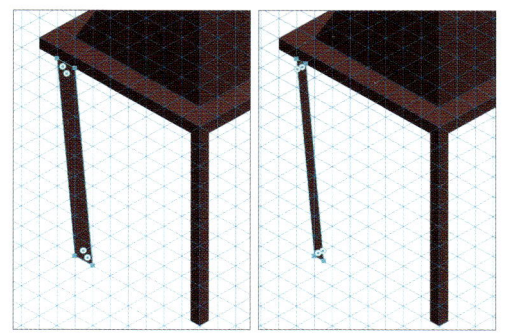

6 아래쪽 이어지는 사각형과 조명 안쪽도 Pen Tool로 그려줍니다. 반대쪽은 반전한 뒤 어두운색으로 바꿉니다. 색상은 왼쪽 #f5e6be, 오른쪽 #af8d8b으로 지정하고 그룹으로 만듭니다.

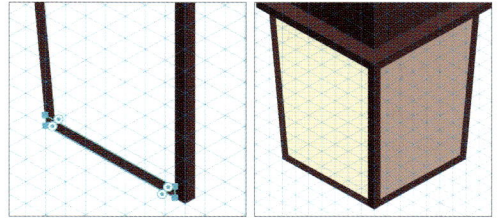

7 빈 공간에 그림과 같이 육면체를 그립니다. 육면체 옆에 누워있는 작은 사각형을 그리고, [Effect]-[Stylize]-[Round Corners]에서 20px를 입력한 뒤 [Object]-[Expand Appearance]로 확장합니다.

+ plus 육면체의 넓이와 높이는 자유롭게 지정합니다.

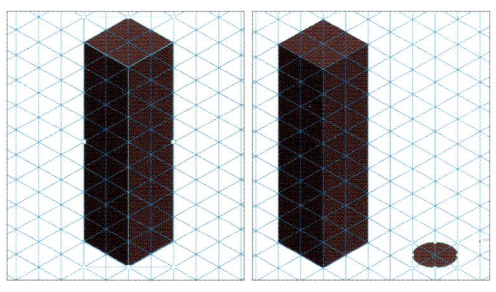

8 작은 원 위에 사각형을 그려 기둥처럼 만듭니다. 어울리는 색상을 지정하고 각각 크기를 조절한 뒤 가로등으로 만들면 전체를 그룹으로 설정합니다.

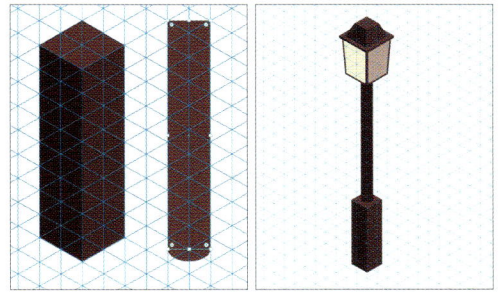

9 다른 레이어들의 눈을 켜고 사이즈를 조절하여 원하는 위치에 배치합니다.

+ plus 여기까지의 과정이 'Style18_1_Isometric_course2.ai'으로 저장되어 있습니다.

05 아이소메트릭에 맞춰 사람 그리기

아이소메트릭이어도 사람의 경우 건물같이 정확히 각도에 맞추기보다는 자연스러운 표현에 더 집중합니다.

1 '사람' 레이어를 새로 만듭니다. '아이소메트릭' 레이어와 '사람' 레이어만 제외하고 모두 눈을 끕니다. #ffcfcd 색으로 긴 타원을 그림과 유사하게 그립니다.

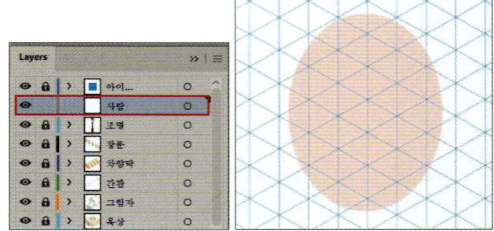

2 원 아래쪽 점을 이동하여 턱 부분을 만들고, 다른 타원을 그려 왼쪽 아랫부분에 회전하여 귀를 만들어 줍니다.

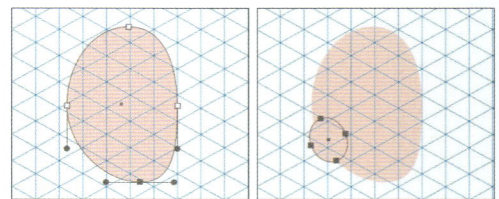

3 Pen Tool로 머리카락 부분을 그린 뒤 맨 앞으로 배열하고 색상을 #3f2623으로 지정합니다. 모퉁이를 둥글린 사각형을 그려 맨 뒤로 보내고, 타원을 그 아래에 그려 목 부위를 표현합니다. 색상은 #f2c2c2로 지정합니다.

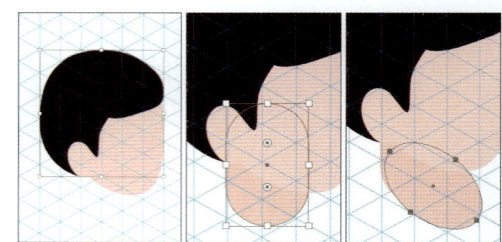

4 모퉁이를 둥글린 사각형을 크게 그립니다. [Effect]-[3D]-[Extrude & Bevel]을 선택하고 Position을 Isometric Right, Depth 값은 작업한 크기에 맞도록 적용합니다. Surface는 No Shading으로 설정하고 OK를 누릅니다.

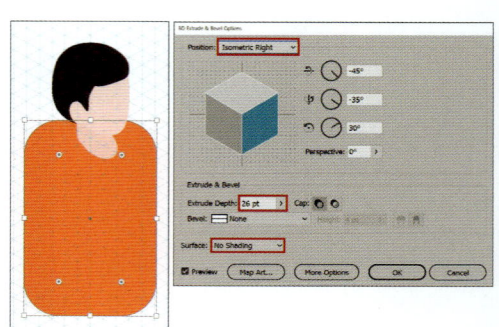

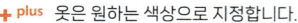 plus 옷은 원하는 색상으로 지정합니다.

5 몸통 부분이 만들어지면 크기를 조절한 뒤 [Object]
   -[Expand Appearance]를 눌러 면으로 확장합니다.

   + plus 몸의 방향과 틀을 잡은 과정이며 몸통의 굵기는 다음 과정에서
   보완할 수 있습니다.

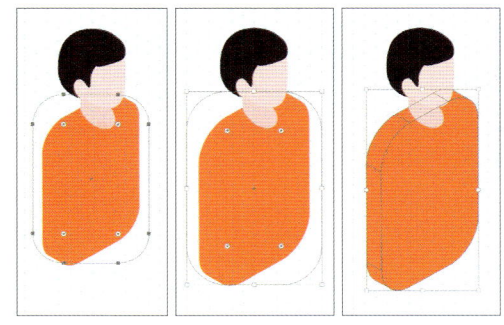

6 [Pathfinder] 패널을 열어 합칩니다. 불필요한 점들은
   삭제하고 외곽의 점들을 이동하거나, 핸들을 조절하여
   몸통 모양으로 만듭니다. 팔은 따로 만들어 배치할 것
   을 예상하여 작업합니다.

   + plus 남성이므로 어깨는 넓고 허리는 좁게 만들었습니다.

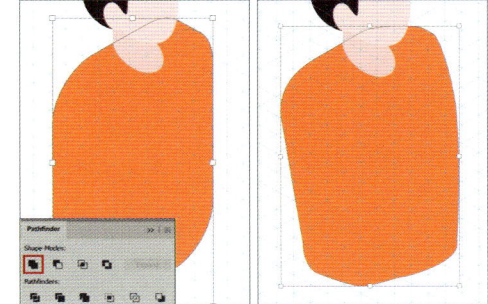

7 Pen Tool로 왼쪽과 오른쪽 팔을 이어서 그려줍니다.

   + plus 화면에 잘 보이도록 임시로 다른 색상을 지정했습니다.

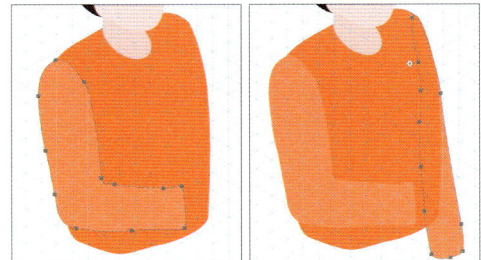

✅ 패스파인더 후 지저분한 패스 정리하기

3D 개체를 합친 후 지저분한 패스 삭제하기
3D 개체를 면으로 합치면, 면이 나눠진 경계 부분에 점선과 같이 지저분
한 패스가 남아있을 수 있습니다. 다시 합쳐도 지저분한 패스는 사라지
지 않으므로 화면을 확대하여 별도로 삭제를 해야 합니다. 이때, Lasso
Tool 혹은 Shape Builder Tool을 사용하면 편리합니다.

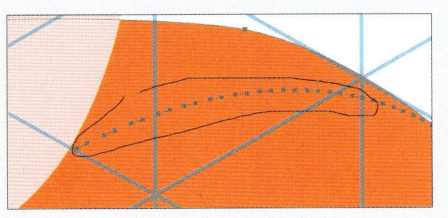

8 왼쪽 팔의 색상을 옷 색과 맞추고 새로운 개체를 그려 어두운 부분과 주름 등을 표현합니다. 반대쪽 팔도 어두운 곳과 밝은 곳을 구분하기 위해 Knife Tool(칼 도구) 등으로 잘라내고 왼쪽은 어둡게, 오른쪽은 밝게 표현합니다.

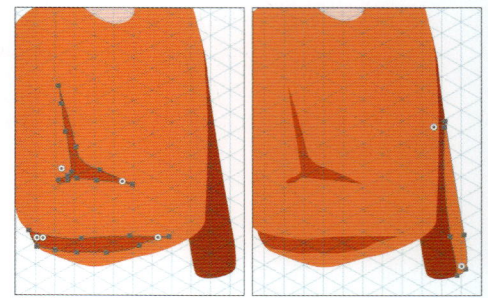

9 목 앞에 셔츠 깃 부분과 양쪽 소매 앞으로 셔츠가 삐져 나온 부분도 추가로 그려줍니다. 순서가 어긋나지 않도록 작업합니다.

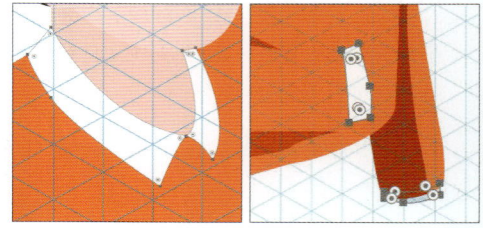

10 Pen Tool로 소매 앞부분에 나온 손과 스마트폰을 그려줍니다. 이때, 엄지손가락은 스마트폰에 가려져 보이지 않으니 유의합니다. 스마트폰은 모퉁이를 둥글린 회색 사각형을 이용합니다.

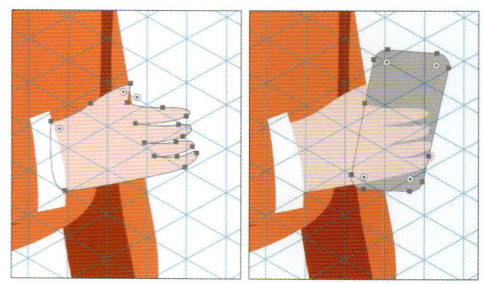

11 진한 갈색으로 티셔츠 아래에 벨트를 그려줍니다. 그 위에 연결 장식은 밝은 회색의 둥근 선으로 작업합니다. 벨트를 모두 그리면 선을 면으로 확장하고 티셔츠와 겹친 부분을 Shape Builder Tool로 정리합니다.

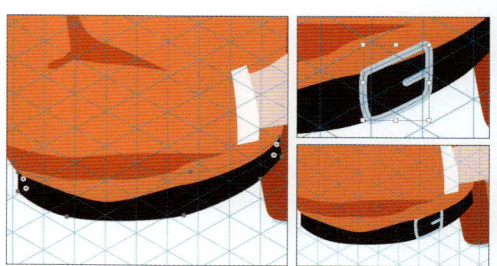

12 벨트 아랫부분으로 다리를 그립니다. 반대편 다리를 그릴 때는 바지의 끝단이 아이소메트릭 그리드에서 크게 벗어나지 않도록 반대쪽 다리의 끝점과 각도를 비슷하게 맞춥니다.

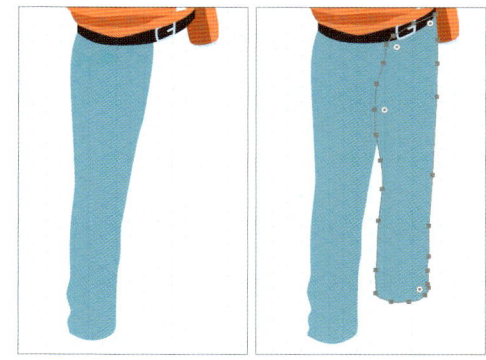

13 진한 갈색으로 신발을 그려줍니다. 밑창이 될 아랫부분은 가로지르는 라인을 그린 후 패스파인더로 분리하여 더 어두운 갈색을 적용합니다.

+ plus   발바닥 옆면이 보이는 곳은 아치 부분에 주의하여 표현합니다.

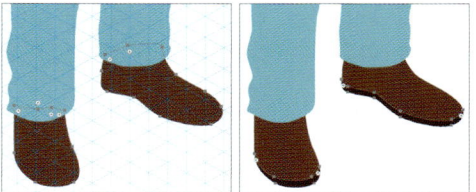

14 Knife Tool로 다리 왼쪽 부분을 분리하여 어두운색을 적용합니다. 오른쪽 다리도 같은 방법으로 작업합니다.

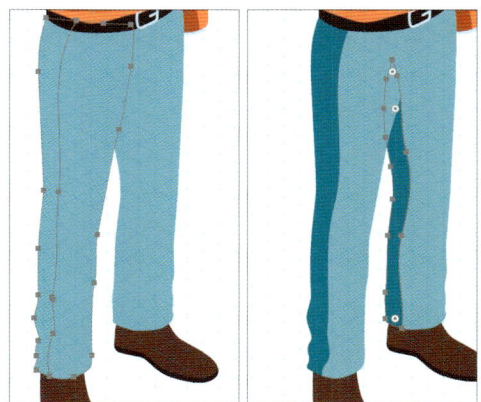

15 오른쪽 손이 보이는 부분을 그려주고 작업을 마무리합니다. 전체를 그룹으로 만듭니다.

+ plus   여기까지의 과정이 'Style18_1_Isometric_course3.ai'으로 저장되어 있습니다.

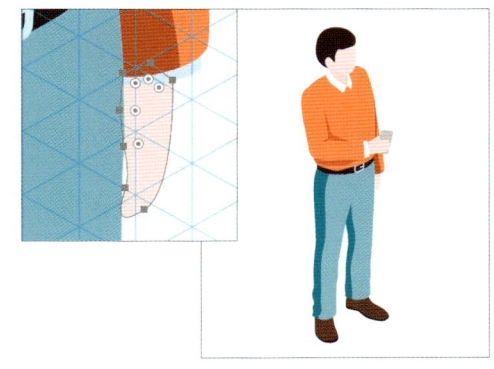

06 소품 작업하기

1. '소품들' 레이어를 새롭게 만듭니다. '아이소메트릭'과 '소품들' 레이어만 눈을 켜고 나머지는 모두 눈을 끕니다. 그림과 같이 얇은 판자의 육면체를 그립니다. 색상은 #ac652d, #9c5b29, #8f5228 입니다.

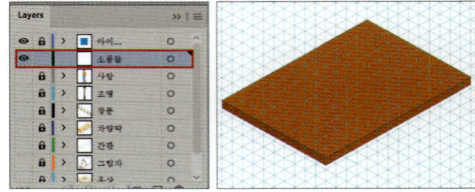

2. 가장 넓은 면의 사각형을 선택하고 [Object]-[Path]-[Offset Path]에서 –10px 값을 입력하고 OK를 누릅니다.

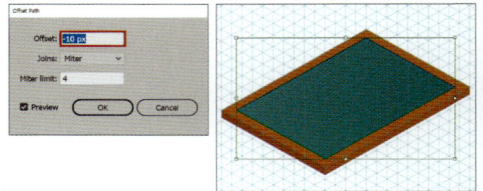

3. 가로세로 2칸의 사각형을 그립니다. 아래쪽 사각형은 Alt + Shift 키를 누른 채로 드래그하여 사이즈를 줄입니다. [Effect]-[Stylize]-[Round Corners]에서 값을 20px 입력 후 OK를 누릅니다. [Object]-[Expand Appearance]로 확장합니다.

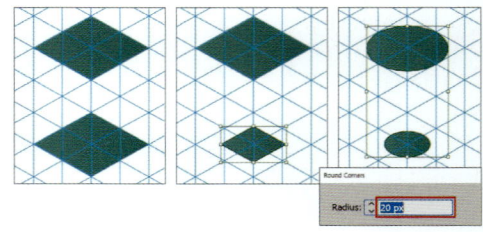

4. Pen Tool로 그림과 같이 사다리꼴을 그립니다. [Effect]-[Warp]-[Bulge]에서 Vertical을 선택하고 Bend 값을 15%로 입력한 뒤 OK를 누릅니다.

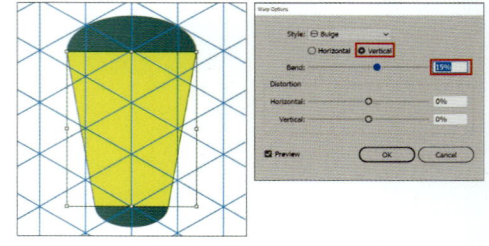

5. [Object]-[Expand Appearance]로 개체를 확장합니다. 가장 위에 위치한 원을 맨 앞으로 배열하고, 아래 위치한 원은 완만하게 보이도록 위로 약간 위치를 이동시킵니다. 사다리꼴 개체와 아래 원 개체를 선택하고 패스파인더로 합쳐줍니다.

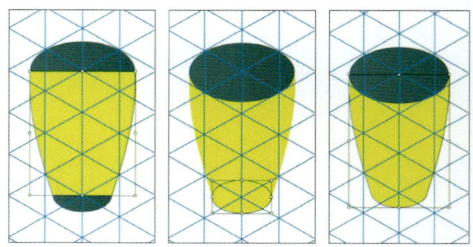

6 합쳐진 개체에 선형 그라디언트를 적용합니다. 왼쪽 색은 #482a13, 오른쪽 색은 #7f4a22입니다.

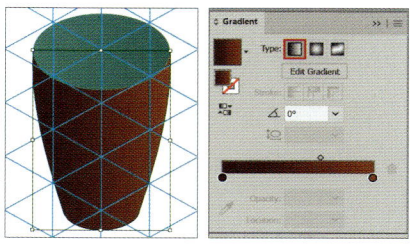

7 Direct Selection Tool로 표시된 부분의 점들만 선택합니다. 아래쪽으로 클릭-드래그하여 약간 납작한 모양으로 변형합니다.

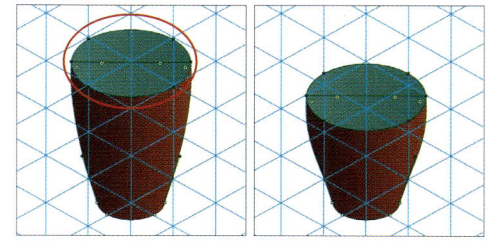

8 기둥을 연결하기 위해 아래쪽도 유사하게 작업합니다. [Effect]-[Stylize]-[Round Corners] 값을 입력한 뒤, [Object]-[Expand Appearance]로 확장합니다. 중간은 Pen Tool로 길쭉한 사다리꼴을 그립니다.

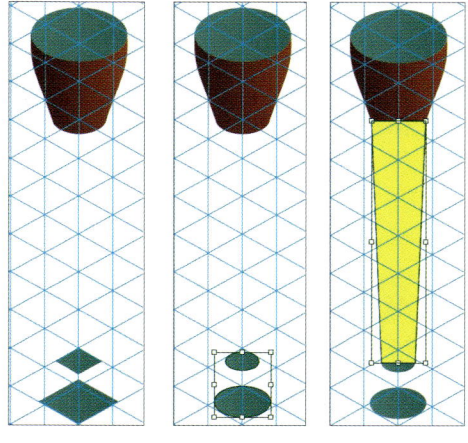

9 사다리꼴 개체와 원 개체를 합치고 그라디언트로 적용합니다. 색상은 왼쪽부터 #482a13, #a16235, #7f4a22입니다. 아래쪽 개체도 유사한 방법으로 작업하고 과정 6의 그라디언트 색상을 적용합니다.

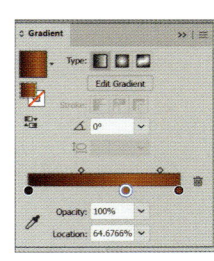
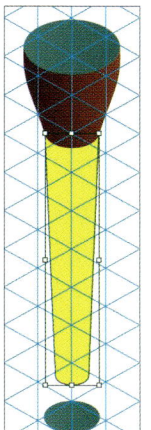
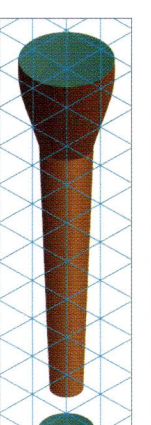
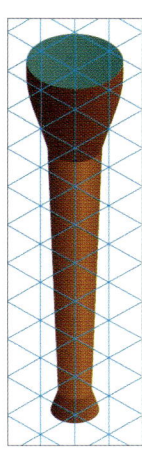

10 탁자 밑면의 안쪽으로 사각형을 그립니다. 왼쪽 어두운색은 #482a13, 오른쪽 밝은색은 #7f4a22로 지정합니다.

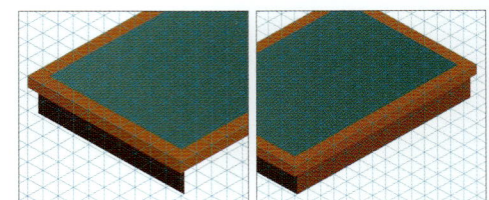

11 작업해 둔 탁상 다리 모양을 그룹 지어 그림과 같이 배치합니다. 아이소메트릭 각도에 유의하며 나머지 다리도 배치합니다.

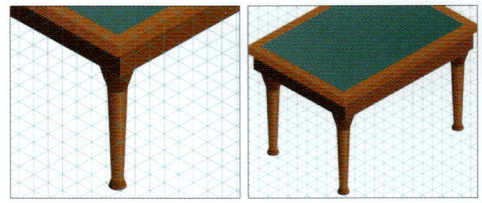

12 'Style18_1_Isometric_elements.ai' 파일을 열고, 조명과 책들 중 원하는 개체를 복사해 온 뒤 만들어둔 탁자 위에 적당한 크기로 조절하여 배치합니다. 모두 완성하면 그룹으로 만듭니다.

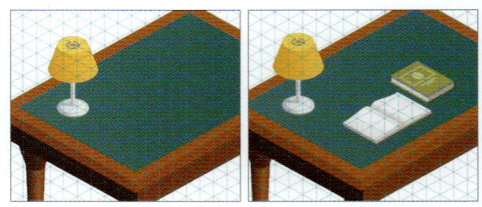

07 창문 안쪽에 비치는 이미지로 작업하기

1 '건물' 레이어의 눈을 켜고 '소품들' 레이어를 선택하고 그림과 유사한 위치에 책상 크기를 조절하여 배치합니다.

2 'Style18_1_Isometric_elements.ai' 파일에서 다른 개체들을 가져와 추가로 배치합니다.

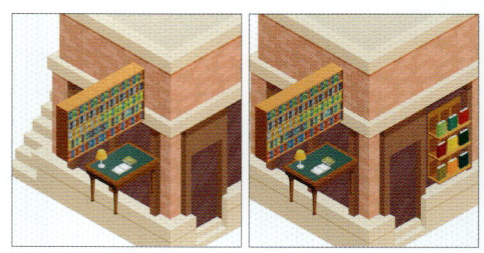

3 '소품들' 레이어는 눈을 잠시 끄고 잠급니다. '건물' 레이어의 눈을 켜고 잠금을 풉니다. 그림과 같이 창문 개체 3개를 선택하고 Ctrl + C 로 복사합니다.

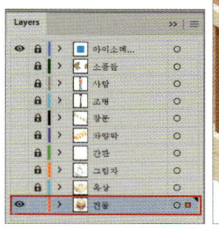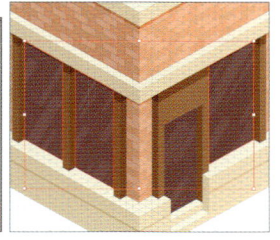

4 복사한 후 '건물' 레이어는 다시 잠급니다. '소품들' 레이어를 선택하여 눈을 켜고 잠금을 풉니다. Ctrl + Shift + V 로 붙여넣기 하고 Ctrl + 8 로 3개의 개체를 하나로 결합합니다.

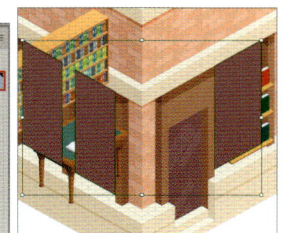

5 결합한 개체와 소품들 개체를 모두 선택하고 Ctrl + 7 을 눌러 클리핑 마스크를 적용합니다. 결합된 개체에 하단의 소품들이 마스크로 적용됩니다.

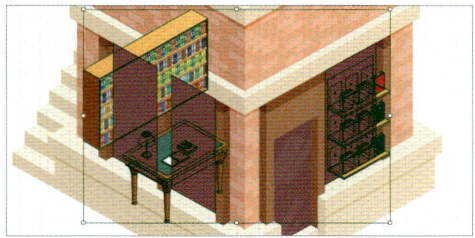

> **Tip**
> 만약 마스크가 적용된 후 개체의 위치가 마음에 들지 않는다면 직접 선택 도구보다 그룹 선택 도구를 활용하여 제자리에서 다중 클릭하여 선택 후 이동시키는 것이 좋습니다.

6 Ctrl + Shift + F10 을 눌러 [Transparency] 패널을 열고 Opacity를 30%로 낮춥니다.

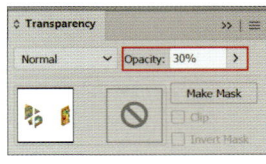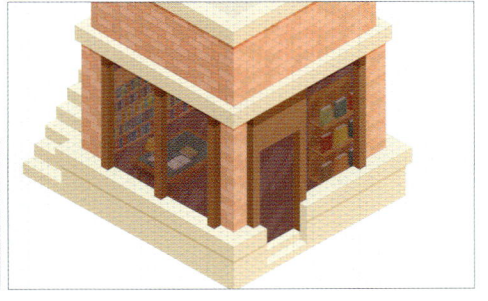

7 모든 레이어의 눈을 켜고, '소품들' 레이어를 제외하고 모두 잠급니다.

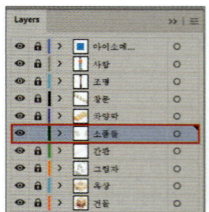

8 'Style18_1_Isometric_elements.ai' 파일에서 입간판 개체를 가져와 배치합니다. Group Selection Tool로 입간판의 왼쪽 면 개체만 복사 후 붙여넣기 합니다.

+ plus 여기까지의 과정이 'Style18_1_Isometric_course4.ai'으로 저장되어 있습니다.

9 복사된 개체를 선택하고 Reflect Tool을 더블클릭합니다. Horizontal을 선택하여 가로로 반전시킵니다.

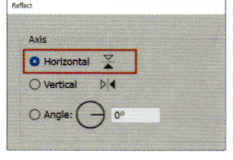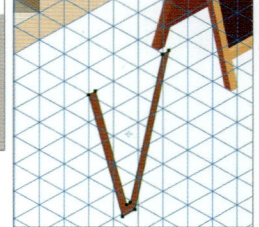

10 Rotate Tool을 더블클릭하여 -60도 입력하고 OK를 누릅니다. 다리 쪽이 맞물리도록 위치를 옮깁니다.

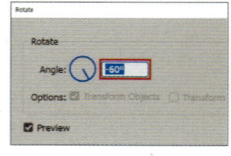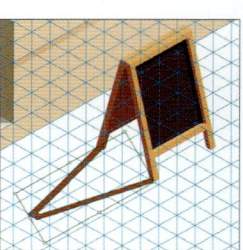

11 Direct Selection Tool로 표시된 부분의 점들만 선택합니다. Shear Tool을 클릭하고 화면에 표시된 부분에 Alt 키를 누른 채로 클릭합니다.

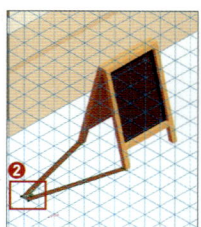

12 Shear Angle을 30도, Axis의 Angle을 -40도 입력합니다. 개체는 검은색으로 지정하고 Opacity 값을 30%로 설정합니다.

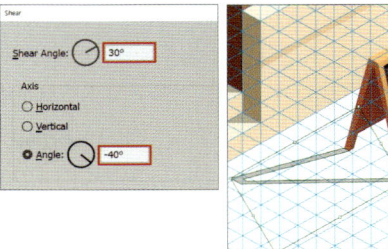

13 '조명' 레이어의 잠금을 풀고 위치를 '소품들' 레이어 아래로 이동합니다. 조명의 그림자를 Pen Tool로 그린 후 검은색을 지정하고 Opacity 값을 30%로 설정합니다.

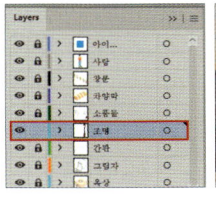 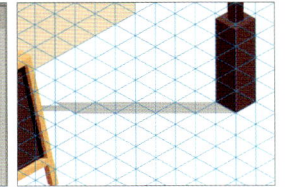

08 길과 조경 작업하기

1 새로운 '보도블록' 레이어를 만들고 '건물' 레이어 위로 이동합니다. 'Style18_1_Isometric_elements.ai' 파일에서 블록을 가져와 크기를 조절하여 그림과 유사하게 배치합니다.

+ plus 여기까지의 과정이 'Style18_1_Isometric_course5.ai'으로 저장되어 있습니다.

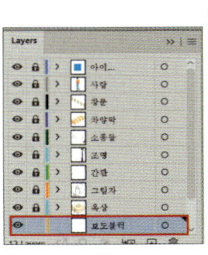 

2 새로운 '조경1' 레이어를 만들고 '그림자' 레이어의 위로 이동합니다. 'Style18_1_Isometric_elements.ai' 파일에서 원형 풀 조경을 가져와 크기를 조절하여 그림과 유사하게 반복하여 배치합니다.

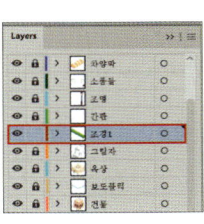 

3   새로운 '조경2' 레이어를 만들어 가장 아래로 이동합니다. 이전 과정을 참고하여 누워있는 작은 원을 만들고, 그 위에 Pen Tool로 나무 기둥을 그립니다. 색상은 #6a4233으로 지정합니다.

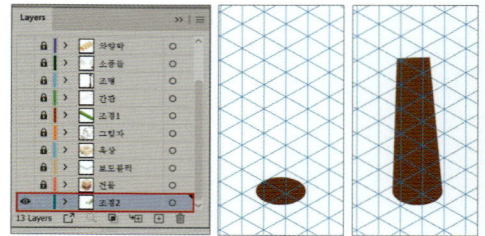

4   나머지 큰 줄기와 작은 가지들도 Pen Tool로 그려줍니다. 나무의 구조를 생각하고 중심에서 외곽으로 잔가지들이 뻗어나가는 느낌으로 만듭니다.

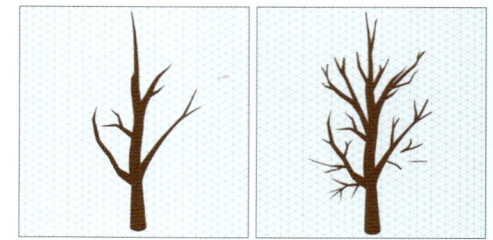

5   원 개체를 여러 개 합쳐서 그림과 같이 만들고 맨 뒤로 배열합니다. 그 위에 더 밝은색으로 원을 합쳐 하이라이트 부분을 만듭니다. 색상은 각각 #5c8436, #719a44를 사용합니다.

6   원 개체들을 합쳐 이번에는 나뭇가지 위로 배열합니다. 그 위에 더 밝은색으로 원을 합쳐 추가적인 하이라이트 부분을 만듭니다. 색상은 #7cae69, #89bd64, #a9cc6c을 활용합니다.

7   원 개체들을 합치고 아래 그림자 개체는 검은색으로 만들어 Opacity 값을 30%로 설정합니다. 모든 레이어의 눈을 켜고, '조경2' 레이어에서 나무의 위치와 크기를 조절하여 그림과 유사하게 배치합니다.

8   원형 풀 조경을 복사하여 나무 주변에 추가로 배치합니다. [Layers] 패널을 열고 맨 위의 '아이소메트릭' 레이어의 눈을 끕니다.

9   모든 레이어를 잠그고, '보도블럭' 레이어의 잠금을 풉니다. '보도블럭' 개체를 전체 선택하여 그룹으로 만듭니다.

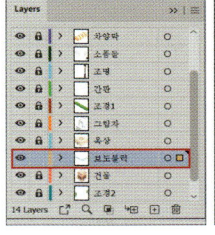 

10 1000×1000px 크기의 사각형을 만들고 문서 중앙에 정렬합니다. 전체 선택한 뒤 Ctrl + 7 로 클리핑 마스크를 적용합니다.

11 새로운 '화분' 레이어를 만들고 '소품들' 레이어 아래로 이동합니다. 추가로 직사각형의 화분을 만듭니다. 색상은 #bfab93, #9d876d, #ae9980, #6a4e29을 사용합니다.

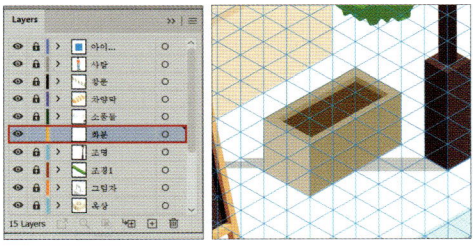

12 원과 도형, 기초 편집 기능을 활용하여 화분 위의 꽃을 만들고 어울리는 임의의 색을 지정합니다. 그룹으로 만들어 건물 앞쪽에 배치합니다. 화분의 그림자는 '그림자' 레이어에서 추가로 작업합니다.

13 '배경' 레이어를 만들고 가장 아래로 이동합니다.
#f7d47c 색상으로 1000×1000px 사각형을 만들어 문서 가운데로 정렬합니다. '아이소메트릭' 레이어의 눈을 끕니다.

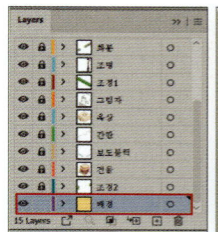 

14 작업을 저장하고 마무리합니다.

꼭 살펴보아야 할 WORKING-LEVEL

✓ 아이소메트릭 작업 시 유의사항

아이소메트릭 작업 시 다음 4가지 요소가 중요합니다. ① 그림 전체에서 일관된 투시법을 유지합니다. ② 복잡한 물체나 장면을 단순화합니다. ③ 불필요한 세부 사항을 제거하고 핵심적인 요소만 가져옵니다. ④ 빛과 그림자를 올바르게 사용하여 공간적 깊이와 입체감을 부여합니다.

기능 다시 한 번 익히기 | 예제파일 📁 DS18 > S18_2_연습문제 > Style18_2_exercise_start.ai 결과파일 📁 DS18 > S18_2_연습문제 > Style18_2_exercise_result.ai

Exercise

Design Style 17, 18에서 학습한 효과들을 응용하여 새로운 디자인을 만들어봅니다.

계단 개체는 [Effect]-[3D]-[Extrude & Bevel]로 Style17의 작업 과정을 참고하여 만듭니다. 건물 옆쪽에 테라스와 아래쪽 난간 등을 표현합니다. 색상은 그라디언트와 단색을 자유롭게 사용합니다.

[File]-[Open]으로 'Style18_2_exercise_start.ai' 파일을 엽니다. 원을 선택하고 [Effect]-[Distort & Transform]-[Pucker & Bloat]을 5% 적용한 뒤 효과를 확장합니다. 사본을 위로 만들고 색을 바꾼 뒤, Pen Tool로 곡선을 그림과 같이 만듭니다.

누워있는 납작한 원을 만들고, 원기둥과 투명한 사각형을 이용하여 그림과 같이 발코니를 만듭니다. 등간격은 블렌드로 작업합니다. 건물 가장 높은 곳에 포인트가 될 수 있도록 원뿔도 만들어줍니다.

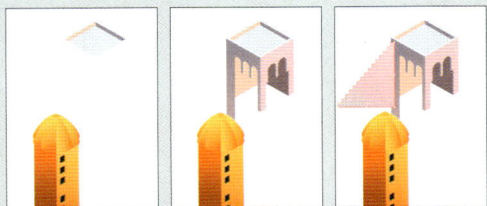

Shape Builder Tool로 지붕의 모양을 우산의 면처럼 표현하고 그라디언트를 각 면마다 다르게 적용합니다. 건물의 옥상 부분을 표현하고, 옆면은 자유롭게 디자인합니다. 계단을 만들기 위해 도형과 패스파인더를 활용하여 그림과 같이 계단 직각삼각형의 단면을 만듭니다.

가장 하단에 큰 사각형을 Freeform 그라디언트로 만든 뒤, 어울리는 색을 자유롭게 지정합니다. 뒷배경의 건물은 그라디언트를 투명하게 설정하여 자연스럽게 사라지도록 합니다. 맨 위에 레이어를 만들고 아래와 윗부분이 자연스럽게 가려지도록 그라디언트를 설정합니다.

Design Style 19
Visual Artwork 1
다양한 곳에 활용 가능한 비주얼 아트워크 -1

Skill Point

여러 가지 디자인 요소들을 조합하여 광고, 브랜딩, 웹 디자인, 패션 등 다양한 분야에 활용 가능한 비주얼 아트워크를 제작합니다. 메인 주제가 되는 요소부터 사소한 요소까지 같은 스타일로 작업해야 하며, 톤앤매너를 유지해야 합니다.

Keyword

\# Visual Artwork \# Blend Mode
\# Clipping Mask \# Film Grain
\# Search Keyword : visual artwork, illustrator artwork, illustrator AD poster

Before you Design

비주얼 아트워크와 요소
지금까지 기초와 심화에서 배웠던 다양한 스킬들을 활용하여, 종합적인 비주얼 아트워크 작업에 필요한 요소들을 먼저 작업합니다. 미리 만들어진 레이아웃과 콘셉트에 따라 필요한 요소들을 결정해 놓으면 작업 시간을 단축할 수 있습니다.

기획 의도를 반영한 작업
미리 콘셉트와 타겟층 등을 설정하고, 기획 의도에 따라 하부 구조를 결정한 뒤 표현 방식이나 컬러 등의 세밀한 디테일을 결정합니다. 새로운 시각적 아이디어가 반영되어도 전체 기획에서 벗어나지 않도록 조절하며 작업합니다.

특징 및 표현법
- 전체적인 요소들의 곡률과 컬러감을 비슷한 톤앤매너로 맞추기
- Highlight(하이라이트)와 Shadow(섀도)를 표현하는 방식을 통일하기

Designer Gallery

< Visual Artwork-1 >

< Visual Artwork-2 >

| 예제 파일 | DS19 > S19_1_예제파일 > Style19_1_elements_start.ai |
| 결과 파일 | DS19 > S19_1_예제파일 > Style19_1_elements_result.ai |

Ready 광고 이미지의 컨셉 및 스케치

광고에 들어갈 비주얼 아트워크(Visual Artwork)의 경우, 광고의 목적과 메시지를 명확히 이해하고 타겟을 분석하는 것이 중요합니다. 이를 바탕으로 전체적인 디자인 방향성을 결정한 후 레이아웃과 컬러 등을 계획해야 합니다.

✓ 컨셉과 러프 스케치

Hops Ever 광고 컨셉 : 언제 어디서나 즐기는 편한 이미지
- 풍부한 맥주 맛, 건강까지 생각한 무알코올 맥주
- 20~30대를 타겟으로 한 건강하고 활기찬 에너지
- 동남아시아의 여유로움을 담은 휴양지 분위기

비주얼 컨셉 : Hops Ever와 함께 떠나는 해외여행의 설렘과 즐거움을 표현
- 해외 여행지 명소를 배경
- 그린, 골드, 오렌지 포인트 컬러 활용하여 에너지 넘치는 분위기 연출
- 야자나무, 선글라스, 여행 모자 등 여행 관련 소품 활용

01 맥주병 일러스트 그리기

1 'Style19_1_elements_start.ai' 파일을 열고 맥주병 개체를 선택합니다. 원하는 대로 형태를 조절하고 모퉁이를 둥글립니다. 완성되면 오른쪽으로 복사한 뒤 함께 선택하고 Shape Builder Tool로 오른쪽 부분을 삭제합니다.

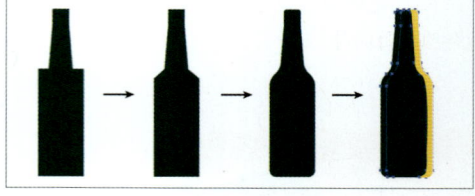

2 분리된 개체에서 왼쪽보다 오른쪽을 더 어둡게 지정하고 오른쪽 개체만 선택하여 Offset Path를 -3mm 적용합니다. 밝은색으로 바꾸고, 상단의 점들을 삭제하여 그림과 같이 만듭니다. 그라디언트로 한쪽을 투명하게 만듭니다.

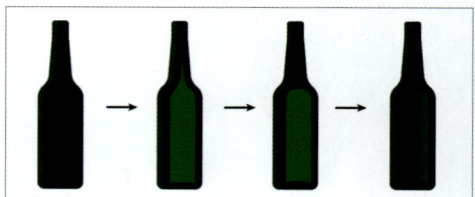

3   모퉁이를 둥글린 사각형을 이용해 그림과 같이 뚜껑 부분을 만듭니다. 병의 목 부분에는 병보다 넓게 가로지르는 사각형을 만들어 Ctrl + Alt + Shift + W 로 Envelope Distort를 적용합니다. Style 목록에서 Arch, Bend 값을 10% 입력하고 OK를 누릅니다.

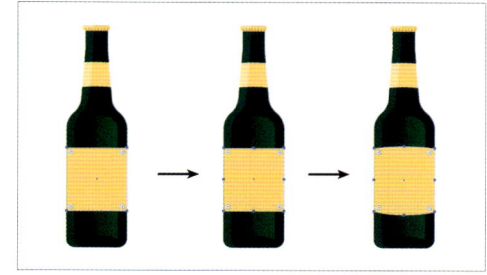

4   [Object]-[Expand]를 눌러 옵션창에서 OK를 누릅니다. Shape Builder Tool로 병과 함께 선택하고 Alt 키로 바깥 부분을 삭제합니다. 안쪽 분리되는 부분은 각각 클릭하여 색상을 바꿉니다.

5   병의 몸통 부분에 사각형을 그리고 [Object]-[Path]-[Add Anchor Points]로 점의 개수를 늘립니다. 상단 중앙과 하단 중앙에 추가된 점을 각각 약간 위아래로 이동한 뒤 핸들을 펼쳐 둥근 모양으로 만듭니다.

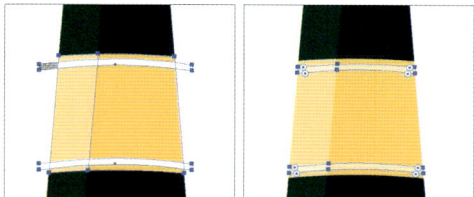

6   병 목 부분의 라벨 위에 얇은 사각형을 그려 과정 3과 같은 방법으로 Warp를 적용합니다. [Object]-[Expand]로 면으로 확장한 뒤, Shape Builder Tool로 주변을 삭제합니다. 면색은 흰색, Opacity는 45% 적용합니다.

7   병의 몸통 부분의 라벨 위에 얇은 곡선을 여러 개 그립니다. [Object]-[Path]-[Outline Stroke]로 선을 면으로 확장한 뒤, 과정 6과 같은 방법으로 작업합니다.

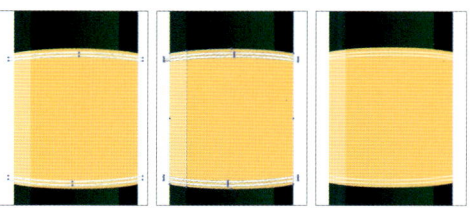

8 파일에 제공되어 있는 자료를 조합하여 라벨 위에 로고 및 요소들을 원하는 대로 배치합니다. 흰색 사각형을 모퉁이를 둥글려 하이라이트처럼 표현합니다. 블렌드 모드를 Soft Light, 50%로 적용합니다. 전체를 그룹으로 만들고 작업을 마무리합니다.

02 자동차를 그리고 음영 표현하기

1 준비되어 있는 자동차의 베이스 개체를 선택합니다. 점을 이동하거나 모퉁이 둥글리기 등을 활용하여 자동차의 옆모습을 만듭니다.

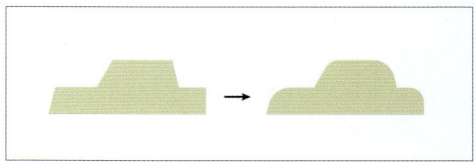

2 다른 사각형을 그립니다. 모퉁이 둥글리기를 활용하여 자동차의 범퍼 부분과 라이트를 그리고, 원으로 자동차 바퀴, Pen Tool로 창문을 만듭니다.

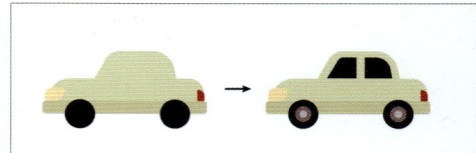

3 Pen Tool로 밝게 빛나는 부분을 표현하기 위한 개체를 그립니다. 둥글려지는 부분을 섬세하게, 바깥쪽으로 삐져나가는 부분은 신경 쓰지 않고 막힌 도형을 만듭니다.

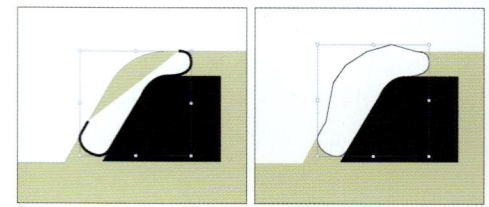

4 Shape Builder Tool로 자동차 개체와 함께 선택하여 필요 없는 부분을 Alt 키로 삭제합니다. 남겨진 개체는 Soft Light, 50%로 설정합니다.

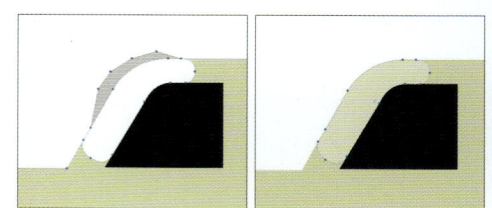

5. 다른 밝은 부분도 같은 방법으로 작업합니다. 범퍼의 어두운 부분을 표현할 때는 검은색으로 개체를 그리고 Soft Light, 50%로 설정합니다.

03 유럽풍 건물 그리고 음영 표현하기

1. 준비되어 있는 건물의 베이스 개체를 선택합니다. 아치형 문 개체를 그리고 Offset Path와 점 이동 등을 통해 그림과 같이 만듭니다. 어두운 갈색으로 문이 나눠진 부분을 표현합니다.

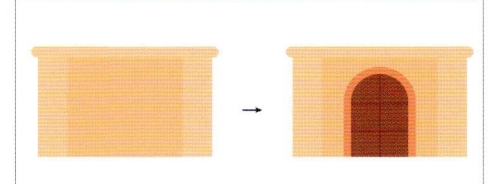

2. 사각형 2개를 그림과 같이 배치하고 아래쪽 사각형의 일부를 둥글립니다. 위쪽 사각형을 선택하고 Ctrl + C, Ctrl + F 로 제자리에 붙여넣기 합니다. Alt 키를 누른 채로 가로폭을 줄입니다. 기존 색보다 밝은색을 적용하고, 같은 작업을 한 번 더 반복해 기둥을 완성합니다.

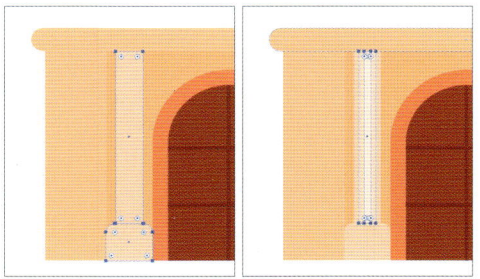

3. 사본을 만들어 기둥 반대쪽에 배치합니다. 상단에 사각형과 원, Offset Path, Shape Builder Tool 등을 활용하여 그림과 같이 돔 모양을 만든 다음 기본으로 제공되는 로고 파일을 가져와 배치합니다.

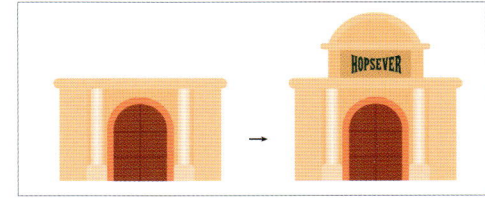

4. 사각형과 Pen Tool 등으로 밝고 어두운 곳을 표현합니다. 흰색은 Soft Light, 50%로 검은색은 Soft Light, 30%를 적용합니다. 모두 선택하여 그룹으로 만듭니다.

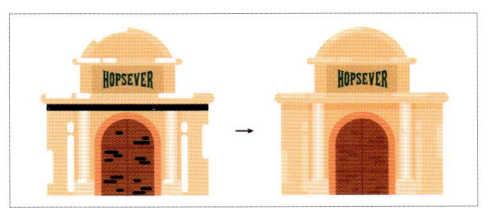

04 야자나무 그리고 음영 표현하기

1. 준비되어 있는 야자나무 베이스의 긴 사각형에 [Add Anchor Points]로 점을 추가합니다. 양쪽의 점을 각각 이동시킨 후 핸들을 펼쳐 중간이 약간 굵어 보이게 만듭니다. 얇은 사각형들을 등간격으로 정렬하고 빠져나간 부분은 Shape Builder Tool로 삭제합니다.

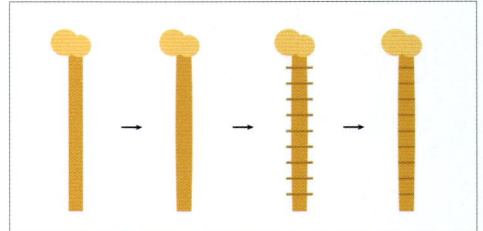

2. Pen Tool 등으로 녹색 야자나무 잎을 그립니다. 다른 색으로 야자나무 잎이 갈라지는 부분을 랜덤으로 그립니다. 모두 선택한 뒤 [Pathfinder] 패널에서 Minus Front를 누릅니다.

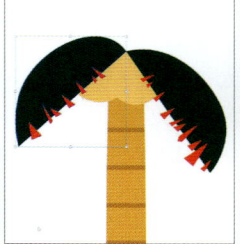 
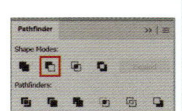

3. 선으로만 원을 그리고 점을 삭제하여 그림과 유사하게 만듭니다. [Stroke] 패널에서 Cap을 둥글게 처리하고, [Outline Stroke]로 선을 면으로 확장합니다.

4. 코코넛의 아랫부분에 위치시키고 크기와 배열을 조절한 뒤 Soft Light, 50%로 설정합니다. 야자나무 윗부분에는 Pen Tool로 밝은 부분을 흰색 면으로 그린 후 불필요한 부분은 Shape Builder Tool로 삭제합니다.

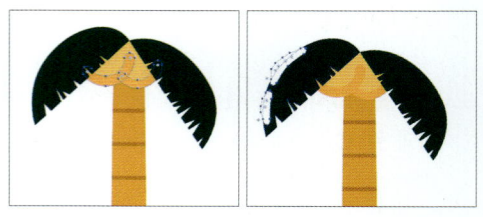

5. 반대쪽도 같은 방법으로 작업합니다. 흰색 개체만 선택하고 블렌드 모드를 Soft Light, 50%로 적용합니다.

6 나뭇잎을 복사합니다. Direct Selection Tool로 나뭇잎 개체만 선택하고 밝은 녹색으로 바꿉니다. Free Transform Tool을 사용하여 모양을 다르게 왜곡합니다.

7 복사한 나뭇잎을 뒤로 보내고, 같은 작업을 몇 차례 반복하면서 색도 바꿔줍니다. 그림과 유사하게 배치한 뒤 그룹으로 만들고 작업을 마무리합니다.

05 건물 그리고 음영 표현하기

1 준비되어 있는 건물 원형 위에 노란색 창문을 그리고, 진한 와인색으로 창틀을 표현합니다. 첫 번째 층은 사각형을 크게 그려 문으로 표현합니다.

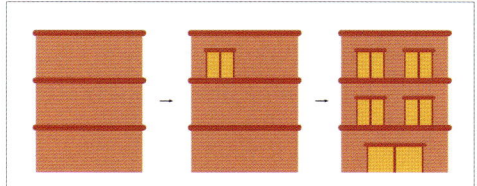

2 가장 아래쪽 문 부분에 둥글린 사각형 2개로 그림과 같이 빛 반사를 표현합니다. 창문에는 모퉁이를 둥글린 사각형 여러 개를 사선으로 만들어 위로 배치합니다.

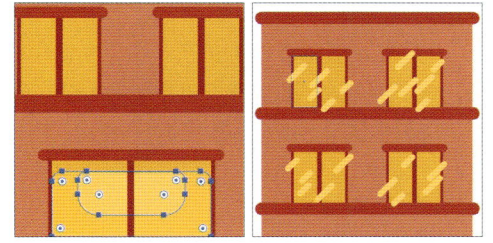

3 노란색 창문 개체와 둥글린 사각형을 함께 선택하고 Shape Builder Tool로 불필요한 부분을 삭제한 후, 진한 와인색의 창틀 부분을 맨 앞으로 보내기합니다.

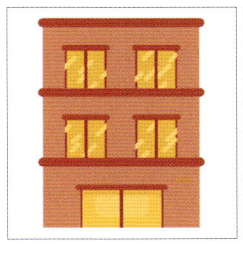 

4 밝아지는 부분에 모퉁이를 둥글린 흰색 사각형을 만들고 Soft Light, 30%를 적용합니다.

5 어두워지는 부분에는 모퉁이를 둥글린 검은색 사각형을 만들어 Soft Light, 30%를 적용합니다.

06 인물과 모자 그리기

1 준비되어 있는 얼굴 부위에서 턱 부분의 모퉁이를 둥글립니다. 검은색 사각형, Pen Tool 등을 활용하여 선글라스를 만듭니다.

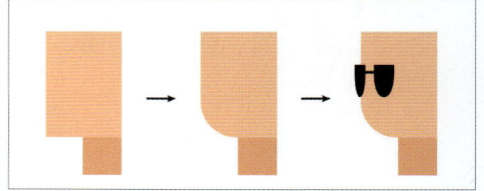

2 Pen Tool로 코를 그리고 끝 부분은 모퉁이를 둥글립니다. 이어서 머리카락을 그려줍니다. 아랫부분은 임의로 그린 후 과정 3에서 수정합니다.

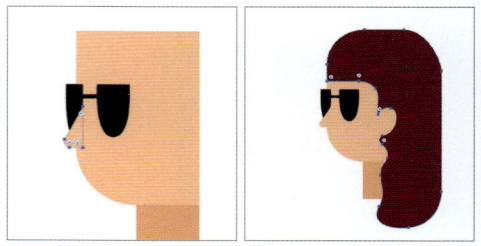

3 몸통 부분을 목 색상에 맞춰 그린 후 머리카락을 다듬고 어깨 부분을 둥글게 만듭니다. 넥 라인을 표현하기 위해 가로지르는 선을 그린 후 [Pathfinder] 패널에서 Divide를 누른 뒤 그룹을 해제하고 옷 색상을 지정합니다.

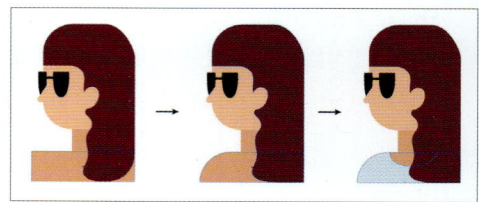

4 모자를 만들기 위해 타원을 그리고 하단의 점을 위로 올린 뒤, 핸들을 조절하여 그림과 같이 모자의 윗부분을 만듭니다.

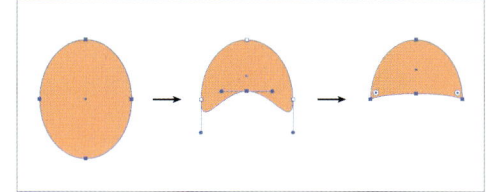

5 그림과 같이 라인을 그리고 [Pathfinder] 패널에서 Divide를 누른 뒤 그룹을 해제하고 다른 색으로 바꿉니다. 전체적으로 납작하게 만듭니다.

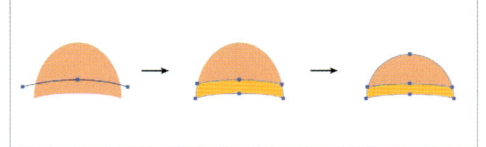

6 머리 위에 모자 윗부분을 올립니다. 그림과 같이 Pen Tool로 모자 아랫부분을 이어서 그립니다.

+ plus 처음부터 완벽한 형태를 맞출 수 없으므로 적당한 위치에 올린 후 조금씩 수정합니다.

7 어두운색으로 안쪽 면을 그린 후 맨 뒤로 보내기 합니다. 모두 선택하고 그룹으로 만듭니다.

07 파도 라인 표현하기

1 준비되어 있는 선을 선택하고 [Effect]-[Distort & Transform]-[Zigzag]에서 Size는 1%, Relative, Ridges per segments 11, Smooth를 선택하고 OK를 누릅니다.

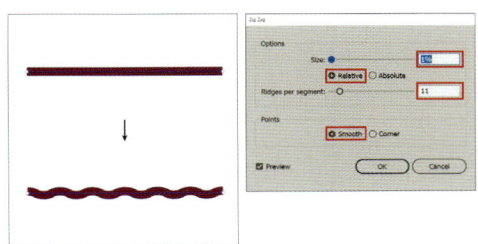

2   파도에 어울리는 색으로 변경합니다. 개체를 복사하여 아래로 배치하고 선 두께를 더 얇게 만듭니다. 이 작업을 여러 번 반복하고 색은 비슷한 계열로 다르게 적용합니다.

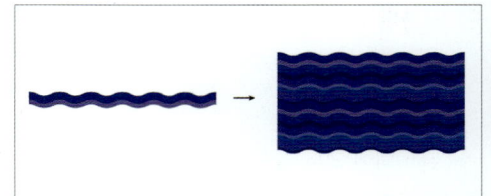

3   개체를 모두 선택하고 [Object]-[Expand Appearance]로 확장합니다. 다시 [Object]-[Path]-[Outline Stroke]를 클릭하여 모두 면으로 바꿉니다.

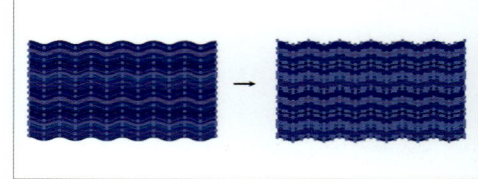

08 병을 잡고 있는 손 표현하기

1   모퉁이를 둥글린 사각형 4개를 그립니다. 엄지를 표현하기 위해 둥글린 사각형 하나는 사선으로 배치하고 Pen Tool로 엄지의 아랫부분을 이어서 그립니다.

2   손과 연결하여 팔 부분도 그린 후 맨 뒤로 보내기 합니다. 손톱은 모퉁이를 둥글린 사각형으로 그립니다.

> **Tip**
> 활용도가 높은 개체는 분리해서 따로 저장해 두는 것을 권장합니다.

3   이전과 같은 방법으로 밝아지는 부분과 어두워지는 부분을 작업합니다.

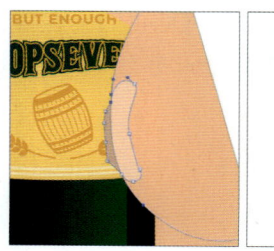 

09 배 그리기

1. 준비되어 있는 배의 기본 오각형 도형 위로 사다리꼴 사각형을 그림과 같이 그립니다. 면색은 더 밝은색으로 지정하거나, [Swatches] 패널에 미리 준비된 색을 사용합니다.

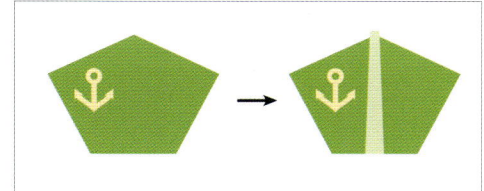

2. 이번에는 더 진한 색의 사각형과, 오렌지색을 활용하여 그림과 같이 윗부분을 그리고 뒤로 배치합니다.

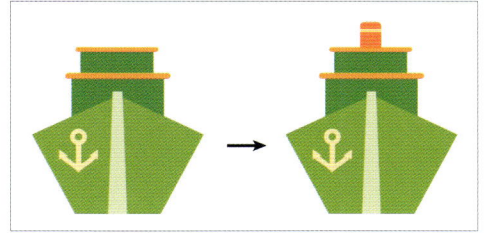

3. 오각형과 사다리꼴의 모퉁이를 둥글립니다. 원과 사각형을 이용하여 그림과 같이 파도를 표현하는 도형을 만듭니다.

4. 오각형 패스를 따라 12pt 두께로 라인을 그립니다. 일부를 끊고 흰색, Soft Light, 50%로 설정합니다.

5. 같은 작업을 반복하여 밝아지는 부분과 어두워지는 부분을 작업합니다. 전체 선택한 후 [Object]-[Expand]에서 옵션창이 뜨면 OK를 누릅니다.

10 텐트 그리기

1 준비되어 있는 삼각형 도형 옆에 Pen Tool로 텐트를 이어 그립니다. 삼각형보다 밝은 갈색을 사용하거나, 준비된 색을 사용합니다. 반대쪽은 대칭으로 복사합니다.

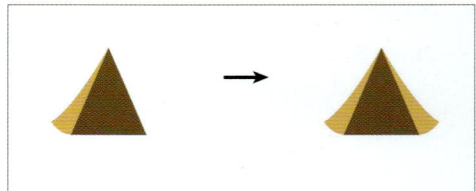

2 오렌지색으로 텐트의 큰 몸체를 그립니다. 왼쪽 절반을 그린 뒤 오른쪽은 대칭으로 복사합니다.

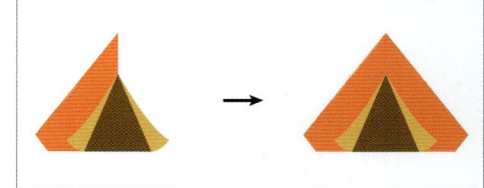

3 좀 더 밝은 오렌지 색상으로 그림과 같이 텐트의 지붕 부분을 만들고, 아래쪽 그림자도 표현합니다. 반대쪽은 대칭으로 복사합니다.

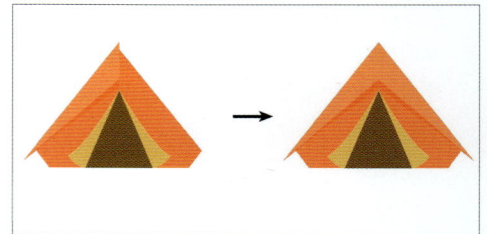

4 윗부분에는 노란색 사각형을 교차하여 모퉁이를 둥글립니다. 밝아지는 부분에는 흰색 사각형을 모퉁이를 둥글린 뒤 Soft Light, 50%로 설정합니다.

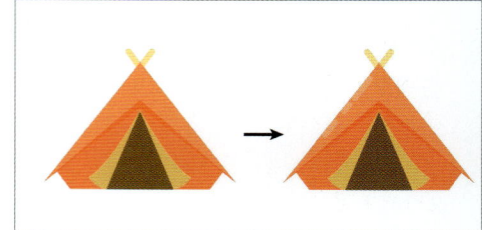

11 비행기 그리기

1. 준비되어 있는 비행기의 몸체 앞부분의 점 2개를 Direct Selection Tool로 최대로 둥글립니다.

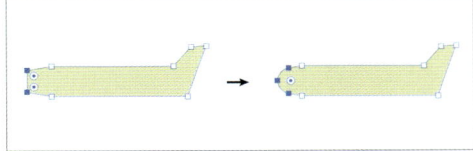

2. 바로 양옆의 점 두 개를 클릭하고 원하는 만큼 둥글립니다.

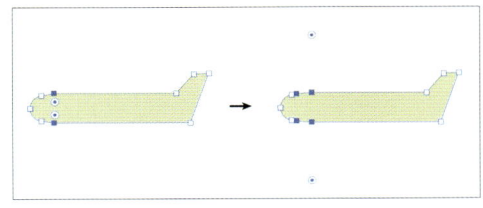

3. 뒷부분의 점 2개를 선택하고 모퉁이를 둥글리면 비행기 몸체의 기본 베이스가 완성됩니다.

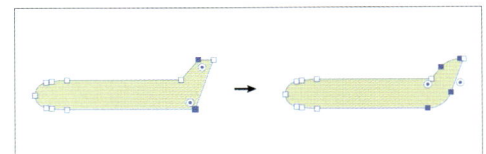

4. 더 어두운색으로 앞부분에 원을 그리고 Shape Builder Tool로 잘라낸 뒤, Pen Tool로 꼬리 부분의 날개를 그립니다.

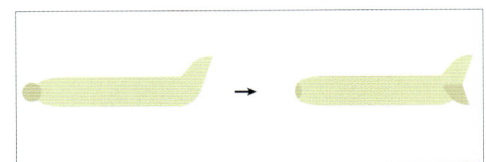

5. 작은 흰색 사각형 모퉁이를 약간 둥글린 뒤, 여러 개 복사하여 창문을 만듭니다. Pen Tool로 그림과 같이 노란색으로 날개를 두 개 만들어 앞뒤로 배치합니다.

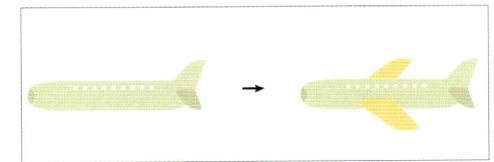

6. 몸체와 날개에 밝아지는 부분과 어두워지는 부분을 작업합니다.

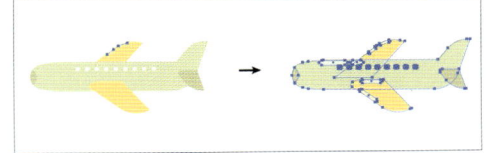

12 그 외 개체들 만들고 저장하기

1 지금까지 학습한 방법으로 자동차, 여행 가방, 산, 나무, 카메라 등의 오브제들을 추가로 만들어봅니다.

   + plus   기본 편집 기능과 Offset Path, Stroke, Pathfinder, Shape Builder, Free Transform 등을 활용하여 만듭니다.

2 작업을 모두 마치면 [File]-[Save As]를 클릭합니다. 'Style19_1_elements_result.ai' 이름으로 저장합니다.

Design Style 20

Visual Artwork 2
다양한 곳에 활용 가능한 비주얼 아트워크 -2

 Skill Point

Design Style 19에서 작업했던 요소들을 조합하여 종합적인 비주얼 아트워크를 만듭니다. 복잡한 아트워크를 만들 때는 가장 중요하게 부각되어야 하는 주제를 파악하고, 전체적인 기획 의도를 유지할 수 있도록 작업하는 것이 중요합니다.

 Keyword

Visual Artwork # Blend Mode
Clipping Mask # Film Grain
Search Keyword : visual artwork, illustrator artwork, illustrator AD poster

| 예제 파일 | DS20 > S20_1_예제파일 > Style20_1_Artwork_start.ai |
| 결과 파일 | DS20 > S20_1_예제파일 > Style20_1_Artwork_result.ai |

01 배경 작업하기

1. 'Style20_1_Artwork_start.ai' 파일을 엽니다. 흰색 선들을 선택하여 Alt 키로 빈 공간에 복사합니다. 붉은색 그라디언트 개체와 그 위의 흰색 선 두 개만 선택합니다. 복제해 둔 개체는 선택하지 않습니다.

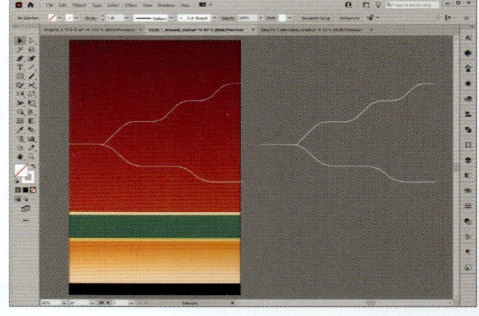

2. [Pathfinder] 패널에서 Divide를 클릭합니다. 그룹을 해제하고 위쪽과 아래쪽 개체에 녹색, 푸른색 그라디언트를 적용합니다. [Swatches] 패널에 등록된 색을 사용하고 각도는 90도로 설정합니다.

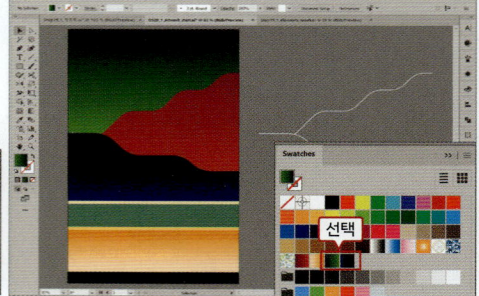
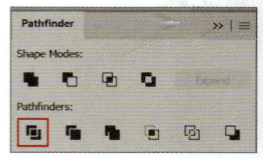

3. 복사해 둔 흰색 선을 제자리로 가지고 옵니다. 선 두께를 30pt로 설정하고, 문서 바깥으로 삐져나간 부분은 점을 이동시켜 맞춥니다. [Object]-[Path]-[Outline Stroke]로 선을 면으로 확장합니다. 전체 선택한 뒤 Trim을 클릭하고 그룹을 해제하여 색을 #b54446, #4e5284로 지정합니다.

4 7mm 검은색 정사각형을 5개 배치합니다. 선색과 면색이 없는 14mm 정사각형을 중앙에 배치하고 Ctrl + Shift + [를 눌러 가장 뒤로 보냅니다. 개체를 모두 선택하고 [Swatches] 패널 안으로 드래그하여 패턴으로 등록합니다.

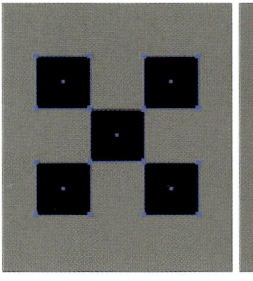 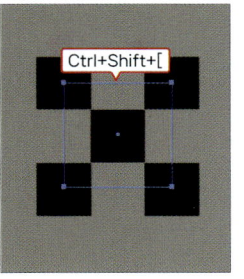

5 7mm 흰색 정원과 선색과 면색이 없는 14mm 정사각형을 가운데 정렬합니다. 정사각형 모서리에 맞물리게 원을 4개 더 복사하여 배치하고, 사각형은 Ctrl + Shift + [를 눌러 가장 뒤로 보냅니다. 개체를 모두 선택하고 패턴으로 등록합니다.

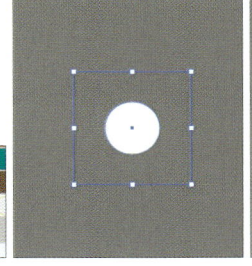 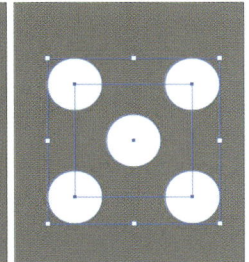

6 붉은색 그라디언트 개체를 선택하고 Ctrl + C , Ctrl + F 로 제자리에 붙여넣기 합니다. 과정 4에서 등록한 사각 패턴을 적용하고 [Transparency] 패널에서 블렌드 모드를 Soft Light, Opacity는 50%로 설정합니다.

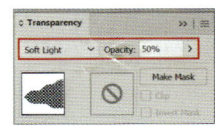
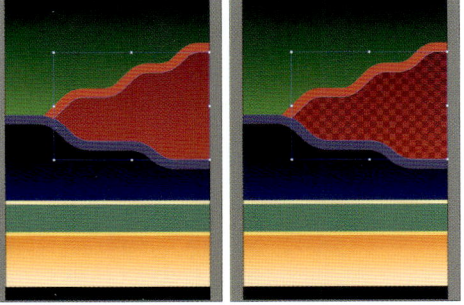

7 푸른색 그라디언트 개체를 선택하고 Ctrl + C , Ctrl + F 로 제자리에 붙여넣기 합니다. 과정 5에서 등록한 원형 패턴을 적용하고 블렌드 모드를 Overlay, Opacity는 30%로 설정합니다.

+ plus 여기까지의 과정이 'Style20_1_Artwork_course1.ai'으로 저장되어 있습니다.

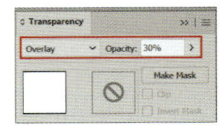

8 'Style19_elements_result.ai' 파일에서 파도 모양 개체를 불러와 원하는 만큼 크기를 조절하여 그림과 유사하게 배치합니다. 아래쪽 사각형이 파도에 가려집니다. 사각형을 선택하여 Ctrl + Shift +] 를 눌러 맨 위로 배열합니다.

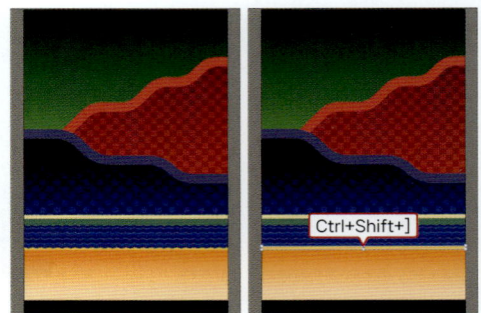

02 상단 일러스트와 텍스트 작업하기

1 F7 을 눌러 [Leyers] 패널을 열고 '하늘' 레이어를 새롭게 만듭니다. Pen Tool로 구름 개체들을 만들어 면색은 #c3e0d5로 지정합니다. Opacity 값을 30%로 설정합니다.

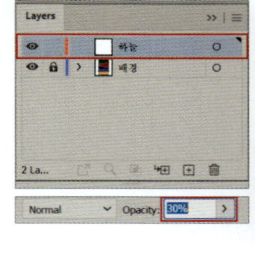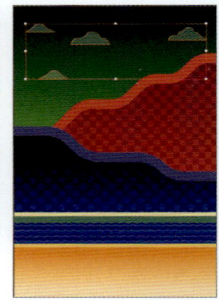

2 원과 패스파인더 등을 활용하여 그림과 같이 우측 상단에 초승달을 만듭니다. [Swatches] 패널에 등록된 노란색 그라디언트를 적용합니다. 만들어둔 비행기 개체를 복사해온 뒤 좌측 상단에 배치합니다.

3 '텍스트' 레이어를 만들고 나머지 레이어는 잠급니다. 적절한 제목과 어울리는 슬로건 등을 입력합니다.

+ plus 제목은 'Montserrat', Bold, 98pt로, 작은 제목 'Montserrat', Regular, 36pt로, 슬로건은 'Montserrat', Semibold, 18pt로 작업 했습니다.

+ plus 여기까지의 과정이 'Style20_1_Artwork_course2.ai'으로 저장되어 있습니다.

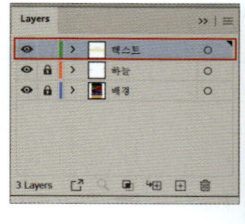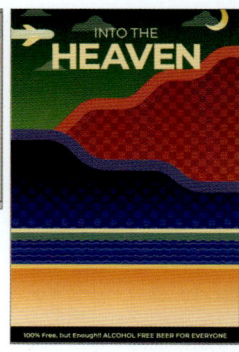

4   '캠핑' 레이어를 만들어 가장 위로 이동한 뒤 나머지 레이어는 잠급니다. 연두색은 #95b151, 갈색은 #5b3e15로 나무를 그립니다.

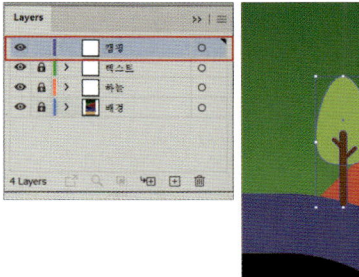

5   이전에 작업한 텐트와 나무 개체를 복사해 옵니다. 좌측 중간에 배치합니다.

03 배경 개체 마스크 씌우기

1   '배경개체' 레이어를 만들고, 야자나무와 산 개체를 복사해 옵니다. 그림과 유사한 크기와 비슷한 위치에 배치하고 비율을 조절합니다.

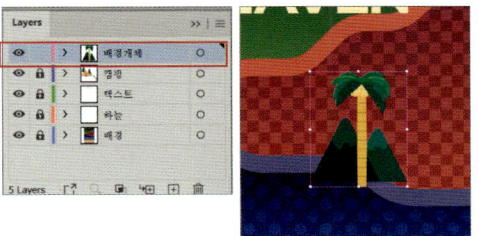

2   배경 레이어의 잠금을 풀고, 목록을 열어 붉은 그라디언트 개체가 있는 곳을 선택합니다. `Ctrl + C` 로 복사합니다.

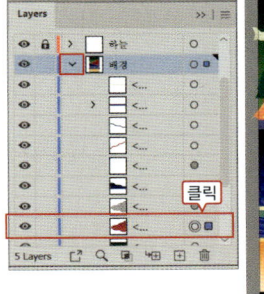 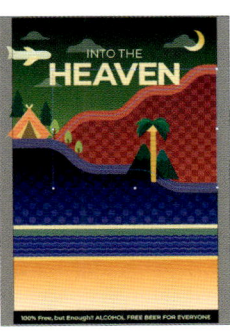

3   '배경' 레이의 목록을 닫고 레이어를 잠급니다. '배경 개체' 레이어를 선택하고 Ctrl + Shift + V 로 붙여넣기 합니다.

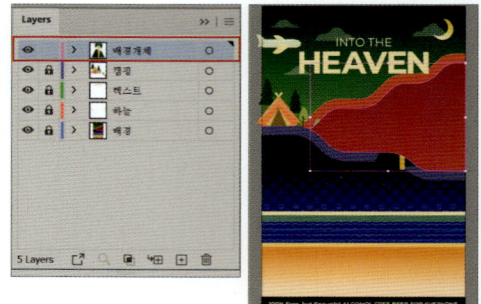

4   Ctrl + A 로 전체 선택한 뒤, Ctrl + 7 로 클리핑 마스크를 적용합니다.

04 건물 개체 외 기타 마스크 작업하기

1   '건물 외' 레이어를 만들고 나머지 레이어는 모두 잠급니다. 이전에 작업한 건물 2개를 복사해 온 뒤, 그림과 유사한 크기와 비슷한 위치에 배치하고 비율을 조절합니다.

2   야자나무와 맥주병, 인물도 복사해 온 뒤 그림과 유사한 위치에 배치합니다. 앞뒤 순서나 레이아웃 등은 자유롭게 조정하도록 합니다.

3   카메라 개체를 복사해 배치하고, Pen Tool로 산 개체를 그립니다. 색상은 [Swatches] 패널에 있는 녹색 그라디언트를 사용합니다. 사본을 만들어 겹치게 작업합니다.

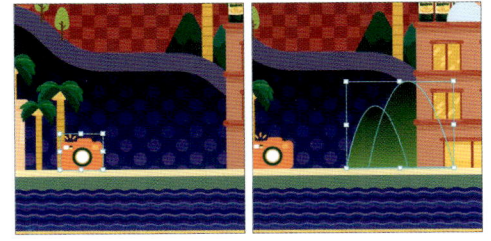

4   자동차 개체도 유사한 위치에 배치합니다. 클리핑 마스크로 적용할 220×170mm 사각형을 '건물 외' 레이어에서 작업한 모든 개체들이 가려지도록 위치시킵니다.

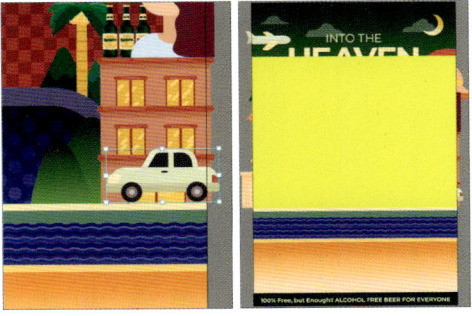

5   Ctrl + A 로 전체 선택한 뒤, Ctrl + 7 을 눌러 클리핑 마스크를 적용합니다.

6   '캠핑' 레이어의 잠금을 풀고, 이전과 같은 방법으로 클리핑 마스크를 적용합니다. 작업을 마치면 레이어는 다시 잠급니다.

7   '하늘' 레이어의 잠금을 풀고 클리핑 마스크를 적용한 후 레이어는 다시 잠급니다.

05 하단 개체 작업하기

1 '하단개체' 레이어를 만들고 나머지 레이어는 모두 잠급니다. 이전에 작업한 야자수 개체를 복사해와 등간격으로 정렬합니다.

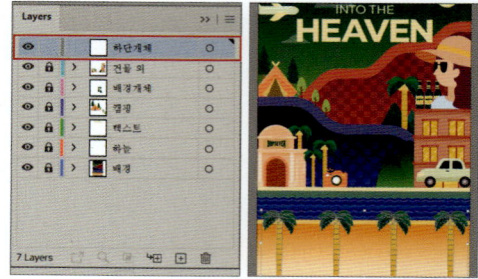

2 여행 가방과 버스 개체도 복사해 옵니다. 버스는 야자수 뒤로 배열합니다.

3 배 개체를 복사해 옵니다. 가운데 정렬하고 양쪽 야자수를 살짝 덮도록 크기를 조절합니다. 다시 야자수를 선택하고 Ctrl + Shift +] 로 야자수 개체를 앞으로 보내기 합니다.

06 메인 개체 작업하기

1. '맥주병' 레이어를 만들고 나머지 레이어는 모두 잠급니다. 이전에 작업한 맥주병 개체를 복사해와 중앙에 배치합니다.

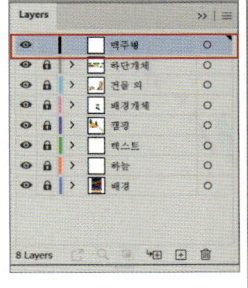 

2. 맥주병에서 보이고 싶은 영역만큼 사각형을 만들고 맥주병과 사각형을 선택하여 Ctrl + 7 로 클리핑 마스크를 적용합니다.

3. 손으로 잡고 있는 맥주병 개체를 복사해 옵니다. 우측 하단에 그림과 유사하게 배치하고, 보이고 싶은 영역만큼 사각형을 그려 덮어줍니다.

4. 사각형과 손으로 잡고 있는 맥주병 개체를 함께 선택한 후 Ctrl + 7 로 클리핑 마스크를 적용합니다.

5   손으로 잡고 있는 맥주병 개체를 다시 한 번 복사해와 좌측 중간에 배치합니다. 개체를 선택한 채로 Reflect Tool을 더블클릭하여 Vertical을 선택하고 OK를 누릅니다. 그림과 유사한 위치와 크기로 배치합니다.

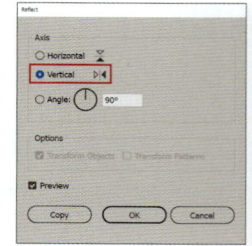

6   화면을 확대합니다. 상단 라벨 부분에서 Group Selection Tool로 로고를 3번 클릭하면 뒤집힌 'HOPSEVER'가 선택됩니다. Reflect Tool을 선택하고 왼쪽에서 오른쪽으로 드래그하여 로고를 반전시킵니다.

   + plus   눈에 잘 띄지 않아 놓치기 쉬운 작업이니 중간중간 놓치는 작업은 없는지 점검하면서 꼼꼼하게 작업하도록 합니다.

7   가운데 라벨 부분도 같은 방법으로 작업합니다. 화면을 확대하여 'HOPSEVER'를 선택한 후 왼쪽에서 오른쪽으로 드래그하여 로고를 반전시킵니다.

8   마스크를 적용할 사각형을 만들고 손으로 잡고 있는 맥주병 개체와 함께 선택한 후 Ctrl + 7 로 클리핑 마스크를 적용합니다.

   + plus   여기까지의 과정이 'Style20_1_Artwork_course3.ai'으로 저장되어 있습니다.

07 조명 작업하기

1. '조명' 레이어를 만들고 나머지 레이어는 모두 잠급니다. 원과 사각형을 이용하여 그림과 같이 조명 개체를 만듭니다. 색상은 #cce6ed 입니다.

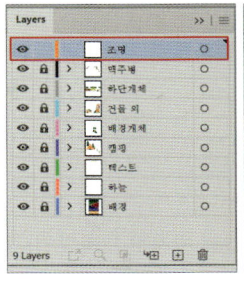

2. 조명 아래에 흰색 사각형을 그립니다. Free Transform Tool을 선택하고 상단 모퉁이를 클릭한 채로 `Ctrl` + `Alt` + `Shift` 키를 눌러 클릭-드래그합니다. 스포트라이트로 표현될 사다리꼴 모양이 만들어집니다.

3. 사다리꼴 개체에 그라디언트를 적용합니다. 왼쪽은 흰색으로 Opacity 0%, 오른쪽은 흰색으로 Opacity 100%, 각도는 90도로 설정합니다.

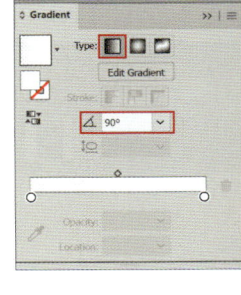

4. [Transparency] 패널을 열고 블렌드 모드를 Overlay로 설정합니다.

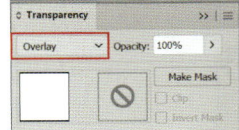

09 모션용 저장 예시

만약, 애프터 이펙트(After Effect)와 같은 모션 프로그램에서 일러스트레이터 작업물을 불러와 사용하고 싶다면, 일러스트레이터에서 모션이 들어가는 개체의 레이어를 디테일하게 세분화해야 합니다. 지금 작업물과 같이 개체들이 아주 많은 경우에는 작업자가 원하는 모션용 개체를 따로 분리해 관리해야 합니다. 중간에 배치된 자동차 개체에 모션을 적용한다고 가정하고 작업해 보겠습니다.

1. F7 을 눌러 [Leyers] 패널을 엽니다. '질감' 레이어를 제외한 나머지 레이어를 모두 잠금 해제합니다. '건물 외' 레이어를 선택합니다. Group Selection Tool로 자동차를 2번 클릭하여 선택합니다.

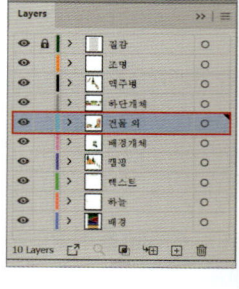

2. Ctrl + X 를 눌러 잘라내기 합니다. [Leyers] 패널에서 '질감' 레이어 바로 아래에 새로운 '자동차' 레이어를 만듭니다.

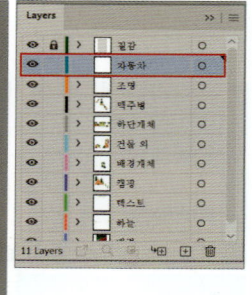

3. Ctrl + Shift + V 로 붙여넣기 합니다. 빈 화면을 클릭하고 다시 Group Selection Tool로 자동차 바퀴 2개 중 앞쪽 바퀴만 선택합니다.

4. Ctrl + X 를 눌러 잘라내기 합니다. [Leyers] 패널에서 '바퀴1' 레이어를 새로 만듭니다.

5 `Ctrl` + `Shift` + `V` 로 붙여넣기 합니다. 뒤쪽 바퀴도 같은 방법으로 '바퀴2' 레이어를 만들어 작업합니다.

6 '조명' 레이어의 잠금을 풀고 선택합니다. 자동차 앞의 라이트 조명 개체를 선택하고 `Ctrl` + `X` 로 잘라내기 합니다.

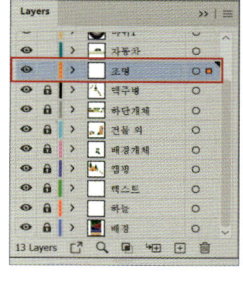 

7 '자동차 라이트' 레이어를 새로 만들고, `Ctrl` + `Shift` + `V` 로 붙여넣기 합니다. 'Style20_1_Artwork_result_Motion.ai' 파일명으로 저장하고 마무리합니다.

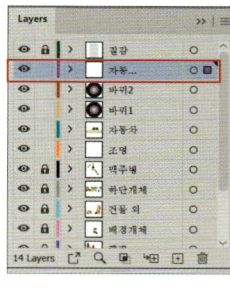 

ESSENTIAL THEORY — Save Option and After Effects Import

일러스트레이터 파일을 애프터 이펙트로 불러올 때 다양한 문제가 발생할 수 있으므로 다음과 같이 주의합니다.

- 일러스트레이터에서 파일을 저장할 때 [File]-[Save As] 메뉴의 Option 창에서 'Create PDF Compatible File' 옵션을 체크합니다.
- 애프터 이펙트에서 파일을 불러올 때 가져올 파일 종류에서 '컴포지션'을 선택합니다.

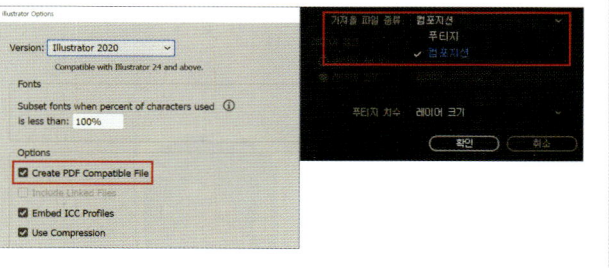

Design Style 20 - Visual Artwork 2   397

부록

산돌구름 서비스
* 산돌구름에 대한 자세한 내용은 홈페이지를 통해 확인해 보세요! (https://www.sandollcloud.com/font)

• 산돌구름 소개
산돌구름은 언제 어디서나 원하는 폰트를 별도 설치 없이 자유롭게 사용할 수 있는 클라우드 방식의 국내 최대 구독형 폰트 플랫폼입니다. 2020년부터 복잡한 폰트 사용 범위 제도를 전면 폐지하고, 사용자가 저작권 걱정 없이 편안하게 사용할 수 있는 환경을 만들어가고 있습니다. 산돌구름에서는 국내외 여러 폰트 회사 및 독립 디자이너들의 유료 폰트 뿐 아니라 다양한 무료 폰트들까지도 만나볼 수 있습니다.

• 산돌구름 특징
- 쉽고 간편한 웹 기반 폰트 플랫폼 서비스
  폰트 파일을 찾아 설치해야 하는 번거로움 없이 PC 웹 브라우저에서 바로 폰트를 사용할 수 있습니다.
- 다양한 상품 구성
  브랜드 상품, 낱개 상품, 큐레이션 상품 등 사용 패턴에 맞춰 합리적으로 사용하실 수 있도록 제공합니다.
- 저작권 걱정 없는 무료 폰트 제공
  저작권 걱정 없이 자유롭게 사용할 수 있는 무료 폰트를 제공합니다. 개인, 기업, 상업적 용도 제한 없이 마음껏 사용하실 수 있습니다.
- 원하는 폰트를 다양한 애플리케이션에서 사용 가능
  카카오톡, 굿노트, 포토샵 등 다양한 앱에서 산돌구름에서 활성화하신 폰트를 사용하실 수 있습니다.

• 산돌구름 사용
폰트 사용을 위해 산돌구름 홈페이지(https://www.sandollcloud.com/font)에서 설치파일을 다운로드하여 진행해 주세요.

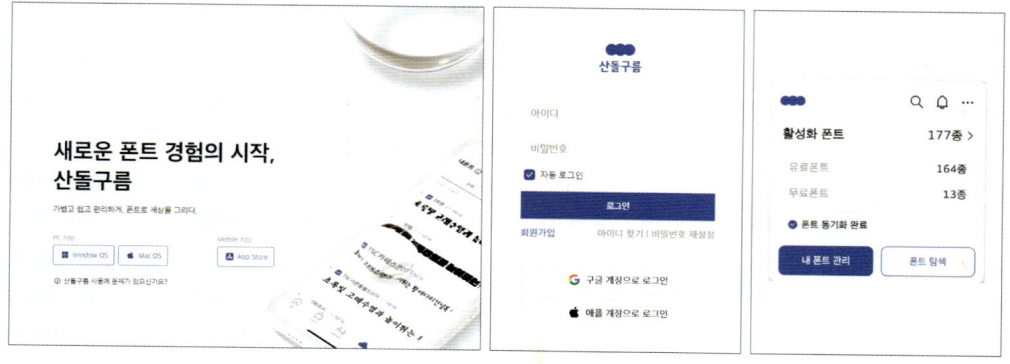

Step 01. 산돌구름 사용을 위해 설치파일을 다운로드 합니다.
Step 02. 가입한 정보로 로그인 합니다.
Step 03. [내 폰트 관리]에서 사용가능 폰트 목록을 확인할 수 있습니다.